LA
FEMME STUDIEUSE

PAR

DUPANLOUP

ÉVÊQUE D'ORLÉANS

Septième édition

PARIS

ANCIENNE MAISON CH. DOUNIOL

TÉQUI, SUCCESSEUR

29, Rue de Tournon, 29

1900

LA

FEMME STUDIEUSE

S. Paula romana.

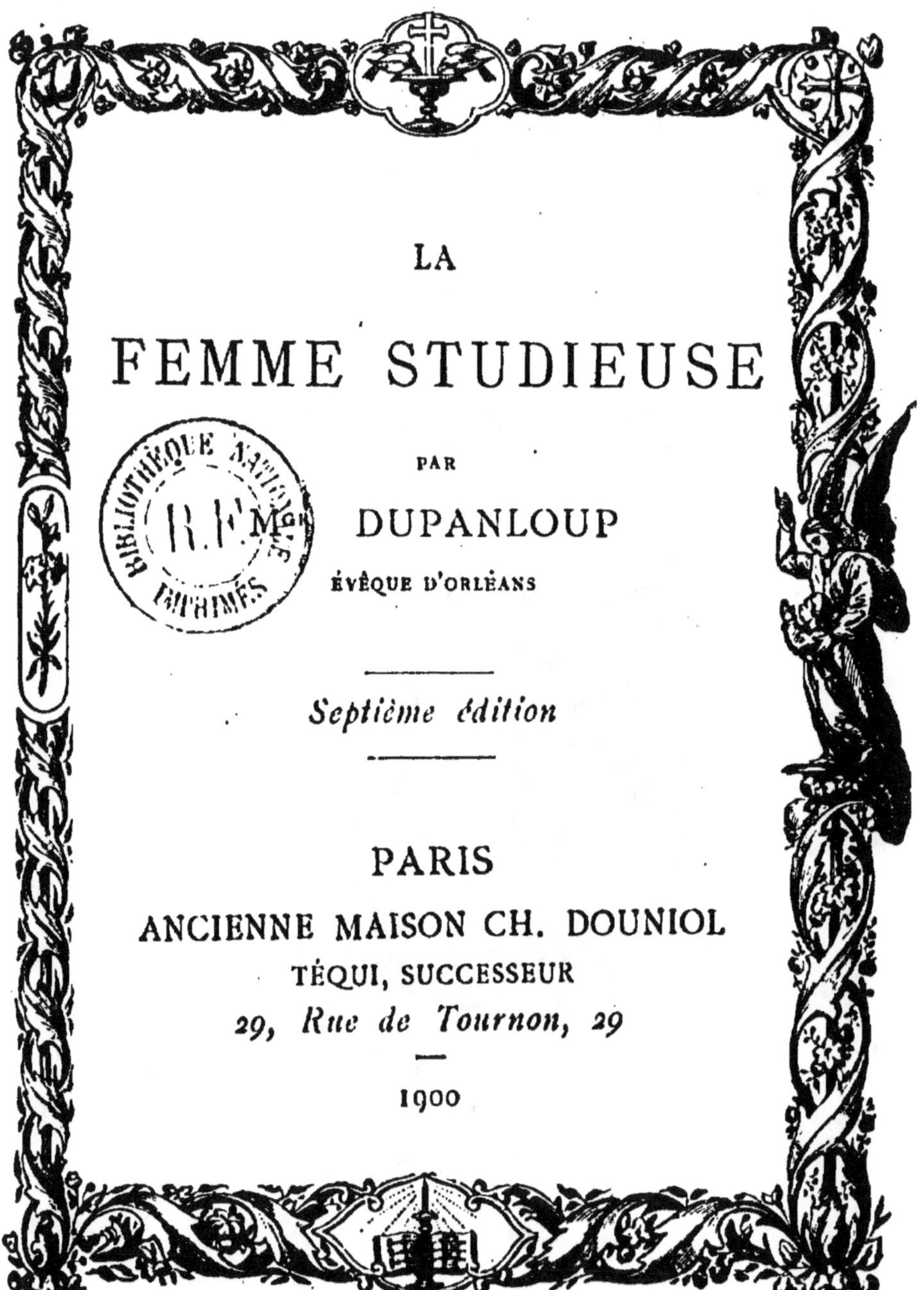

LA
FEMME STUDIEUSE

PAR

DUPANLOUP

ÉVÊQUE D'ORLÉANS

Septième édition

PARIS

ANCIENNE MAISON CH. DOUNIOL

TÉQUI, SUCCESSEUR

29, Rue de Tournon, 29

1900

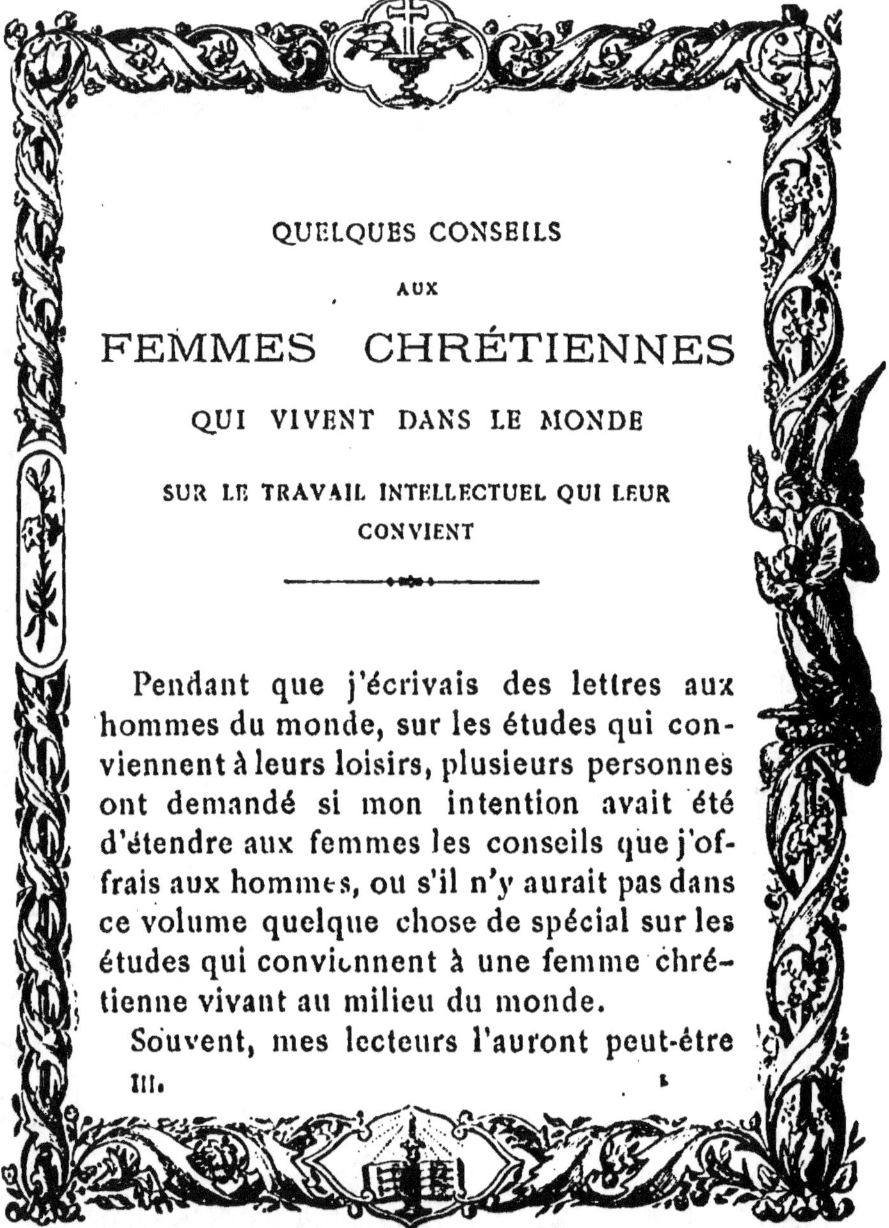

Pendant que j'écrivais des lettres aux hommes du monde, sur les études qui conviennent à leurs loisirs, plusieurs personnes ont demandé si mon intention avait été d'étendre aux femmes les conseils que j'offrais aux hommes, ou s'il n'y aurait pas dans ce volume quelque chose de spécial sur les études qui conviennent à une femme chrétienne vivant au milieu du monde.

Souvent, mes lecteurs l'auront peut-être

III.

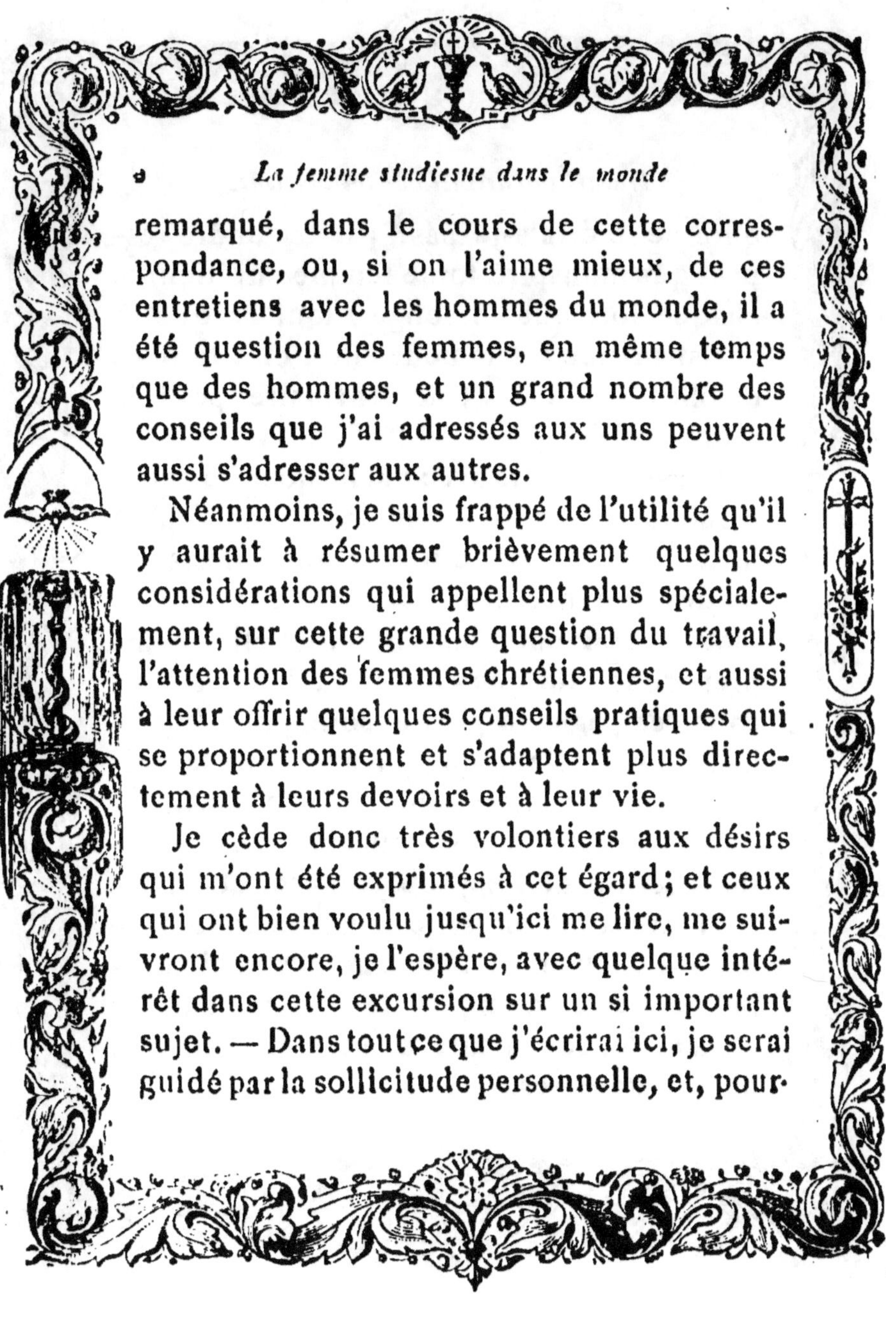

remarqué, dans le cours de cette correspondance, ou, si on l'aime mieux, de ces entretiens avec les hommes du monde, il a été question des femmes, en même temps que des hommes, et un grand nombre des conseils que j'ai adressés aux uns peuvent aussi s'adresser aux autres.

Néanmoins, je suis frappé de l'utilité qu'il y aurait à résumer brièvement quelques considérations qui appellent plus spécialement, sur cette grande question du travail, l'attention des femmes chrétiennes, et aussi à leur offrir quelques conseils pratiques qui se proportionnent et s'adaptent plus directement à leurs devoirs et à leur vie.

Je cède donc très volontiers aux désirs qui m'ont été exprimés à cet égard; et ceux qui ont bien voulu jusqu'ici me lire, me suivront encore, je l'espère, avec quelque intérêt dans cette excursion sur un si important sujet. — Dans tout ce que j'écrirai ici, je serai guidé par la sollicitude personnelle, et, pour

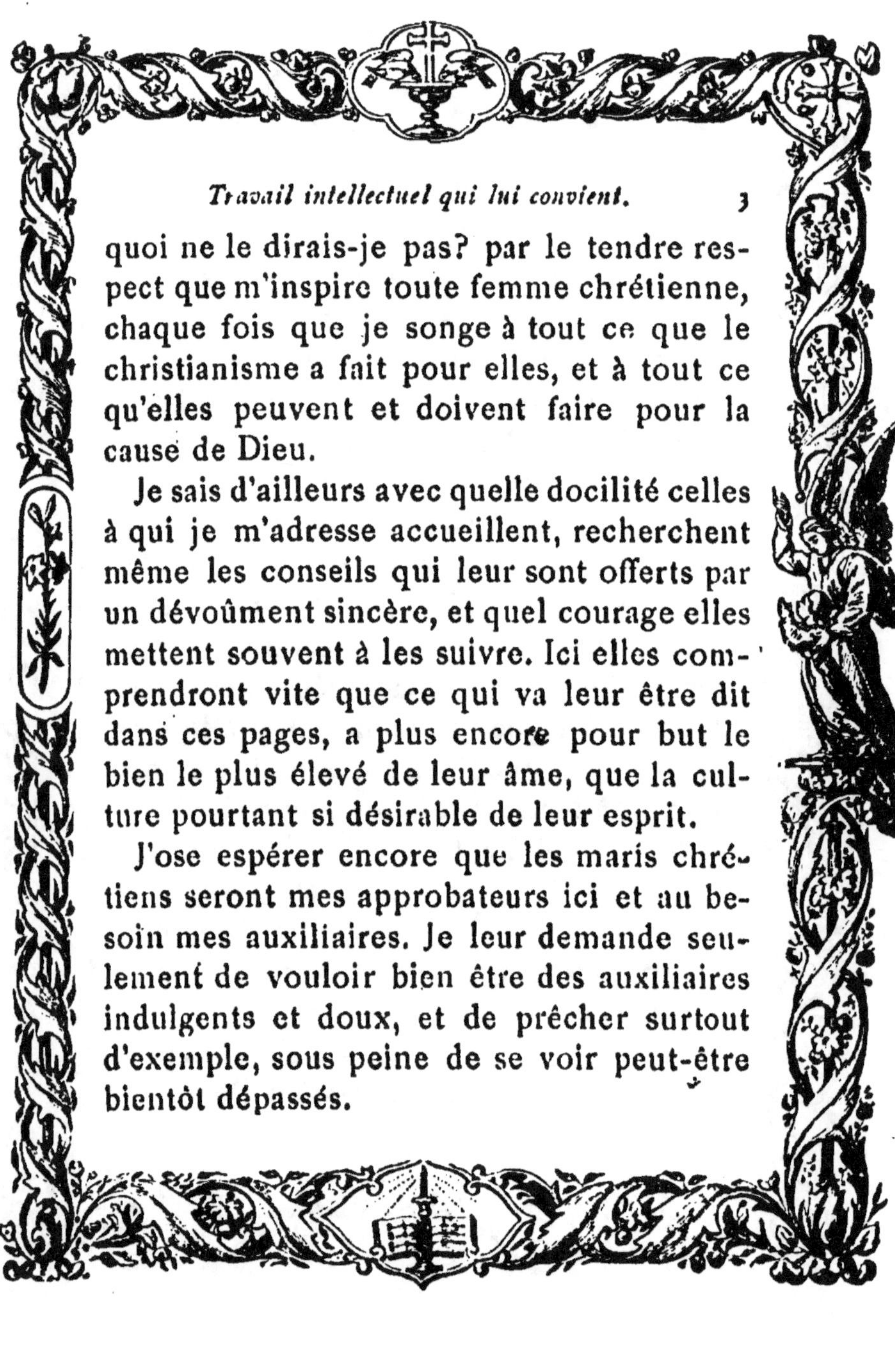

quoi ne le dirais-je pas? par le tendre respect que m'inspire toute femme chrétienne,
chaque fois que je songe à tout ce que le
christianisme a fait pour elles, et à tout ce
qu'elles peuvent et doivent faire pour la
cause de Dieu.

Je sais d'ailleurs avec quelle docilité celles
à qui je m'adresse accueillent, recherchent
même les conseils qui leur sont offerts par
un dévoûment sincère, et quel courage elles
mettent souvent à les suivre. Ici elles com-
prendront vite que ce qui va leur être dit
dans ces pages, a plus encore pour but le
bien le plus élevé de leur âme, que la culture pourtant si désirable de leur esprit.

J'ose espérer encore que les maris chrétiens seront mes approbateurs ici et au besoin mes auxiliaires. Je leur demande seulement de vouloir bien être des auxiliaires
indulgents et doux, et de prêcher surtout
d'exemple, sous peine de se voir peut-être
bientôt dépassés.

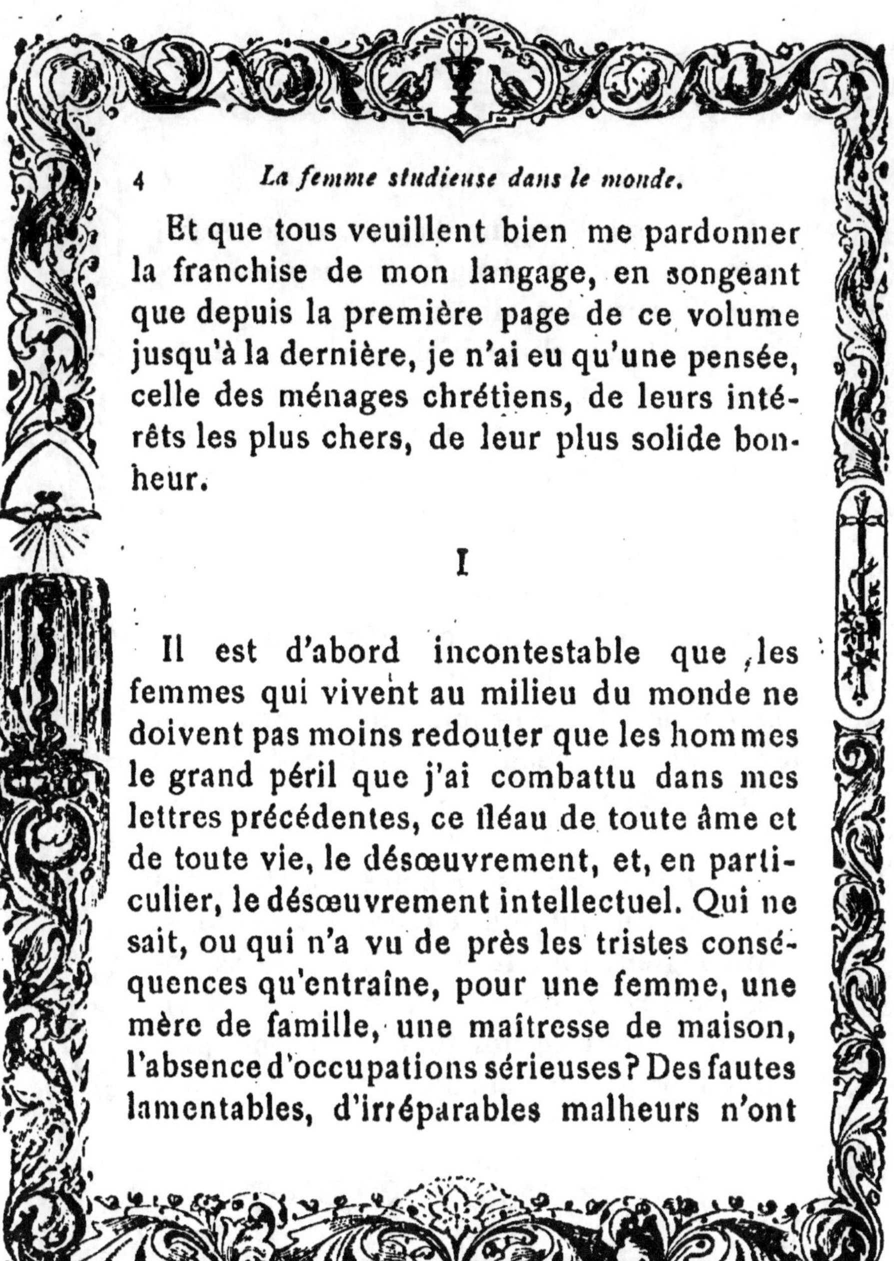

Et que tous veuillent bien me pardonner la franchise de mon langage, en songeant que depuis la première page de ce volume jusqu'à la dernière, je n'ai eu qu'une pensée, celle des ménages chrétiens, de leurs intérêts les plus chers, de leur plus solide bonheur.

I

Il est d'abord incontestable que les femmes qui vivent au milieu du monde ne doivent pas moins redouter que les hommes le grand péril que j'ai combattu dans mes lettres précédentes, ce fléau de toute âme et de toute vie, le désœuvrement, et, en particulier, le désœuvrement intellectuel. Qui ne sait, ou qui n'a vu de près les tristes conséquences qu'entraîne, pour une femme, une mère de famille, une maîtresse de maison, l'absence d'occupations sérieuses ? Des fautes lamentables, d'irréparables malheurs n'ont

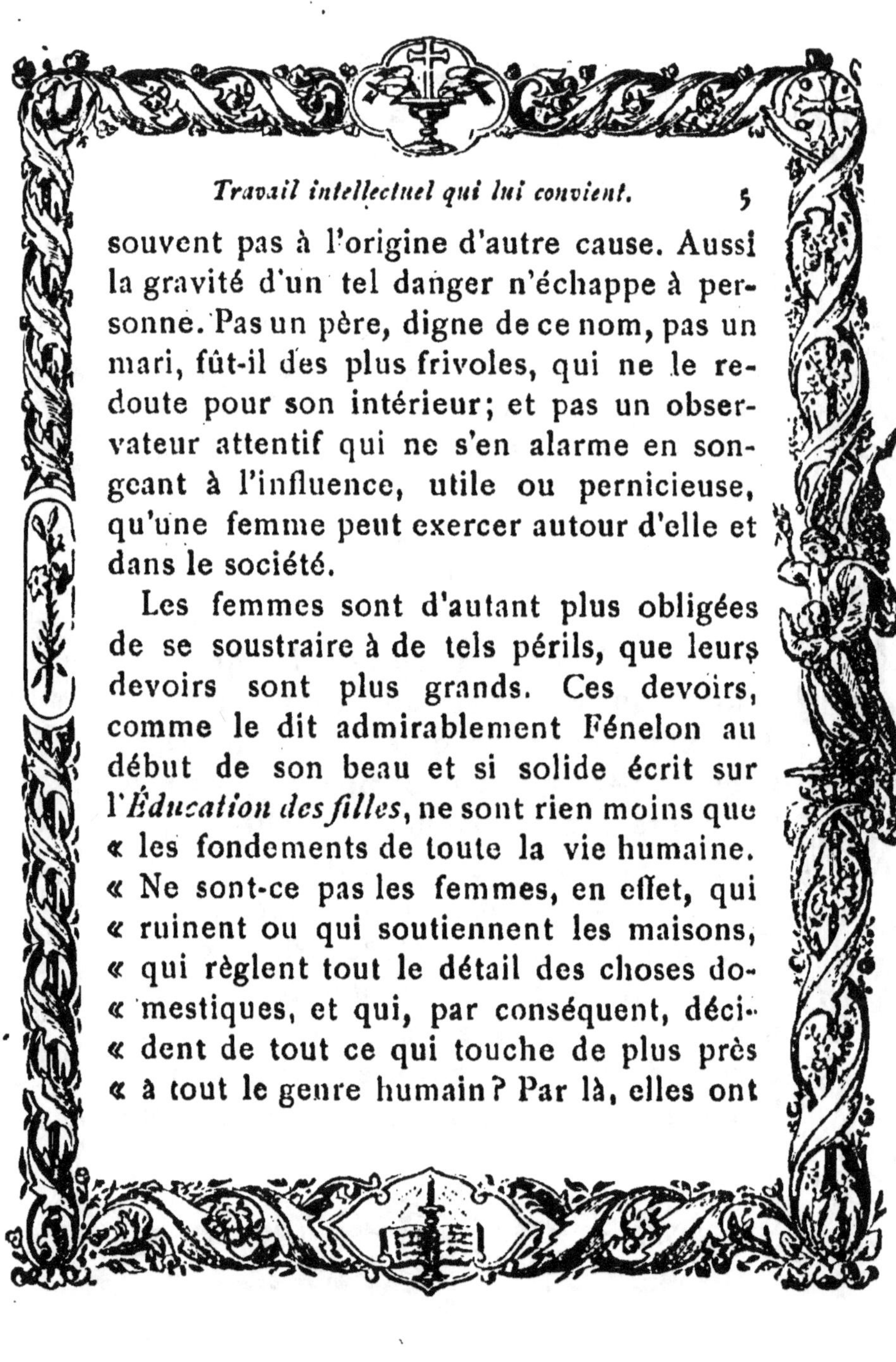

souvent pas à l'origine d'autre cause. Aussi la gravité d'un tel danger n'échappe à personne. Pas un père, digne de ce nom, pas un mari, fût-il des plus frivoles, qui ne le redoute pour son intérieur; et pas un observateur attentif qui ne s'en alarme en songeant à l'influence, utile ou pernicieuse, qu'une femme peut exercer autour d'elle et dans le société.

Les femmes sont d'autant plus obligées de se soustraire à de tels périls, que leurs devoirs sont plus grands. Ces devoirs, comme le dit admirablement Fénelon au début de son beau et si solide écrit sur l'*Éducation des filles*, ne sont rien moins que « les fondements de toute la vie humaine. « Ne sont-ce pas les femmes, en effet, qui « ruinent ou qui soutiennent les maisons, « qui règlent tout le détail des choses do-« mestiques, et qui, par conséquent, déci-« dent de tout ce qui touche de plus près « à tout le genre humain? Par là, elles ont

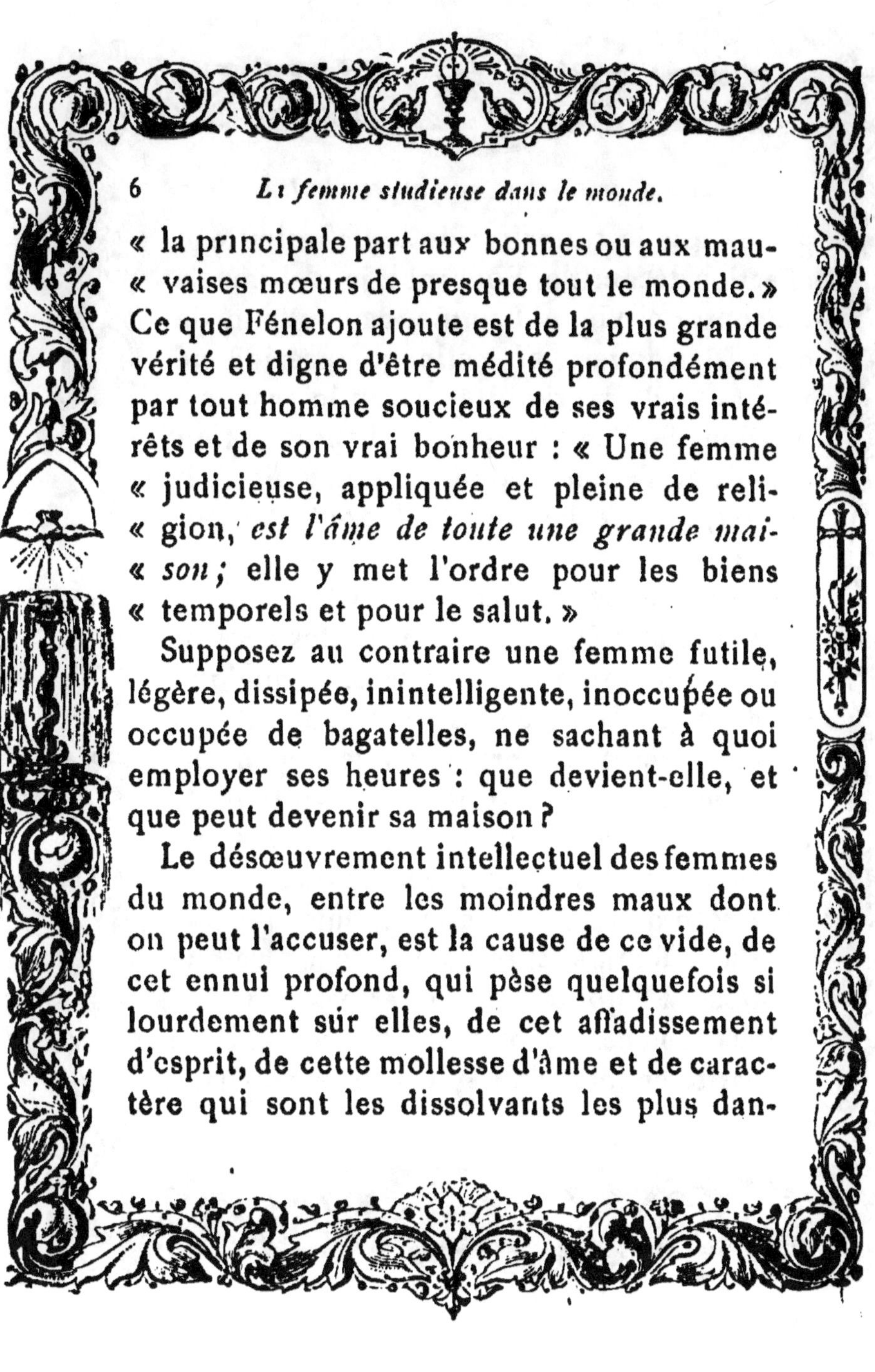

« la principale part aux bonnes ou aux mau-
« vaises mœurs de presque tout le monde. »
Ce que Fénelon ajoute est de la plus grande
vérité et digne d'être médité profondément
par tout homme soucieux de ses vrais intérêts et de son vrai bonheur : « Une femme
« judicieuse, appliquée et pleine de reli-
« gion, *est l'âme de toute une grande mai-
« son ;* elle y met l'ordre pour les biens
« temporels et pour le salut. »

Supposez au contraire une femme futile,
légère, dissipée, inintelligente, inoccupée ou
occupée de bagatelles, ne sachant à quoi
employer ses heures : que devient-elle, et
que peut devenir sa maison ?

Le désœuvrement intellectuel des femmes
du monde, entre les moindres maux dont
on peut l'accuser, est la cause de ce vide, de
cet ennui profond, qui pèse quelquefois si
lourdement sur elles, de cet affadissement
d'esprit, de cette mollesse d'âme et de caractère qui sont les dissolvants les plus dan-

gereux que je connaisse de toute intimité et affection de famille. Pour moi, je n'ai jamais rencontré ni vie, ni flamme, dans aucun de ces tristes foyers, où celle qui préside ne reçoit que de sa frivolité la capricieuse inspiration de l'emploi de ses heures : tout languit et s'éteint, là où elle devrait tout animer, tout réchauffer, tout exciter autour d'elle.

Mettons-nous ici dans la vérité, entrons dans le fond même et la réalité des choses. Il y a pour toutes les femmes, à quelque condition sociale qu'elles appartiennent, des devoirs sacrés, imprescriptibles, qu'avant tout elles doivent remplir. Ces devoirs sont, avec ceux envers Dieu : 1° les devoirs envers leur mari; 2° ceux envers leurs enfants; 3° le soin de leur maison; et, puisqu'il s'agit d'une femme chrétienne, on ne s'étonnera pas si j'ajoute le soin des pauvres.

Mais tous ces devoirs, une fois remplis, et la charité envers Dieu et envers le prochain

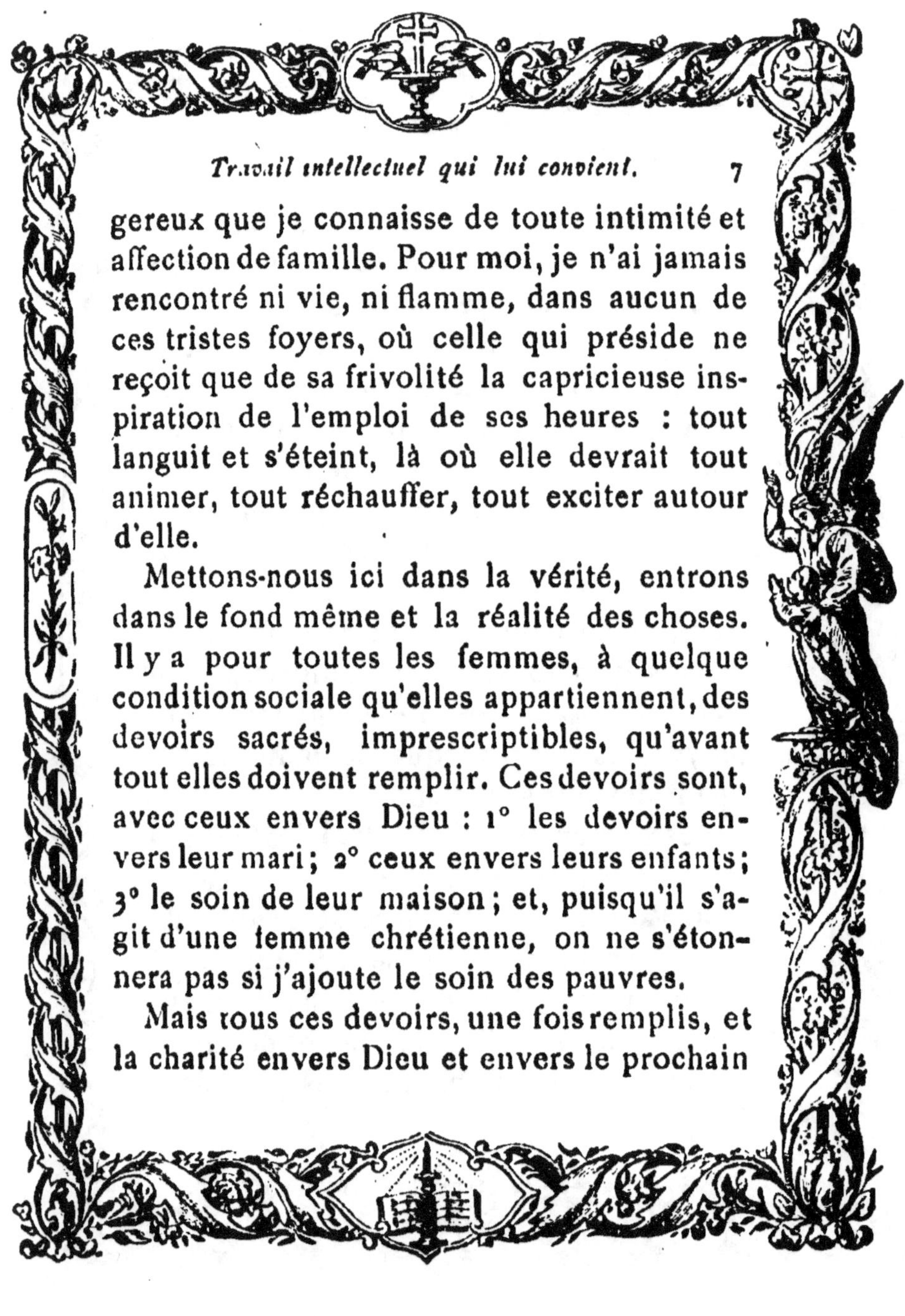

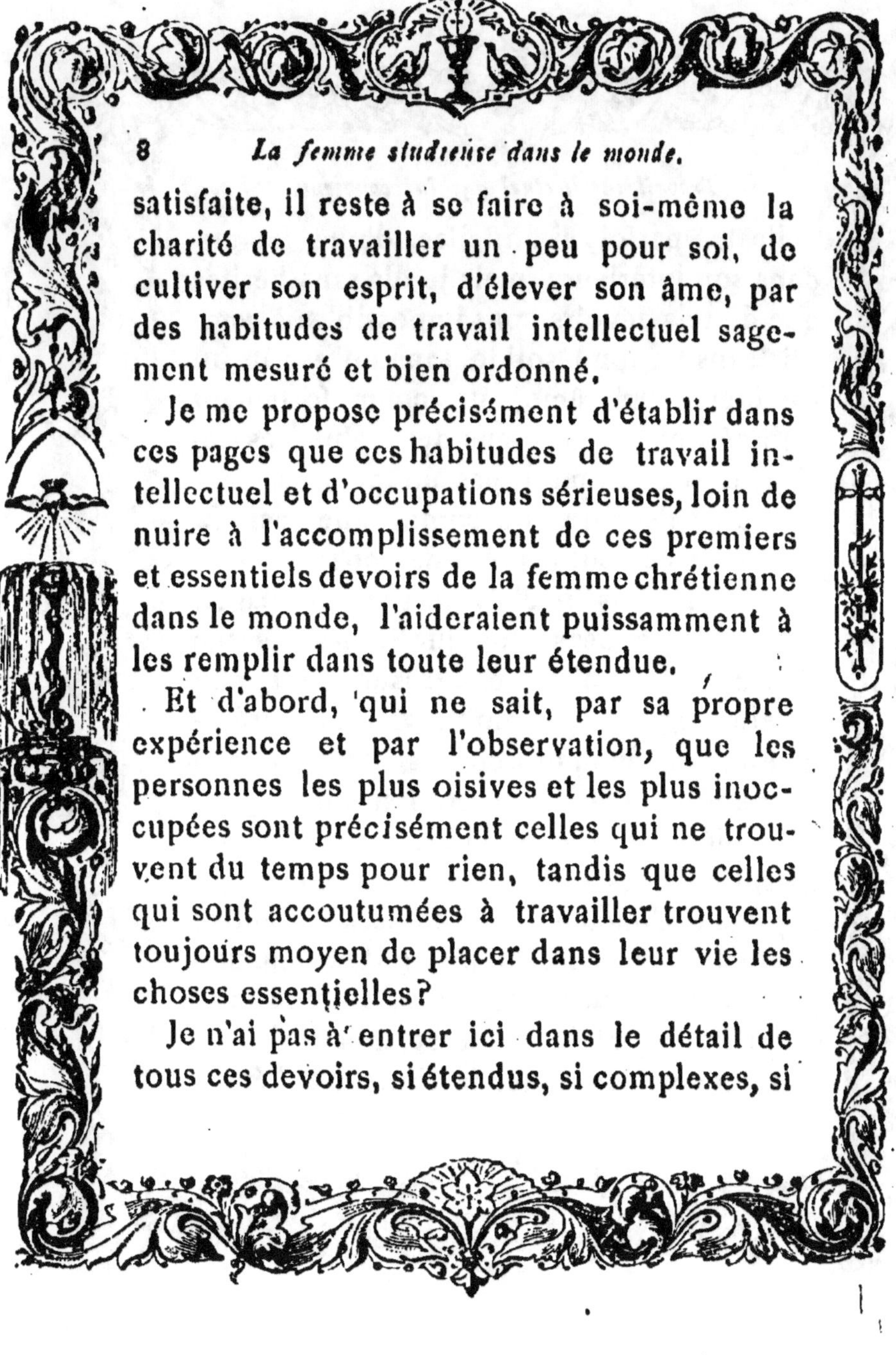

satisfaite, il reste à se faire à soi-même la charité de travailler un peu pour soi, de cultiver son esprit, d'élever son âme, par des habitudes de travail intellectuel sagement mesuré et bien ordonné.

Je me propose précisément d'établir dans ces pages que ces habitudes de travail intellectuel et d'occupations sérieuses, loin de nuire à l'accomplissement de ces premiers et essentiels devoirs de la femme chrétienne dans le monde, l'aideraient puissamment à les remplir dans toute leur étendue.

Et d'abord, qui ne sait, par sa propre expérience et par l'observation, que les personnes les plus oisives et les plus inoccupées sont précisément celles qui ne trouvent du temps pour rien, tandis que celles qui sont accoutumées à travailler trouvent toujours moyen de placer dans leur vie les choses essentielles?

Je n'ai pas à entrer ici dans le détail de tous ces devoirs, si étendus, si complexes, si

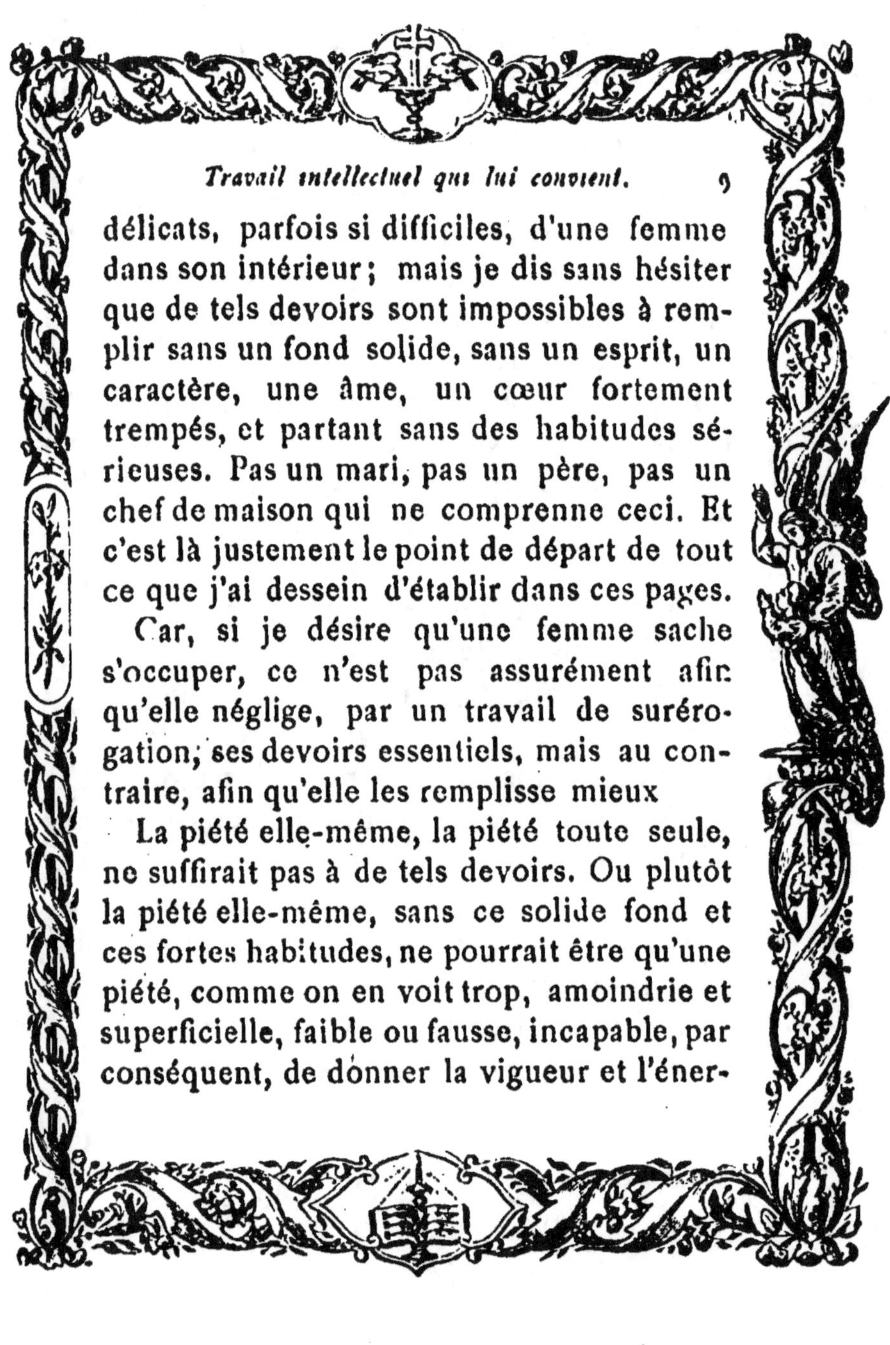

délicats, parfois si difficiles, d'une femme
dans son intérieur; mais je dis sans hésiter
que de tels devoirs sont impossibles à remplir sans un fond solide, sans un esprit, un
caractère, une âme, un cœur fortement
trempés, et partant sans des habitudes sérieuses. Pas un mari, pas un père, pas un
chef de maison qui ne comprenne ceci. Et
c'est là justement le point de départ de tout
ce que j'ai dessein d'établir dans ces pages.

Car, si je désire qu'une femme sache
s'occuper, ce n'est pas assurément afin
qu'elle néglige, par un travail de suréro-
gation, ses devoirs essentiels, mais au contraire, afin qu'elle les remplisse mieux

La piété elle-même, la piété toute seule,
ne suffirait pas à de tels devoirs. Ou plutôt
la piété elle-même, sans ce solide fond et
ces fortes habitudes, ne pourrait être qu'une
piété, comme on en voit trop, amoindrie et
superficielle, faible ou fausse, incapable, par
conséquent, de donner la vigueur et l'éner-

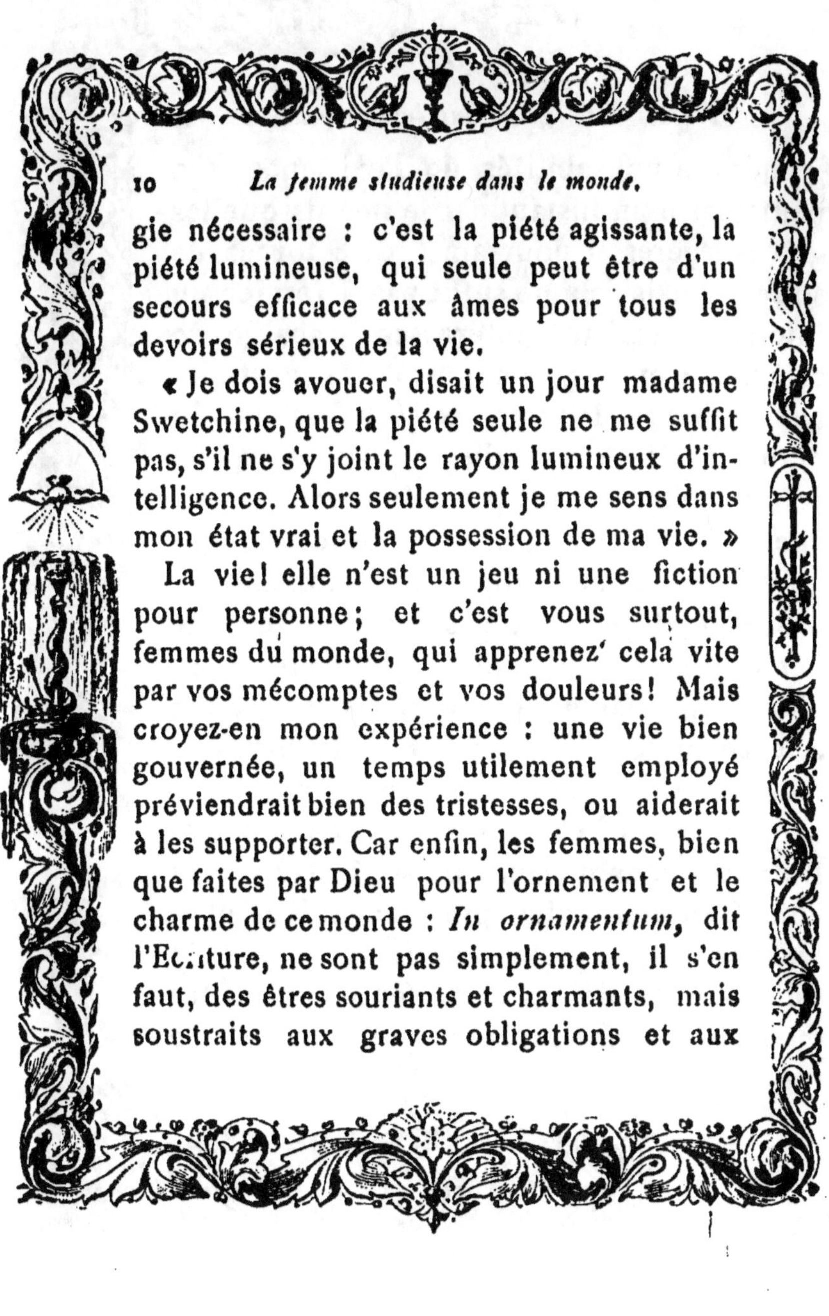

gie nécessaire : c'est la piété agissante, la piété lumineuse, qui seule peut être d'un secours efficace aux âmes pour tous les devoirs sérieux de la vie.

« Je dois avouer, disait un jour madame Swetchine, que la piété seule ne me suffit pas, s'il ne s'y joint le rayon lumineux d'intelligence. Alors seulement je me sens dans mon état vrai et la possession de ma vie. »

La vie! elle n'est un jeu ni une fiction pour personne; et c'est vous surtout, femmes du monde, qui apprenez cela vite par vos mécomptes et vos douleurs! Mais croyez-en mon expérience : une vie bien gouvernée, un temps utilement employé préviendrait bien des tristesses, ou aiderait à les supporter. Car enfin, les femmes, bien que faites par Dieu pour l'ornement et le charme de ce monde : *In ornamentum,* dit l'Écriture, ne sont pas simplement, il s'en faut, des êtres souriants et charmants, mais soustraits aux graves obligations et aux grandes responsabilités de l'existence. On peut plaire un instant par je ne sais quelles grâces légères et pour ainsi dire toutes de surface; mais cela ne suffit pas à former un intérieur attachant, intéressant, capable de retenir un mari chez soi, et de le soustraire aux appels du dehors, aux sollicitations du club, au bien-être facile et dangereux du cercle; cela ne suffit pas à fonder ces attachements sérieux, profonds, durables, qui ne vont pas sans l'estime et la confiance.

Sans doute il n'est pas question de donner à un mari une femme qui l'ennuierait d'une autre façon, par le pédantisme de la science, prête à trancher sur tout; mais une femme qui d'abord sache rester chez elle, chose rare par le temps qui court; qui instruite convenablement, puisse instruire ses enfants ou du moins présider utilement à leurs études, et parler d'autre chose que de toilette et de plaisirs; une femme, dont les modèles existent encore parmi nous comme

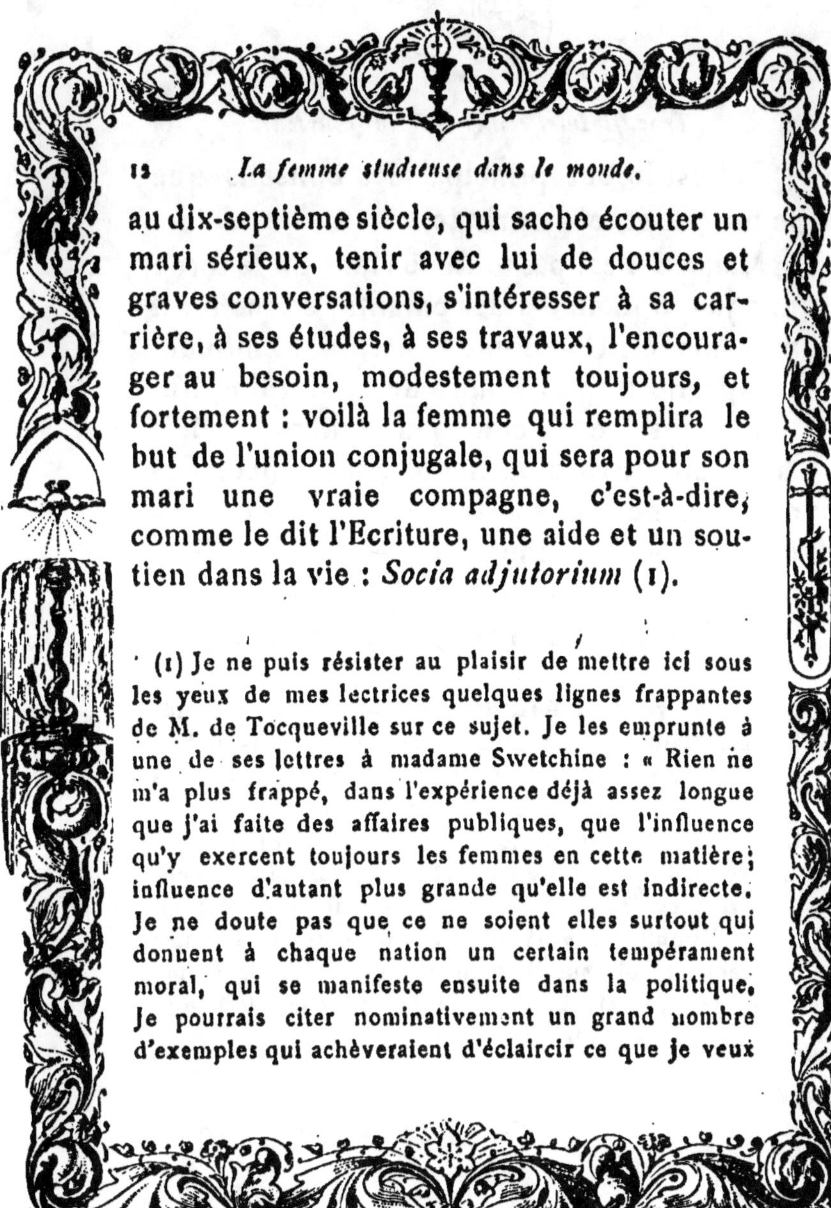

au dix-septième siècle, qui sache écouter un mari sérieux, tenir avec lui de douces et graves conversations, s'intéresser à sa carrière, à ses études, à ses travaux, l'encourager au besoin, modestement toujours, et fortement : voilà la femme qui remplira le but de l'union conjugale, qui sera pour son mari une vraie compagne, c'est-à-dire, comme le dit l'Ecriture, une aide et un soutien dans la vie : *Socia adjutorium* (1).

(1) Je ne puis résister au plaisir de mettre ici sous les yeux de mes lectrices quelques lignes frappantes de M. de Tocqueville sur ce sujet. Je les emprunte à une de ses lettres à madame Swetchine : « Rien ne m'a plus frappé, dans l'expérience déjà assez longue que j'ai faite des affaires publiques, que l'influence qu'y exercent toujours les femmes en cette matière; influence d'autant plus grande qu'elle est indirecte. Je ne doute pas que ce ne soient elles surtout qui donnent à chaque nation un certain tempérament moral, qui se manifeste ensuite dans la politique. Je pourrais citer nominativement un grand nombre d'exemples qui achèveraient d'éclaircir ce que je veux

Tel est le but principal des conseils que je me propose d'offrir ici.

Mais ce n'est pas tout. Je viens de le dire : une jeune femme a des enfants; or, ce n'est pas l'amabilité comme l'entend le monde, compagne trop ordinaire de la frivolité, qui pourra inspirer à cette jeune mère la vigilance attentive et la haute conscience, nécessaires pour présider à ces jeunes éducations, et pour donner à ses fils et à ses filles les premières et fondamentales leçons, soit de la langue maternelle, soit de la géogra-

dire. J'ai vu cent fois, dans le cours de ma vie, des hommes faibles montrer de véritables vertus publiques, parce qu'il s'était rencontré à côté d'eux une femme qui les avait soutenus dans cette voie, non en leur conseillant tels ou tels actes en particulier, mais en exerçant une influence fortifiante sur la manière dont ils devaient considérer en général le devoir ou même l'ambition. » Il est vrai que d'autres femmes exercent parfois sur leur mari une influence moins heureuse, que M. de Tocqueville, dans la lettre que je cite, signale également.

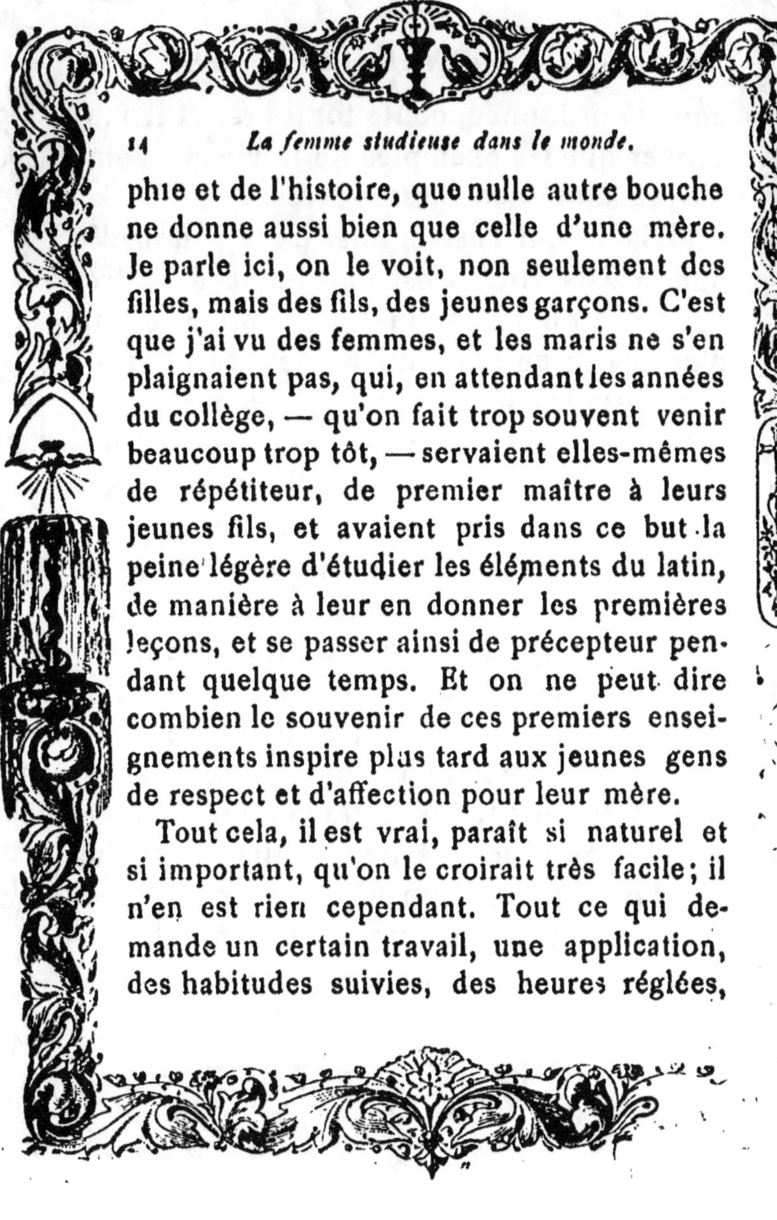

phie et de l'histoire, que nulle autre bouche
ne donne aussi bien que celle d'une mère.
Je parle ici, on le voit, non seulement des
filles, mais des fils, des jeunes garçons. C'est
que j'ai vu des femmes, et les maris ne s'en
plaignaient pas, qui, en attendant les années
du collège, — qu'on fait trop souvent venir
beaucoup trop tôt, — servaient elles-mêmes
de répétiteur, de premier maître à leurs
jeunes fils, et avaient pris dans ce but la
peine légère d'étudier les éléments du latin,
de manière à leur en donner les premières
leçons, et se passer ainsi de précepteur pendant quelque temps. Et on ne peut dire
combien le souvenir de ces premiers enseignements inspire plus tard aux jeunes gens
de respect et d'affection pour leur mère.

Tout cela, il est vrai, paraît si naturel et
si important, qu'on le croirait très facile; il
n'en est rien cependant. Tout ce qui demande un certain travail, une application,
des habitudes suivies, des heures réglées,

une vie ordonnée, coûte toujours, et il faut avouer que les exemples de la vie ainsi employée sont encore assez rares.

Mais ce qui l'est moins, c'est l'anomalie que je vais dire : c'est une jeune fille, très occupée, du matin au soir, comme le sont d'ordinaire aujourd'hui les jeunes filles, — à des études plus ou moins bien choisies, mais enfin très occupée; toutes ses heures sont prises; — cependant elle voit sa mère très peu occupée elle, très désœuvrée; se couchant fort tard, se levant de même; passant beaucoup de temps à ses toilettes; puis, après quelques ordres donnés rapidement le matin, perdant le reste du jour en sorties, en promenades; jamais chez elle, toujours dehors. Que voulez-vous que se dise cette jeune fille, travaillant pendant que sa mère ne fait rien, s'allant coucher pendant que sa mère va au bal et au spectacle, lisant la grammaire de Chapsal pendant que sa mère lit des romans? Elle se

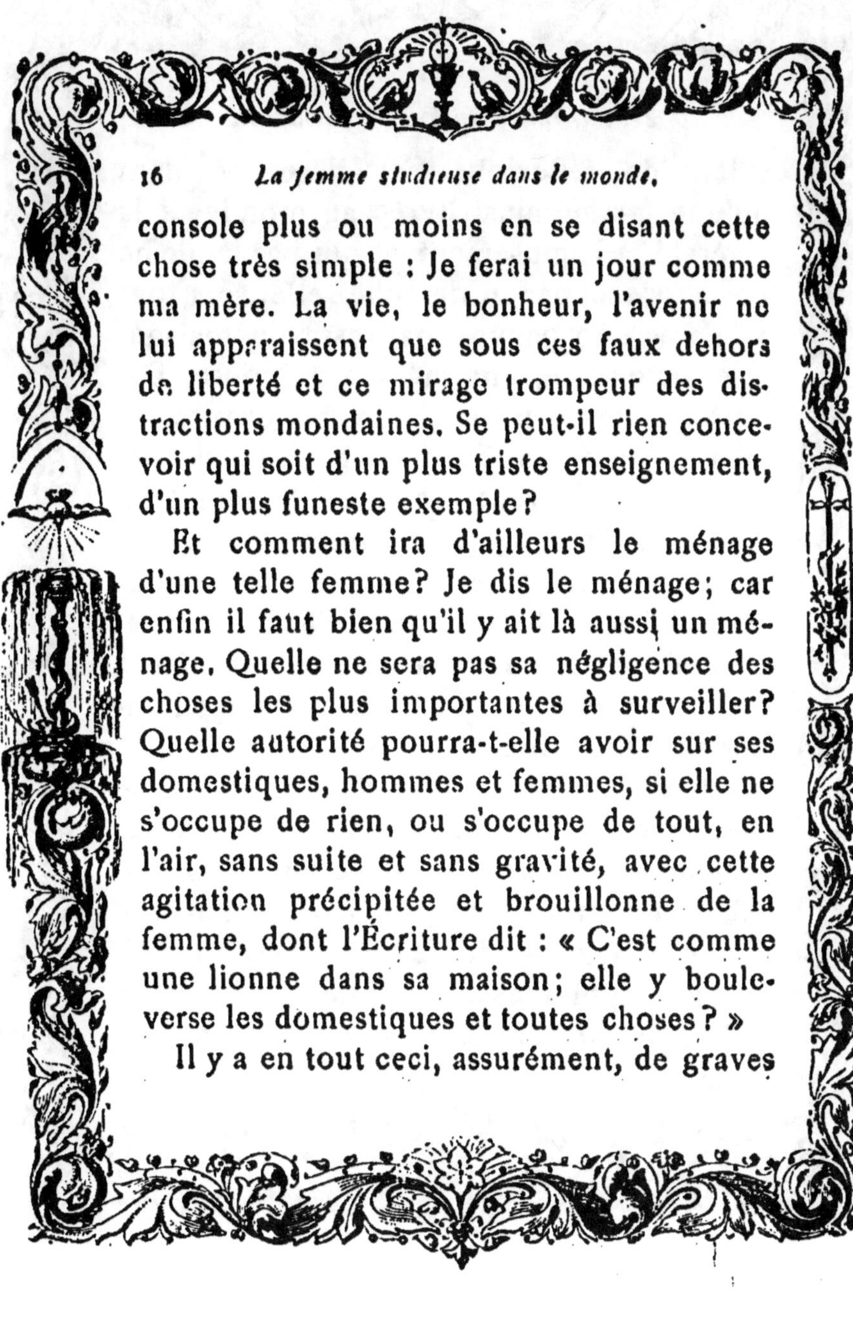

console plus ou moins en se disant cette chose très simple : Je ferai un jour comme ma mère. La vie, le bonheur, l'avenir ne lui apparaissent que sous ces faux dehors de liberté et ce mirage trompeur des distractions mondaines. Se peut-il rien concevoir qui soit d'un plus triste enseignement, d'un plus funeste exemple ?

Et comment ira d'ailleurs le ménage d'une telle femme ? Je dis le ménage ; car enfin il faut bien qu'il y ait là aussi un ménage. Quelle ne sera pas sa négligence des choses les plus importantes à surveiller ? Quelle autorité pourra-t-elle avoir sur ses domestiques, hommes et femmes, si elle ne s'occupe de rien, ou s'occupe de tout, en l'air, sans suite et sans gravité, avec cette agitation précipitée et brouillonne de la femme, dont l'Écriture dit : « C'est comme une lionne dans sa maison ; elle y bouleverse les domestiques et toutes choses ? »

Il y a en tout ceci, assurément, de graves

sujets de réflexion. Car il est évident qu'une femme ainsi livrée au monde, à la légèreté, à l'amusement, et qui par là même ne sait s'occuper en rien chez elle, sera tout à la fois une pauvre maîtresse de maison, une triste mère, une médiocre épouse. Devoirs envers son mari, devoirs envers ses enfants, devoirs de ménage, toutes ces choses qui doivent passer évidemment en première ligne, seront comptées à peu près pour rien par toute femme qui n'aura pas su se faire ce fonds solide d'habitudes sérieuses, cette vie gravement et utilement employée, dont je pose ici en principe l'impérieuse nécessité.

Qu'on l'entende donc bien : ce que je demande avant tout, ce ne sont pas des femmes savantes, mais, — ce qui est nécessaire, et à leurs maris, et à leurs enfants, et à leur ménage, — des femmes sensées, judicieuses, appliquées, instruites de tout ce qu'il leur est nécessaire et utile de savoir,

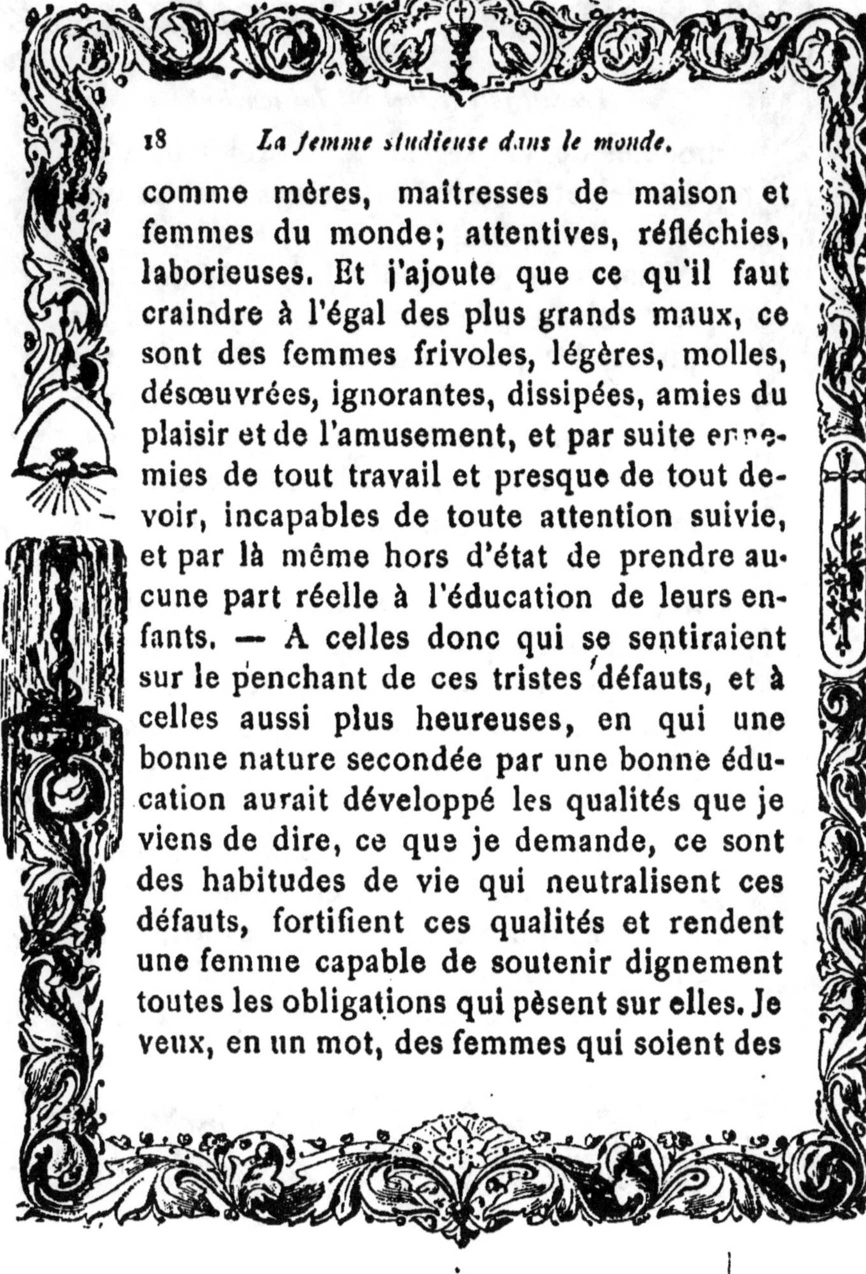

comme mères, maîtresses de maison et femmes du monde; attentives, réfléchies, laborieuses. Et j'ajoute que ce qu'il faut craindre à l'égal des plus grands maux, ce sont des femmes frivoles, légères, molles, désœuvrées, ignorantes, dissipées, amies du plaisir et de l'amusement, et par suite ennemies de tout travail et presque de tout devoir, incapables de toute attention suivie, et par là même hors d'état de prendre aucune part réelle à l'éducation de leurs enfants. — A celles donc qui se sentiraient sur le penchant de ces tristes défauts, et à celles aussi plus heureuses, en qui une bonne nature secondée par une bonne éducation aurait développé les qualités que je viens de dire, ce que je demande, ce sont des habitudes de vie qui neutralisent ces défauts, fortifient ces qualités et rendent une femme capable de soutenir dignement toutes les obligations qui pèsent sur elles. Je veux, en un mot, des femmes qui soient des modèles de vie sérieuse; ce qui seul a un prix réel, et illumine ces grâces visibles que l'on croit être tout.

Mais, je le demanderai ici, l'éducation que reçoivent généralement parmi nous les femmes, les prépare-t-elle suffisamment à ces grands devoirs? On est fondé à exprimer sur ce point bien des regrets. L'instruction des femmes, telle qu'elle est donnée dans notre siècle, ne leur apprend pas assez ce qui leur serait le plus utile : *réfléchir, comparer, raisonner juste.* L'éducation du dix-septième siècle avait sur la nôtre un avantage incontestable sous ce rapport : elle était moins étendue et moins variée, mais elle était plus forte et plus solide. On apprenait moins de choses, mais on les savait mieux. Cette éducation cherchait plus que la nôtre le but essentiel de toute éducation, qui est de former l'esprit, ie jugement, la raison; elle s'appliquait à donner les moyens d'apprendre, plutôt qu'à

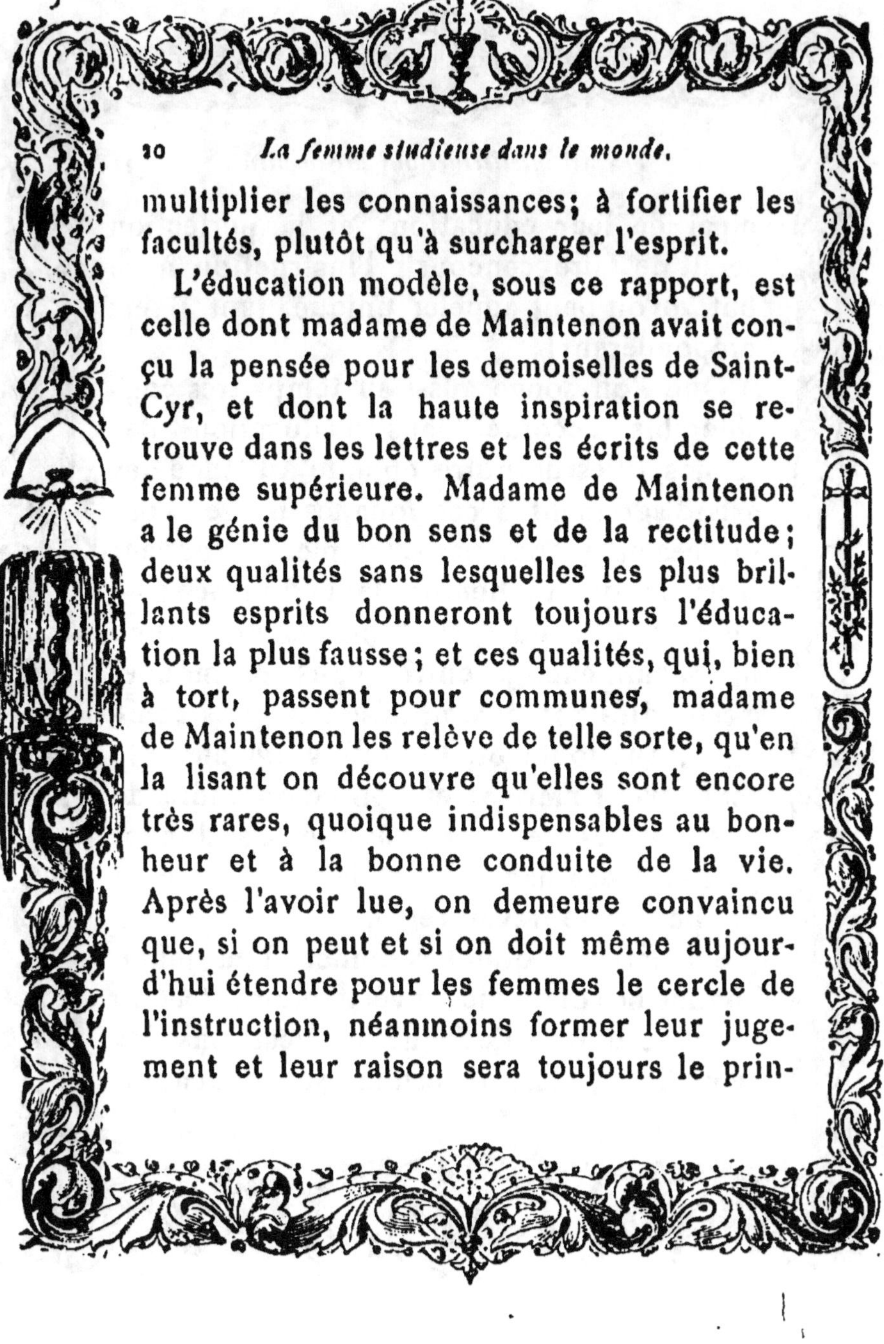

multiplier les connaissances; à fortifier les facultés, plutôt qu'à surcharger l'esprit.

L'éducation modèle, sous ce rapport, est celle dont madame de Maintenon avait conçu la pensée pour les demoiselles de Saint-Cyr, et dont la haute inspiration se retrouve dans les lettres et les écrits de cette femme supérieure. Madame de Maintenon a le génie du bon sens et de la rectitude; deux qualités sans lesquelles les plus brillants esprits donneront toujours l'éducation la plus fausse; et ces qualités, qui, bien à tort, passent pour communes, madame de Maintenon les relève de telle sorte, qu'en la lisant on découvre qu'elles sont encore très rares, quoique indispensables au bonheur et à la bonne conduite de la vie. Après l'avoir lue, on demeure convaincu que, si on peut et si on doit même aujourd'hui étendre pour les femmes le cercle de l'instruction, néanmoins former leur jugement et leur raison sera toujours le principal de leur éducation; et la perfection serait de faire concourir l'instruction à ce but, qu'on peut appeler unique, tant il est prépondérant !

Que l'on songe aussi au temps très considérable accordé dans l'éducation des jeunes filles de notre époque à l'étude des arts d'agrément, à ces longues heures consacrées au piano, par exemple, — souvent trois ou quatre heures de la journée; — qu'on se dise qu'à dix-huit ans une jeune fille commence à entrer dans le monde, c'est-à-dire à interrompre à peu près complètement toute étude, qu'à vingt ans elle est souvent mariée; et l'on comprendra de quelle nécessité il est pour elle de se donner plus tard des habitudes sérieuses de vie et des heures de travail réglé.

S'il est vrai que les études d'un jeune homme ne commencent véritablement à être fructueuses qu'à l'époque où il est censé les avoir finies, et avoir terminé son éducation

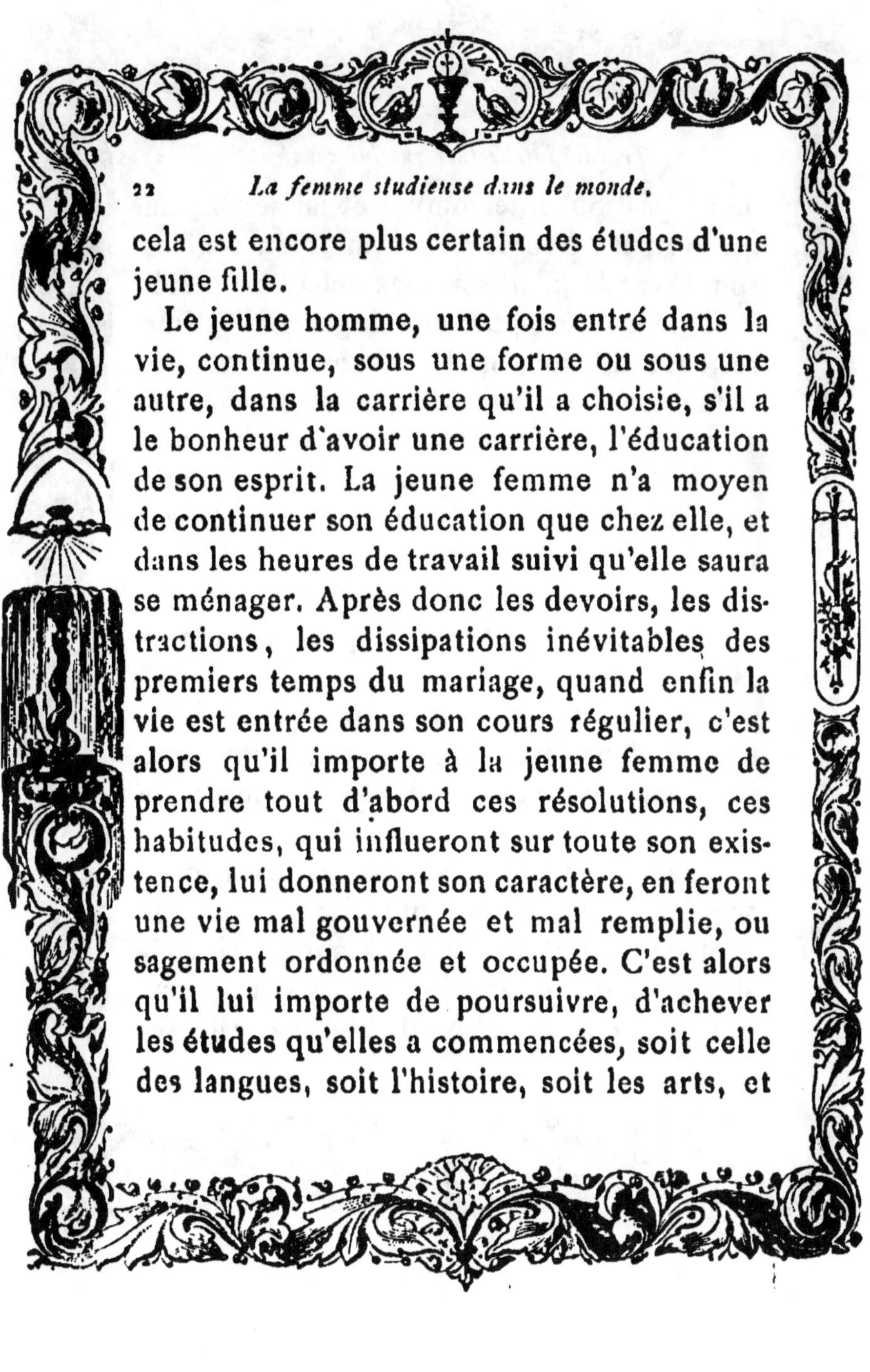

cela est encore plus certain des études d'une jeune fille.

Le jeune homme, une fois entré dans la vie, continue, sous une forme ou sous une autre, dans la carrière qu'il a choisie, s'il a le bonheur d'avoir une carrière, l'éducation de son esprit. La jeune femme n'a moyen de continuer son éducation que chez elle, et dans les heures de travail suivi qu'elle saura se ménager. Après donc les devoirs, les distractions, les dissipations inévitables des premiers temps du mariage, quand enfin la vie est entrée dans son cours régulier, c'est alors qu'il importe à la jeune femme de prendre tout d'abord ces résolutions, ces habitudes, qui influeront sur toute son existence, lui donneront son caractère, en feront une vie mal gouvernée et mal remplie, ou sagement ordonnée et occupée. C'est alors qu'il lui importe de poursuivre, d'achever les études qu'elles a commencées, soit celle des langues, soit l'histoire, soit les arts, et de ne pas tout interrompre et laisser là. En un mot, les heures de travail bien réglées sont, avec la fidélité aux exercices de piété, la seule manière pour elle de gagner l'estime sérieuse de son mari : ce bien dont une jeune femme d'ordinaire ne se soucie pas assez, et qui est le plus nécessaire! car si elle ne compte que sur ces premiers sentiments dont la vivacité passe vite, si elle ne donne pas, en s'honorant elle-même aux yeux de son mari, un fond solide à l'affection qu'il lui porte, c'est toute sa vie qu'elle compromet.

Examinons de près les choses : en quelle estime sérieuse et durable voulez-vous que soit pour un mari une jeune femme de vingt ans qui ne fait rien, n'a rien à faire, et ne s'occupe que de sa parure, de son amusement et du monde? Une telle vie, si vide et si vaine, surtout dans ces années si décisives, où il faut absolument qu'une femme s'attire la considération de son mari, de ses

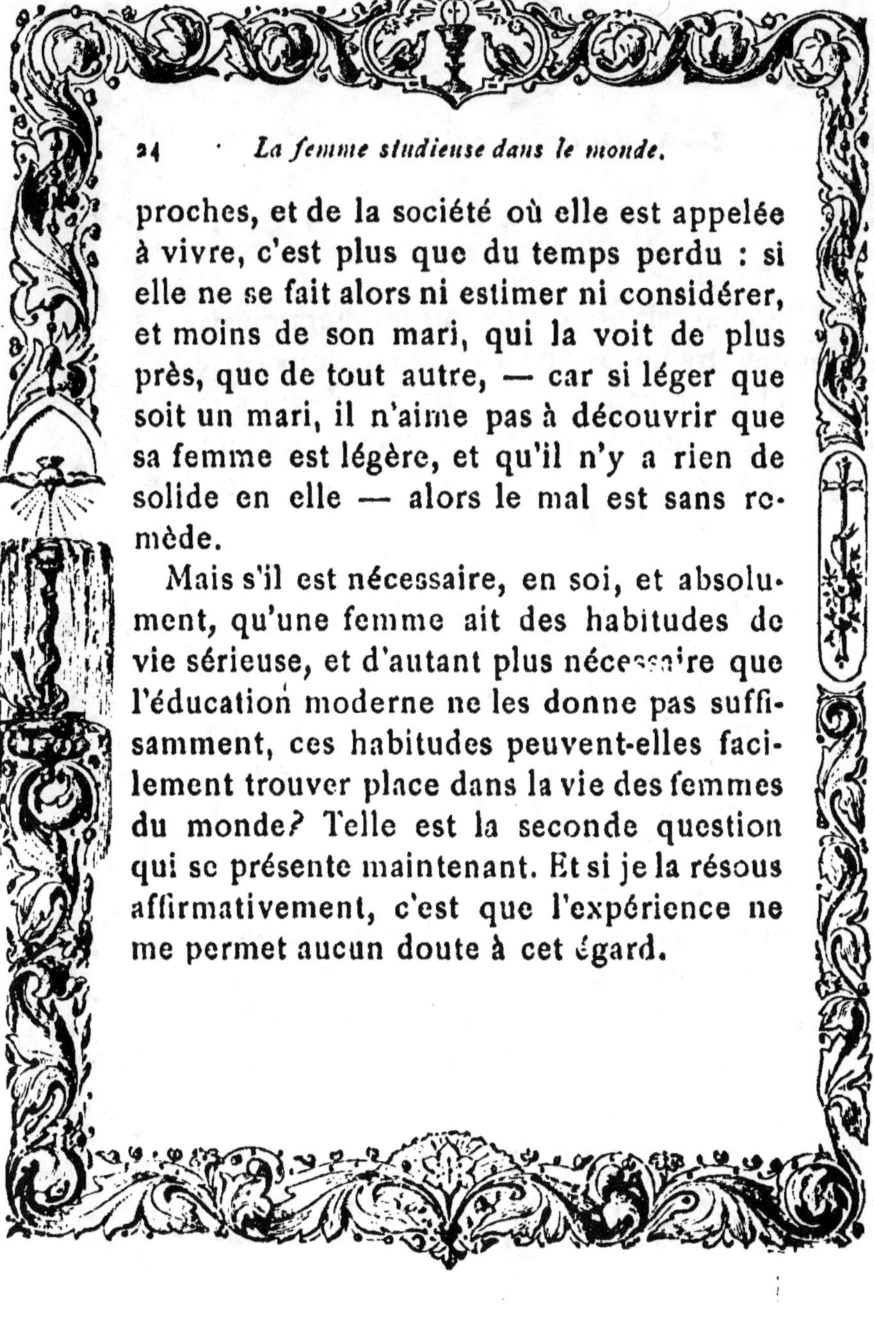

proches, et de la société où elle est appelée à vivre, c'est plus que du temps perdu : si elle ne se fait alors ni estimer ni considérer, et moins de son mari, qui la voit de plus près, que de tout autre, — car si léger que soit un mari, il n'aime pas à découvrir que sa femme est légère, et qu'il n'y a rien de solide en elle — alors le mal est sans remède.

Mais s'il est nécessaire, en soi, et absolument, qu'une femme ait des habitudes de vie sérieuse, et d'autant plus nécessaire que l'éducation moderne ne les donne pas suffisamment, ces habitudes peuvent-elles facilement trouver place dans la vie des femmes du monde? Telle est la seconde question qui se présente maintenant. Et si je la résous affirmativement, c'est que l'expérience ne me permet aucun doute à cet égard.

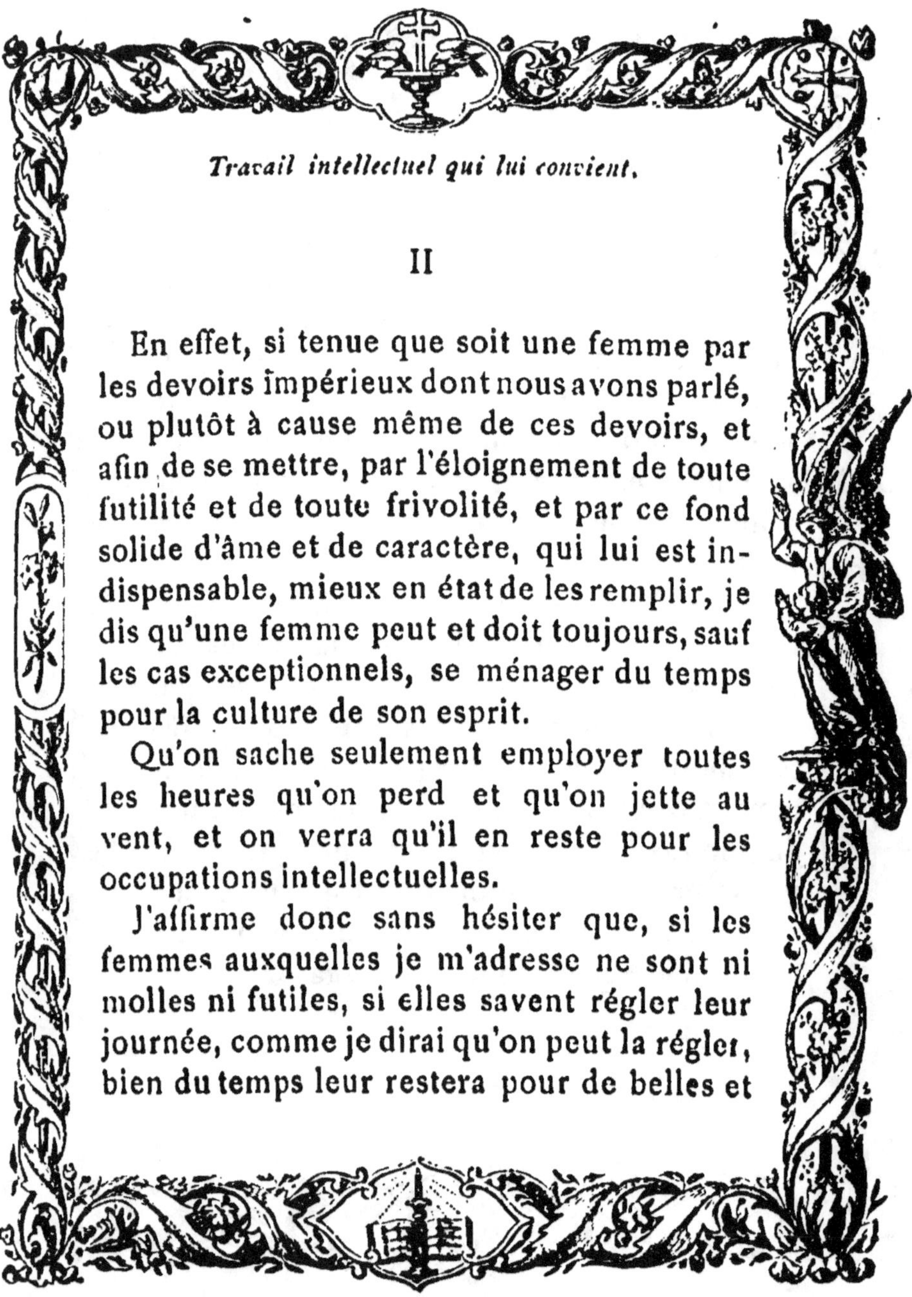

II

En effet, si tenue que soit une femme par les devoirs impérieux dont nous avons parlé, ou plutôt à cause même de ces devoirs, et afin de se mettre, par l'éloignement de toute futilité et de toute frivolité, et par ce fond solide d'âme et de caractère, qui lui est indispensable, mieux en état de les remplir, je dis qu'une femme peut et doit toujours, sauf les cas exceptionnels, se ménager du temps pour la culture de son esprit.

Qu'on sache seulement employer toutes les heures qu'on perd et qu'on jette au vent, et on verra qu'il en reste pour les occupations intellectuelles.

J'affirme donc sans hésiter que, si les femmes auxquelles je m'adresse ne sont ni molles ni futiles, si elles savent régler leur journée, comme je dirai qu'on peut la régler, bien du temps leur restera pour de belles et

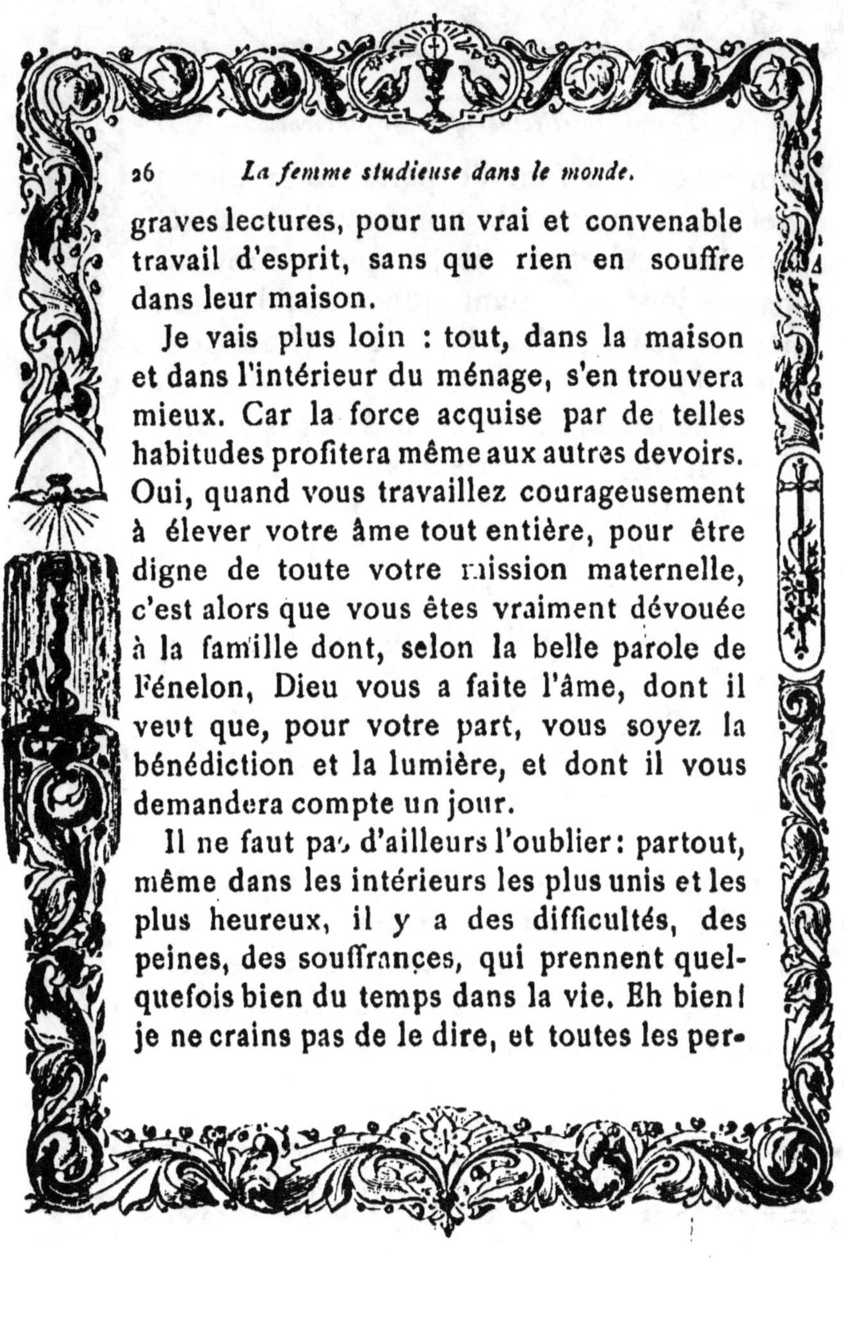

graves lectures, pour un vrai et convenable travail d'esprit, sans que rien en souffre dans leur maison.

Je vais plus loin : tout, dans la maison et dans l'intérieur du ménage, s'en trouvera mieux. Car la force acquise par de telles habitudes profitera même aux autres devoirs. Oui, quand vous travaillez courageusement à élever votre âme tout entière, pour être digne de toute votre mission maternelle, c'est alors que vous êtes vraiment dévouée à la famille dont, selon la belle parole de Fénelon, Dieu vous a faite l'âme, dont il veut que, pour votre part, vous soyez la bénédiction et la lumière, et dont il vous demandera compte un jour.

Il ne faut pas d'ailleurs l'oublier: partout, même dans les intérieurs les plus unis et les plus heureux, il y a des difficultés, des peines, des souffrances, qui prennent quelquefois bien du temps dans la vie. Eh bien! je ne crains pas de le dire, et toutes les per-

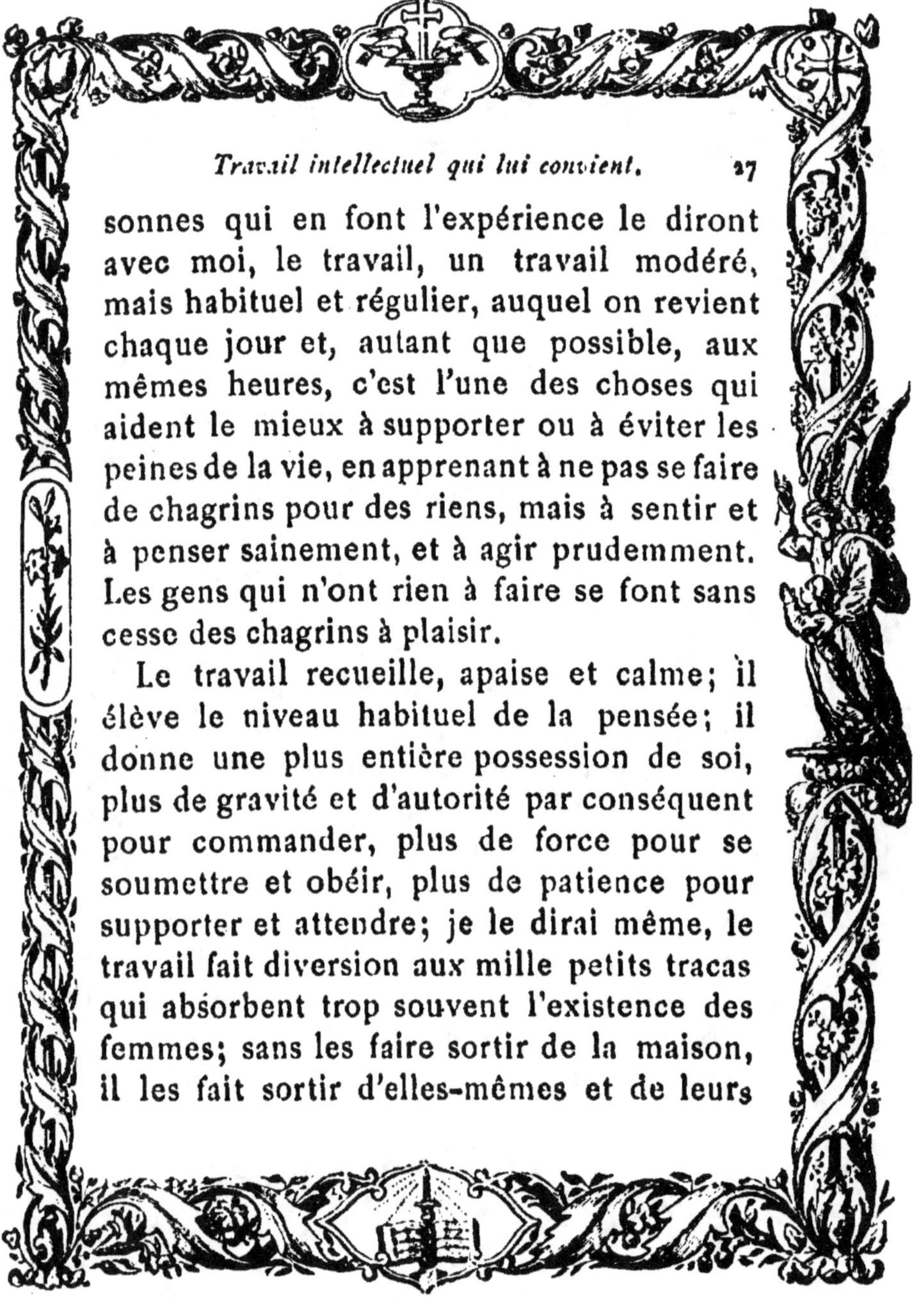

sonnes qui en font l'expérience le diront avec moi, le travail, un travail modéré, mais habituel et régulier, auquel on revient chaque jour et, autant que possible, aux mêmes heures, c'est l'une des choses qui aident le mieux à supporter ou à éviter les peines de la vie, en apprenant à ne pas se faire de chagrins pour des riens, mais à sentir et à penser sainement, et à agir prudemment. Les gens qui n'ont rien à faire se font sans cesse des chagrins à plaisir.

Le travail recueille, apaise et calme; il élève le niveau habituel de la pensée; il donne une plus entière possession de soi, plus de gravité et d'autorité par conséquent pour commander, plus de force pour se soumettre et obéir, plus de patience pour supporter et attendre; je le dirai même, le travail fait diversion aux mille petits tracas qui absorbent trop souvent l'existence des femmes; sans les faire sortir de la maison, il les fait sortir d'elles-mêmes et de leurs

soucis domestiques auxquels, sans ce contrepoids, elles seraient portées fréquemment à
donner dans leurs préoccupations plus de
place qu'il ne convient; car si on s'occupe
trop uniquement d'une même chose, sans
trêve ni repos, on s'en frappe l'esprit, l'humeur s'aigrit, le découragement gagne,
l'impatience prend. Dieu, en plaçant la nécessité du sommeil et l'interruption de toute
chose à la fin de la journée, a voulu nous
enseigner qu'il doit y avoir dans notre vie
des temps d'arrêt et des choses qu'il faut
savoir quitter pour les mieux reprendre.
Après deux heures de lectures intéressantes
et de travail utile, quelles que soient les
préoccupations qu'on y ait apportées, on
se sent de meilleure humeur, le cœur
reposé, le jugement plus net. Et le corps
lui-même, si souvent fatigué par l'agitation
nerveuse et les émotions excessives auxe-
quelles les femmes se laissent si facilement
aller, reprend, par le travail intellectuel,

lorsqu'il n'a rien d'excessif, — et, je l'ajouterai, dans la prière, bien que je n'en traite
pas ici, —les forces qu'il chercherait vainement ailleurs.

J'ai parlé des femmes du monde, des
mères de famille les plus appliquées à leurs
devoirs, et je viens de montrer que celles-
là mêmes peuvent trouver du temps pour
un travail utile; mais que dirai-je d'une
foule de jeunes femmes qui ne sont occupées, pour ainsi dire, qu'à ne s'occuper
jamais; qui perdent un temps énorme à la
toilette, à la promenade, à des conversations
absolument vaines et indéfiniment prolongées, mais ne se prennent jamais à rien
d'utile, de grave, de sérieux, et qui, dans
les heures de solitude, ne savent que s'en-
nuyer, s'étendre tristement sur un fauteuil,
et sont, en un mot, un poids insupportable
à elles-mêmes, à leurs maris, à leurs domestiques, à tout le monde? on sait assez que
je n'exagère rien ici. Car, dans le vrai, rien

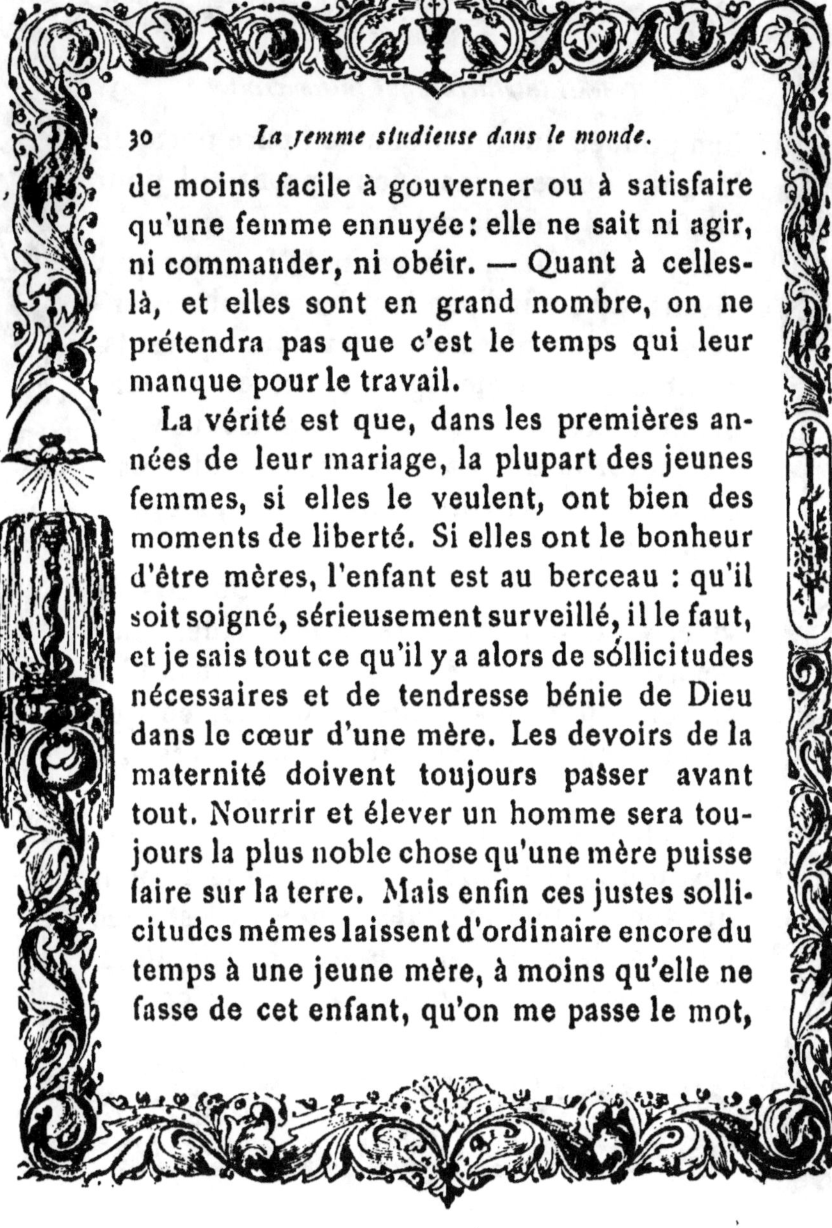

de moins facile à gouverner ou à satisfaire qu'une femme ennuyée : elle ne sait ni agir, ni commander, ni obéir. — Quant à celles-là, et elles sont en grand nombre, on ne prétendra pas que c'est le temps qui leur manque pour le travail.

La vérité est que, dans les premières années de leur mariage, la plupart des jeunes femmes, si elles le veulent, ont bien des moments de liberté. Si elles ont le bonheur d'être mères, l'enfant est au berceau : qu'il soit soigné, sérieusement surveillé, il le faut, et je sais tout ce qu'il y a alors de sóllicitudes nécessaires et de tendresse bénie de Dieu dans le cœur d'une mère. Les devoirs de la maternité doivent toujours passer avant tout. Nourrir et élever un homme sera toujours la plus noble chose qu'une mère puisse faire sur la terre. Mais enfin ces justes sollicitudes mêmes laissent d'ordinaire encore du temps à une jeune mère, à moins qu'elle ne fasse de cet enfant, qu'on me passe le mot,

une poupée qui lui prenne en pure perte de
.ongues heures sans aucun profit, ni pour
l'enfant, ni pour la mère.

Il y a, en outre, beaucoup de femmes qui,
vivant, du moins pendant les premières années de leur mariage, chez leurs parents,
n'ont point de ménage à tenir, et doivent
même éviter avec soin de paraître usurper
une autorité qui ne leur appartiendra pas.
Celles-là ont encore bien du temps à elles
assurément.

Plus tard, il y a aussi des moments de
vide, et quelquefois de grand vide, dans
l'existence d'une mère de famille, quand les
garçons sont au collège, et quand, ce que
les circonstances rendent parfois nécessaire,
les filles sont au couvent. Une femme peut
très bien se frouver, à vingt-huit ou trente
ans, tout à fait isolée, et dans un isolement
qui augmentera avec les années. C'est l'âge
des grands dangers. Plus que jamais alors,
il faut que le travail, des études conve-

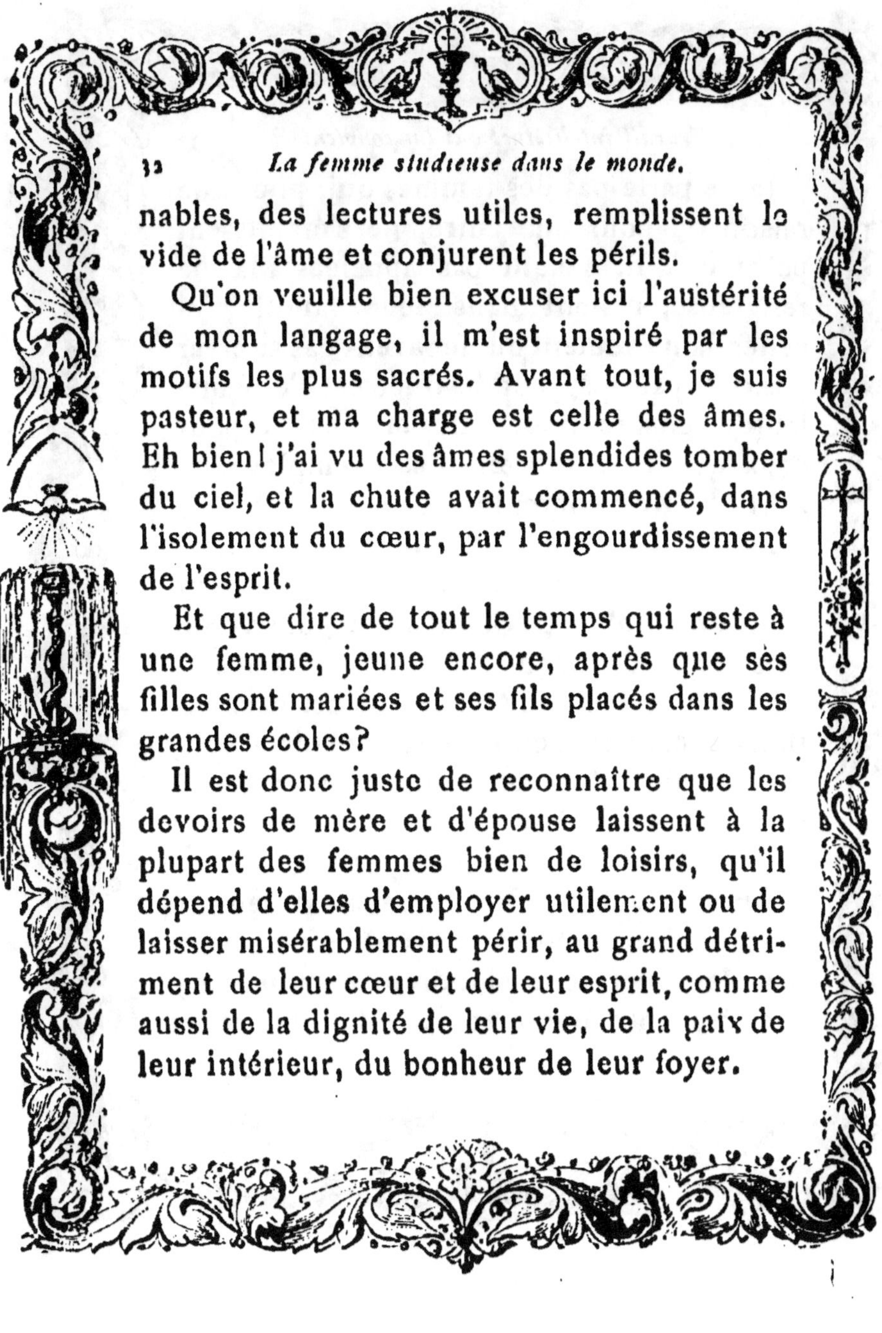

nables, des lectures utiles, remplissent le vide de l'âme et conjurent les périls.

Qu'on veuille bien excuser ici l'austérité de mon langage, il m'est inspiré par les motifs les plus sacrés. Avant tout, je suis pasteur, et ma charge est celle des âmes. Eh bien! j'ai vu des âmes splendides tomber du ciel, et la chute avait commencé, dans l'isolement du cœur, par l'engourdissement de l'esprit.

Et que dire de tout le temps qui reste à une femme, jeune encore, après que sès filles sont mariées et ses fils placés dans les grandes écoles?

Il est donc juste de reconnaître que les devoirs de mère et d'épouse laissent à la plupart des femmes bien de loisirs, qu'il dépend d'elles d'employer utilement ou de laisser misérablement périr, au grand détriment de leur cœur et de leur esprit, comme aussi de la dignité de leur vie, de la paix de leur intérieur, du bonheur de leur foyer.

Je ne parle pas des femmes qui, pour une raison ou pour une autre, ne s'établissent point et qui, n'étant pas appelées à la vie religieuse, restent dans leur famille ; si celles-là ne veulent ou ne savent pas se créer des occupations, leur destinée est d'être une lourde charge pour elles-mêmes et pour ceux qui les entourent. Les exemples n'en sont que trop communs.

Mais s'il est facile d'établir la nécessité où se trouvent toutes les femmes, que leur position n'oblige pas à travailler pour vivre, de se créer des occupations sérieuses et suivies ; s'il est facile d'établir que ces occupations, loin de rien enlever aux devoirs d'état, rendent les mères de famille plus propres à remplir ces devoirs, il l'est moins de donner ces habitudes à qui ne les a pas.

Aussi beaucoup de femmes sentent le besoin d'occupations, mais elles ne savent pas s'occuper ; elles ignorent comment s'y prendre pour combler le vide dont elles

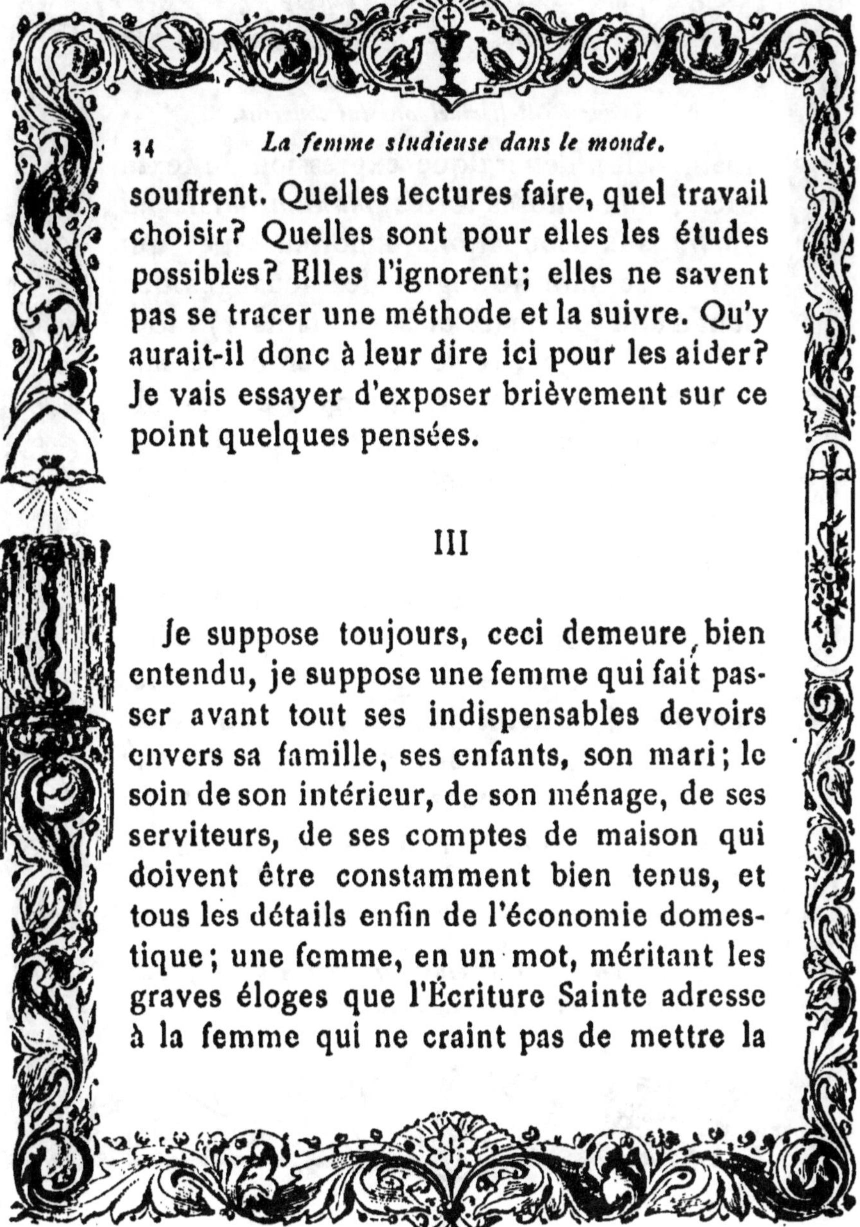

souffrent. Quelles lectures faire, quel travail choisir? Quelles sont pour elles les études possibles? Elles l'ignorent; elles ne savent pas se tracer une méthode et la suivre. Qu'y aurait-il donc à leur dire ici pour les aider? Je vais essayer d'exposer brièvement sur ce point quelques pensées.

III

Je suppose toujours, ceci demeure bien entendu, je suppose une femme qui fait passer avant tout ses indispensables devoirs envers sa famille, ses enfants, son mari; le soin de son intérieur, de son ménage, de ses serviteurs, de ses comptes de maison qui doivent être constamment bien tenus, et tous les détails enfin de l'économie domestique; une femme, en un mot, méritant les graves éloges que l'Écriture Sainte adresse à la femme qui ne craint pas de mettre la

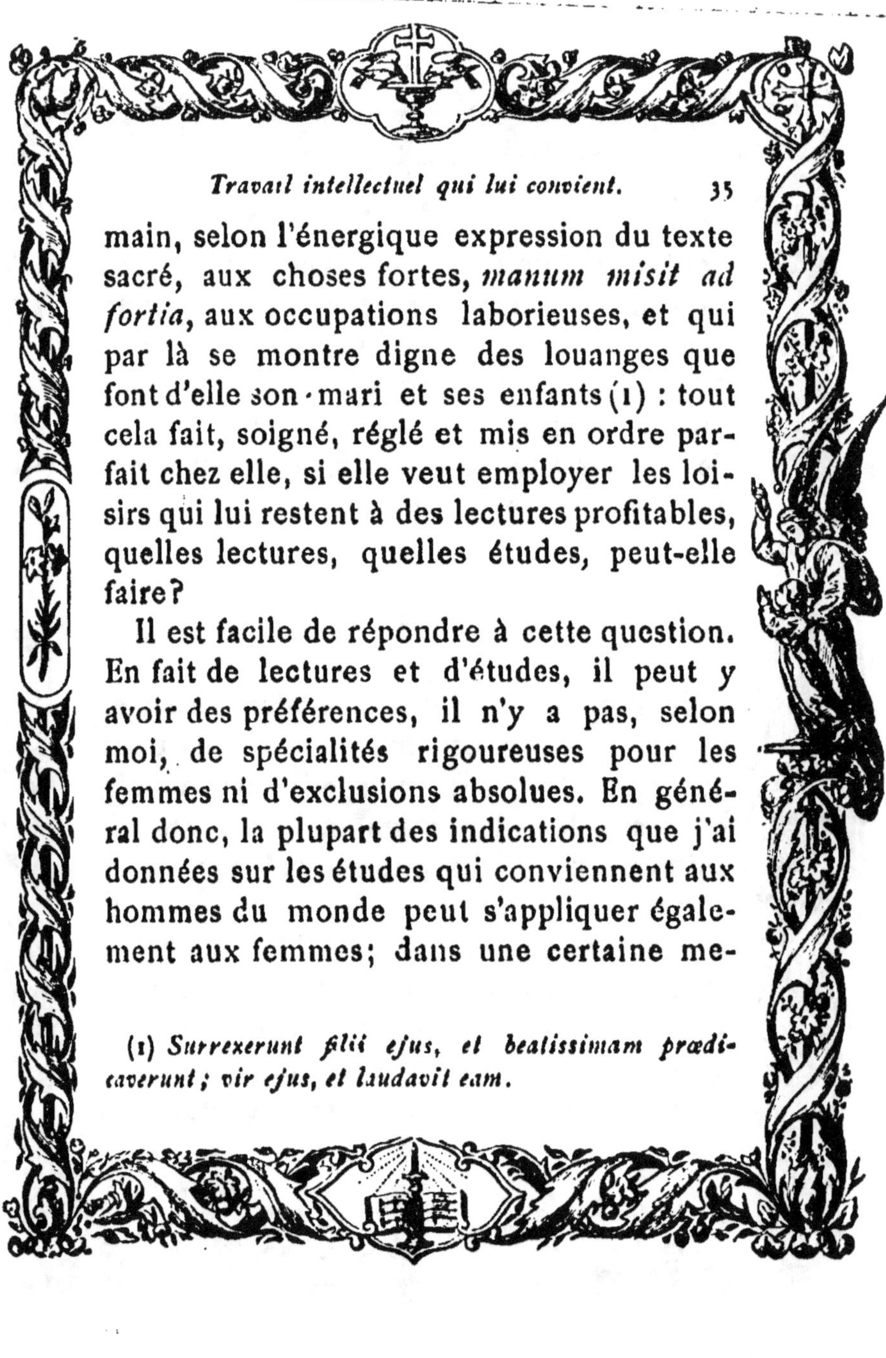

main, selon l'énergique expression du texte sacré, aux choses fortes, *manum misit ad fortia*, aux occupations laborieuses, et qui par là se montre digne des louanges que font d'elle son·mari et ses enfants (1) : tout cela fait, soigné, réglé et mis en ordre parfait chez elle, si elle veut employer les loisirs qui lui restent à des lectures profitables, quelles lectures, quelles études, peut-elle faire?

Il est facile de répondre à cette question. En fait de lectures et d'études, il peut y avoir des préférences, il n'y a pas, selon moi, de spécialités rigoureuses pour les femmes ni d'exclusions absolues. En général donc, la plupart des indications que j'ai données sur les études qui conviennent aux hommes du monde peut s'appliquer également ment aux femmes; dans une certaine me-

____

(1) *Surrexerunt filii ejus, et beatissimam prædicaverunt; vir ejus, et laudavit eam.*

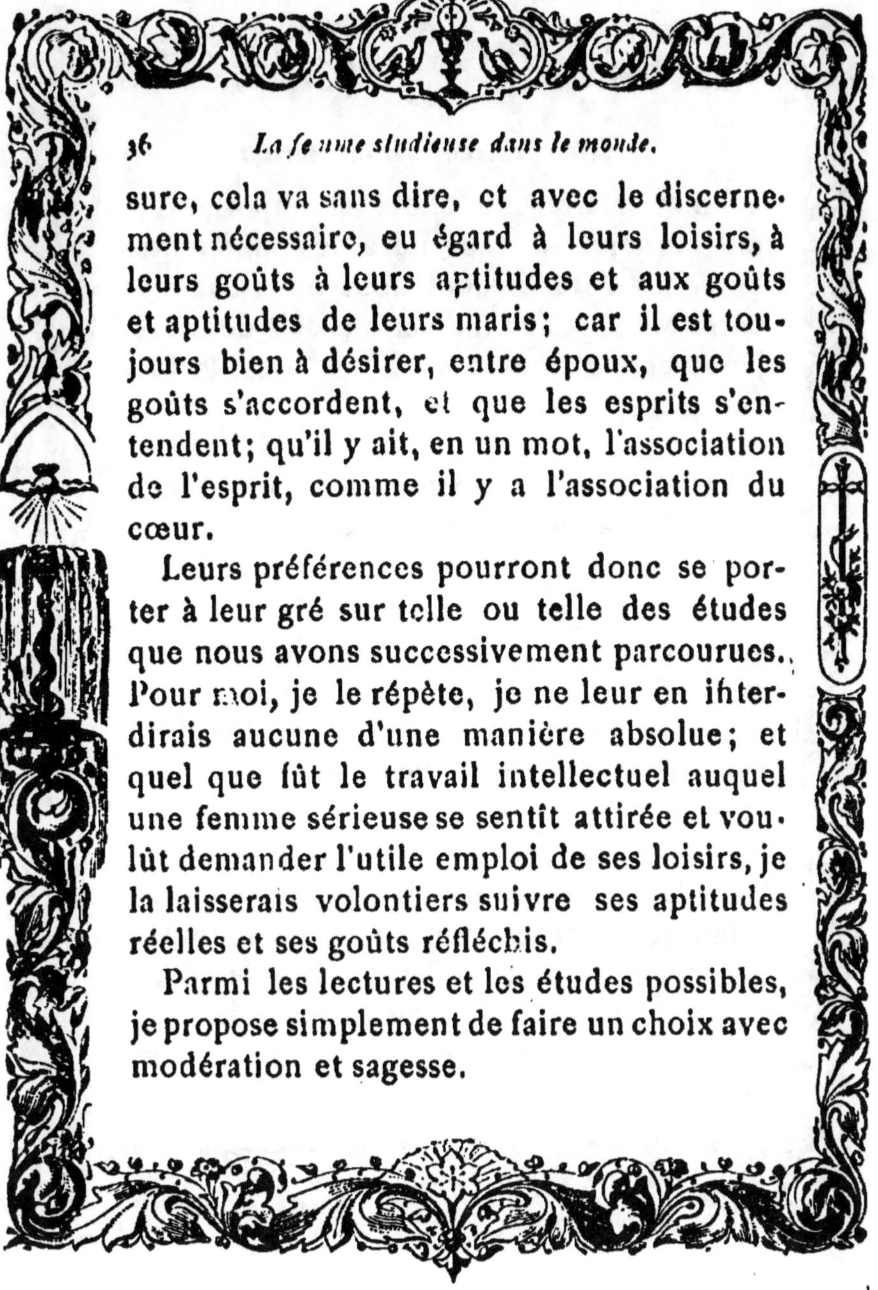

sure, cela va sans dire, et avec le discernement nécessaire, eu égard à leurs loisirs, à
leurs goûts à leurs aptitudes et aux goûts
et aptitudes de leurs maris; car il est toujours bien à désirer, entre époux, que les
goûts s'accordent, et que les esprits s'entendent; qu'il y ait, en un mot, l'association
de l'esprit, comme il y a l'association du
cœur.

Leurs préférences pourront donc se porter à leur gré sur telle ou telle des études
que nous avons successivement parcourues.
Pour moi, je le répète, je ne leur en inter-
dirais aucune d'une manière absolue; et
quel que fût le travail intellectuel auquel
une femme sérieuse se sentît attirée et vou-
lût demander l'utile emploi de ses loisirs, je
la laisserais volontiers suivre ses aptitudes
réelles et ses goûts réfléchis.

Parmi les lectures et les études possibles,
je propose simplement de faire un choix avec
modération et sagesse.

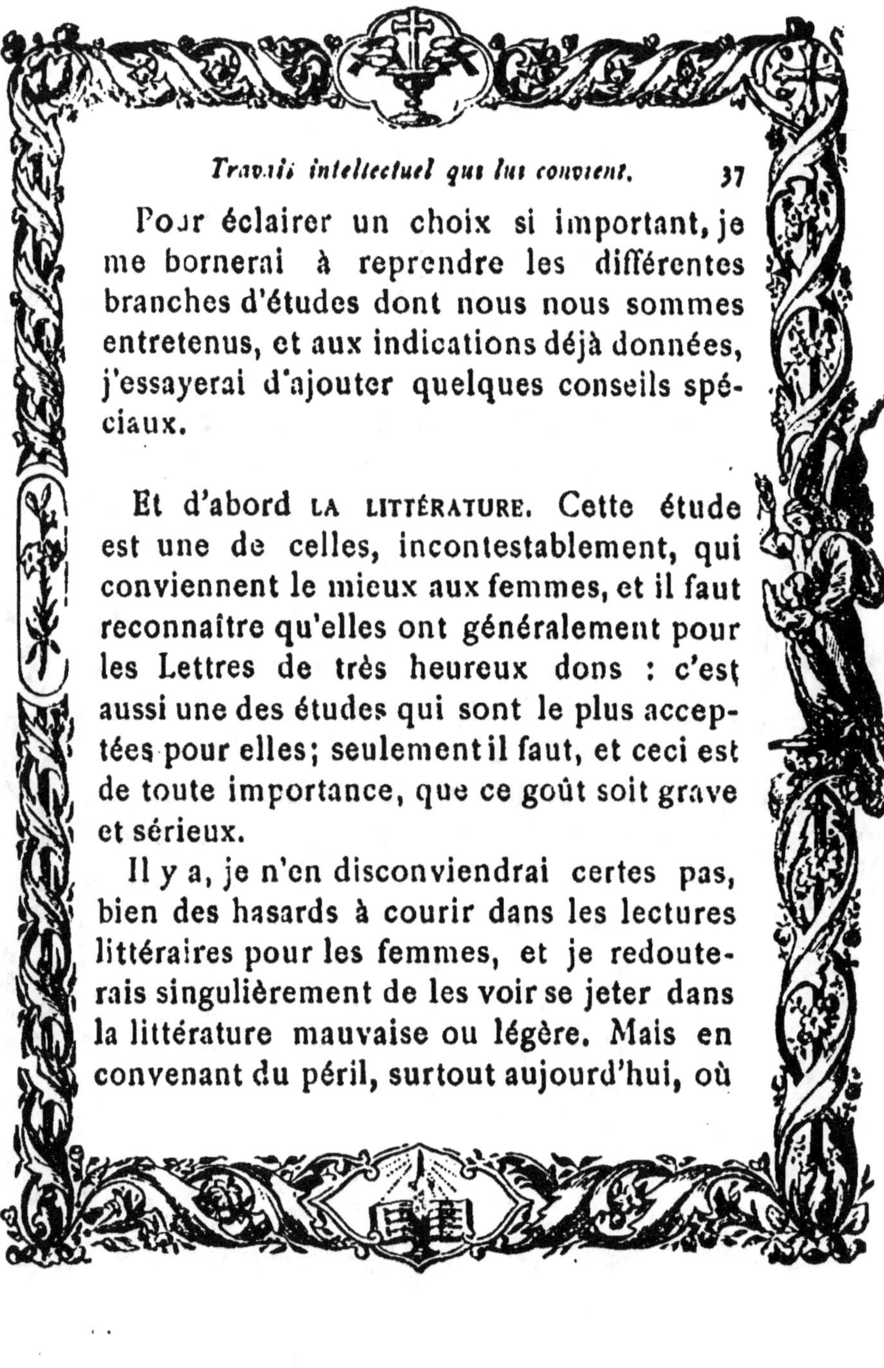

Pour éclairer un choix si important, je me bornerai à reprendre les différentes branches d'études dont nous nous sommes entretenus, et aux indications déjà données, j'essayerai d'ajouter quelques conseils spéciaux.

Et d'abord LA LITTÉRATURE. Cette étude est une de celles, incontestablement, qui conviennent le mieux aux femmes, et il faut reconnaître qu'elles ont généralement pour les Lettres de très heureux dons : c'est aussi une des études qui sont le plus acceptées pour elles; seulement il faut, et ceci est de toute importance, que ce goût soit grave et sérieux.

Il y a, je n'en disconviendrai certes pas, bien des hasards à courir dans les lectures littéraires pour les femmes, et je redouterais singulièrement de les voir se jeter dans la littérature mauvaise ou légère. Mais en convenant du péril, surtout aujourd'hui, où

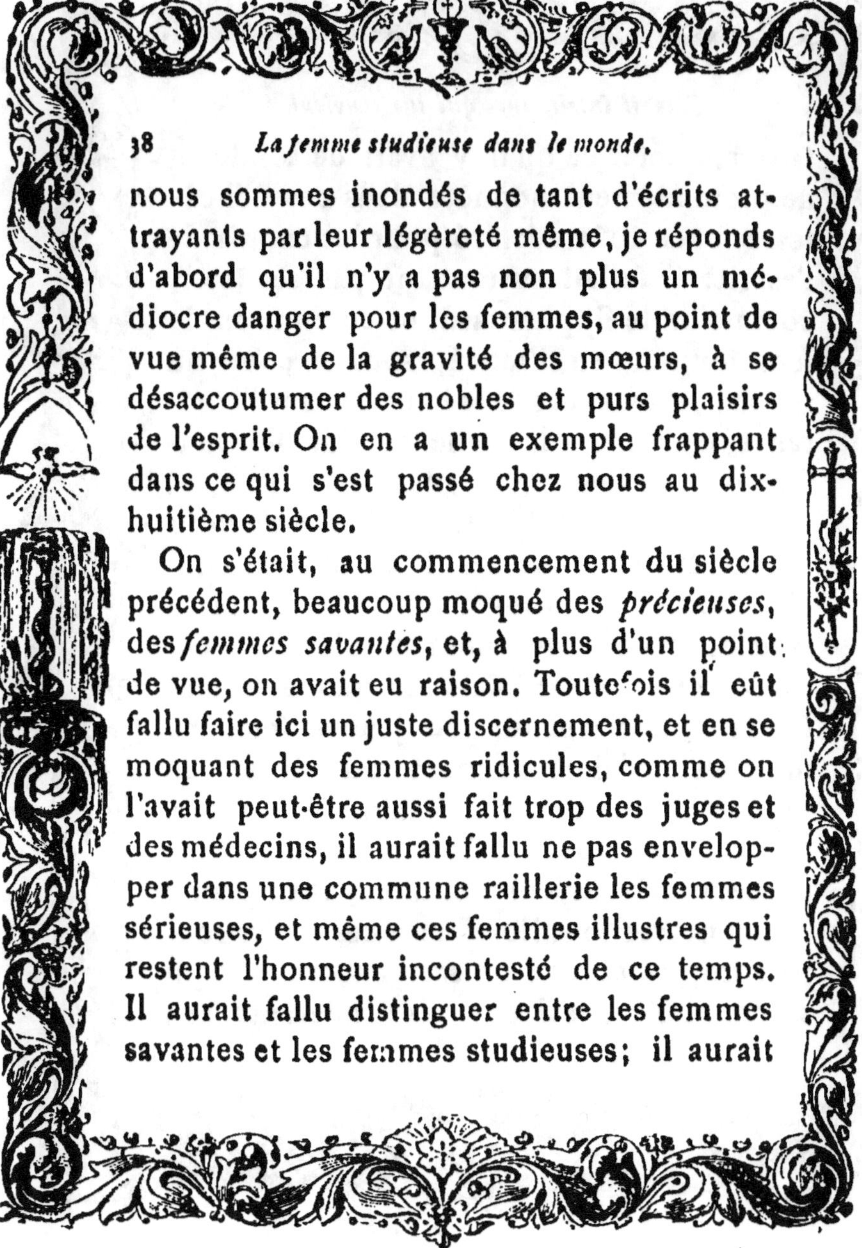

nous sommes inondés de tant d'écrits attrayants par leur légèreté même, je réponds d'abord qu'il n'y a pas non plus un médiocre danger pour les femmes, au point de vue même de la gravité des mœurs, à se désaccoutumer des nobles et purs plaisirs de l'esprit. On en a un exemple frappant dans ce qui s'est passé chez nous au dix-huitième siècle.

On s'était, au commencement du siècle précédent, beaucoup moqué des *précieuses*, des *femmes savantes*, et, à plus d'un point de vue, on avait eu raison. Toutefois il eût fallu faire ici un juste discernement, et en se moquant des femmes ridicules, comme on l'avait peut-être aussi fait trop des juges et des médecins, il aurait fallu ne pas envelopper dans une commune raillerie les femmes sérieuses, et même ces femmes illustres qui restent l'honneur incontesté de ce temps. Il aurait fallu distinguer entre les femmes savantes et les femmes studieuses; il aurait

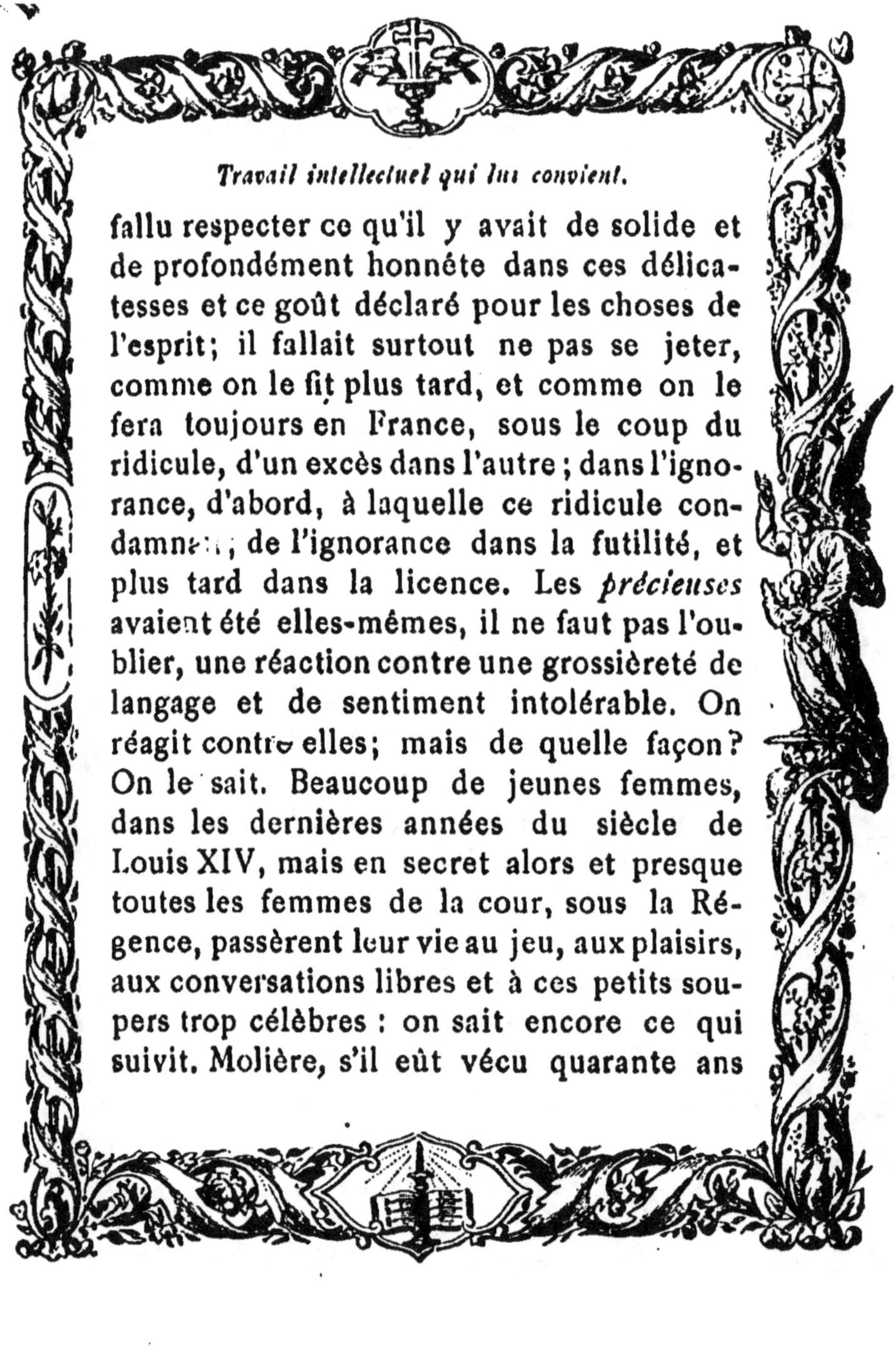

fallu respecter ce qu'il y avait de solide et de profondément honnéte dans ces délicatesses et ce goût déclaré pour les choses de l'esprit; il fallait surtout ne pas se jeter, comme on le fit plus tard, et comme on le fera toujours en France, sous le coup du ridicule, d'un excès dans l'autre ; dans l'ignorance, d'abord, à laquelle ce ridicule condamna ; de l'ignorance dans la futilité, et plus tard dans la licence. Les *précieuses* avaient été elles-mémes, il ne faut pas l'oublier, une réaction contre une grossièreté de langage et de sentiment intolérable. On réagit contre elles; mais de quelle façon? On le sait. Beaucoup de jeunes femmes, dans les dernières années du siècle de Louis XIV, mais en secret alors et presque toutes les femmes de la cour, sous la Régence, passèrent leur vie au jeu, aux plaisirs, aux conversations libres et à ces petits soupers trop célèbres : on sait encore ce qui suivit. Molière, s'il eût vécu quarante ans

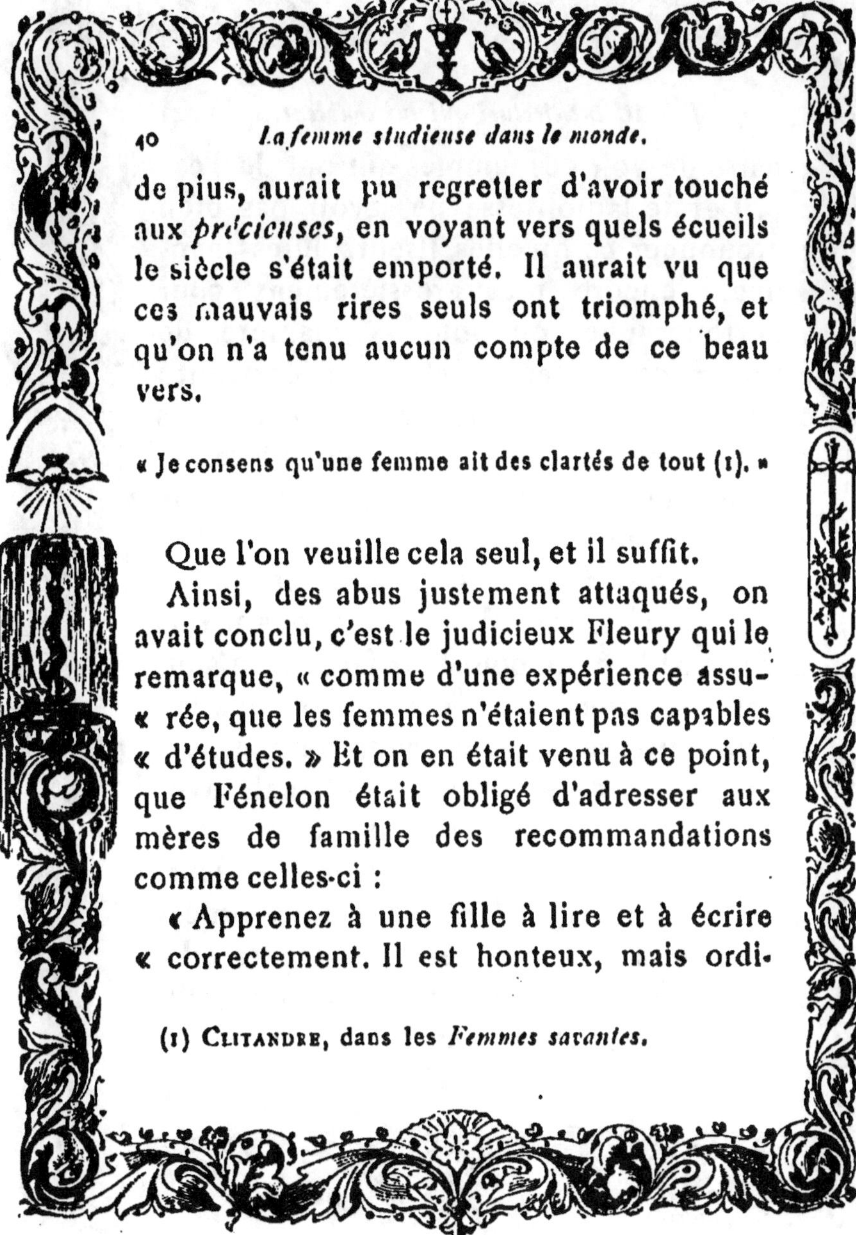

de plus, aurait pu regretter d'avoir touché aux *précieuses*, en voyant vers quels écueils le siècle s'était emporté. Il aurait vu que ces mauvais rires seuls ont triomphé, et qu'on n'a tenu aucun compte de ce beau vers.

« Je consens qu'une femme ait des clartés de tout (1). »

Que l'on veuille cela seul, et il suffit.

Ainsi, des abus justement attaqués, on avait conclu, c'est le judicieux Fleury qui le remarque, « comme d'une expérience assu-
« rée, que les femmes n'étaient pas capables
« d'études. » Et on en était venu à ce point, que Fénelon était obligé d'adresser aux mères de famille des recommandations comme celles-ci :

« Apprenez à une fille à lire et à écrire
« correctement. Il est honteux, mais ordi-

(1) CLITANDRE, dans les *Femmes savantes.*

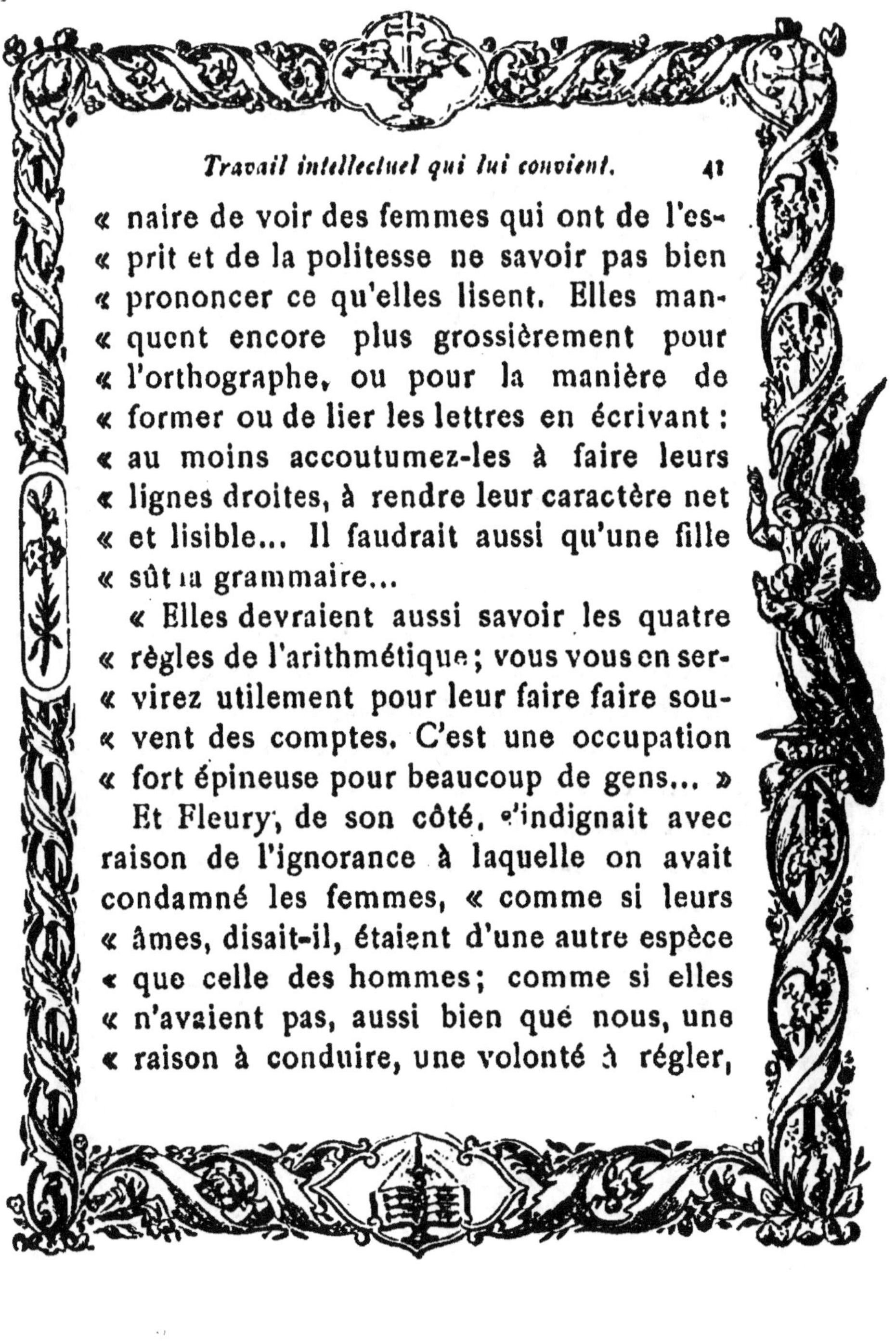

« naire de voir des femmes qui ont de l'es-
« prit et de la politesse ne savoir pas bien
« prononcer ce qu'elles lisent. Elles man-
« quent encore plus grossièrement pour
« l'orthographe, ou pour la manière de
« former ou de lier les lettres en écrivant :
« au moins accoutumez-les à faire leurs
« lignes droites, à rendre leur caractère net
« et lisible... Il faudrait aussi qu'une fille
« sût la grammaire...

« Elles devraient aussi savoir les quatre
« règles de l'arithmétique ; vous vous en ser-
« virez utilement pour leur faire faire sou-
« vent des comptes. C'est une occupation
« fort épineuse pour beaucoup de gens... »

Et Fleury, de son côté, s'indignait avec
raison de l'ignorance à laquelle on avait
condamné les femmes, « comme si leurs
« âmes, disait-il, étaient d'une autre espèce
« que celle des hommes ; comme si elles
« n'avaient pas, aussi bien que nous, une
« raison à conduire, une volonté à régler,

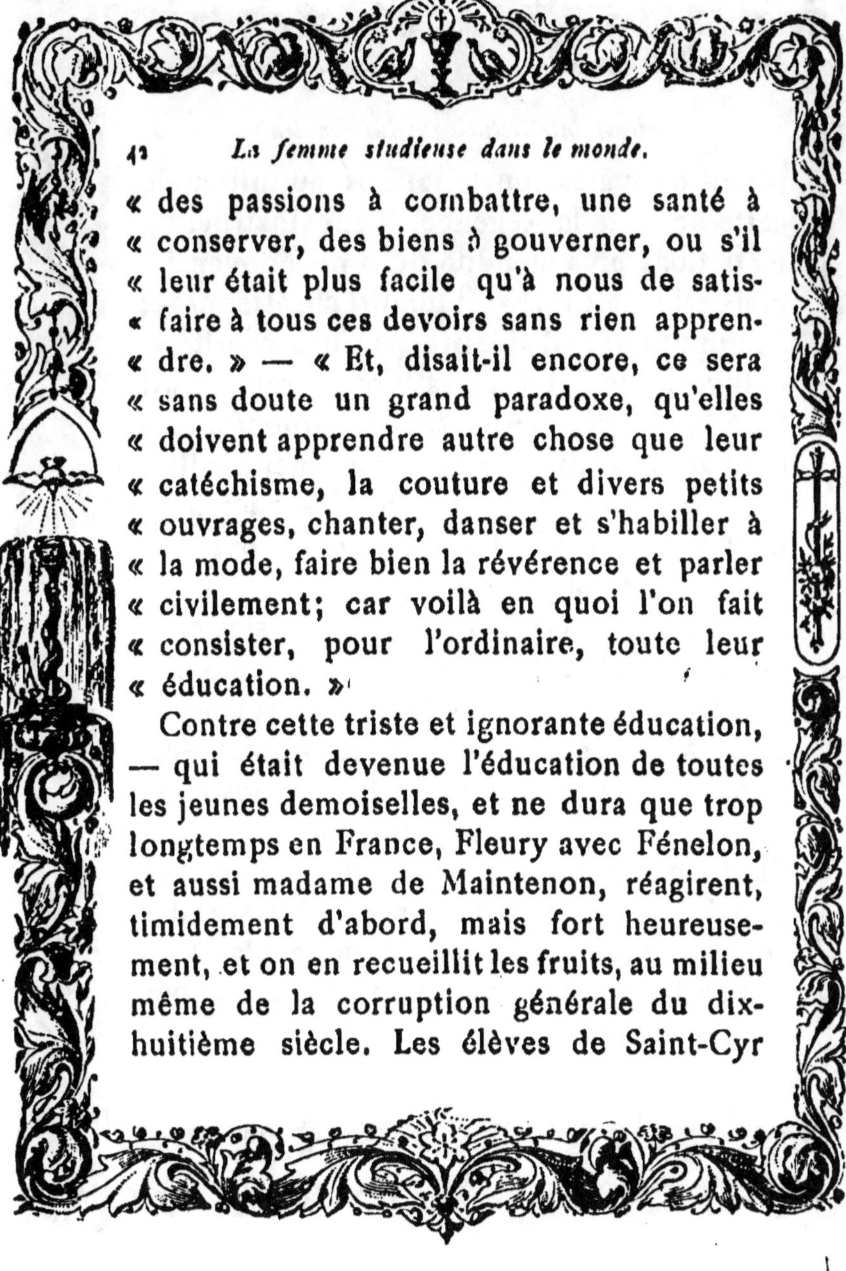

« des passions à combattre, une santé à
« conserver, des biens à gouverner, ou s'il
« leur était plus facile qu'à nous de satis-
« faire à tous ces devoirs sans rien appren-
« dre. » — « Et, disait-il encore, ce sera
« sans doute un grand paradoxe, qu'elles
« doivent apprendre autre chose que leur
« catéchisme, la couture et divers petits
« ouvrages, chanter, danser et s'habiller à
« la mode, faire bien la révérence et parler
« civilement; car voilà en quoi l'on fait
« consister, pour l'ordinaire, toute leur
« éducation. »

Contre cette triste et ignorante éducation,
— qui était devenue l'éducation de toutes
les jeunes demoiselles, et ne dura que trop
longtemps en France, Fleury avec Fénelon,
et aussi madame de Maintenon, réagirent,
timidement d'abord, mais fort heureusement, et on en recueillit les fruits, au milieu
même de la corruption générale du dix-
huitième siècle. Les élèves de Saint-Cyr

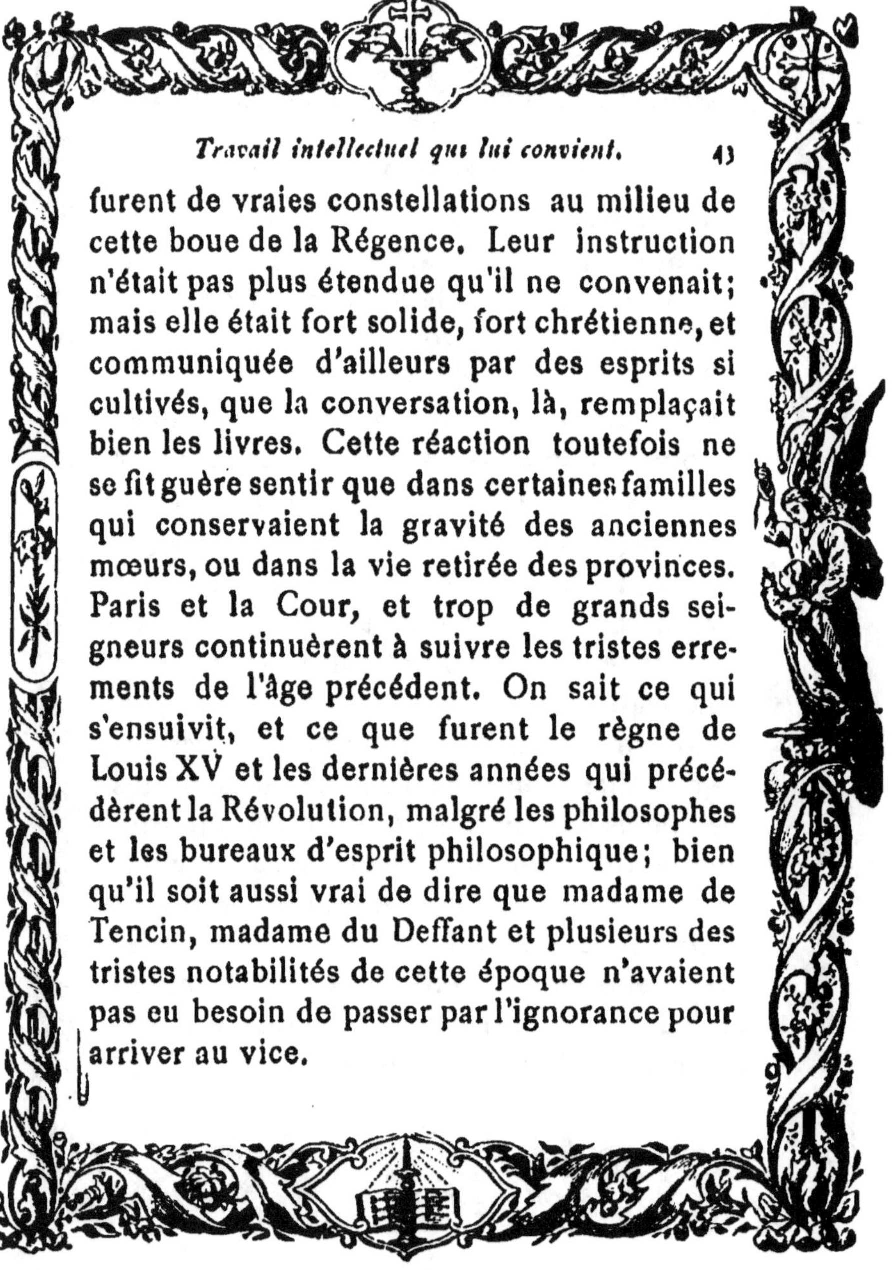

furent de vraies constellations au milieu de
cette boue de la Régence. Leur instruction
n'était pas plus étendue qu'il ne convenait;
mais elle était fort solide, fort chrétienne, et
communiquée d'ailleurs par des esprits si
cultivés, que la conversation, là, remplaçait
bien les livres. Cette réaction toutefois ne
se fit guère sentir que dans certaines familles
qui conservaient la gravité des anciennes
mœurs, ou dans la vie retirée des provinces.
Paris et la Cour, et trop de grands seigneurs continuèrent à suivre les tristes erre-
ments de l'âge précédent. On sait ce qui
s'ensuivit, et ce que furent le règne de
Louis XV et les dernières années qui précé-
dèrent la Révolution, malgré les philosophes
et les bureaux d'esprit philosophique; bien
qu'il soit aussi vrai de dire que madame de
Tencin, madame du Deffant et plusieurs des
tristes notabilités de cette époque n'avaient
pas eu besoin de passer par l'ignorance pour
arriver au vice.

De nos jours, où en est-on? Assurément, l'instruction n'est pas systématiquement négligée dans l'éducation des femmes. Je l'ai dit, on étudie plus de choses aujourd'hui qu'autrefois, mais on apprend moins bien. L'instruction a plus de variété, mais pas assez de solidité. L'éducation morale est plus forte qu'au dix-huitième siècle, mais elle ne l'est pas encore autant qu'il le faudrait. Les femmes s'occupent assez de littérature; mais pas assez de la bonne littérature. Certes, on est loin, en fait de lectures, des réserves de madame de Maintenon. Il y a aujourd'hui dans le monde, chez les jeunes femmes et quelquefois chez les jeunes filles, des facilités de lectures véritablement déplorables. Mauvais romans, mauvaises poésies, mauvaises pièces de théâtre, on se permet de tout lire, afin, dit-on, de pouvoir parler de tout. On affronte également les livres contre les mœurs et les livres contre la foi, à ce point que le plus répugnant ouvrage

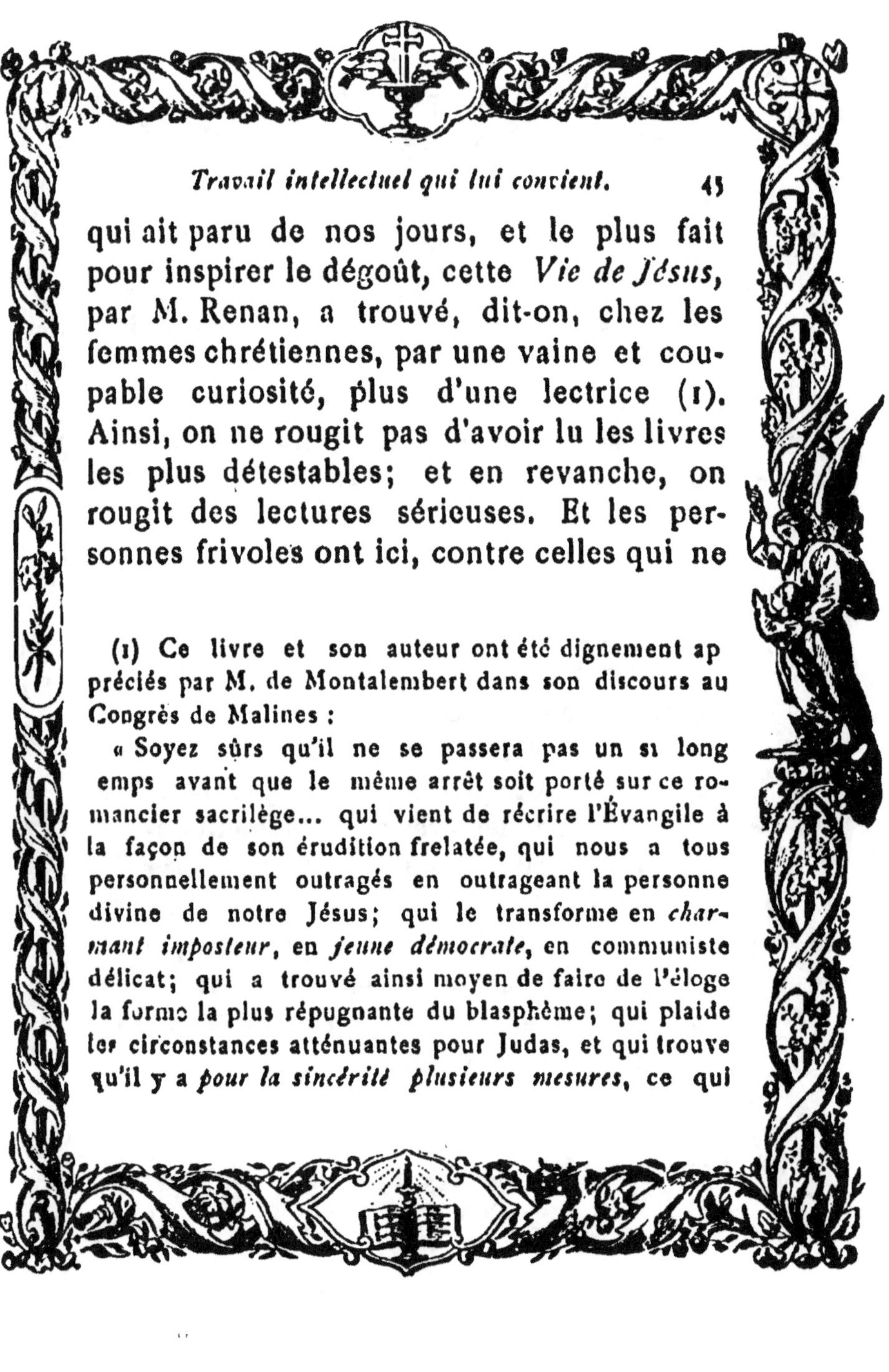

qui ait paru de nos jours, et le plus fait pour inspirer le dégoût, cette *Vie de Jésus*, par M. Renan, a trouvé, dit-on, chez les femmes chrétiennes, par une vaine et coupable curiosité, plus d'une lectrice (1). Ainsi, on ne rougit pas d'avoir lu les livres les plus détestables; et en revanche, on rougit des lectures sérieuses. Et les personnes frivoles ont ici, contre celles qui ne

(1) Ce livre et son auteur ont été dignement appréciés par M. de Montalembert dans son discours au Congrès de Malines :

« Soyez sûrs qu'il ne se passera pas un si long temps avant que le même arrêt soit porté sur ce romancier sacrilège... qui vient de récrire l'Évangile à la façon de son érudition frelatée, qui nous a tous personnellement outragés en outrageant la personne divine de notre Jésus; qui le transforme en *charmant imposteur*, en *jeune démocrate*, en communiste délicat; qui a trouvé ainsi moyen de faire de l'éloge la forme la plus répugnante du blasphème; qui plaide les circonstances atténuantes pour Judas, et qui trouve qu'il y a *pour la sincérité plusieurs mesures*, ce qui

leur ressemblent pas, des tyrannies véritablement étranges. A ce point qu'une jeune
femme aujourd'hui pourrait à peine avouer
qu'elle lit les *Oraisons funèbres de Bossuet,*
le *Discours sur l'histoire universelle,* quelques pages de *Malebranche* ou de *M. de
Maistre,* sans s'exposer à s'entendre dire
aussitôt : Oh! vous êtes bien sérieuse! Eh
bien! je demande aux femmes chrétiennes
de mépriser de tels mépris, de dédaigner

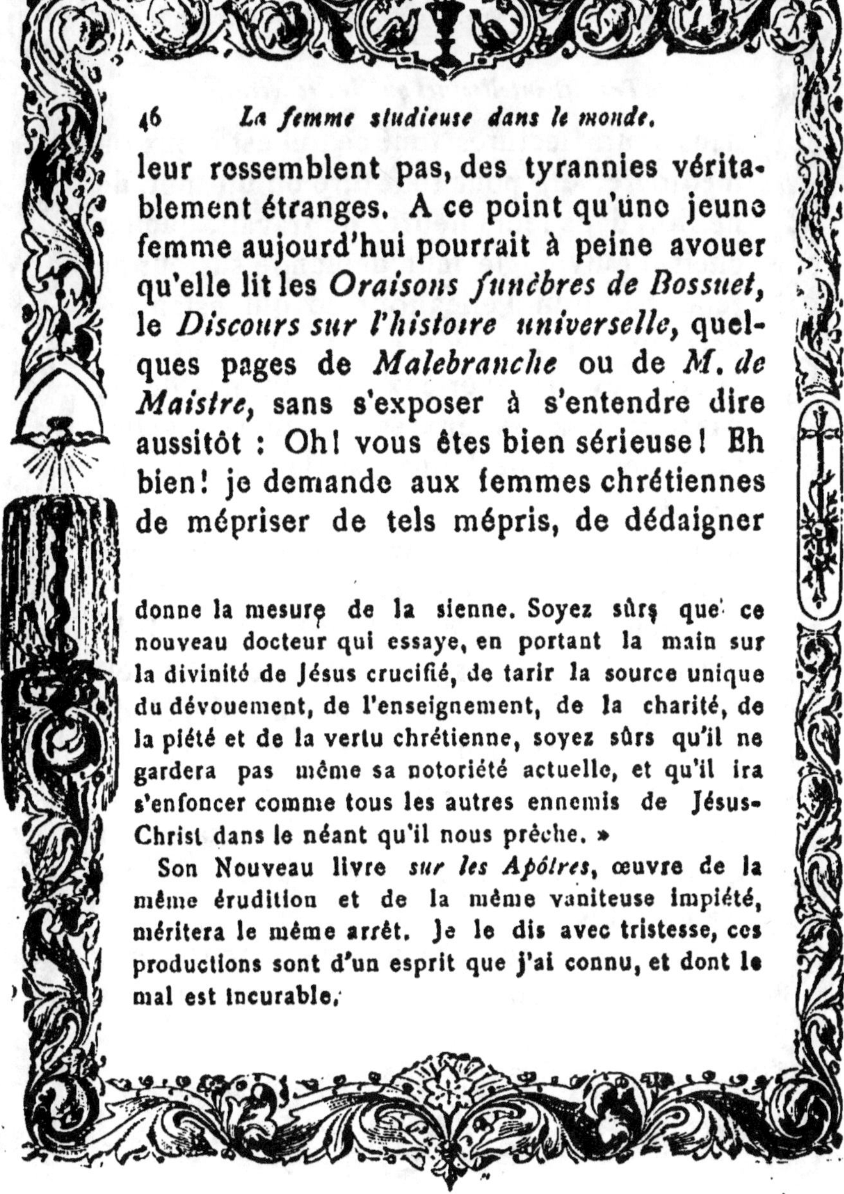

donne la mesure de la sienne. Soyez sûrs que ce
nouveau docteur qui essaye, en portant la main sur
la divinité de Jésus crucifié, de tarir la source unique
du dévouement, de l'enseignement, de la charité, de
la piété et de la vertu chrétienne, soyez sûrs qu'il ne
gardera pas même sa notoriété actuelle, et qu'il ira
s'enfoncer comme tous les autres ennemis de Jésus-
Christ dans le néant qu'il nous prêche. »

Son Nouveau livre *sur les Apôtres,* œuvre de la
même érudition et de la même vaniteuse impiété,
méritera le même arrêt. Je le dis avec tristesse, ces
productions sont d'un esprit que j'ai connu, et dont le
mal est incurable.

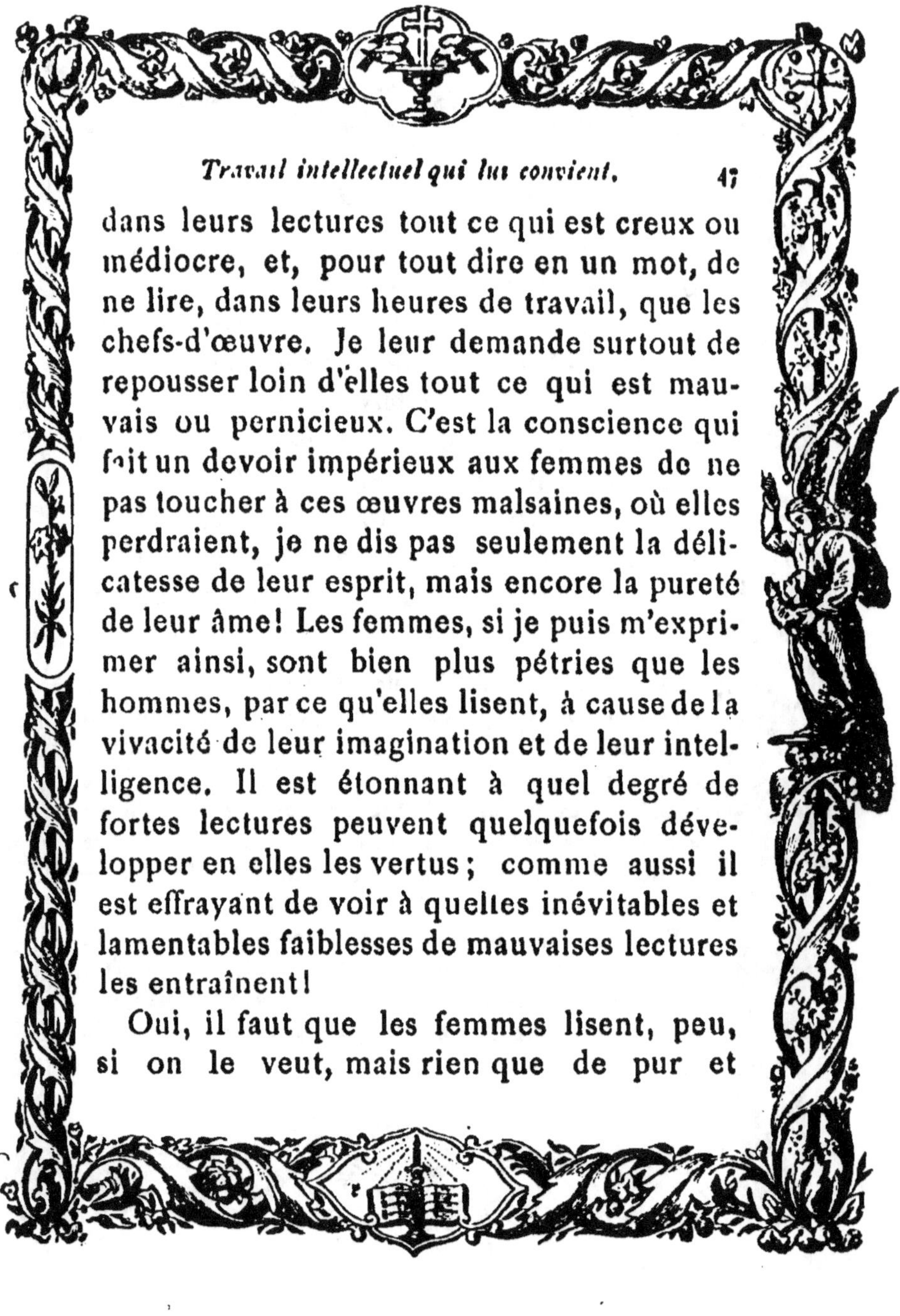

dans leurs lectures tout ce qui est creux ou médiocre, et, pour tout dire en un mot, de ne lire, dans leurs heures de travail, que les chefs-d'œuvre. Je leur demande surtout de repousser loin d'elles tout ce qui est mauvais ou pernicieux. C'est la conscience qui fait un devoir impérieux aux femmes de ne pas toucher à ces œuvres malsaines, où elles perdraient, je ne dis pas seulement la délicatesse de leur esprit, mais encore la pureté de leur âme! Les femmes, si je puis m'exprimer ainsi, sont bien plus pétries que les hommes, par ce qu'elles lisent, à cause de la vivacité de leur imagination et de leur intelligence. Il est étonnant à quel degré de fortes lectures peuvent quelquefois développer en elles les vertus; comme aussi il est effrayant de voir à quelles inévitables et lamentables faiblesses de mauvaises lectures les entraînent!

Oui, il faut que les femmes lisent, peu, si on le veut, mais rien que de pur et d'exquis, et surtout qu'elles *relisent* (1), et qu'elles reviennent sur leurs lectures. Qu'elles relisent les mêmes choses à plusieurs années de distance. Rien n'est curieux et profitable comme de constater à des âges différents la différence de ses impressions et de sa manière de lire et de sentir les choses.

Et il faut de plus qu'elles lisent toujours attentivement, et autant qu'il se peut la

(1) Mais, pour relire, il faut avoir des livres à soi. Il y a des personnes, même riches, qui ont la manie de ne lire un livre que si on le leur prête, et ne vivent que de ce qu'on peut appeler des lectures d'emprunt. Je ne prétends pas qu'on ne puisse pas emprunter de livres. Mais autant que le permet la fortune de chacun, il y a des livres qu'il faut avoir à soi et chez soi, pour les lire et les relire au besoin. Il faut se faire, autant qu'il se peut, une bonne bibliothèque de campagne, et la grossir un peu chaque année : on en rapporte à la ville les livres et ce qu'il faut pour son hiver.

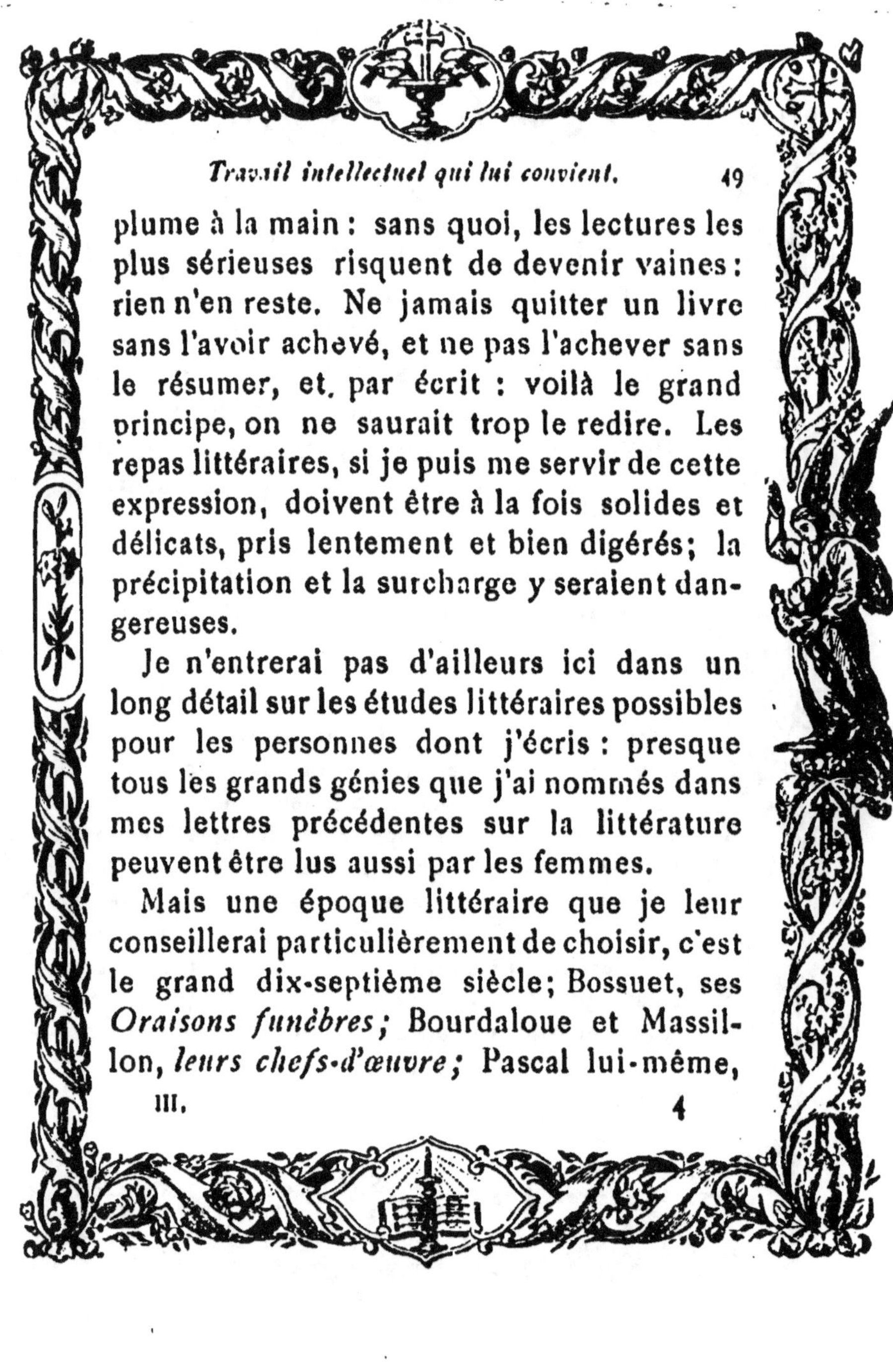

plume à la main : sans quoi, les lectures les plus sérieuses risquent de devenir vaines : rien n'en reste. Ne jamais quitter un livre sans l'avoir achevé, et ne pas l'achever sans le résumer, et, par écrit : voilà le grand principe, on ne saurait trop le redire. Les repas littéraires, si je puis me servir de cette expression, doivent être à la fois solides et délicats, pris lentement et bien digérés; la précipitation et la surcharge y seraient dangereuses.

Je n'entrerai pas d'ailleurs ici dans un long détail sur les études littéraires possibles pour les personnes dont j'écris : presque tous les grands génies que j'ai nommés dans mes lettres précédentes sur la littérature peuvent être lus aussi par les femmes.

Mais une époque littéraire que je leur conseillerai particulièrement de choisir, c'est le grand dix-septième siècle; Bossuet, ses *Oraisons funèbres;* Bourdaloue et Massillon, *leurs chefs-d'œuvre;* Pascal lui-même,

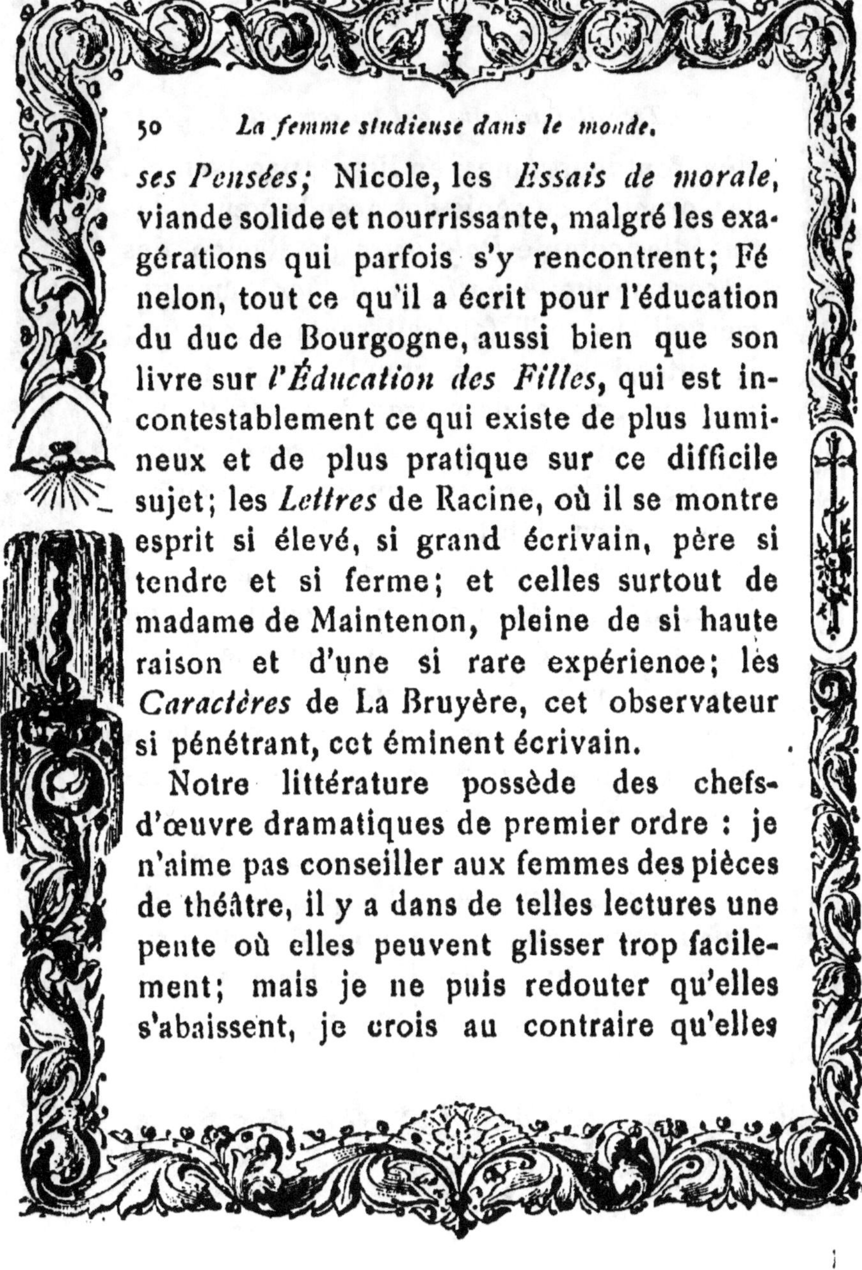

ses *Pensées;* Nicole, les *Essais de morale,* viande solide et nourrissante, malgré les exagérations qui parfois s'y rencontrent; Fénelon, tout ce qu'il a écrit pour l'éducation du duc de Bourgogne, aussi bien que son livre sur *l'Éducation des Filles,* qui est incontestablement ce qui existe de plus lumineux et de plus pratique sur ce difficile sujet; les *Lettres* de Racine, où il se montre esprit si élevé, si grand écrivain, père si tendre et si ferme; et celles surtout de madame de Maintenon, pleine de si haute raison et d'une si rare expérience; les *Caractères* de La Bruyère, cet observateur si pénétrant, cet éminent écrivain.

Notre littérature possède des chefs-d'œuvre dramatiques de premier ordre : je n'aime pas conseiller aux femmes des pièces de théâtre, il y a dans de telles lectures une pente où elles peuvent glisser trop facilement; mais je ne puis redouter qu'elles s'abaissent, je crois au contraire qu'elles

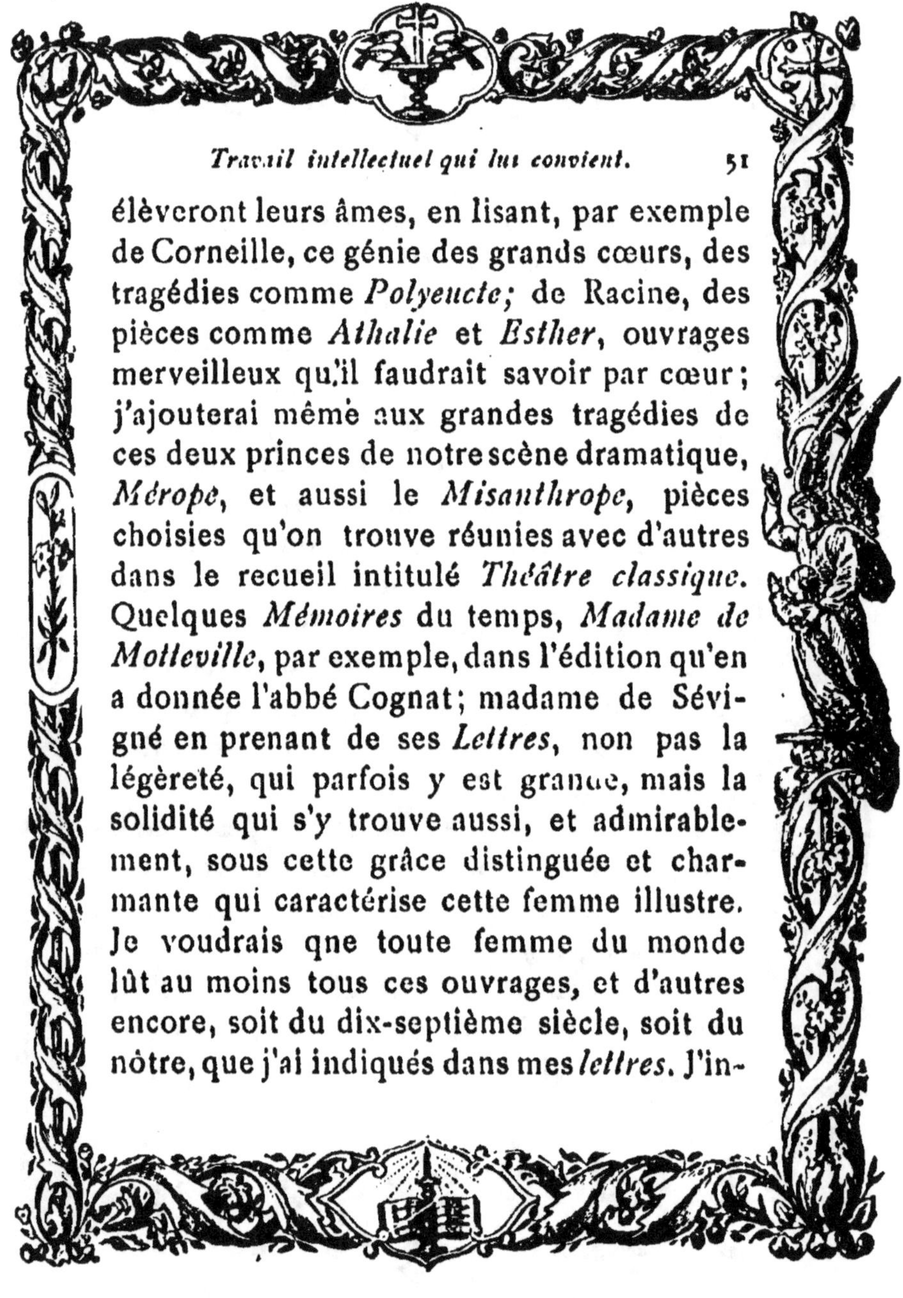

élèveront leurs âmes, en lisant, par exemple de Corneille, ce génie des grands cœurs, des tragédies comme *Polyeucte;* de Racine, des pièces comme *Athalie* et *Esther*, ouvrages merveilleux qu'il faudrait savoir par cœur; j'ajouterai même aux grandes tragédies de ces deux princes de notre scène dramatique, *Mérope*, et aussi le *Misanthrope*, pièces choisies qu'on trouve réunies avec d'autres dans le recueil intitulé *Théâtre classique.* Quelques *Mémoires* du temps, *Madame de Motteville*, par exemple, dans l'édition qu'en a donnée l'abbé Cognat; madame de Sévigné en prenant de ses *Lettres*, non pas la légèreté, qui parfois y est grande, mais la solidité qui s'y trouve aussi, et admirablement, sous cette grâce distinguée et charmante qui caractérise cette femme illustre. Je voudrais que toute femme du monde lût au moins tous ces ouvrages, et d'autres encore, soit du dix-septième siècle, soit du nôtre, que j'ai indiqués dans mes *lettres.* J'in-

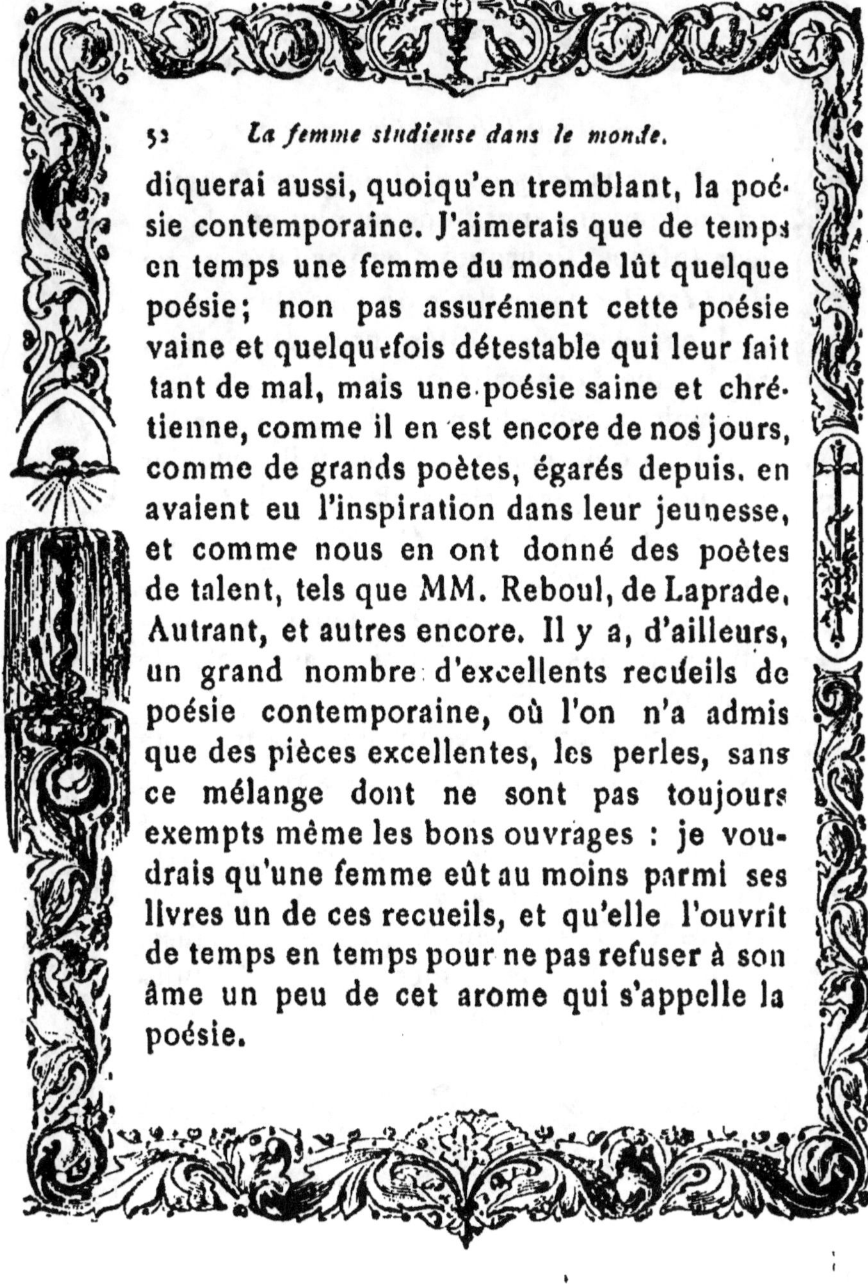

diquerai aussi, quoiqu'en tremblant, la poésie contemporaine. J'aimerais que de temps
en temps une femme du monde lût quelque
poésie; non pas assurément cette poésie
vaine et quelquefois détestable qui leur fait
tant de mal, mais une poésie saine et chrétienne, comme il en est encore de nos jours,
comme de grands poètes, égarés depuis, en
avaient eu l'inspiration dans leur jeunesse,
et comme nous en ont donné des poètes
de talent, tels que MM. Reboul, de Laprade,
Autrant, et autres encore. Il y a, d'ailleurs,
un grand nombre d'excellents recueils de
poésie contemporaine, où l'on n'a admis
que des pièces excellentes, les perles, sans
ce mélange dont ne sont pas toujours
exempts même les bons ouvrages : je voudrais qu'une femme eût au moins parmi ses
livres un de ces recueils, et qu'elle l'ouvrît
de temps en temps pour ne pas refuser à son
âme un peu de cet arome qui s'appelle la
poésie.

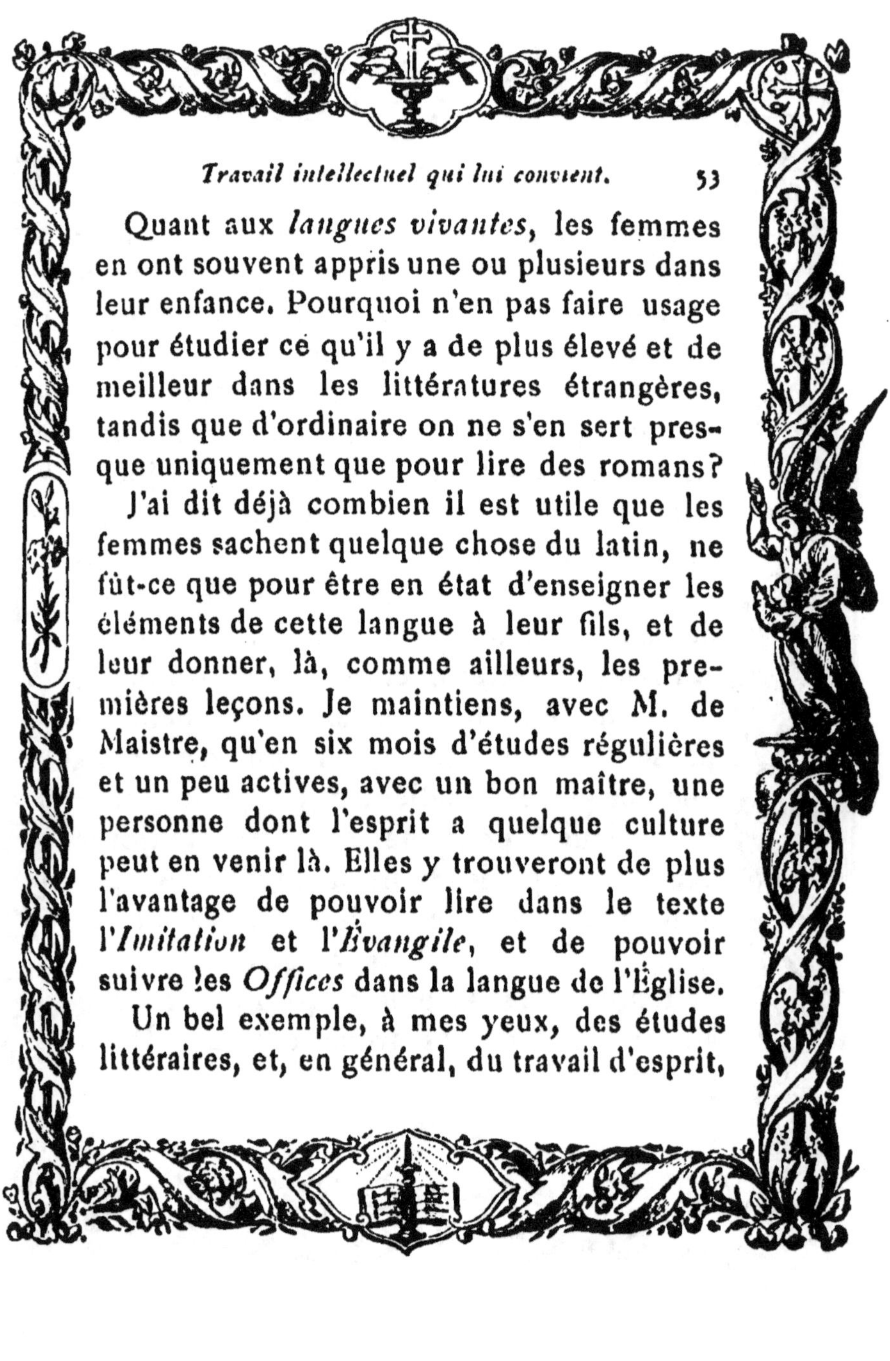

Quant aux *langues vivantes*, les femmes en ont souvent appris une ou plusieurs dans leur enfance. Pourquoi n'en pas faire usage pour étudier ce qu'il y a de plus élevé et de meilleur dans les littératures étrangères, tandis que d'ordinaire on ne s'en sert presque uniquement que pour lire des romans?

J'ai dit déjà combien il est utile que les femmes sachent quelque chose du latin, ne fût-ce que pour être en état d'enseigner les éléments de cette langue à leur fils, et de leur donner, là, comme ailleurs, les premières leçons. Je maintiens, avec M. de Maistre, qu'en six mois d'études régulières et un peu actives, avec un bon maître, une personne dont l'esprit a quelque culture peut en venir là. Elles y trouveront de plus l'avantage de pouvoir lire dans le texte l'*Imitation* et l'*Évangile*, et de pouvoir suivre les *Offices* dans la langue de l'Église.

Un bel exemple, à mes yeux, des études littéraires, et, en général, du travail d'esprit,

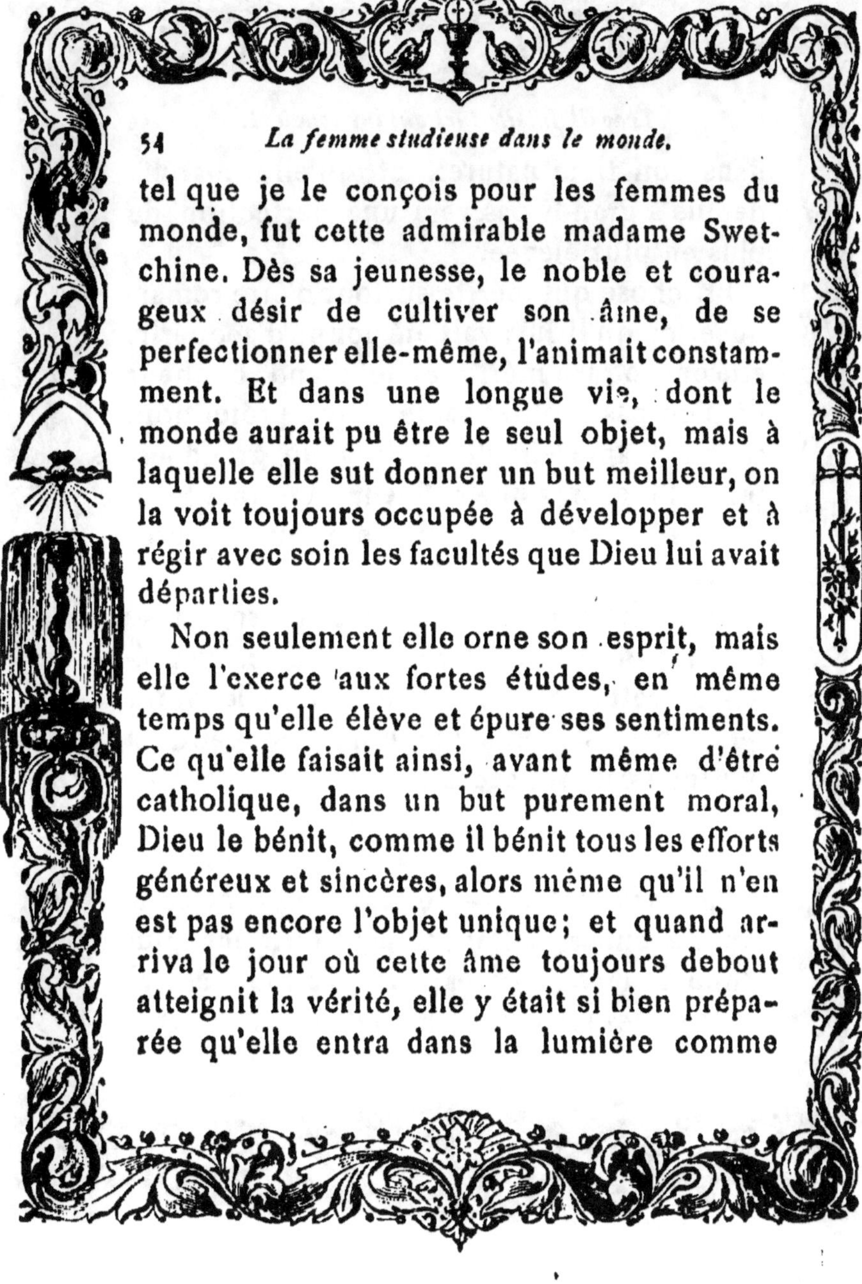

tel que je le conçois pour les femmes du monde, fut cette admirable madame Swetchine. Dès sa jeunesse, le noble et courageux désir de cultiver son âme, de se perfectionner elle-même, l'animait constamment. Et dans une longue vie, dont le monde aurait pu être le seul objet, mais à laquelle elle sut donner un but meilleur, on la voit toujours occupée à développer et à régir avec soin les facultés que Dieu lui avait départies.

Non seulement elle orne son esprit, mais elle l'exerce aux fortes études, en même temps qu'elle élève et épure ses sentiments. Ce qu'elle faisait ainsi, avant même d'être catholique, dans un but purement moral, Dieu le bénit, comme il bénit tous les efforts généreux et sincères, alors même qu'il n'en est pas encore l'objet unique; et quand arriva le jour où cette âme toujours debout atteignit la vérité, elle y était si bien préparée qu'elle entra dans la lumière comme

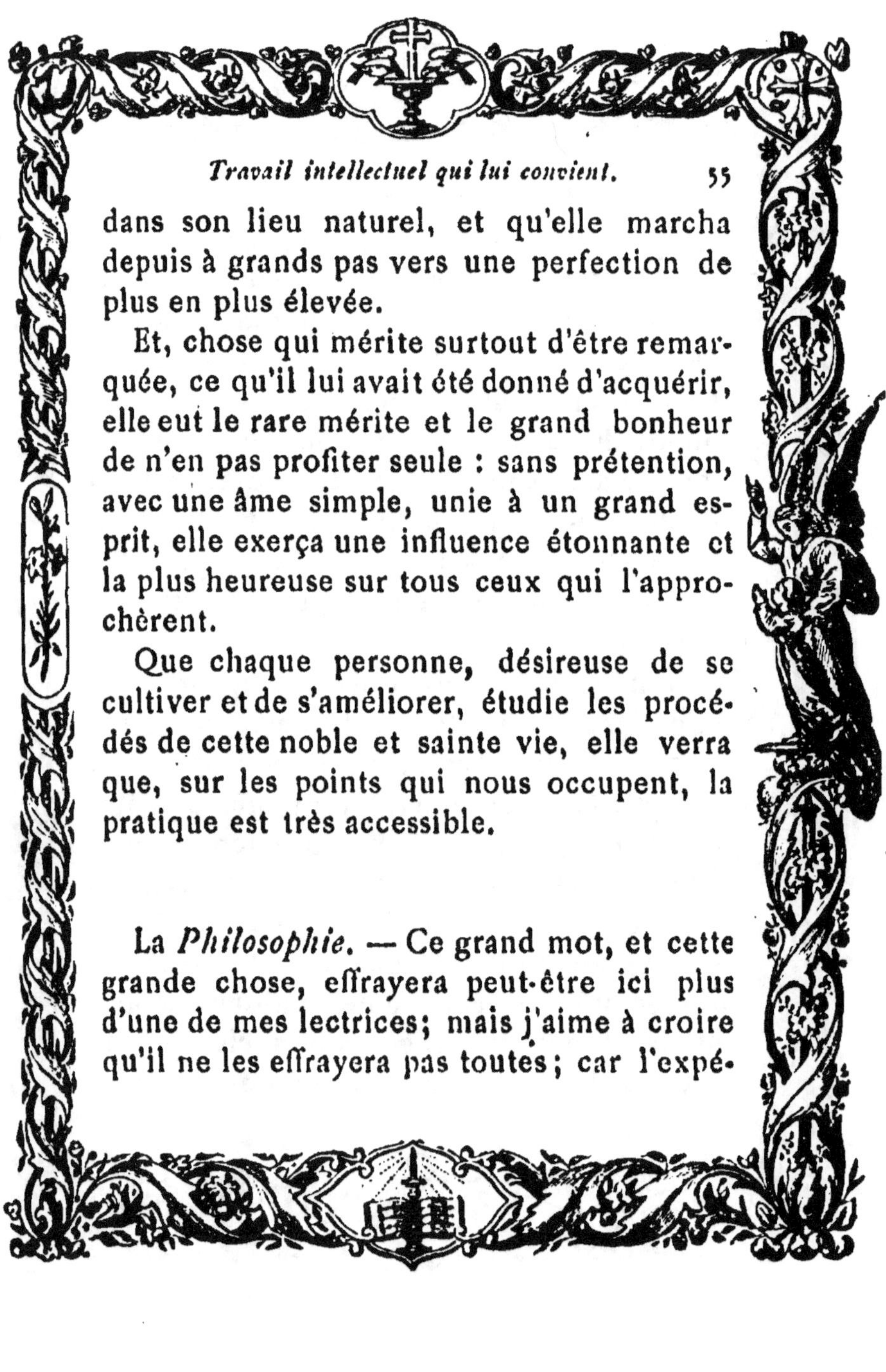

dans son lieu naturel, et qu'elle marcha depuis à grands pas vers une perfection de plus en plus élevée.

Et, chose qui mérite surtout d'être remarquée, ce qu'il lui avait été donné d'acquérir, elle eut le rare mérite et le grand bonheur de n'en pas profiter seule : sans prétention, avec une âme simple, unie à un grand esprit, elle exerça une influence étonnante et la plus heureuse sur tous ceux qui l'approchèrent.

Que chaque personne, désireuse de se cultiver et de s'améliorer, étudie les procédés de cette noble et sainte vie, elle verra que, sur les points qui nous occupent, la pratique est très accessible.

La *Philosophie*. — Ce grand mot, et cette grande chose, effrayera peut-être ici plus d'une de mes lectrices; mais j'aime à croire qu'il ne les effrayera pas toutes; car l'expé-

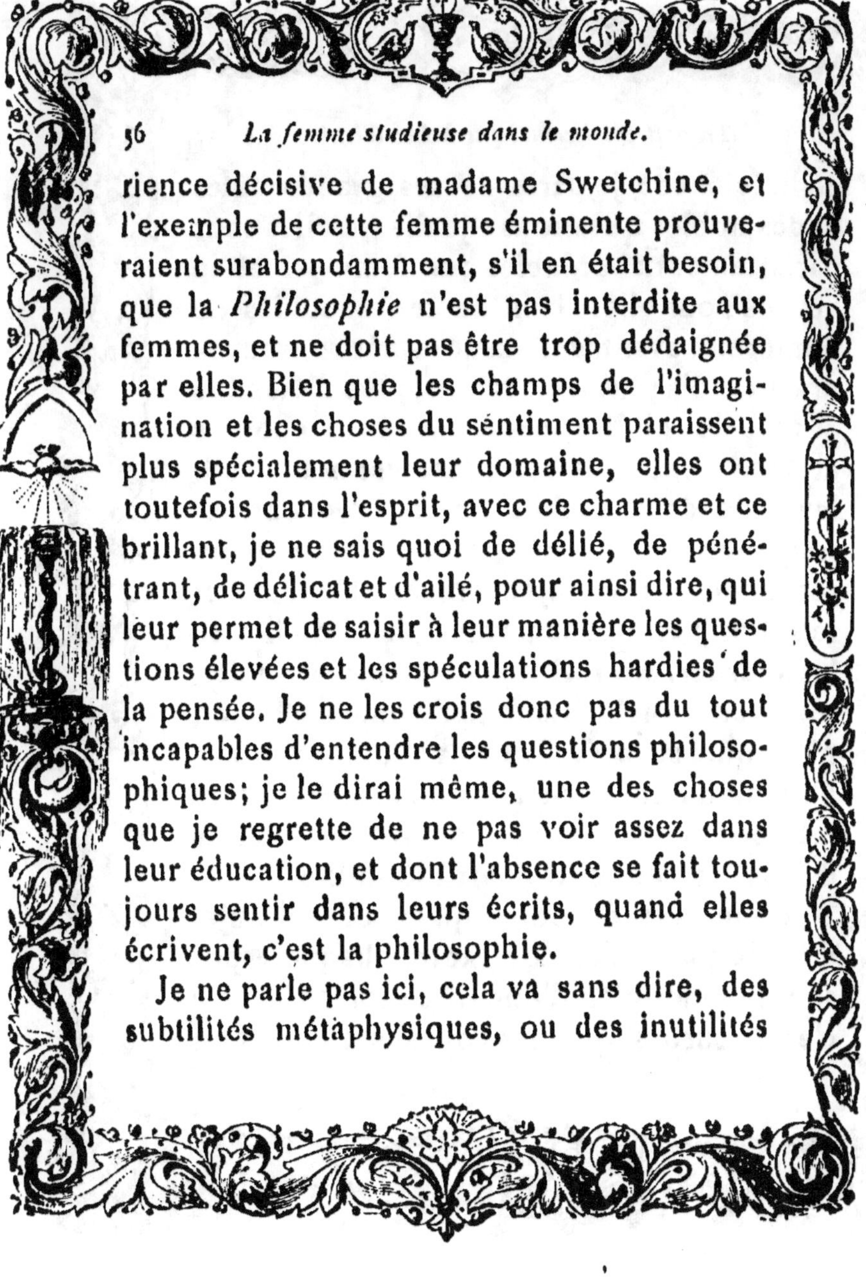

rience décisive de madame Swetchine, et l'exemple de cette femme éminente prouveraient surabondamment, s'il en était besoin, que la *Philosophie* n'est pas interdite aux femmes, et ne doit pas être trop dédaignée par elles. Bien que les champs de l'imagination et les choses du sentiment paraissent plus spécialement leur domaine, elles ont toutefois dans l'esprit, avec ce charme et ce brillant, je ne sais quoi de délié, de pénétrant, de délicat et d'ailé, pour ainsi dire, qui leur permet de saisir à leur manière les questions élevées et les spéculations hardies de la pensée. Je ne les crois donc pas du tout incapables d'entendre les questions philosophiques; je le dirai même, une des choses que je regrette de ne pas voir assez dans leur éducation, et dont l'absence se fait toujours sentir dans leurs écrits, quand elles écrivent, c'est la philosophie.

Je ne parle pas ici, cela va sans dire, des subtilités métaphysiques, ou des inutilités

de la science : je parle de ses grands côtés
et des nobles questions : je dis qu'elles sont
parfaitement abordables aux femmes, et je
verrais pour elles dans de telles études de
nombreux avantáges. Leur esprit y trouverait à la fois plus d'élévation, plus d'étendue
et plus de solidité ; ces études bien choisies
et bien conduites les préserveraient d'ailleurs de deux écueils qui se rencontrent
fréquemment : la légèreté, qui fait qu'on
recule devant les sujets graves et ardus, et
le sot orgueil qui se pavane parce qu'il a su
les aborder. Non, il n'y a dans ces études,
prises convenablement, ni de quoi s'effrayer,
ni de quoi se prévaloir ; car toute philosophie bien faite porte avec elle assez de haut
intérêt pour soutenir le courage, et assez de
difficultés pour entretenir l'humilité.

Je me hâte d'ajouter qu'en un tel sujet
d'étude plus qu'en tout autre chaque esprit
se trouverait bien d'une direction spéciale :
c'est là surtout que des conseils compétents

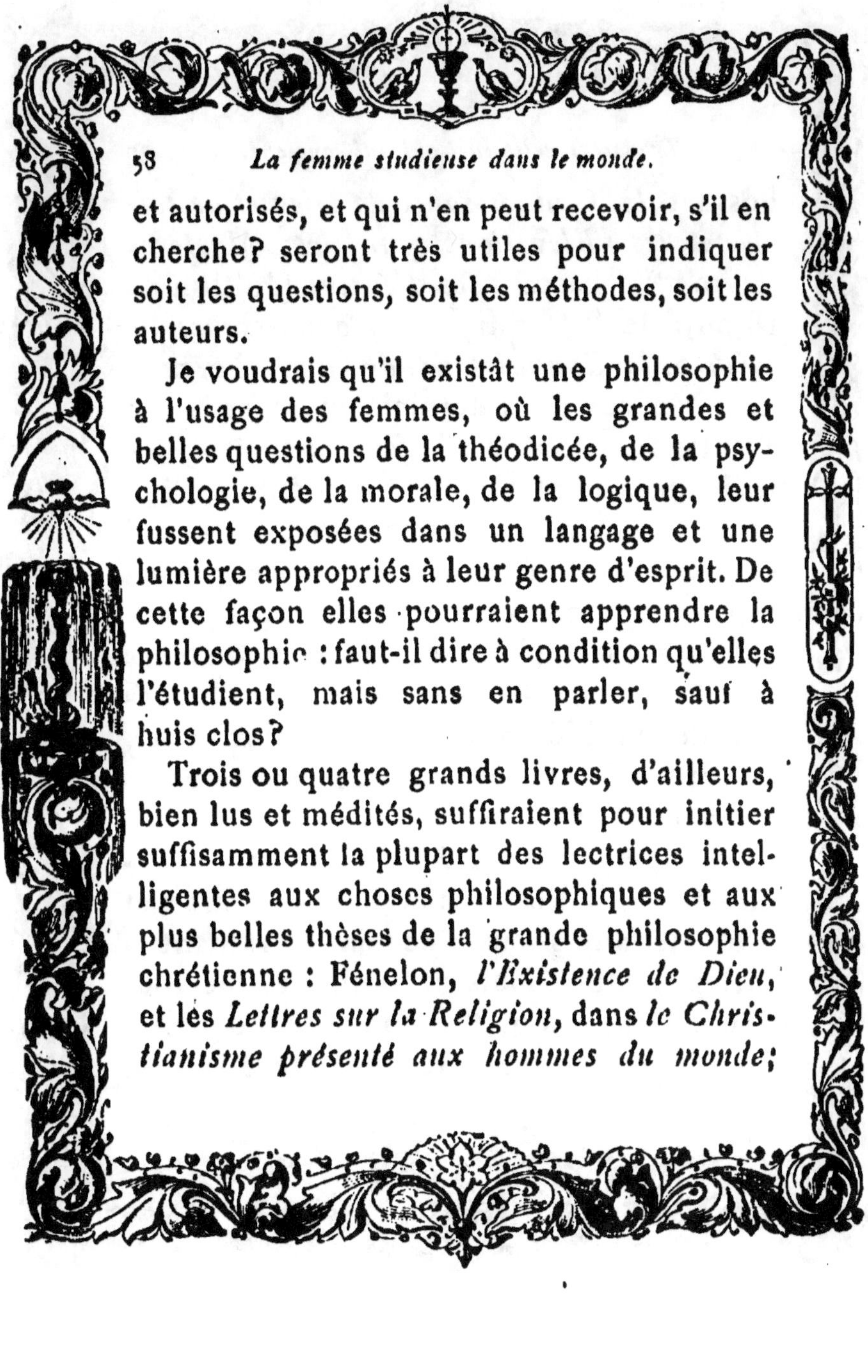

et autorisés, et qui n'en peut recevoir, s'il en cherche? seront très utiles pour indiquer soit les questions, soit les méthodes, soit les auteurs.

Je voudrais qu'il existât une philosophie à l'usage des femmes, où les grandes et belles questions de la théodicée, de la psychologie, de la morale, de la logique, leur fussent exposées dans un langage et une lumière appropriés à leur genre d'esprit. De cette façon elles pourraient apprendre la philosophie : faut-il dire à condition qu'elles l'étudient, mais sans en parler, sauf à huis clos?

Trois ou quatre grands livres, d'ailleurs, bien lus et médités, suffiraient pour initier suffisamment la plupart des lectrices intelligentes aux choses philosophiques et aux plus belles thèses de la grande philosophie chrétienne : Fénelon, *l'Existence de Dieu,* et les *Lettres sur la Religion,* dans *le Christianisme présenté aux hommes du monde;*

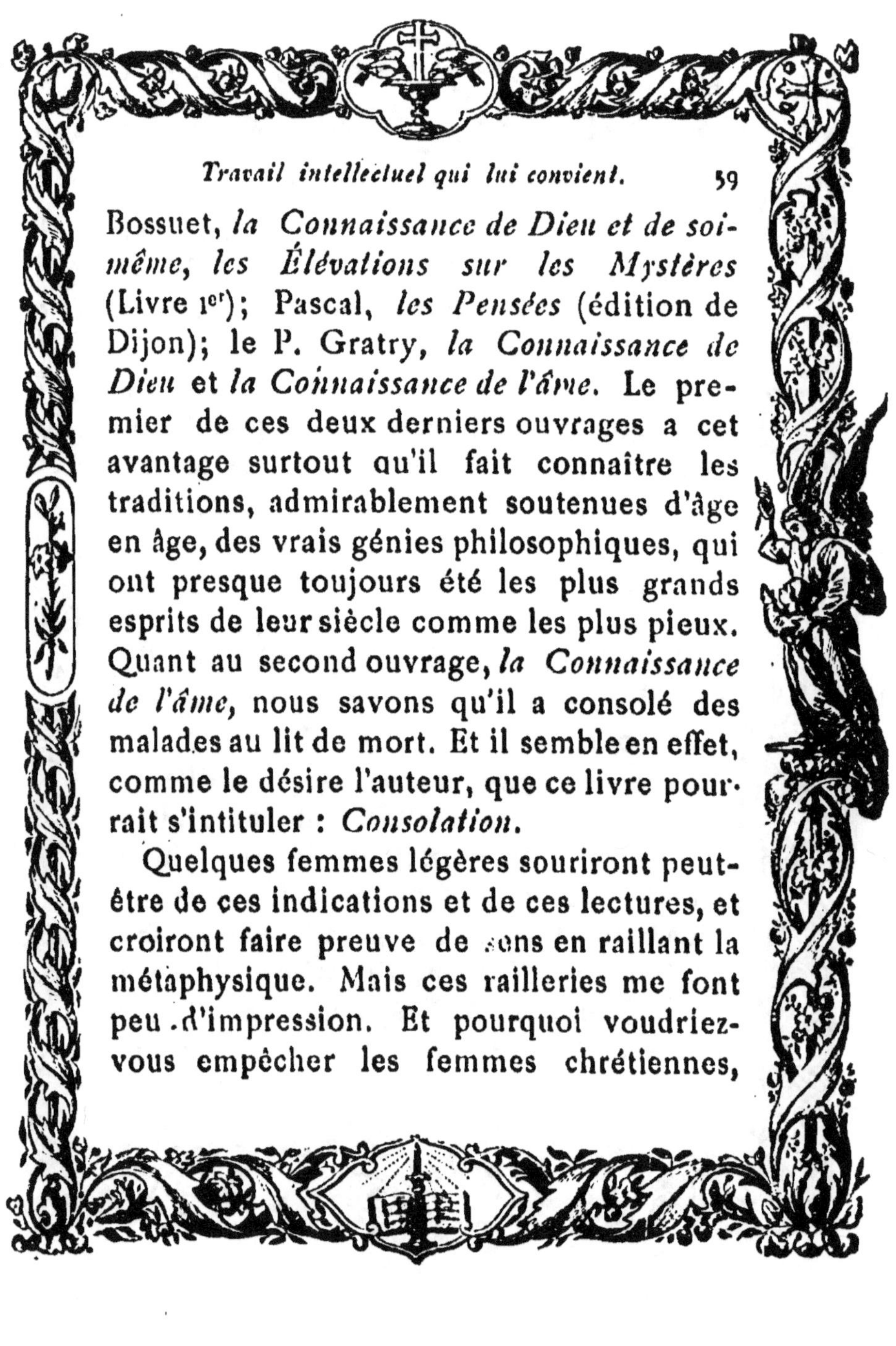

Bossuet, *la Connaissance de Dieu et de soi-même*, les *Élévations sur les Mystères* (Livre 1er); Pascal, *les Pensées* (édition de Dijon); le P. Gratry, *la Connaissance de Dieu* et *la Connaissance de l'âme*. Le premier de ces deux derniers ouvrages a cet avantage surtout qu'il fait connaître les traditions, admirablement soutenues d'âge en âge, des vrais génies philosophiques, qui ont presque toujours été les plus grands esprits de leur siècle comme les plus pieux. Quant au second ouvrage, *la Connaissance de l'âme*, nous savons qu'il a consolé des malades au lit de mort. Et il semble en effet, comme le désire l'auteur, que ce livre pourrait s'intituler : *Consolation*.

Quelques femmes légères souriront peut-être de ces indications et de ces lectures, et croiront faire preuve de sens en raillant la métaphysique. Mais ces railleries me font peu d'impression. Et pourquoi voudriez-vous empêcher les femmes chrétiennes, qu une éducation sérieuse y a préparées, de lire cette saine et forte métaphysique des grands esprits? Quel péril courront-elles à élever de temps en temps leur âme sur ces hauteurs? Mais d'ailleurs on n'évite pas si facilement que vous le pensez la philosophie et la métaphysique: il y en a un peu partout, jusque dans vos romans; et vous-mêmes n'en lisez-vous pas, dans la *Revue des Deux-Mondes* et ailleurs, de la métaphysique, et une métaphysique détestable, matérialiste, athée, inintelligible du reste, et antiphilosophique (1), mais que vous com-

(1) Il faut lire à ce sujet le *Petit manuel de critique* du P. Gratry, où l'on peut apprendre à connaître les principaux philosophes de la *Revue des Deux-Mondes*, tels que MM. Renan, Vacherot, Taine, Schérer, Havet et autres que je ne nomme plus. La critique du P. Gratry consiste surtout à citer, sans omettre un mot, des chapitres ou paragraphes entiers de ces auteurs, puis à souligner simplement, par des caractères ou *italiques* ou majuscules, les passages

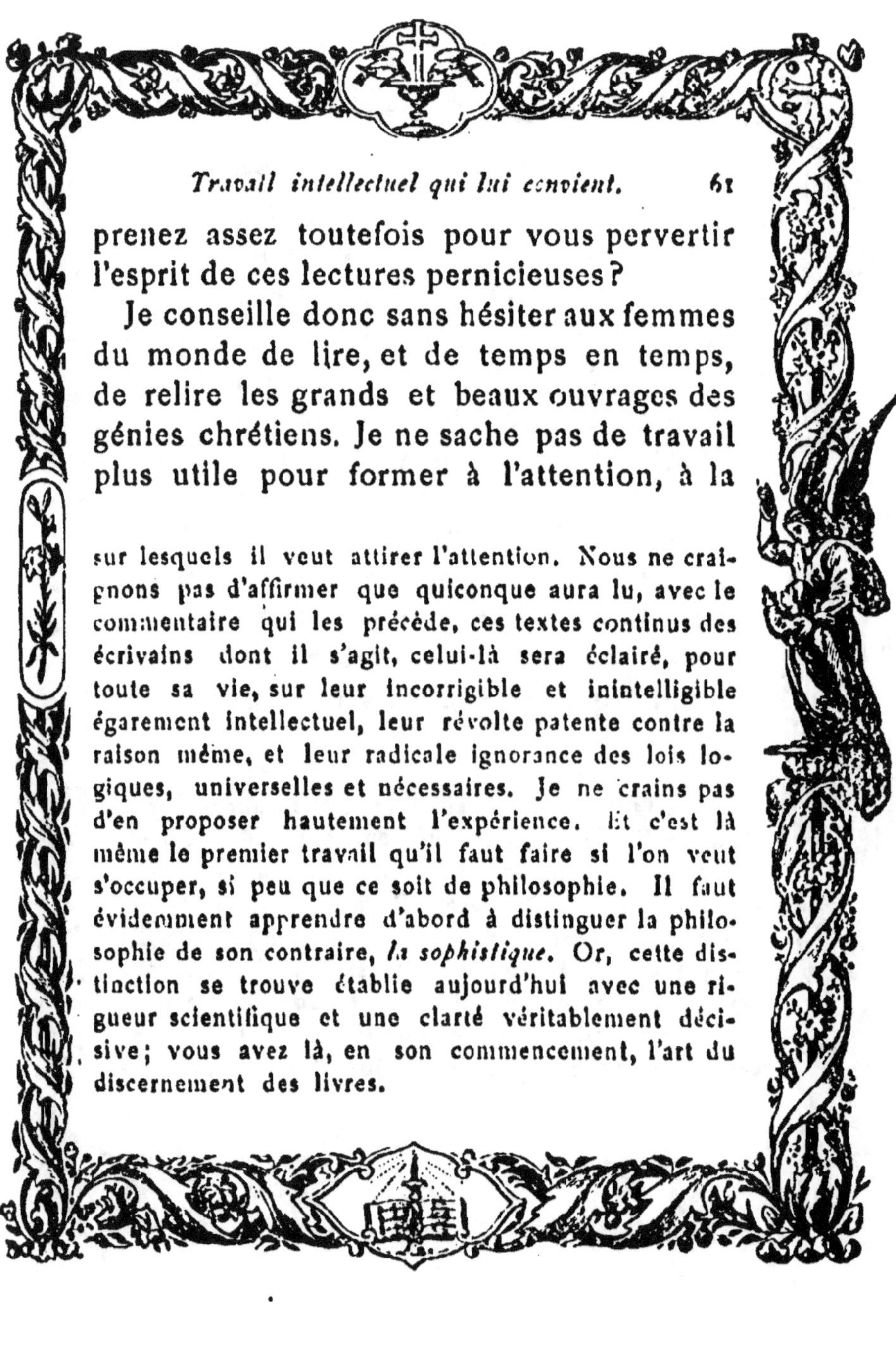

prenez assez toutefois pour vous pervertir l'esprit de ces lectures pernicieuses?

Je conseille donc sans hésiter aux femmes du monde de lire, et de temps en temps, de relire les grands et beaux ouvrages des génies chrétiens. Je ne sache pas de travail plus utile pour former à l'attention, à la

sur lesquels il veut attirer l'attention. Nous ne craignons pas d'affirmer que quiconque aura lu, avec le commentaire qui les précède, ces textes continus des écrivains dont il s'agit, celui-là sera éclairé, pour toute sa vie, sur leur incorrigible et inintelligible égarement intellectuel, leur révolte patente contre la raison même, et leur radicale ignorance des lois logiques, universelles et nécessaires. Je ne crains pas d'en proposer hautement l'expérience. Et c'est là même le premier travail qu'il faut faire si l'on veut s'occuper, si peu que ce soit de philosophie. Il faut évidemment apprendre d'abord à distinguer la philosophie de son contraire, *la sophistique.* Or, cette distinction se trouve établie aujourd'hui avec une rigueur scientifique et une clarté véritablement décisive; vous avez là, en son commencement, l'art du discernement des livres.

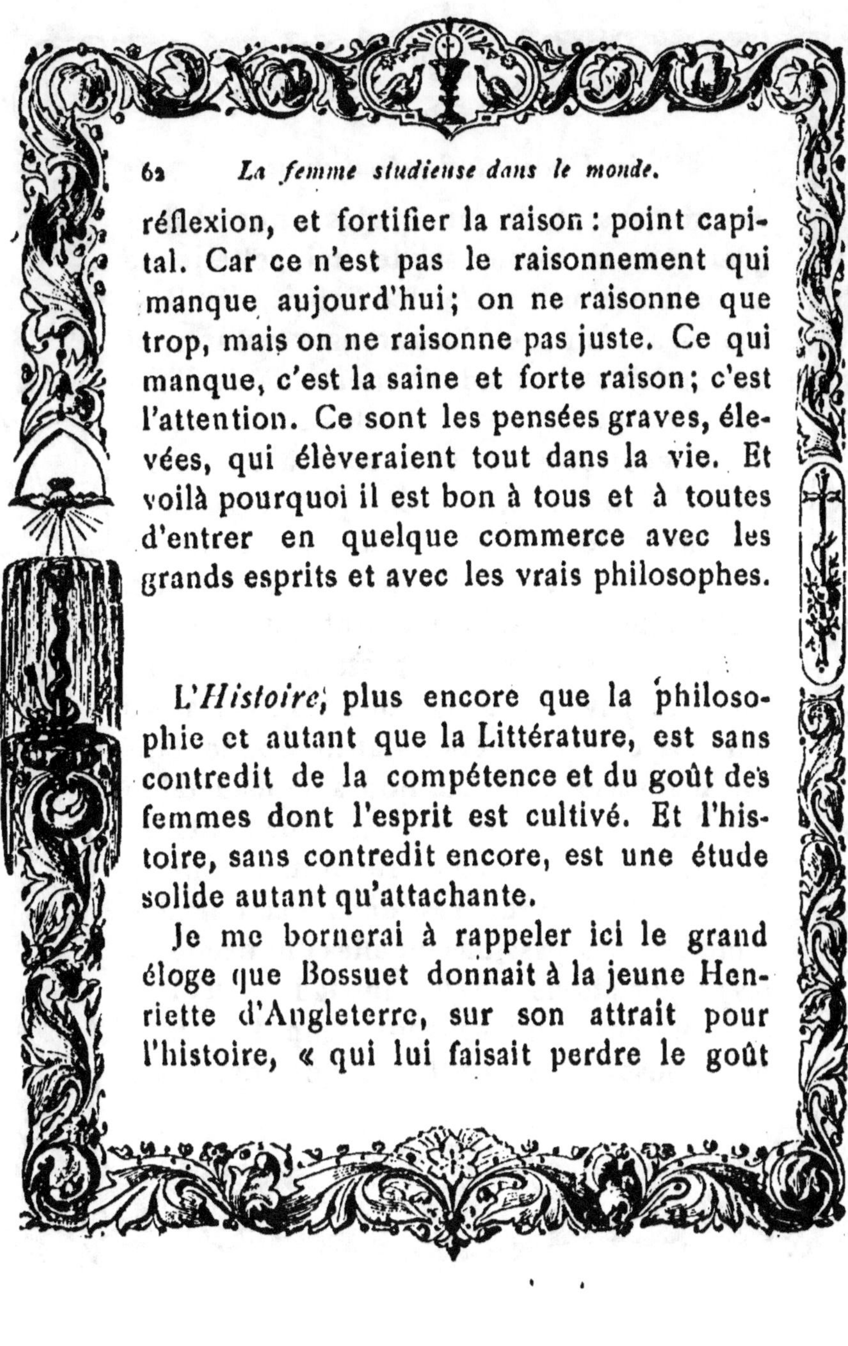

réflexion, et fortifier la raison : point capital. Car ce n'est pas le raisonnement qui manque aujourd'hui ; on ne raisonne que trop, mais on ne raisonne pas juste. Ce qui manque, c'est la saine et forte raison ; c'est l'attention. Ce sont les pensées graves, élevées, qui élèveraient tout dans la vie. Et voilà pourquoi il est bon à tous et à toutes d'entrer en quelque commerce avec les grands esprits et avec les vrais philosophes.

L'*Histoire*, plus encore que la philosophie et autant que la Littérature, est sans contredit de la compétence et du goût des femmes dont l'esprit est cultivé. Et l'histoire, sans contredit encore, est une étude solide autant qu'attachante.

Je me bornerai à rappeler ici le grand éloge que Bossuet donnait à la jeune Henriette d'Angleterre, sur son attrait pour l'histoire, « qui lui faisait perdre le goût

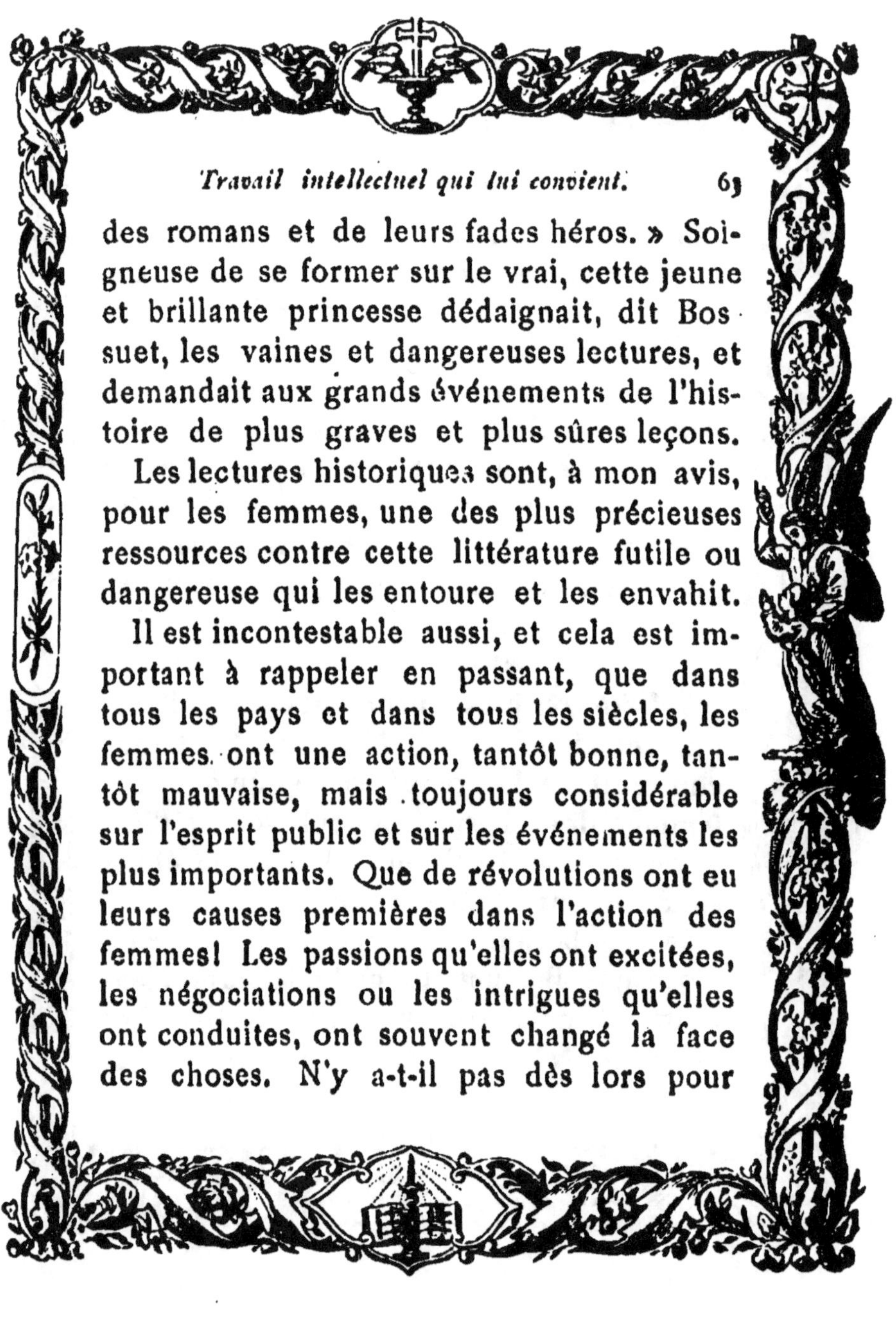

des romans et de leurs fades héros. » Soigneuse de se former sur le vrai, cette jeune et brillante princesse dédaignait, dit Bossuet, les vaines et dangereuses lectures, et demandait aux grands événements de l'histoire de plus graves et plus sûres leçons.

Les lectures historiques sont, à mon avis, pour les femmes, une des plus précieuses ressources contre cette littérature futile ou dangereuse qui les entoure et les envahit.

Il est incontestable aussi, et cela est important à rappeler en passant, que dans tous les pays et dans tous les siècles, les femmes ont une action, tantôt bonne, tantôt mauvaise, mais toujours considérable sur l'esprit public et sur les événements les plus importants. Que de révolutions ont eu leurs causes premières dans l'action des femmes! Les passions qu'elles ont excitées, les négociations ou les intrigues qu'elles ont conduites, ont souvent changé la face des choses. N'y a-t-il pas dès lors pour

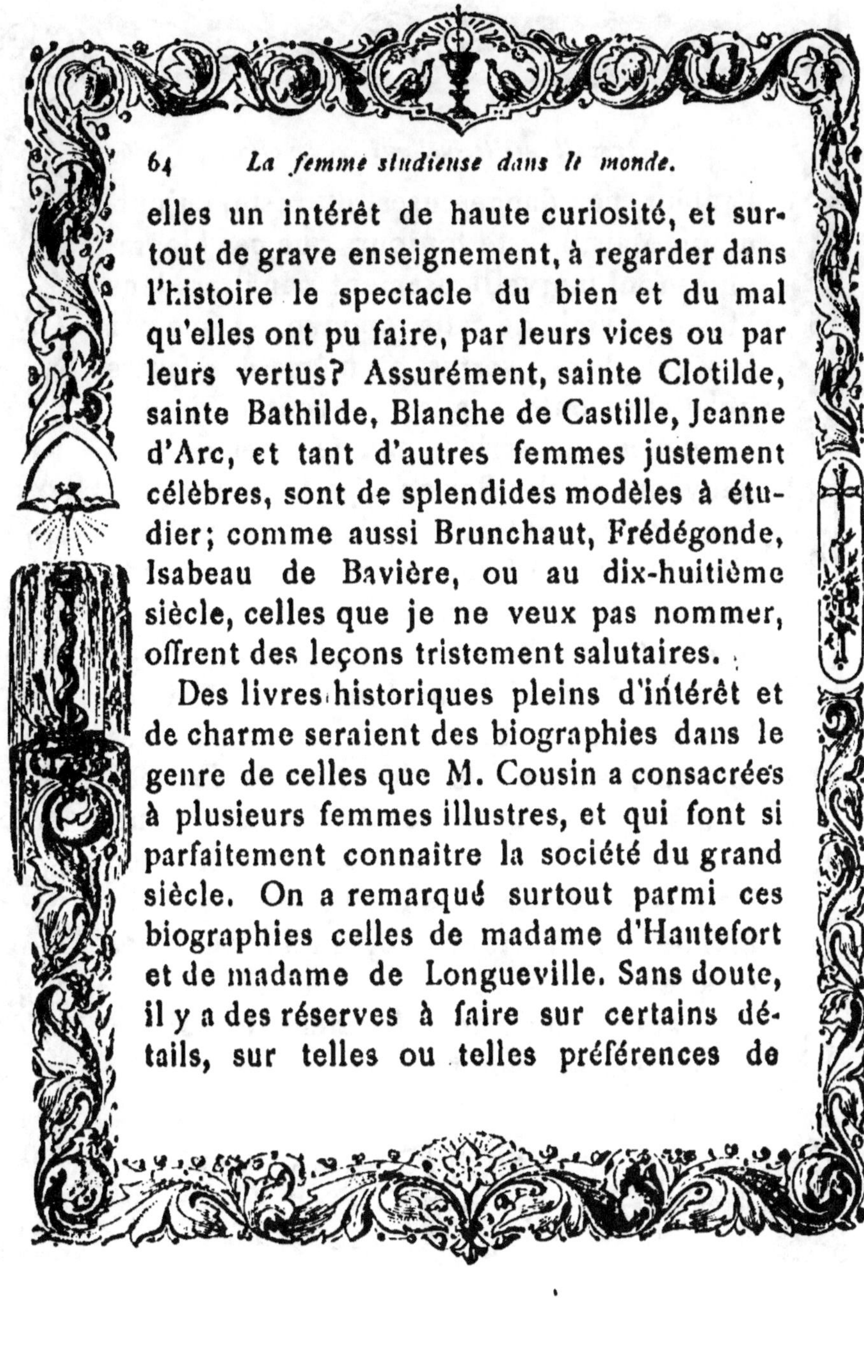

elles un intérêt de haute curiosité, et surtout de grave enseignement, à regarder dans
l'histoire le spectacle du bien et du mal
qu'elles ont pu faire, par leurs vices ou par
leurs vertus? Assurément, sainte Clotilde,
sainte Bathilde, Blanche de Castille, Jeanne
d'Arc, et tant d'autres femmes justement
célèbres, sont de splendides modèles à étudier; comme aussi Brunchaut, Frédégonde,
Isabeau de Bavière, ou au dix-huitième
siècle, celles que je ne veux pas nommer,
offrent des leçons tristement salutaires.

Des livres historiques pleins d'intérêt et
de charme seraient des biographies dans le
genre de celles que M. Cousin a consacrées
à plusieurs femmes illustres, et qui font si
parfaitement connaitre la société du grand
siècle. On a remarqué surtout parmi ces
biographies celles de madame d'Hautefort
et de madame de Longueville. Sans doute,
il y a des réserves à faire sur certains détails, sur telles ou telles préférences de

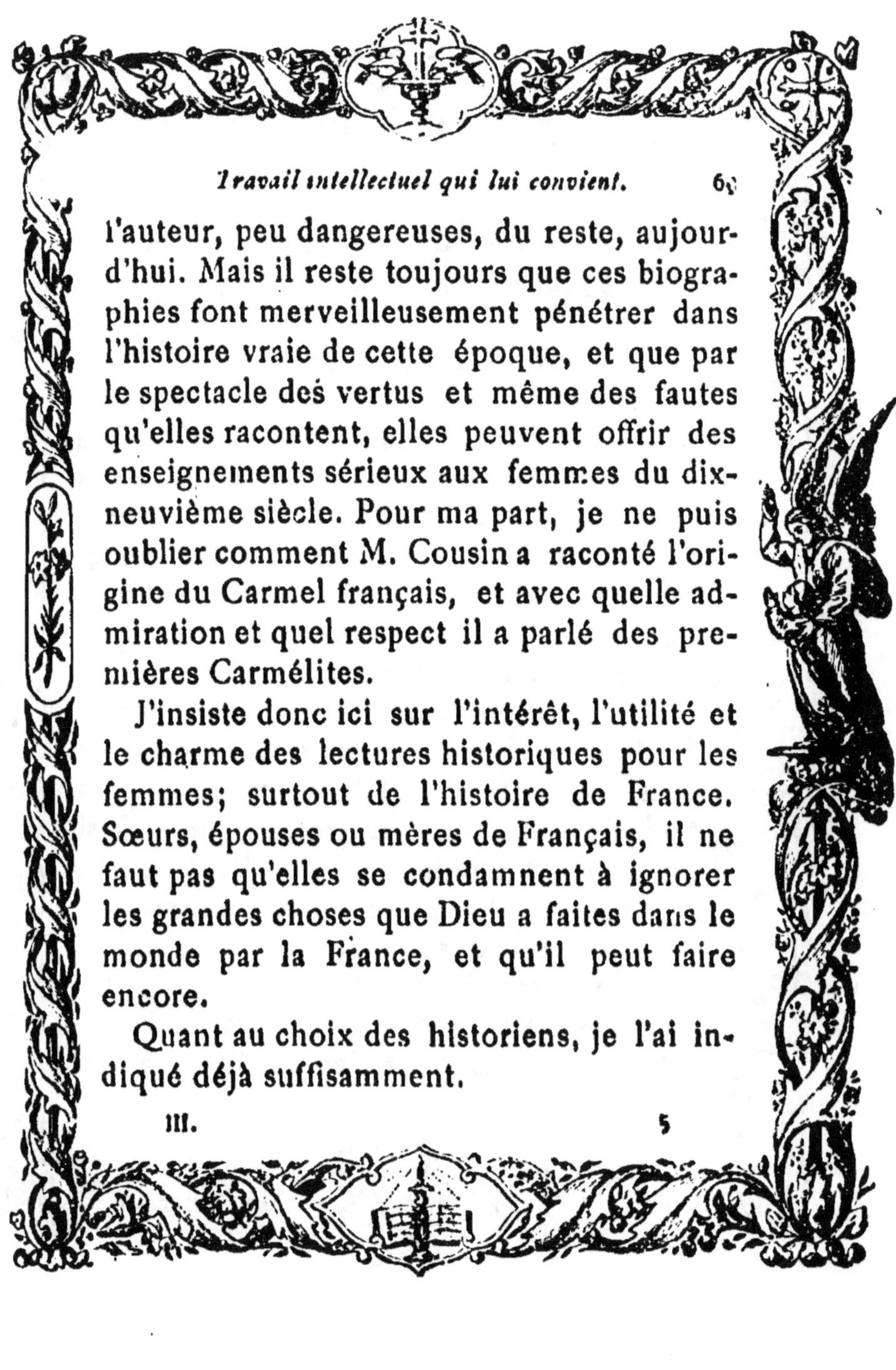

l'auteur, peu dangereuses, du reste, aujour-
d'hui. Mais il reste toujours que ces biographies font merveilleusement pénétrer dans
l'histoire vraie de cette époque, et que par
le spectacle des vertus et même des fautes
qu'elles racontent, elles peuvent offrir des
enseignements sérieux aux femmes du dix-
neuvième siècle. Pour ma part, je ne puis
oublier comment M. Cousin a raconté l'origine du Carmel français, et avec quelle admiration et quel respect il a parlé des premières Carmélites.

J'insiste donc ici sur l'intérêt, l'utilité et
le charme des lectures historiques pour les
femmes; surtout de l'histoire de France.
Sœurs, épouses ou mères de Français, il ne
faut pas qu'elles se condamnent à ignorer
les grandes choses que Dieu a faites dans le
monde par la France, et qu'il peut faire
encore.

Quant au choix des historiens, je l'ai indiqué déjà suffisamment.

III.   5

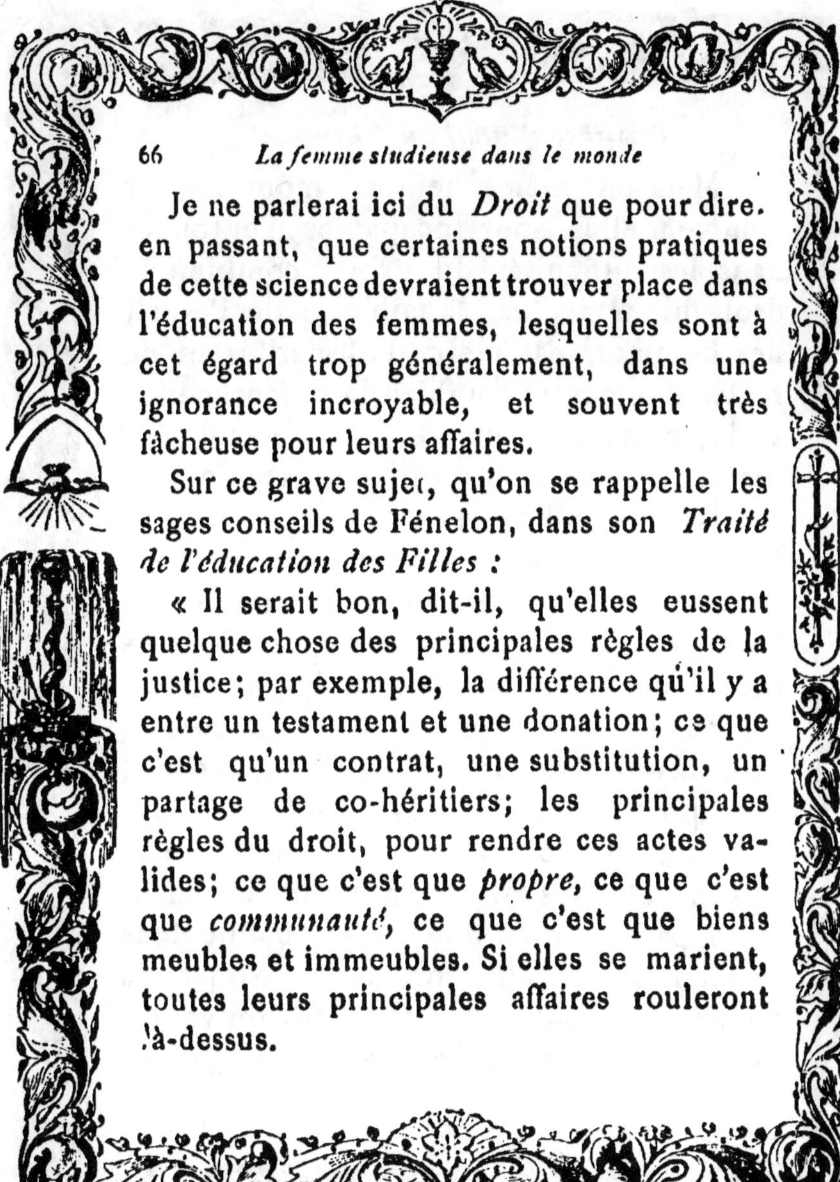

Je ne parlerai ici du *Droit* que pour dire. en passant, que certaines notions pratiques de cette science devraient trouver place dans l'éducation des femmes, lesquelles sont à cet égard trop généralement, dans une ignorance incroyable, et souvent très fâcheuse pour leurs affaires.

Sur ce grave sujet, qu'on se rappelle les sages conseils de Fénelon, dans son *Traité de l'éducation des Filles :*

« Il serait bon, dit-il, qu'elles eussent quelque chose des principales règles de la justice; par exemple, la différence qu'il y a entre un testament et une donation; ce que c'est qu'un contrat, une substitution, un partage de co-héritiers; les principales règles du droit, pour rendre ces actes valides; ce que c'est que *propre,* ce que c'est que *communauté,* ce que c'est que biens meubles et immeubles. Si elles se marient, toutes leurs principales affaires rouleront là-dessus.

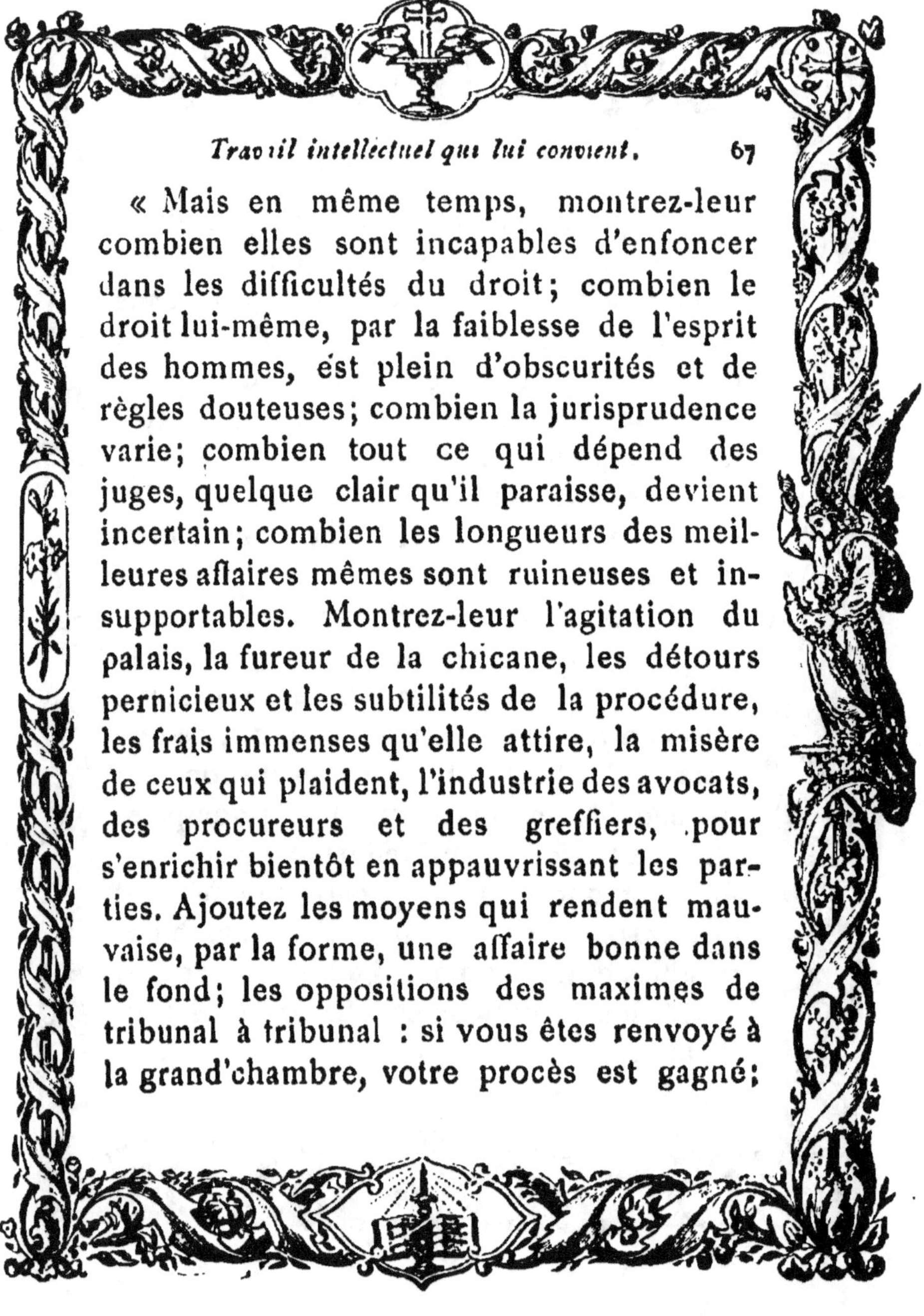

« Mais en même temps, montrez-leur combien elles sont incapables d'enfoncer dans les difficultés du droit ; combien le droit lui-même, par la faiblesse de l'esprit des hommes, est plein d'obscurités et de règles douteuses ; combien la jurisprudence varie ; combien tout ce qui dépend des juges, quelque clair qu'il paraisse, devient incertain ; combien les longueurs des meilleures affaires mêmes sont ruineuses et insupportables. Montrez-leur l'agitation du palais, la fureur de la chicane, les détours pernicieux et les subtilités de la procédure, les frais immenses qu'elle attire, la misère de ceux qui plaident, l'industrie des avocats, des procureurs et des greffiers, pour s'enrichir bientôt en appauvrissant les parties. Ajoutez les moyens qui rendent mauvaise, par la forme, une affaire bonne dans le fond ; les oppositions des maximes de tribunal à tribunal : si vous êtes renvoyé à la grand'chambre, votre procès est gagné ;

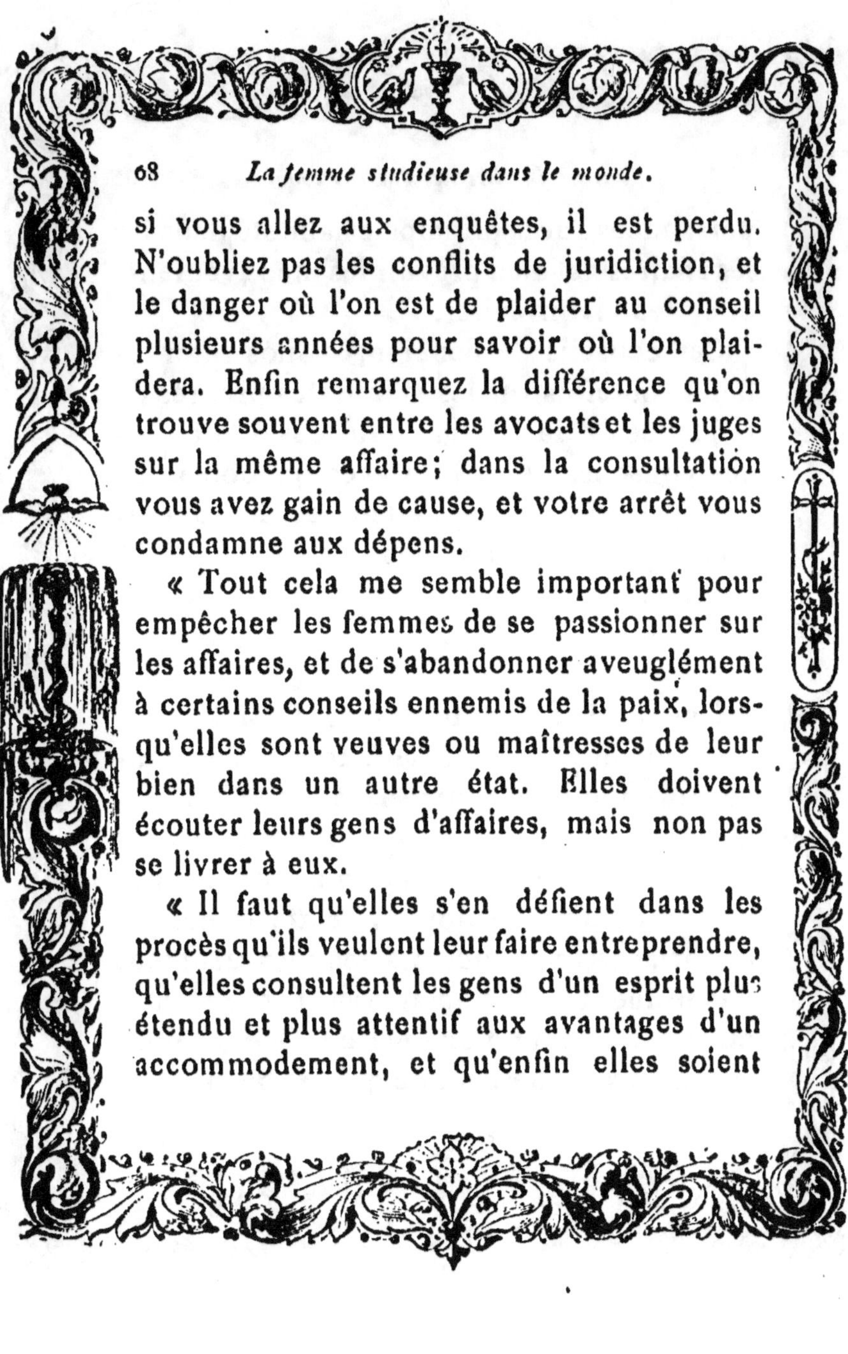

si vous allez aux enquêtes, il est perdu.
N'oubliez pas les conflits de juridiction, et
le danger où l'on est de plaider au conseil
plusieurs années pour savoir où l'on plai-
dera. Enfin remarquez la différence qu'on
trouve souvent entre les avocats et les juges
sur la même affaire; dans la consultation
vous avez gain de cause, et votre arrêt vous
condamne aux dépens.

« Tout cela me semble important pour
empêcher les femmes de se passionner sur
les affaires, et de s'abandonner aveuglément
à certains conseils ennemis de la paix, lorsqu'elles sont veuves ou maîtresses de leur
bien dans un autre état. Elles doivent
écouter leurs gens d'affaires, mais non pas
se livrer à eux.

« Il faut qu'elles s'en défient dans les
procès qu'ils veulent leur faire entreprendre,
qu'elles consultent les gens d'un esprit plus
étendu et plus attentif aux avantages d'un
accommodement, et qu'enfin elles soient

persuadées que la principale habileté dans les
les affaires est d'en prévoir les inconvénients
et de les savoir éviter. »

Ces conseils de Fénelon, — nos réserves
faites toutefois sur les manifestes progrès de
la justice et de la simplicité des affaires —
ces conseils disent tout avec un bon sens,
une précision, une netteté et des détails
techniques qui ne nous laissent rien à
ajouter.

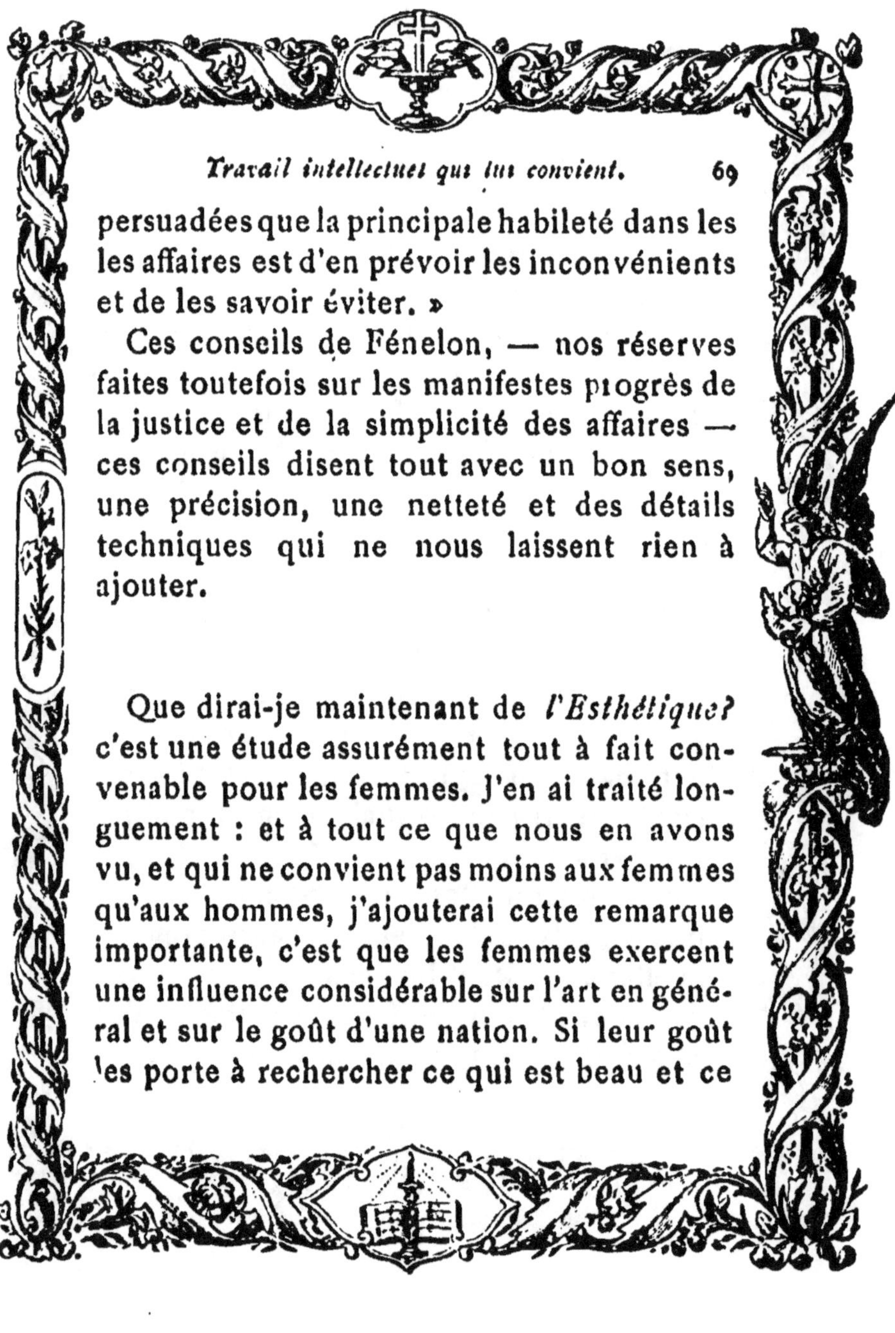

Que dirai-je maintenant de *l'Esthétique?*
c'est une étude assurément tout à fait convenable pour les femmes. J'en ai traité lon-
guement : et à tout ce que nous en avons
vu, et qui ne convient pas moins aux femmes
qu'aux hommes, j'ajouterai cette remarque
importante, c'est que les femmes exercent
une influence considérable sur l'art en général et sur le goût d'une nation. Si leur goût
les porte à rechercher ce qui est beau et ce

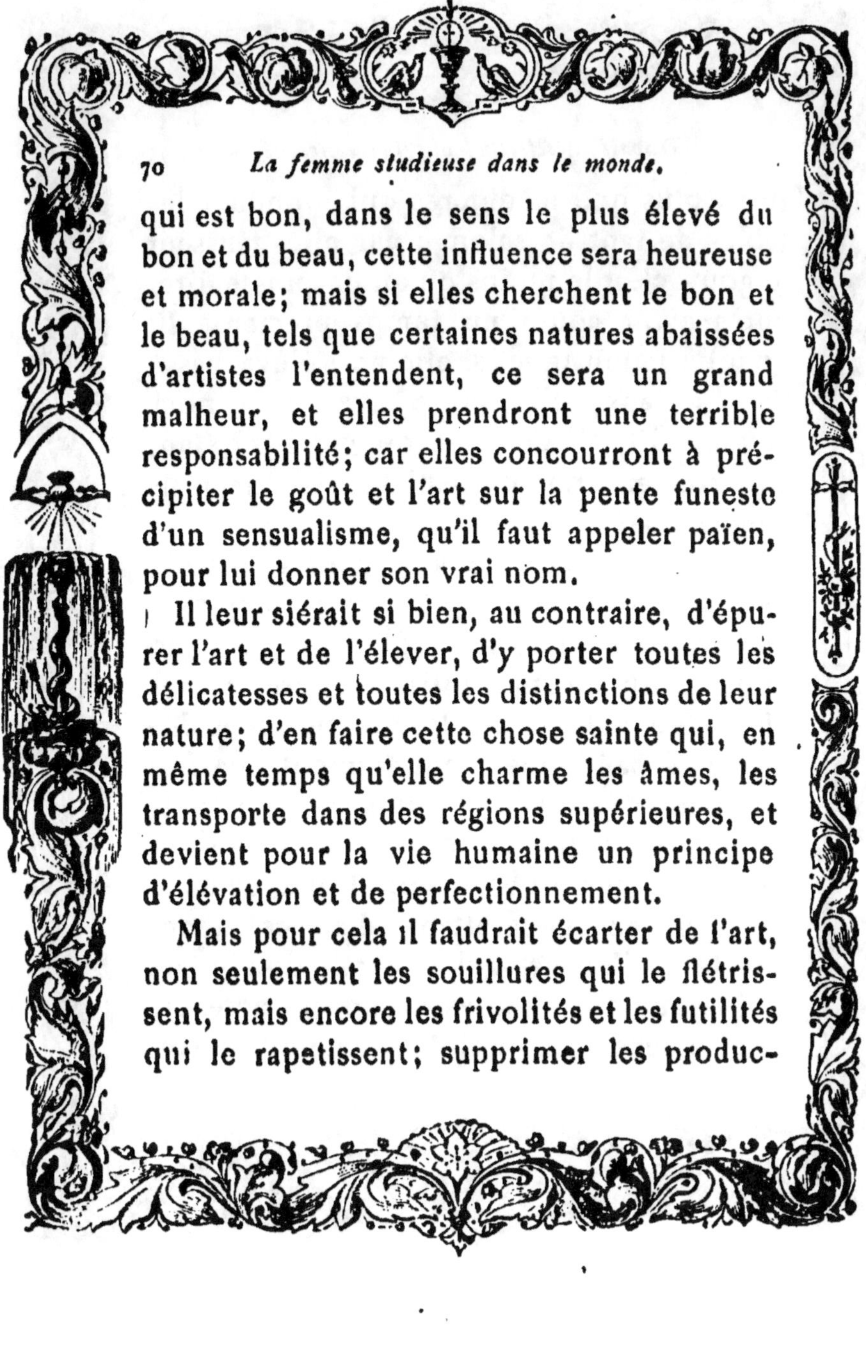

qui est bon, dans le sens le plus élevé du bon et du beau, cette influence sera heureuse et morale; mais si elles cherchent le bon et le beau, tels que certaines natures abaissées d'artistes l'entendent, ce sera un grand malheur, et elles prendront une terrible responsabilité; car elles concourront à précipiter le goût et l'art sur la pente funeste d'un sensualisme, qu'il faut appeler païen, pour lui donner son vrai nom.

Il leur siérait si bien, au contraire, d'épurer l'art et de l'élever, d'y porter toutes les délicatesses et toutes les distinctions de leur nature; d'en faire cette chose sainte qui, en même temps qu'elle charme les âmes, les transporte dans des régions supérieures, et devient pour la vie humaine un principe d'élévation et de perfectionnement.

Mais pour cela il faudrait écarter de l'art, non seulement les souillures qui le flétrissent, mais encore les frivolités et les futilités qui le rapetissent; supprimer les productions plus que médiocres qui inondent les tables de tant de salons : car elles faussent le goût, c'est le moins qu'on en puisse dire, après avoir coûté un temps précieux. Et quant à la musique, si elle ne s'élève pas à l'art sérieux, elle porte avec elle, nous l'avons dit, d'autres inconvénients, étant trop souvent, non pas seulement vaine, mais dangereuse.

Il n'est pas rare de voir dans le monde des personnes qui, après avoir employé, étant jeunes filles, au mécanisme du piano et du dessin, une quantité d'heures et des efforts de volonté et de courage considérables, l'abandonnent entièrement une fois mariées, et n'en veulent plus faire du tout ; et cela, sans que les occupations plus sérieuses y gagnent beaucoup. Il y a, évidemment, un excès regrettable dans cet abandon total d'un art qui pourrait donner au moins quelques heures de bon et agréable délassement. J'en dirai de même du dessin.

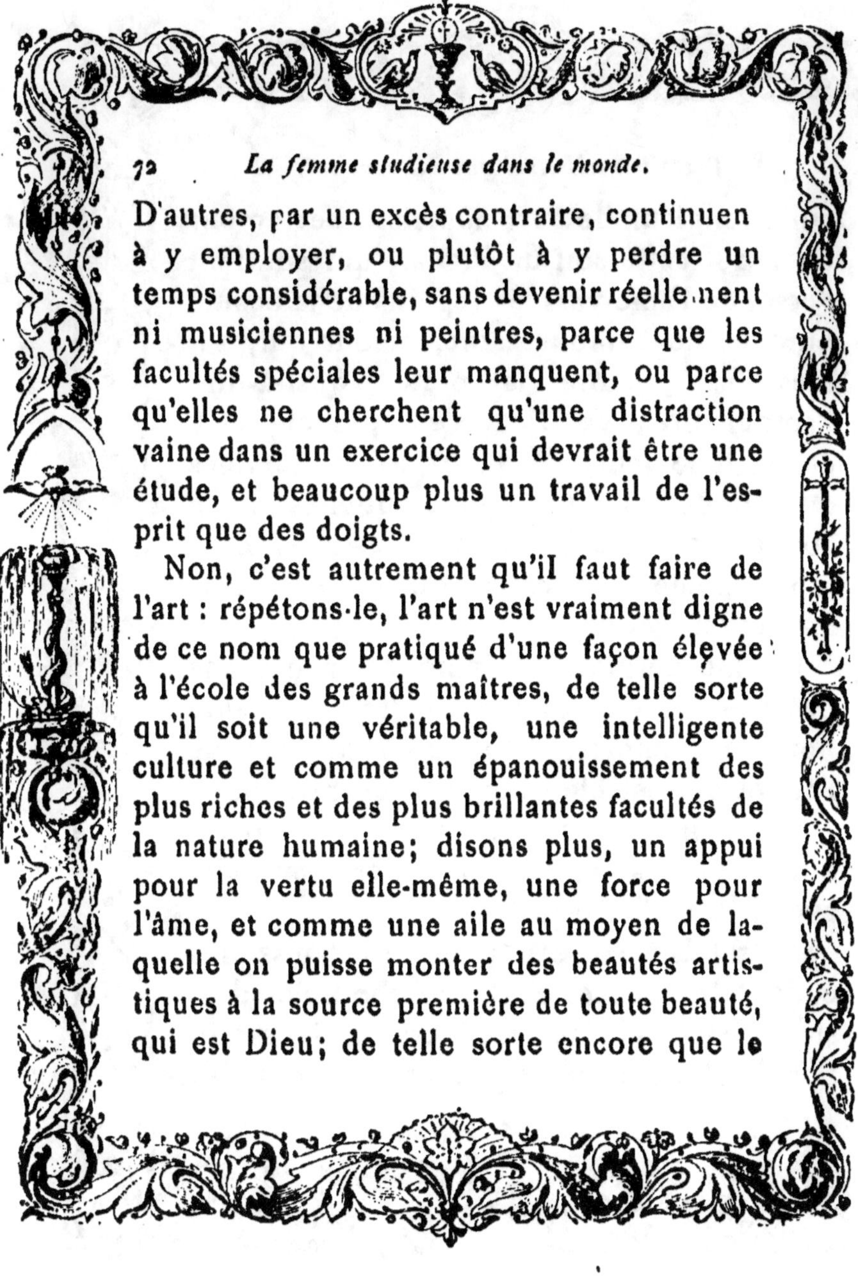

D'autres, par un excès contraire, continuen
à y employer, ou plutôt à y perdre un
temps considérable, sans devenir réelle.nent
ni musiciennes ni peintres, parce que les
facultés spéciales leur manquent, ou parce
qu'elles ne cherchent qu'une distraction
vaine dans un exercice qui devrait être une
étude, et beaucoup plus un travail de l'esprit que des doigts.

Non, c'est autrement qu'il faut faire de
l'art : répétons-le, l'art n'est vraiment digne
de ce nom que pratiqué d'une façon élevée
à l'école des grands maîtres, de telle sorte
qu'il soit une véritable, une intelligente
culture et comme un épanouissement des
plus riches et des plus brillantes facultés de
la nature humaine; disons plus, un appui
pour la vertu elle-même, une force pour
l'âme, et comme une aile au moyen de laquelle on puisse monter des beautés artistiques à la source première de toute beauté,
qui est Dieu; de telle sorte encore que le

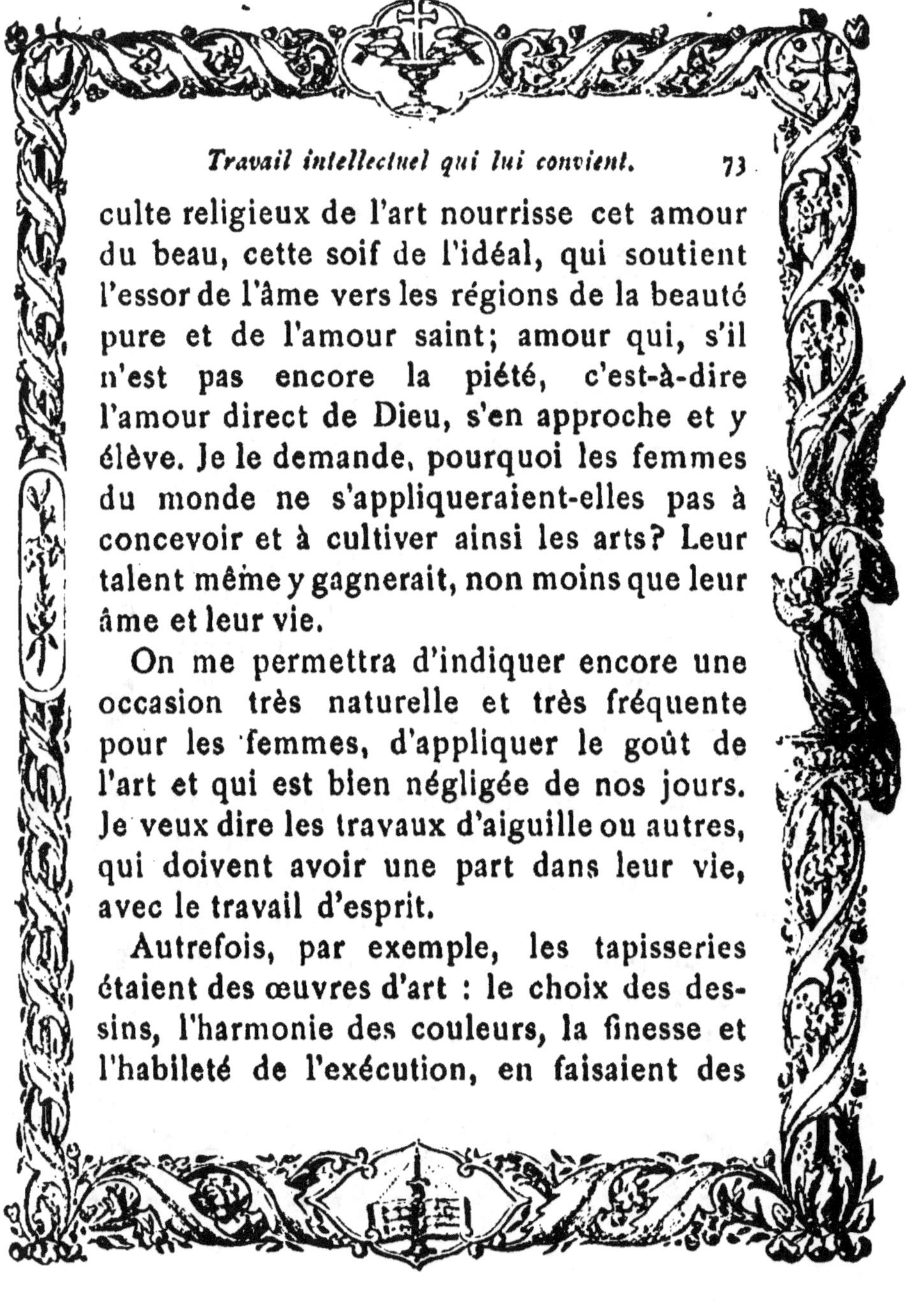

culte religieux de l'art nourrisse cet amour
du beau, cette soif de l'idéal, qui soutient
l'essor de l'âme vers les régions de la beauté
pure et de l'amour saint; amour qui, s'il
n'est pas encore la piété, c'est-à-dire
l'amour direct de Dieu, s'en approche et y
élève. Je le demande, pourquoi les femmes
du monde ne s'appliqueraient-elles pas à
concevoir et à cultiver ainsi les arts? Leur
talent même y gagnerait, non moins que leur
âme et leur vie.

On me permettra d'indiquer encore une
occasion très naturelle et très fréquente
pour les femmes, d'appliquer le goût de
l'art et qui est bien négligée de nos jours.
Je veux dire les travaux d'aiguille ou autres,
qui doivent avoir une part dans leur vie,
avec le travail d'esprit.

Autrefois, par exemple, les tapisseries
étaient des œuvres d'art : le choix des des-
sins, l'harmonie des couleurs, la finesse et
l'habileté de l'exécution, en faisaient des

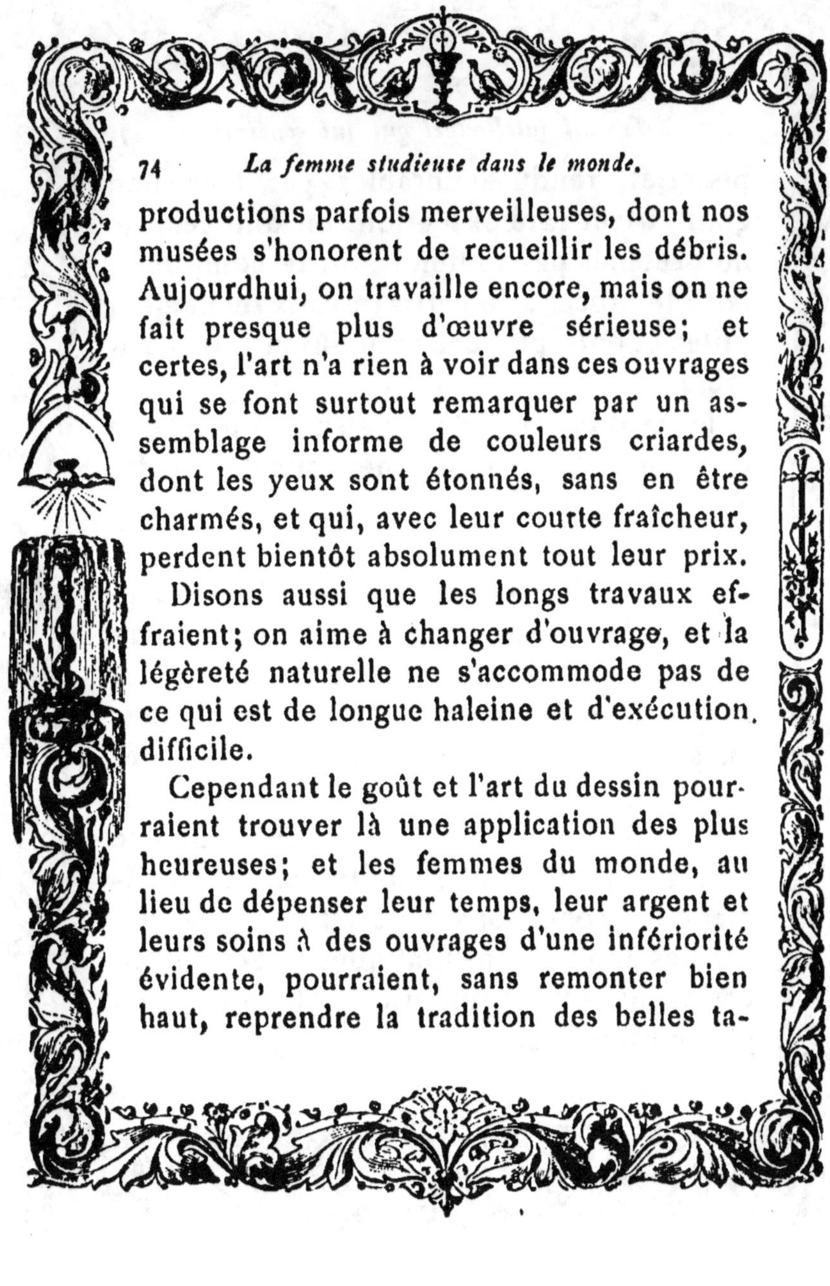

productions parfois merveilleuses, dont nos musées s'honorent de recueillir les débris. Aujourdhui, on travaille encore, mais on ne fait presque plus d'œuvre sérieuse; et certes, l'art n'a rien à voir dans ces ouvrages qui se font surtout remarquer par un assemblage informe de couleurs criardes, dont les yeux sont étonnés, sans en être charmés, et qui, avec leur courte fraîcheur, perdent bientôt absolument tout leur prix.

Disons aussi que les longs travaux effraient; on aime à changer d'ouvrage, et la légèreté naturelle ne s'accommode pas de ce qui est de longue haleine et d'exécution difficile.

Cependant le goût et l'art du dessin pourraient trouver là une application des plus heureuses; et les femmes du monde, au lieu de dépenser leur temps, leur argent et leurs soins à des ouvrages d'une infériorité évidente, pourraient, sans remonter bien haut, reprendre la tradition des belles ta-

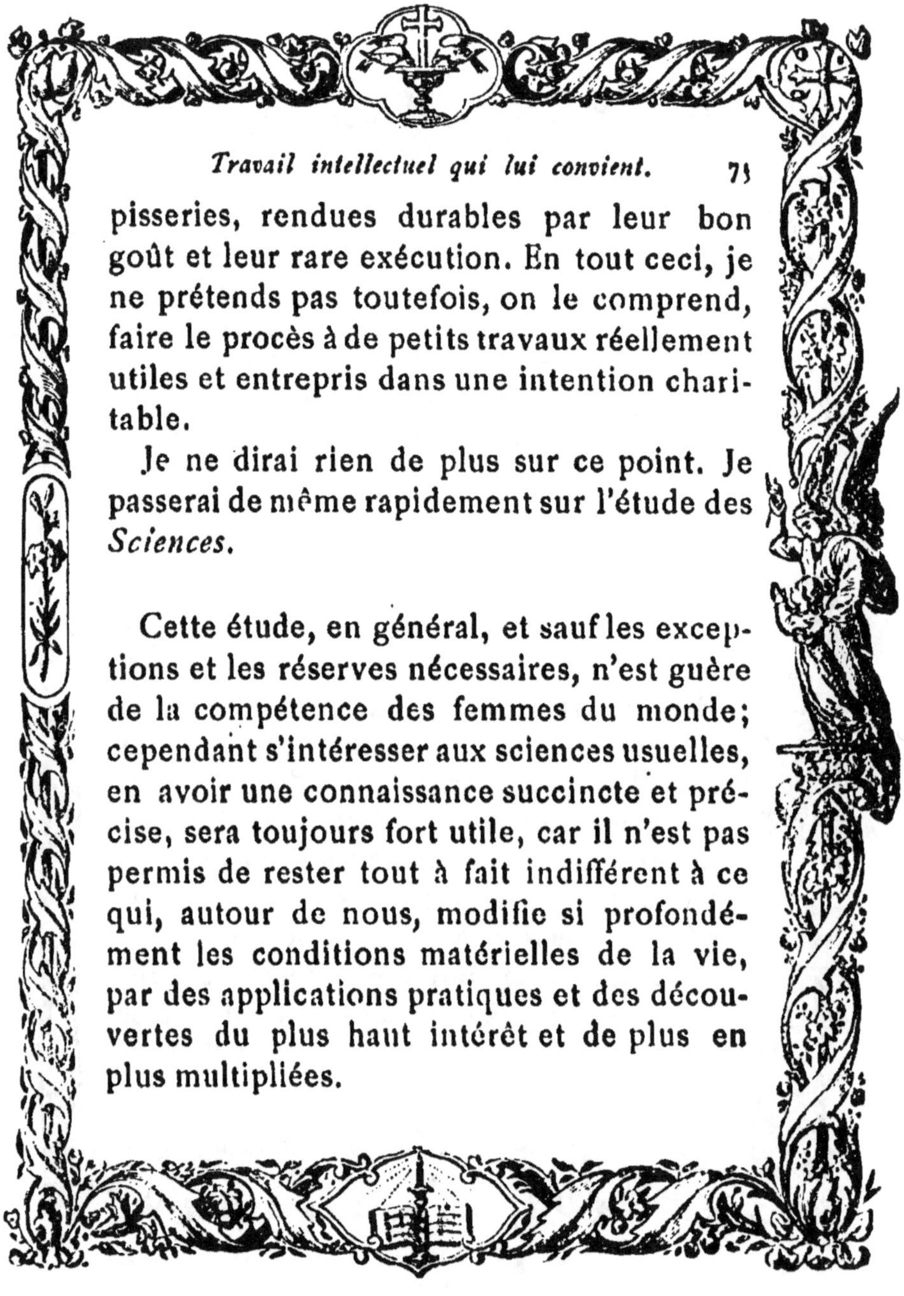

pisseries, rendues durables par leur bon
goût et leur rare exécution. En tout ceci, je
ne prétends pas toutefois, on le comprend,
faire le procès à de petits travaux réellement
utiles et entrepris dans une intention charitable.

Je ne dirai rien de plus sur ce point. Je
passerai de même rapidement sur l'étude des
Sciences.

Cette étude, en général, et sauf les exceptions et les réserves nécessaires, n'est guère
de la compétence des femmes du monde;
cependant s'intéresser aux sciences usuelles,
en avoir une connaissance succincte et précise, sera toujours fort utile, car il n'est pas
permis de rester tout à fait indifférent à ce
qui, autour de nous, modifie si profondément les conditions matérielles de la vie,
par des applications pratiques et des découvertes du plus haut intérêt et de plus en
plus multipliées.

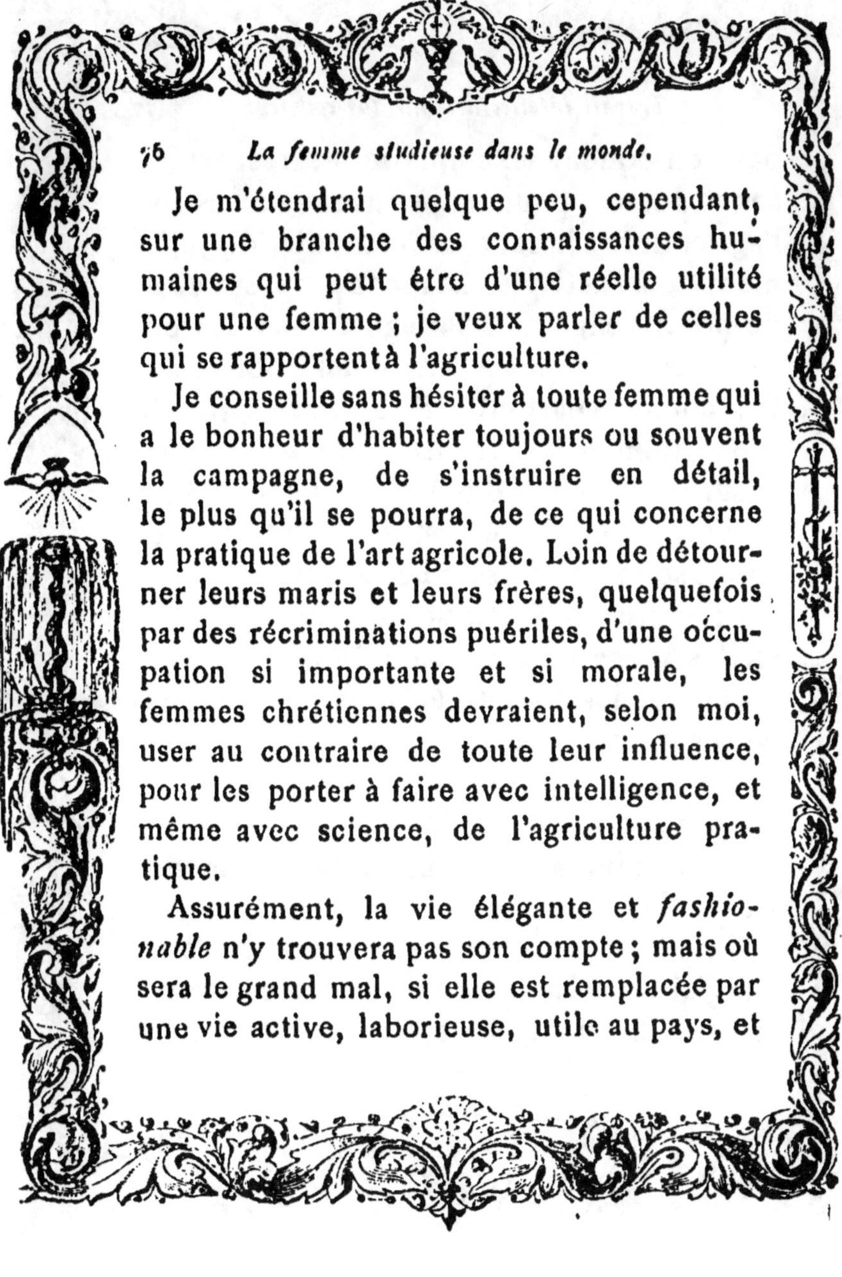

Je m'étendrai quelque peu, cependant, sur une branche des connaissances humaines qui peut être d'une réelle utilité pour une femme ; je veux parler de celles qui se rapportent à l'agriculture.

Je conseille sans hésiter à toute femme qui a le bonheur d'habiter toujours ou souvent la campagne, de s'instruire en détail, le plus qu'il se pourra, de ce qui concerne la pratique de l'art agricole. Loin de détourner leurs maris et leurs frères, quelquefois par des récriminations puériles, d'une occupation si importante et si morale, les femmes chrétiennes devraient, selon moi, user au contraire de toute leur influence, pour les porter à faire avec intelligence, et même avec science, de l'agriculture pratique.

Assurément, la vie élégante et *fashionable* n'y trouvera pas son compte ; mais où sera le grand mal, si elle est remplacée par une vie active, laborieuse, utile au pays, et

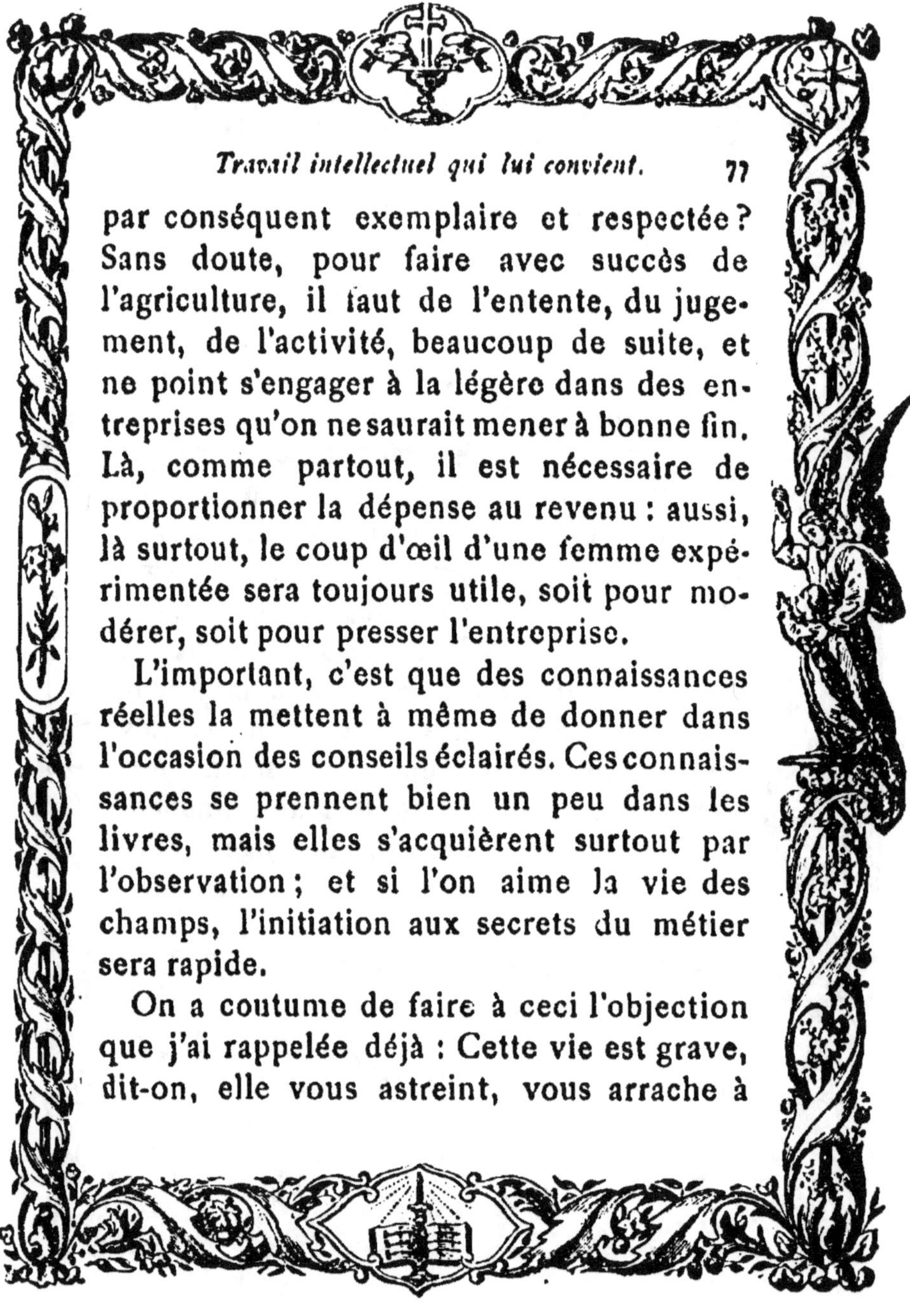

par conséquent exemplaire et respectée ? Sans doute, pour faire avec succès de l'agriculture, il faut de l'entente, du jugement, de l'activité, beaucoup de suite, et ne point s'engager à la légère dans des entreprises qu'on ne saurait mener à bonne fin. Là, comme partout, il est nécessaire de proportionner la dépense au revenu : aussi, là surtout, le coup d'œil d'une femme expérimentée sera toujours utile, soit pour modérer, soit pour presser l'entreprise.

L'important, c'est que des connaissances réelles la mettent à même de donner dans l'occasion des conseils éclairés. Ces connaissances se prennent bien un peu dans les livres, mais elles s'acquièrent surtout par l'observation ; et si l'on aime la vie des champs, l'initiation aux secrets du métier sera rapide.

On a coutume de faire à ceci l'objection que j'ai rappelée déjà : Cette vie est grave, dit-on, elle vous astreint, vous arrache à

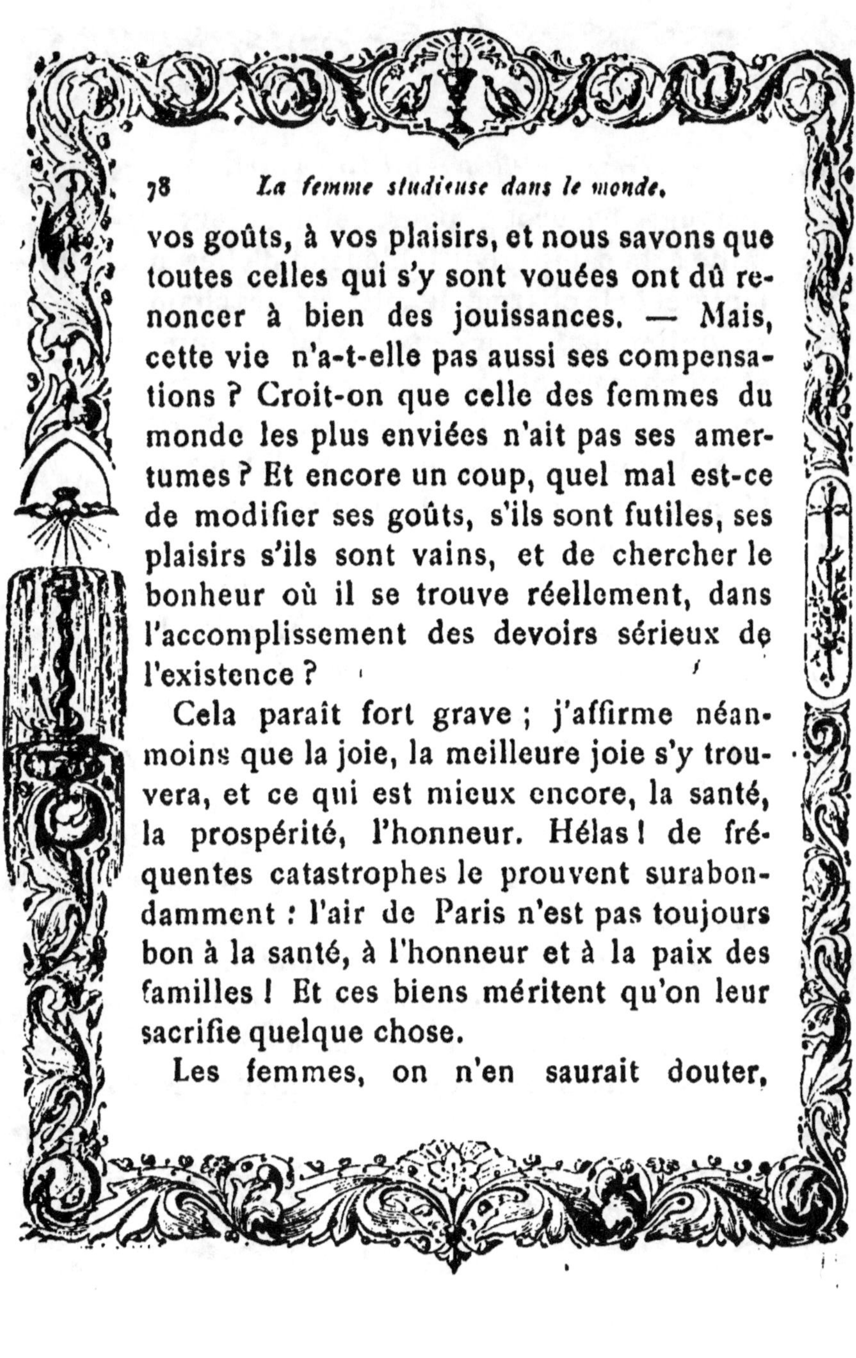

vos goûts, à vos plaisirs, et nous savons que toutes celles qui s'y sont vouées ont dû renoncer à bien des jouissances. — Mais, cette vie n'a-t-elle pas aussi ses compensations ? Croit-on que celle des femmes du monde les plus enviées n'ait pas ses amertumes ? Et encore un coup, quel mal est-ce de modifier ses goûts, s'ils sont futiles, ses plaisirs s'ils sont vains, et de chercher le bonheur où il se trouve réellement, dans l'accomplissement des devoirs sérieux de l'existence ?

Cela paraît fort grave ; j'affirme néanmoins que la joie, la meilleure joie s'y trouvera, et ce qui est mieux encore, la santé, la prospérité, l'honneur. Hélas ! de fréquentes catastrophes le prouvent surabondamment : l'air de Paris n'est pas toujours bon à la santé, à l'honneur et à la paix des familles ! Et ces biens méritent qu'on leur sacrifie quelque chose.

Les femmes, on n'en saurait douter,

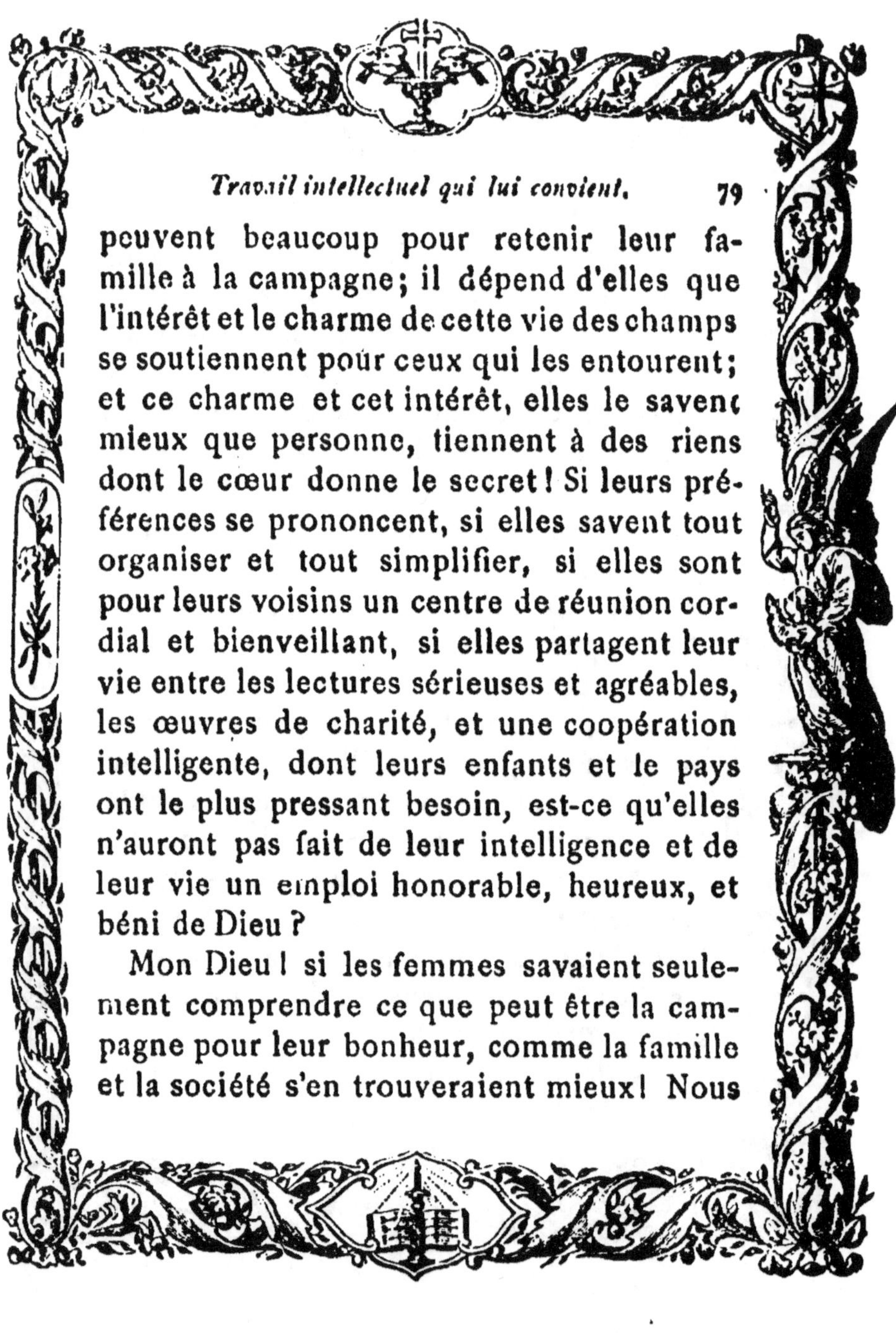

peuvent beaucoup pour retenir leur famille à la campagne; il dépend d'elles que
l'intérêt et le charme de cette vie des champs
se soutiennent pour ceux qui les entourent;
et ce charme et cet intérêt, elles le savent
mieux que personne, tiennent à des riens
dont le cœur donne le secret! Si leurs préférences se prononcent, si elles savent tout
organiser et tout simplifier, si elles sont
pour leurs voisins un centre de réunion cor-
dial et bienveillant, si elles partagent leur
vie entre les lectures sérieuses et agréables,
les œuvres de charité, et une coopération
intelligente, dont leurs enfants et le pays
ont le plus pressant besoin, est-ce qu'elles
n'auront pas fait de leur intelligence et de
leur vie un emploi honorable, heureux, et
béni de Dieu?

Mon Dieu! si les femmes savaient seulement comprendre ce que peut être la campagne pour leur bonheur, comme la famille
et la société s'en trouveraient mieux! Nous

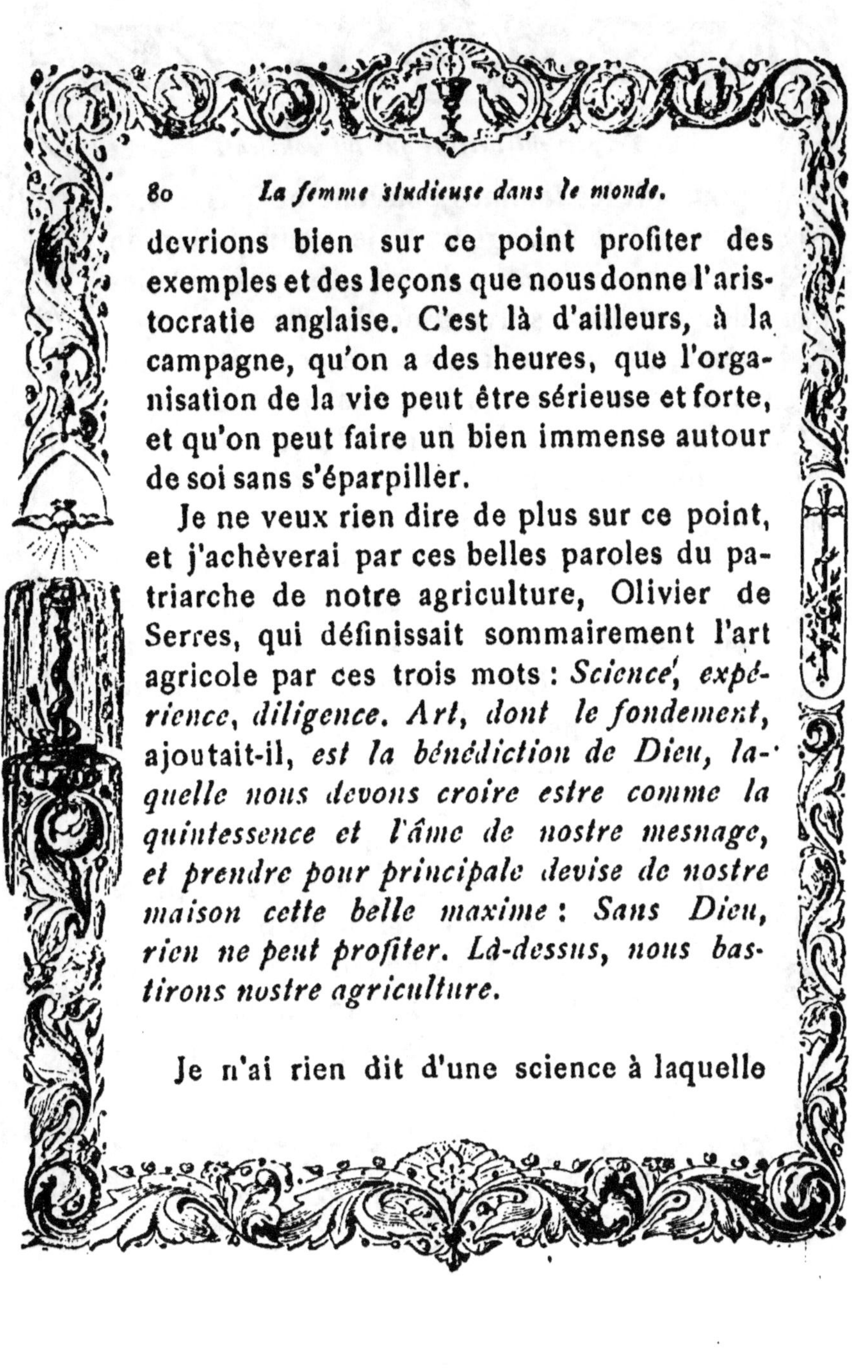

devrions bien sur ce point profiter des exemples et des leçons que nous donne l'aristocratie anglaise. C'est là d'ailleurs, à la campagne, qu'on a des heures, que l'organisation de la vie peut être sérieuse et forte, et qu'on peut faire un bien immense autour de soi sans s'éparpiller.

Je ne veux rien dire de plus sur ce point, et j'achèverai par ces belles paroles du patriarche de notre agriculture, Olivier de Serres, qui définissait sommairement l'art agricole par ces trois mots : *Science, expérience, diligence. Art, dont le fondement,* ajoutait-il, *est la bénédiction de Dieu, laquelle nous devons croire estre comme la quintessence et l'âme de nostre mesnage, et prendre pour principale devise de nostre maison cette belle maxime : Sans Dieu, rien ne peut profiter. Là-dessus, nous bastirons nostre agriculture.*

Je n'ai rien dit d'une science à laquelle

pourtant les femmes peuvent ne pas rester tout à fait étrangères : je veux parler de l'*Economie sociale*. Je ne dis pas qu'elles doivent lire les livres de théorie et de système, où les économistes se combattent les uns les autres et traitent des questions spéculatives; mais les livres d'*Economie chrétienne*, qui expliquent *comment la richesse se forme par le travail et les vertus domestiques;* comment, après tout, le meilleur capital de l'homme est un capital moral, etc.; de tels livres ne peuvent être inutiles entre leurs mains. Il y a là, qui ne le sent? un genre d'étude fort intéressante pour une femme que la charité met en rapport avec les classes pauvres et ouvrières.

Je conseillerais aussi volontiers l'*Histoire naturelle*. La vérité est que nous sommes entourés de merveilles et nous ne nous en doutons point; à la campagne, on rencontre à chaque pas une fleur, un insecte, dont les conditions de vie, la végétation ou les

III.   6

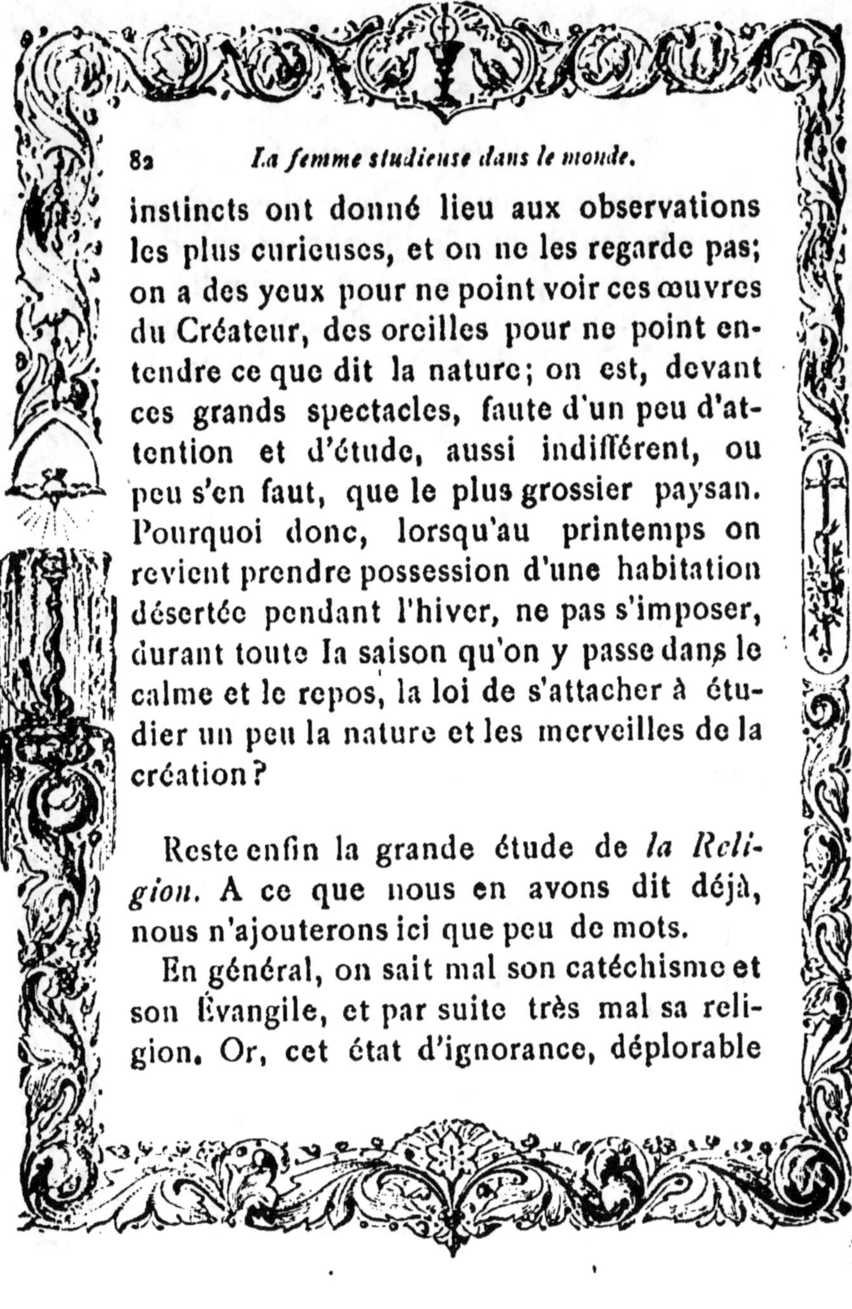

instincts ont donné lieu aux observations les plus curieuses, et on ne les regarde pas; on a des yeux pour ne point voir ces œuvres du Créateur, des oreilles pour ne point entendre ce que dit la nature; on est, devant ces grands spectacles, faute d'un peu d'attention et d'étude, aussi indifférent, ou peu s'en faut, que le plus grossier paysan. Pourquoi donc, lorsqu'au printemps on revient prendre possession d'une habitation désertée pendant l'hiver, ne pas s'imposer, durant toute la saison qu'on y passe dans le calme et le repos, la loi de s'attacher à étudier un peu la nature et les merveilles de la création?

Reste enfin la grande étude de *la Religion*. A ce que nous en avons dit déjà, nous n'ajouterons ici que peu de mots.

En général, on sait mal son catéchisme et son Évangile, et par suite très mal sa religion. Or, cet état d'ignorance, déplorable

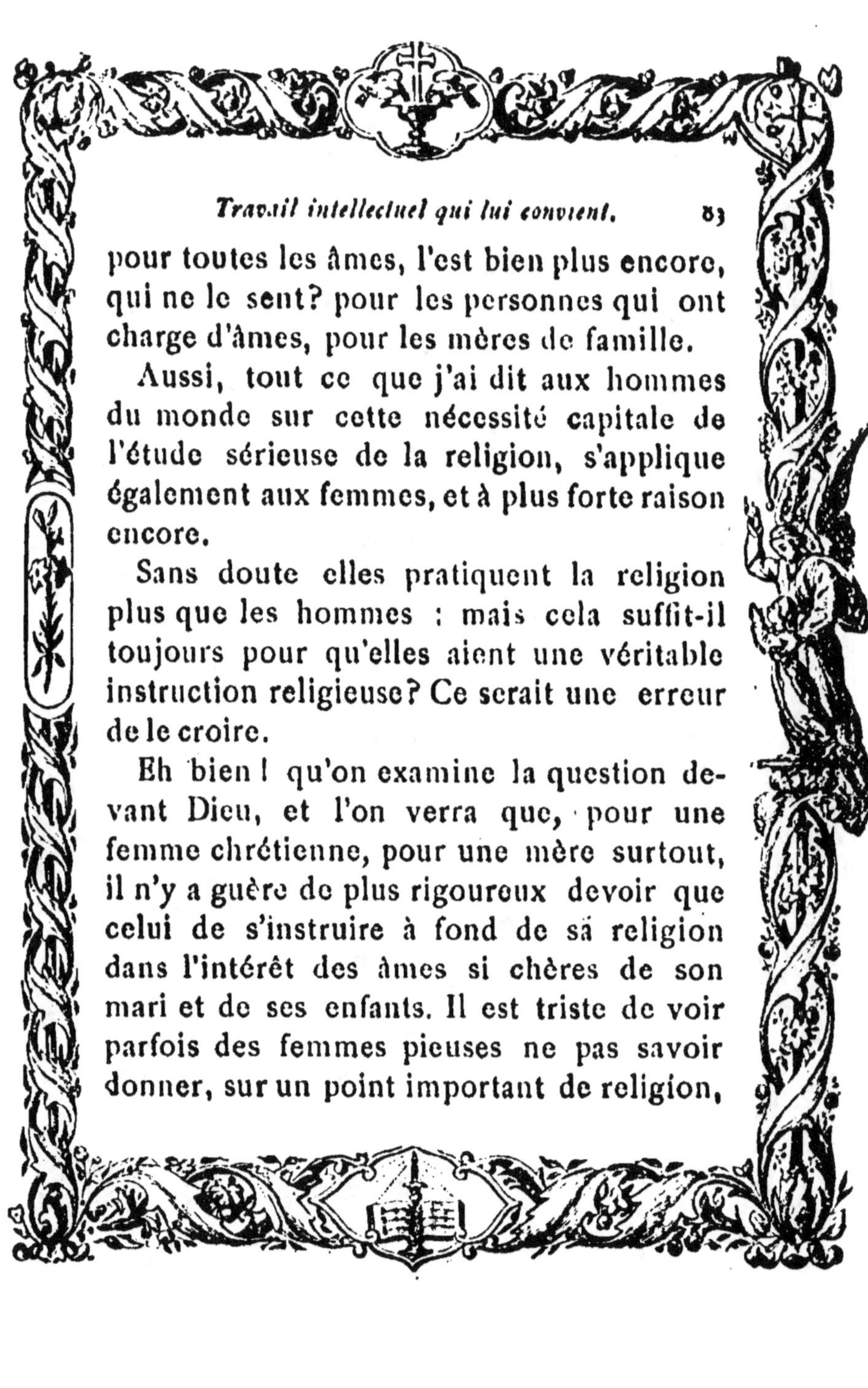

pour toutes les âmes, l'est bien plus encore, qui ne le sent? pour les personnes qui ont charge d'âmes, pour les mères de famille.

Aussi, tout ce que j'ai dit aux hommes du monde sur cette nécessité capitale de l'étude sérieuse de la religion, s'applique également aux femmes, et à plus forte raison encore.

Sans doute elles pratiquent la religion plus que les hommes : mais cela suffit-il toujours pour qu'elles aient une véritable instruction religieuse? Ce serait une erreur de le croire.

Eh bien! qu'on examine la question devant Dieu, et l'on verra que, pour une femme chrétienne, pour une mère surtout, il n'y a guère de plus rigoureux devoir que celui de s'instruire à fond de sa religion dans l'intérêt des âmes si chères de son mari et de ses enfants. Il est triste de voir parfois des femmes pieuses ne pas savoir donner, sur un point important de religion,

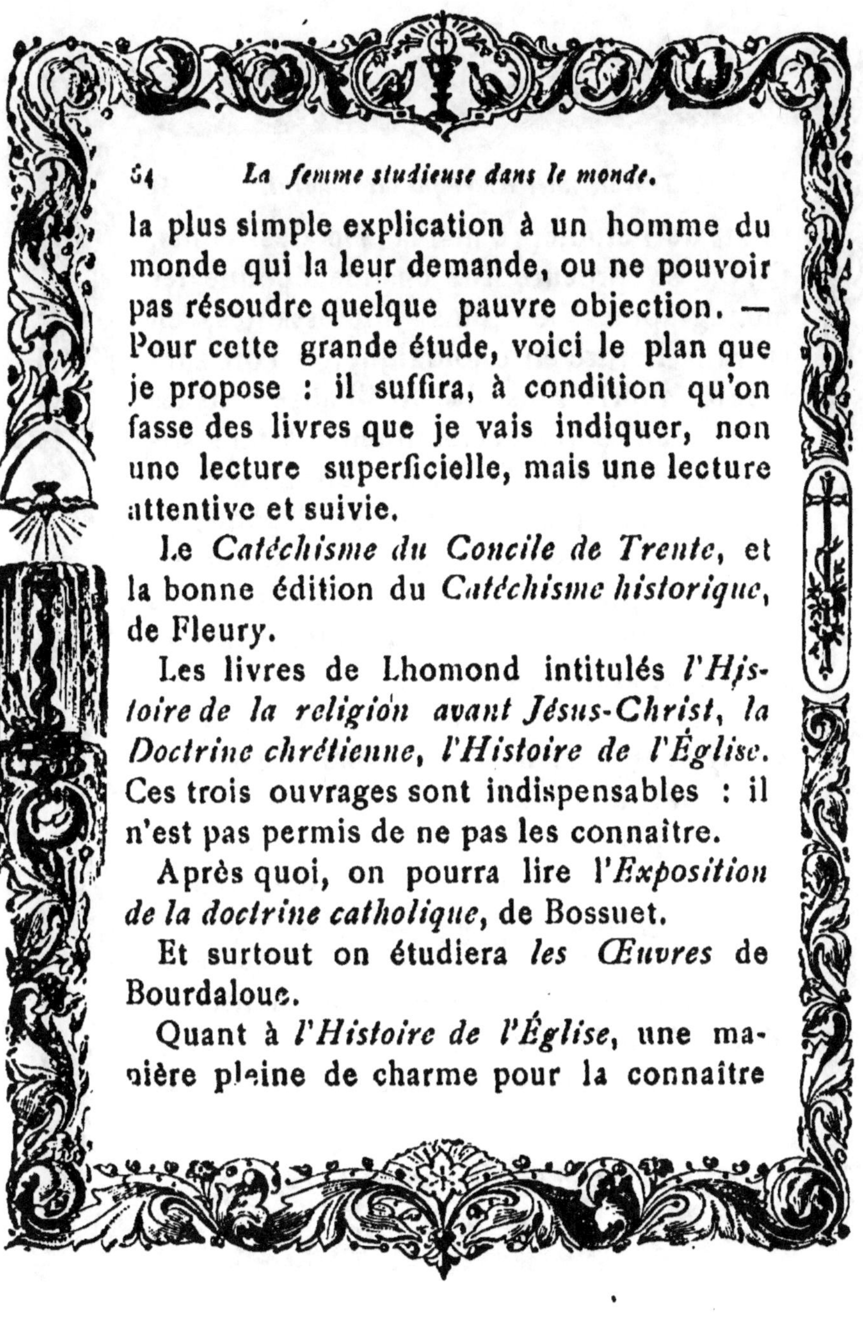

la plus simple explication à un homme du monde qui la leur demande, ou ne pouvoir pas résoudre quelque pauvre objection. — Pour cette grande étude, voici le plan que je propose : il suffira, à condition qu'on fasse des livres que je vais indiquer, non une lecture superficielle, mais une lecture attentive et suivie.

Le *Catéchisme du Concile de Trente*, et la bonne édition du *Catéchisme historique*, de Fleury.

Les livres de Lhomond intitulés *l'Histoire de la religion avant Jésus-Christ, la Doctrine chrétienne, l'Histoire de l'Église.* Ces trois ouvrages sont indispensables : il n'est pas permis de ne pas les connaître.

Après quoi, on pourra lire *l'Exposition de la doctrine catholique*, de Bossuet.

Et surtout on étudiera *les Œuvres* de Bourdaloue.

Quant à *l'Histoire de l'Église*, une manière pleine de charme pour la connaître

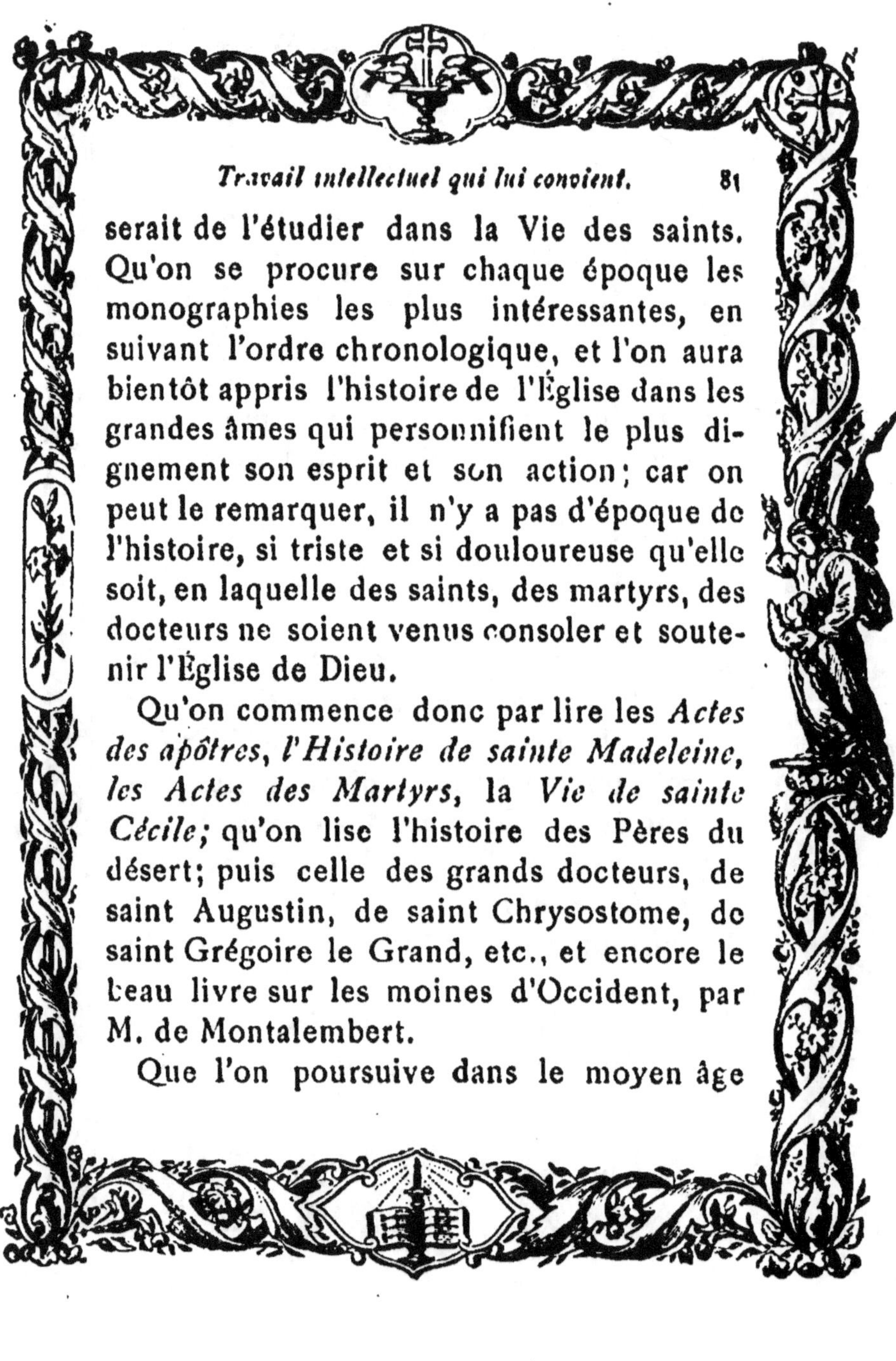

serait de l'étudier dans la Vie des saints. Qu'on se procure sur chaque époque les monographies les plus intéressantes, en suivant l'ordre chronologique, et l'on aura bientôt appris l'histoire de l'Église dans les grandes âmes qui personnifient le plus dignement son esprit et son action; car on peut le remarquer, il n'y a pas d'époque de l'histoire, si triste et si douloureuse qu'elle soit, en laquelle des saints, des martyrs, des docteurs ne soient venus consoler et soutenir l'Église de Dieu.

Qu'on commence donc par lire les *Actes des apôtres,* *l'Histoire de sainte Madeleine,* *les Actes des Martyrs,* la *Vie de sainte Cécile;* qu'on lise l'histoire des Pères du désert; puis celle des grands docteurs, de saint Augustin, de saint Chrysostome, de saint Grégoire le Grand, etc., et encore le beau livre sur les moines d'Occident, par M. de Montalembert.

Que l'on poursuive dans le moyen âge

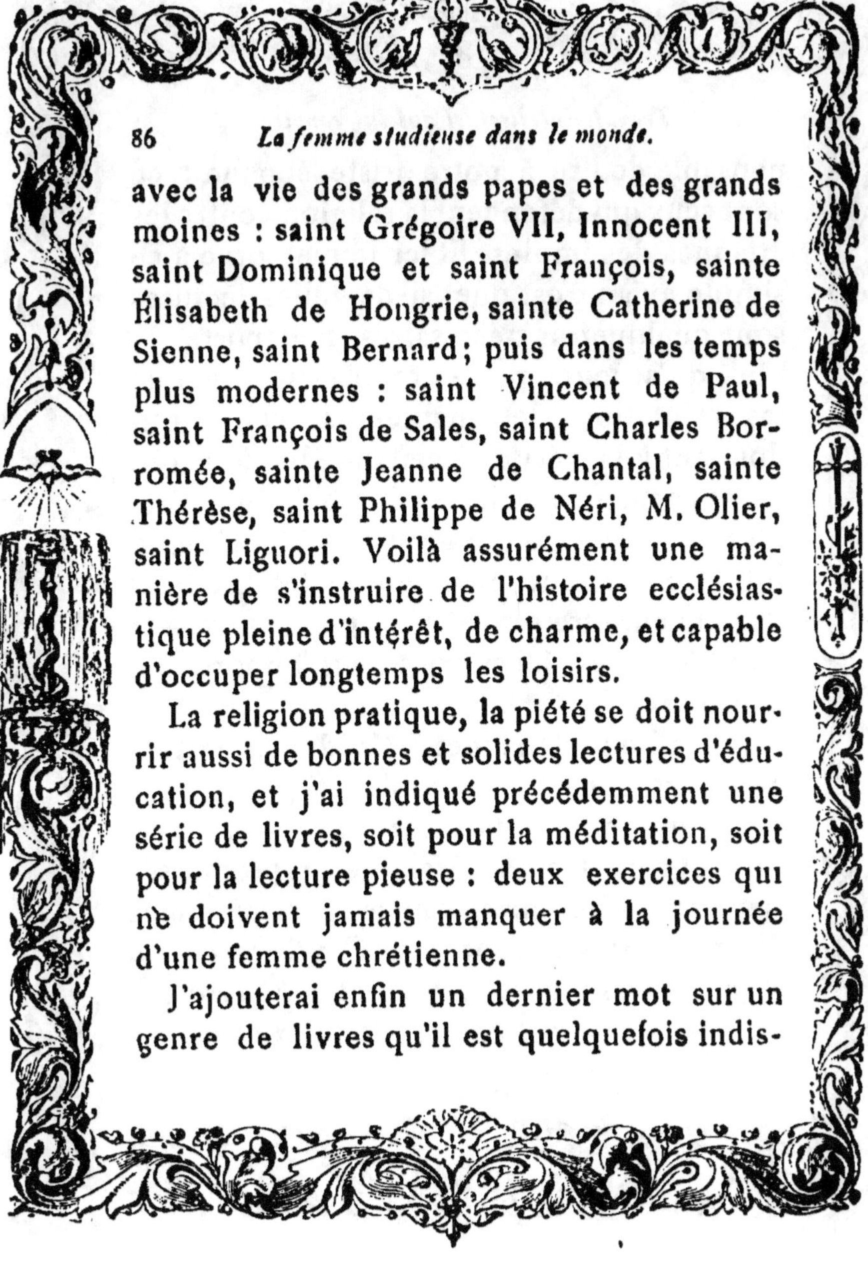

avec la vie des grands papes et des grands moines : saint Grégoire VII, Innocent III, saint Dominique et saint François, sainte Élisabeth de Hongrie, sainte Catherine de Sienne, saint Bernard ; puis dans les temps plus modernes : saint Vincent de Paul, saint François de Sales, saint Charles Borromée, sainte Jeanne de Chantal, sainte Thérèse, saint Philippe de Néri, M. Olier, saint Liguori. Voilà assurément une manière de s'instruire de l'histoire ecclésiastique pleine d'intérêt, de charme, et capable d'occuper longtemps les loisirs.

La religion pratique, la piété se doit nourrir aussi de bonnes et solides lectures d'éducation, et j'ai indiqué précédemment une série de livres, soit pour la méditation, soit pour la lecture pieuse : deux exercices qui ne doivent jamais manquer à la journée d'une femme chrétienne.

J'ajouterai enfin un dernier mot sur un genre de livres qu'il est quelquefois indispensable de lire à notre triste époque : ce sont ceux qui défendent la religion contre les attaques des impies. Et ici je me borne à ce simple avis : c'est que, si de telles lectures sont quelquefois nécessaires, il importe, là plus qu'ailleurs peut-être, de ne lire que les réfutations les meilleures, celles qui donnent à la vérité l'éclatante lumière qui lui appartient. Les livres de polémique faibles et médiocres ont beau être faits à bonne intention, il vaut mieux ne pas les lire, car ils peuvent être quelquefois plus dangereux qu'utiles. C'est ici surtout qu'il importe de consulter.

J'ai indiqué dans mes précédentes lettres plusieurs bons livres apologétiques : j'ai remarqué que parmi ces ouvrages, deux surtout sont lus avec facilité et profits sérieux par les femmes, et même par les femmes du monde; ce sont les *Conférences* de Mgr Frayssinous et les *Études philosophiques sur le Christianisme* de M. Nicolas.

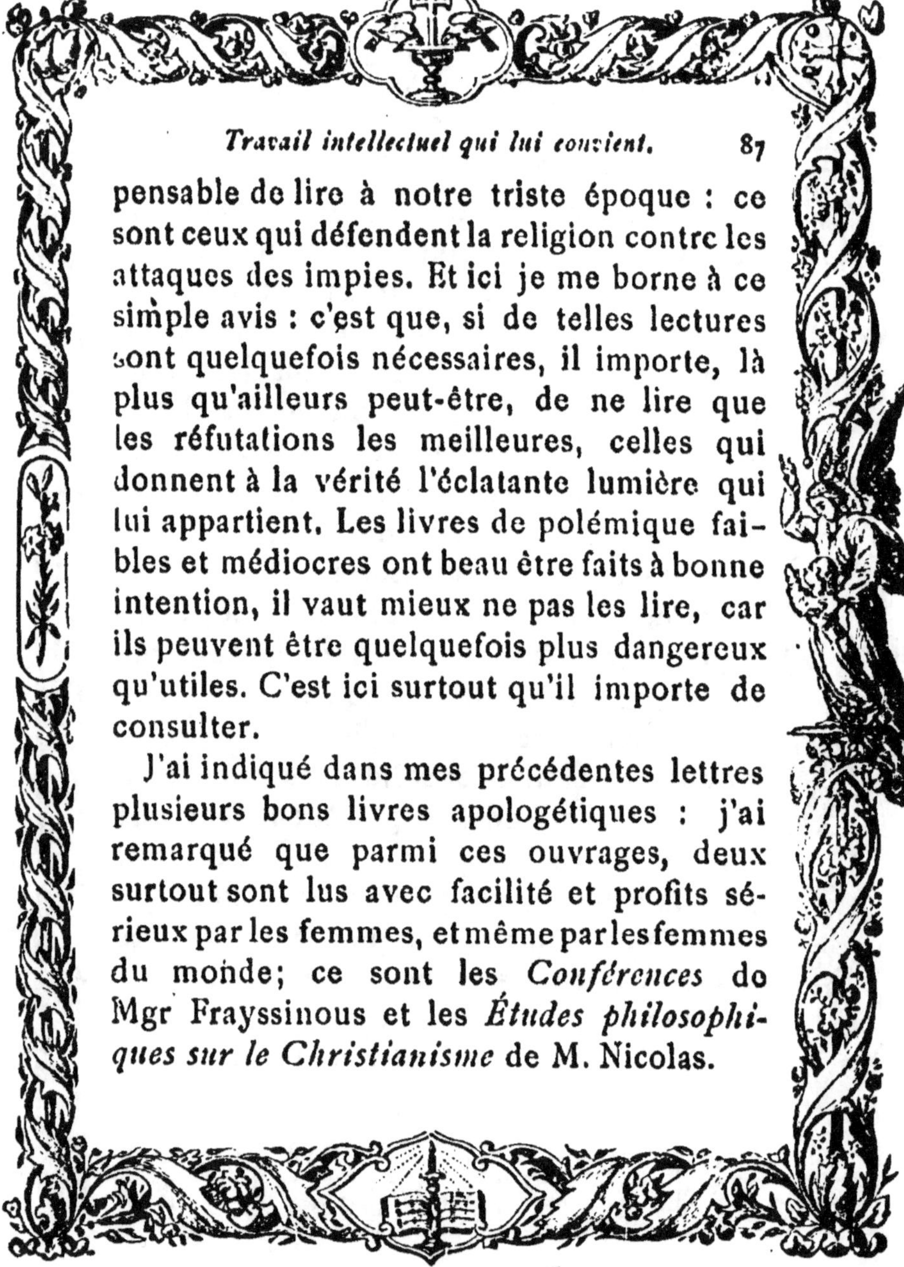

On le voit donc, ce ne sont pas les occu-
dations sérieuses, les travaux utiles, les sujets d'études, les moyens de cultiver leur
intelligence, qui manquent aux femmes; ce
sont elles trop souvent qui manquent à tout
cela. Pourquoi? Moins encore peut-être par
la légèreté ou les distractions du monde, ou
par les embarras d'une maison, que par le
défaut d'énergie, de volonté et de bonnes
habitudes prises; puis, parce qu'elles ne savent, devant cette multiplicité d'études
utiles et attrayantes, faire un choix intelligent des choses à étudier, des travaux à
essayer; et surtout parce qu'elles ne savent
pas ordonner leur journée de manière à se
donner du temps pour les occupations sérieuses et régulières; enfin, laissez-moi vous
le dire, parce que, armée des deux mots de
Molière, comme de grossiers ciseaux, la
sottise mondaine vous a coupé les ailes, ô
âmes qui aviez reçu de Dieu des ailes pour
monter dans les nobles régions de la lumière!

C'est donc à cela, c'est à vouloir, à choisir, à trouver du temps, que je voudrais maintenant vous aider.

IV

Je sens bien tout ce qu'il y a de délicat et de grave dans le rôle de conseiller. sur des matières comme celles qui nous occupent ici, et je sens aussi tout ce qu'au premier abord a d'effrayant la multiplicité des choses que nous venons de passer en revue. Mais que mes religieuses et délicates lectrices me permettent de le redire : Il ne s'agit pas le moins du monde d'embrasser tous ces divers sujets d'études. Il s'agit simplement, je ne saurais trop y insister, de faire un choix ; un choix intelligent, en rapport avec les goûts, les aptitudes, les loisirs, les convenances. Certes, même UN SEUL de ces sujets d'étude peut suffire, et au delà, pour le but qu'il s'agit d'atteindre, c'est-à-

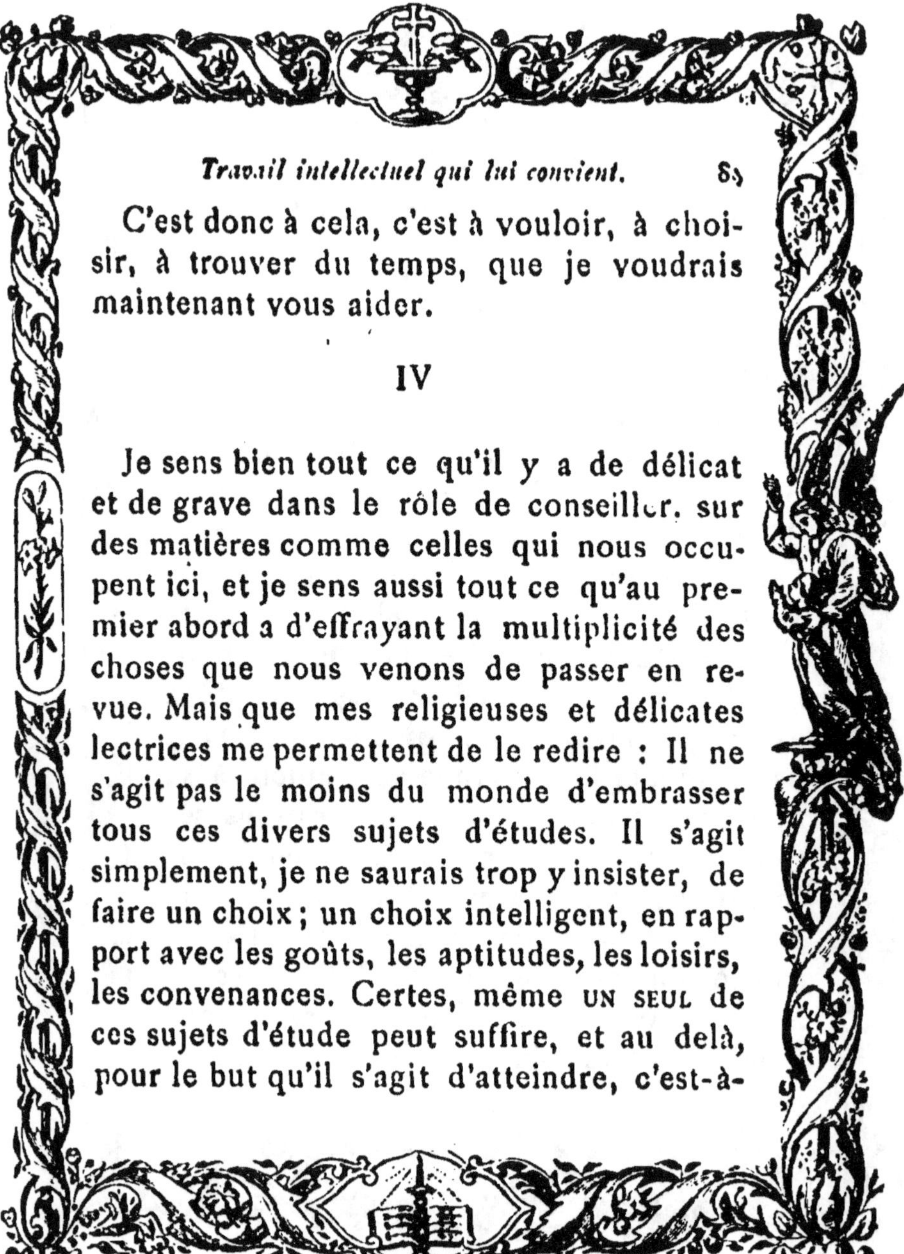

dire pour se faire une vie dignement et utilement occupée.

Il n'y a donc pas lieu de s'effrayer. Il n'est question, je le répète, que de faire un bon choix, sans se jeter dans des études impossibles ou exagérées. Cela dit et bien entendu, j'arrive au détail des conseils pratiques.

La première chose à faire, c'est de bien ordonner sa journée ; c'est d'avoir un règlement.

Ceci est d'une importance capitale; je m'y arrête.

Oui, si une femme veut échapper au vide des journées, au péril du désœuvrement, aux ennuis de la futilité, et arriver à faire quelque chose de sérieux, elle doit avoir un règlement. Il faut que tout dans la journée soit, autant que possible, réglé et ordonné. Sinon, qu'on en soit bien persuadé, rien n'est possible.

Non, rien n'est possible sans des habi-

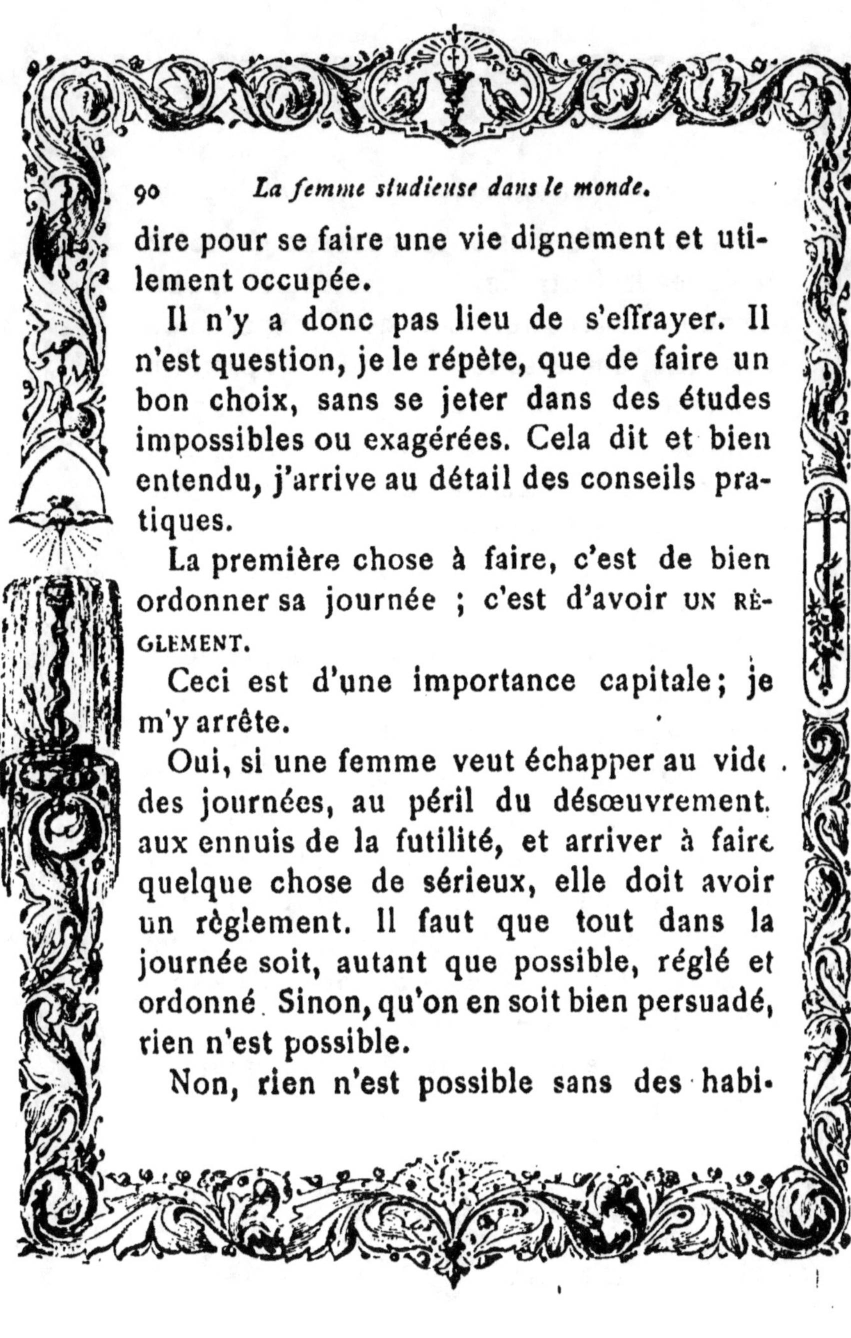

tudes nettes, fermes et fermement gardées ; rien avec la fantaisie, le caprice, la mobilité ou le laisser aller. Ceci est d'expérience constante, universelle. Cela ne veut pas dire assurément qu'en dehors de son plan d'études, on ne puisse faire un travail que les circonstances amènent, ou telle lecture qu'une légitime curiosité permettra : cela ne doit s'entendre que des occupations habituelles.

Donc il faut, avant tout, un règlement. Il faut de toute nécessité, être *décidée*, mais absolument *décidée*, à s'établir dans l'ordre d'un règlement, et pour cela parfois à se contraindre, à se gêner, afin de mettre pour ainsi dire sa vie dans un lit tracé comme celui d'un fleuve, et que les journées s'écoulent d'un cours plein, puissant, fécond, et ne se perdent pas comme des eaux qui débordent et se répandent.

Voilà le premier point, et il est capital : UN RÈGLEMENT.

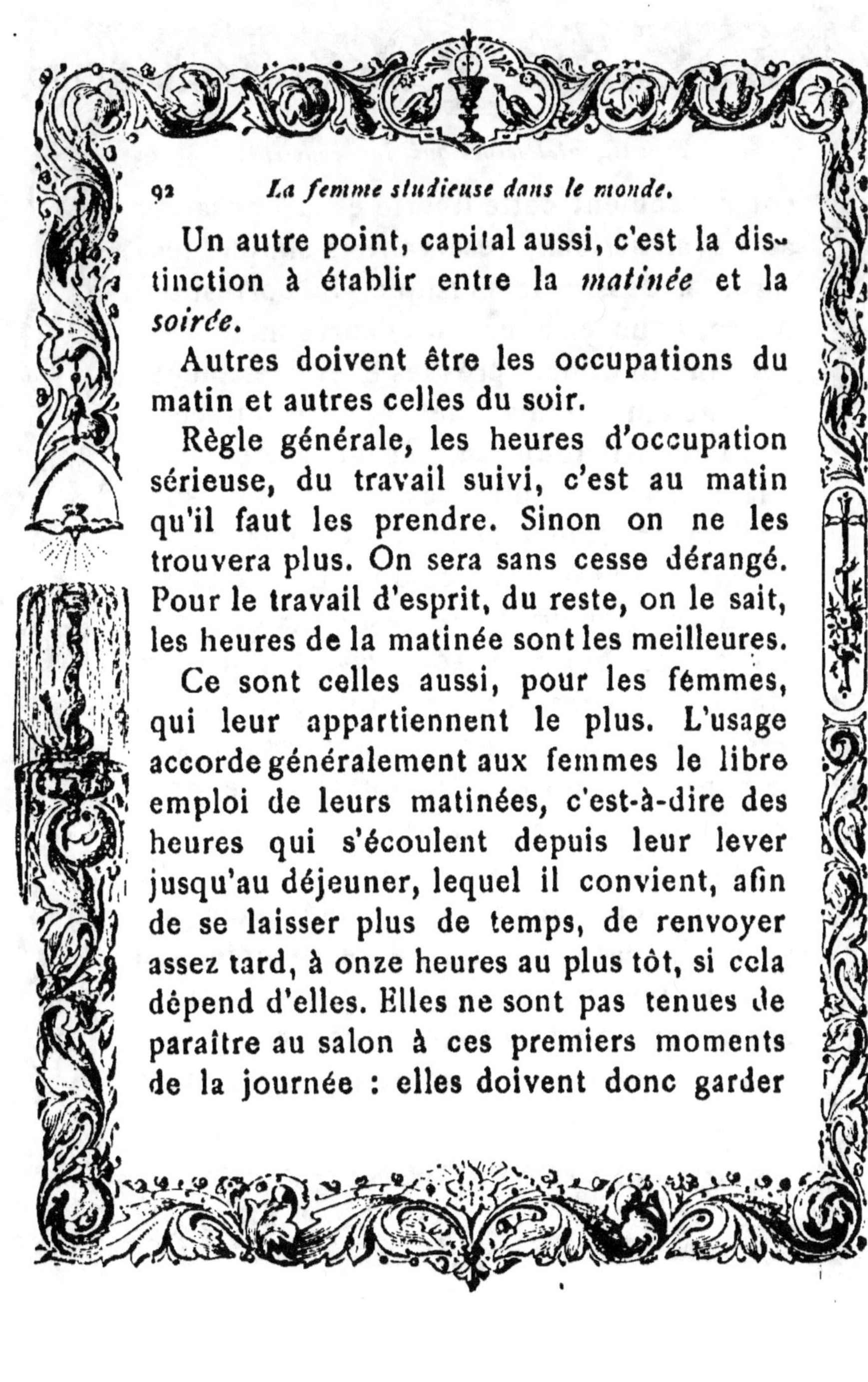

Un autre point, capital aussi, c'est la distinction à établir entre la *matinée* et la *soirée*.

Autres doivent être les occupations du matin et autres celles du soir.

Règle générale, les heures d'occupation sérieuse, du travail suivi, c'est au matin qu'il faut les prendre. Sinon on ne les trouvera plus. On sera sans cesse dérangé. Pour le travail d'esprit, du reste, on le sait, les heures de la matinée sont les meilleures.

Ce sont celles aussi, pour les femmes, qui leur appartiennent le plus. L'usage accorde généralement aux femmes le libre emploi de leurs matinées, c'est-à-dire des heures qui s'écoulent depuis leur lever jusqu'au déjeuner, lequel il convient, afin de se laisser plus de temps, de renvoyer assez tard, à onze heures au plus tôt, si cela dépend d'elles. Elles ne sont pas tenues de paraître au salon à ces premiers moments de la journée : elles doivent donc garder

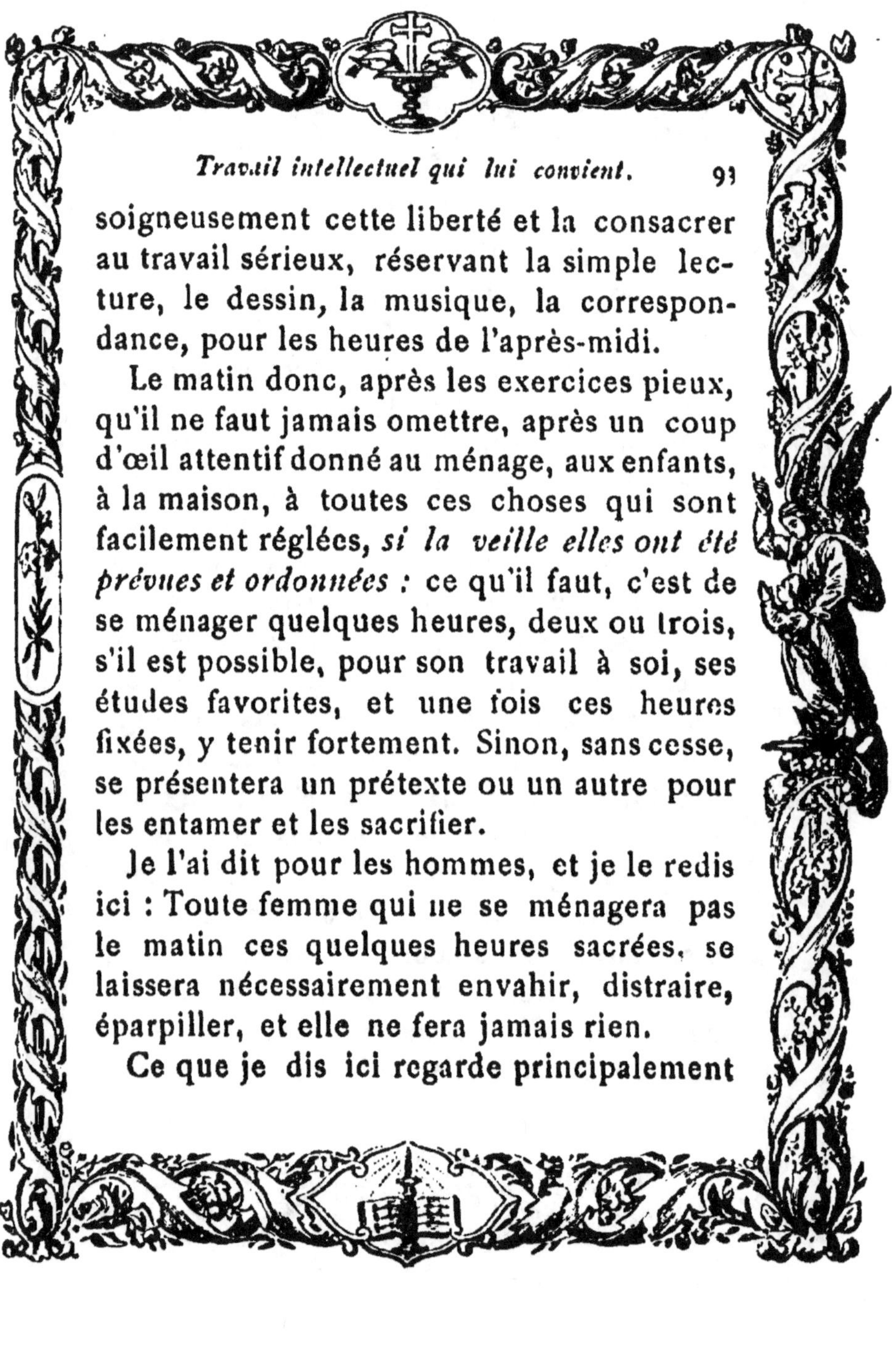

soigneusement cette liberté et la consacrer au travail sérieux, réservant la simple lecture, le dessin, la musique, la correspondance, pour les heures de l'après-midi.

Le matin donc, après les exercices pieux, qu'il ne faut jamais omettre, après un coup d'œil attentif donné au ménage, aux enfants, à la maison, à toutes ces choses qui sont facilement réglées, *si la veille elles ont été prévues et ordonnées :* ce qu'il faut, c'est de se ménager quelques heures, deux ou trois, s'il est possible, pour son travail à soi, ses études favorites, et une fois ces heures fixées, y tenir fortement. Sinon, sans cesse, se présentera un prétexte ou un autre pour les entamer et les sacrifier.

Je l'ai dit pour les hommes, et je le redis ici : Toute femme qui ne se ménagera pas le matin ces quelques heures sacrées, se laissera nécessairement envahir, distraire, éparpiller, et elle ne fera jamais rien.

Ce que je dis ici regarde principalement

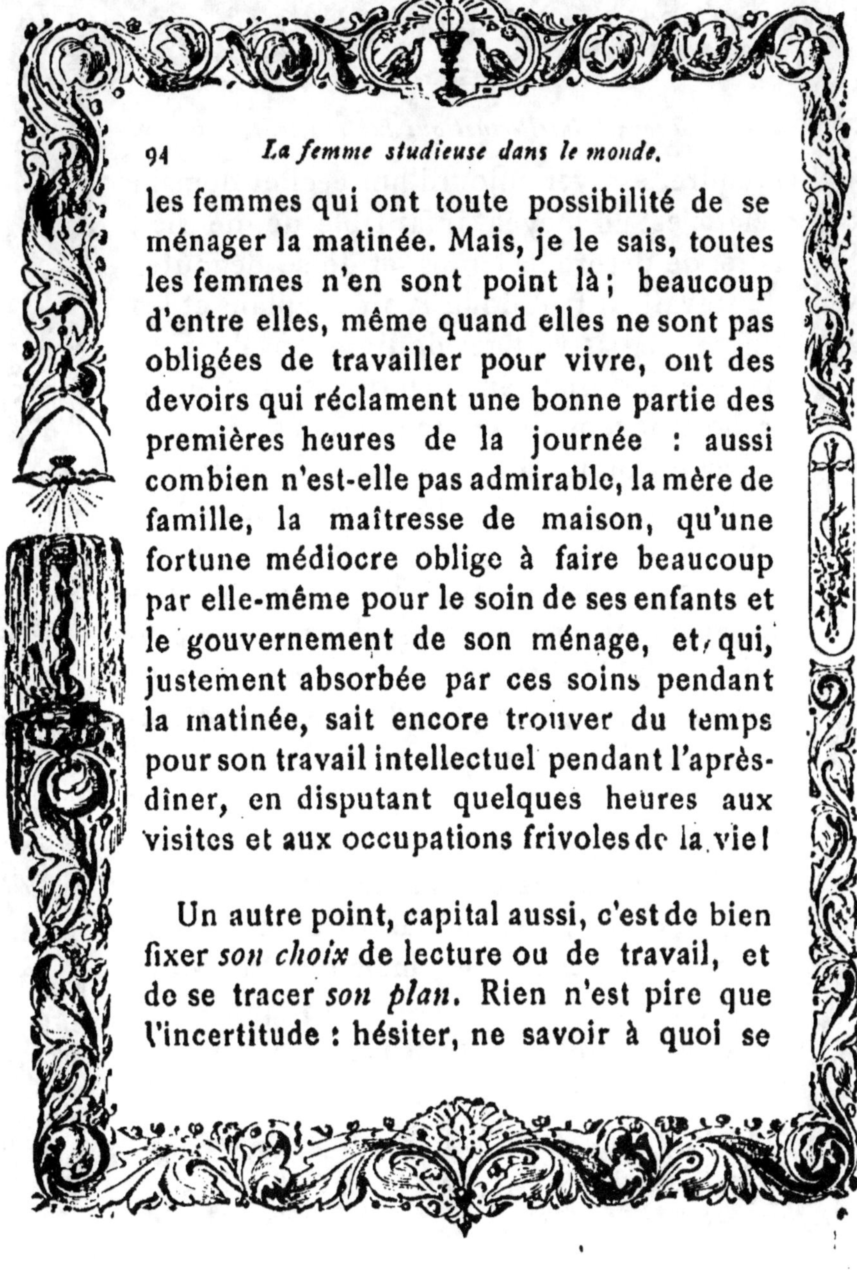

les femmes qui ont toute possibilité de se ménager la matinée. Mais, je le sais, toutes les femmes n'en sont point là ; beaucoup d'entre elles, même quand elles ne sont pas obligées de travailler pour vivre, ont des devoirs qui réclament une bonne partie des premières heures de la journée : aussi combien n'est-elle pas admirable, la mère de famille, la maîtresse de maison, qu'une fortune médiocre oblige à faire beaucoup par elle-même pour le soin de ses enfants et le gouvernement de son ménage, et, qui, justement absorbée par ces soins pendant la matinée, sait encore trouver du temps pour son travail intellectuel pendant l'après-dîner, en disputant quelques heures aux visites et aux occupations frivoles de la vie !

Un autre point, capital aussi, c'est de bien fixer *son choix* de lecture ou de travail, et de se tracer *son plan*. Rien n'est pire que l'incertitude : hésiter, ne savoir à quoi se prendre, essayer aujourd'hui ceci et demain cela, c'est un moyen infaillible de ne rien faire, de perdre le temps, et de se dégoûter du travail. Il faut donc avoir ses plans et les suivre, ne pas voltiger de livre en livre, ni de sujet en sujet; en un mot, se donner sa tâche et la remplir, coûte que coûte.

Par exemple, dirais-je aux femmes du monde qui, d'ordinaire, partagent leur année en trois ou quatre mois de séjour à la ville, et huit ou neuf mois de séjour à la campagne : vous arrivez dans votre province : eh bien! faites-vous de suite et sans perdre de temps un plan d'étude et de lecture pour la belle saison. Choisissez, parmi les lectures sérieuses que vous pourrez faire, celles qui pourrront vous occuper pendant quelques mois d'une manière suivie; ne donnez rien au hasard et au caprice du moment; choisissez, mais une fois votre choix arrêté, tenez-vous-y. Ainsi, proposez-vous une année l'histoire de l'Église, par exemple, et prenez pour lecture suivie ce qui se rapporte à cette histoire; l'année suivante, vous pourrez prendre les grands moralistes français, ou telle autre étude qui vous agréera.

Et de même à la ville, et partout où vous êtes établie d'une manière fixe, ayez toujours votre plan d'occupations nettement tracé, et ne restez jamais dans le vague et l'indécision sur la manière dont vous emploierez votre temps.

Supposé donc qu'une femme ait cette raison, ce courage, cette énergie, de se faire son règlement, d'avoir ses habitudes fixes, de se tracer son plan et d'y tenir : à quels genres d'occupations intellectuelles pourra-t-elle se livrer dans les moments qu'elle aura su se ménager?

Il y en a de plusieurs sortes, proportionnées aux aptitudes et aux goûts de chacune.

L'occupation intellectuelle la plus simple et la plus facile, *c'est la lecture.* J'entends ici

non une lecture rapide qui ne coûte aucun
effort, mais une lecture sérieuse qui soit un
vrai travail. On le conçoit : lire simplement
ne peut guère s'appeler un travail : la lecture
seule habitue l'esprit à une sorte de paresse,
elle l'amuse, le distrait sans l'obliger à travailler par lui-même, n'exerce pas ses forces
vives. Je dirai même que la lecture, telle
qu'elle est trop souvent faite, n'est qu'une
futilité de plus ajoutée aux autres futilités,
quand elle n'est pas un danger grave. La plupart des femmes du monde, en effet, quand
elles lisent, que lisent-elles ? Je me suis élevé
souvent, dans ces lettres, contre la malheureuse facilité à tout lire et l'oubli complet
du sens chrétien, j'allais dire du sens moral, que montrent à cet endroit certaines
femmes, même chrétiennes; je n'y revien-
drai pas. Ce que je recommande particulièrement ici, ce sont les bonnes lectures, sans
doute, mais les lectures réfléchies. Sans
contredit, quand la lecture ne court pas au

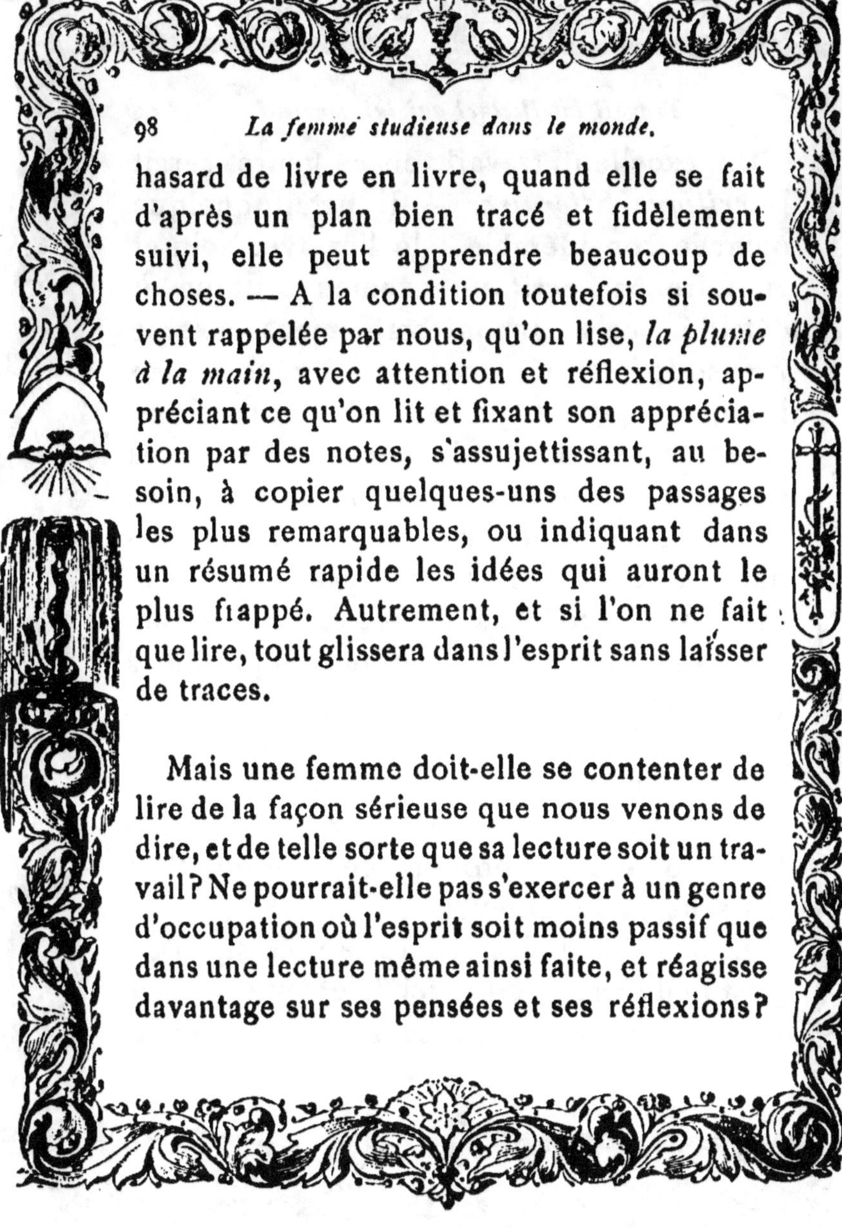

hasard de livre en livre, quand elle se fait d'après un plan bien tracé et fidèlement suivi, elle peut apprendre beaucoup de choses. — A la condition toutefois si souvent rappelée par nous, qu'on lise, *la plume à la main,* avec attention et réflexion, appréciant ce qu'on lit et fixant son appréciation par des notes, s'assujettissant, au besoin, à copier quelques-uns des passages les plus remarquables, ou indiquant dans un résumé rapide les idées qui auront le plus frappé. Autrement, et si l'on ne fait que lire, tout glissera dans l'esprit sans laisser de traces.

Mais une femme doit-elle se contenter de lire de la façon sérieuse que nous venons de dire, et de telle sorte que sa lecture soit un travail? Ne pourrait-elle pas s'exercer à un genre d'occupation où l'esprit soit moins passif que dans une lecture même ainsi faite, et réagisse davantage sur ses pensées et ses réflexions?

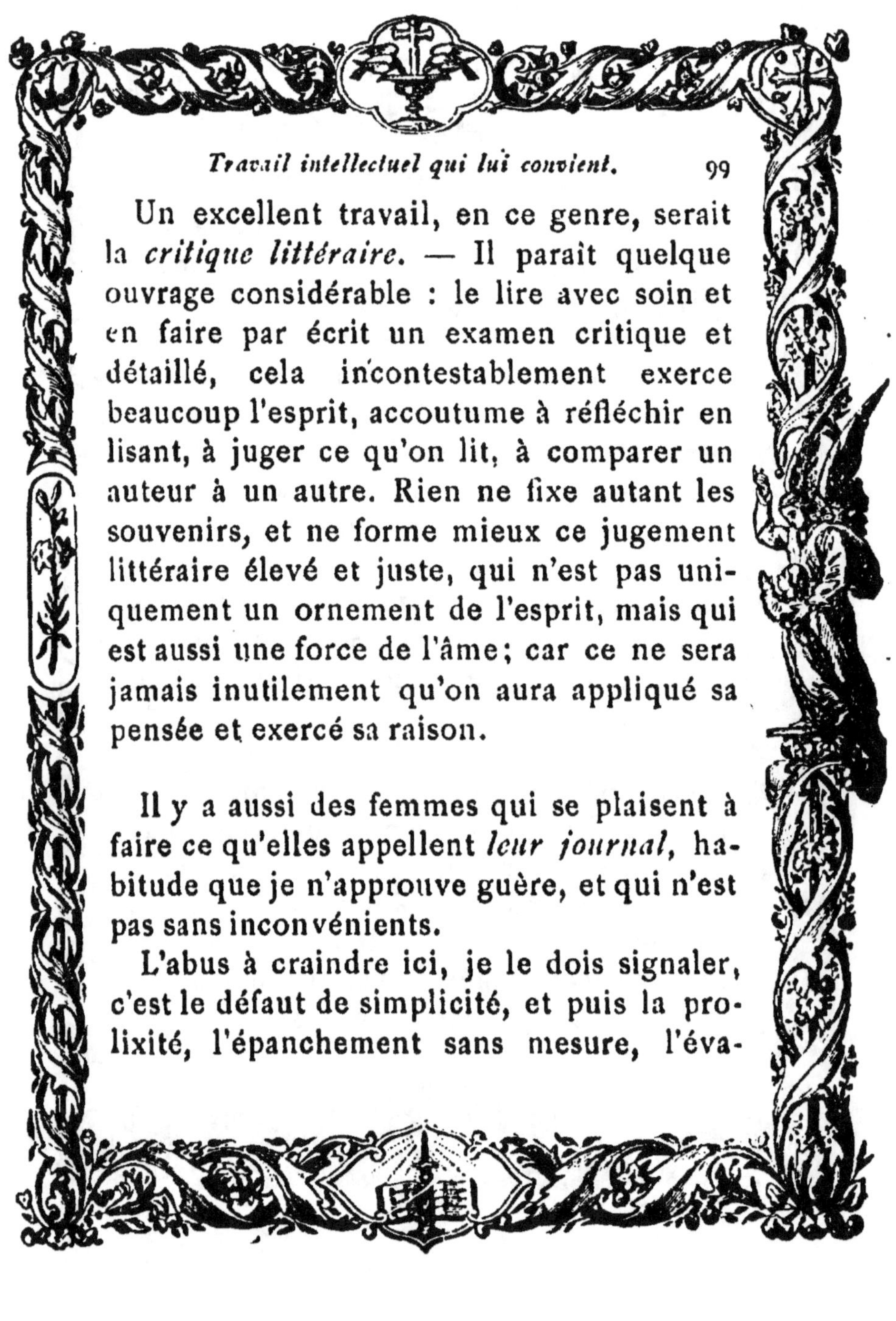

Un excellent travail, en ce genre, serait la *critique littéraire.* — Il paraît quelque ouvrage considérable : le lire avec soin et en faire par écrit un examen critique et détaillé, cela incontestablement exerce beaucoup l'esprit, accoutume à réfléchir en lisant, à juger ce qu'on lit, à comparer un auteur à un autre. Rien ne fixe autant les souvenirs, et ne forme mieux ce jugement littéraire élevé et juste, qui n'est pas uniquement un ornement de l'esprit, mais qui est aussi une force de l'âme; car ce ne sera jamais inutilement qu'on aura appliqué sa pensée et exercé sa raison.

Il y a aussi des femmes qui se plaisent à faire ce qu'elles appellent *leur journal,* habitude que je n'approuve guère, et qui n'est pas sans inconvénients.

L'abus à craindre ici, je le dois signaler, c'est le défaut de simplicité, et puis la prolixité, l'épanchement sans mesure, l'évanouissement de l'esprit et de l'âme dans des écritures sans but et sans fin.

Cette habitude de s'observer trop curieusement fait des femmes fatiguées d'elles-mêmes, et à la longue fatigantes, ou prétentieuses. Les bonnes mères de famille agissent, vont de la cave au grenier, et de leur prie-Dieu à la salle d'étude, sans écrire ces petits mémoires complaisants et inutiles. — Ces sévérités ne s'appliquent pas, bien entendu, à un journal de voyage.

S'il faut exprimer sur ce point toute ma pensée, je dirai que le *journal*, aujourd'hui, pour une femme, me fait peur. Le succès posthume de certains journaux de femmes est monté, semble-t-il, au cerveau de plusieurs. Là se glisse, bien plus que dans la correspondance, dont nous parlerons tout à l'heure, l'arrière-pensée de la publicité. C'est un auteur qui pose, ce sont des mémoires d'outre-tombe qui se préparent. On relit, on savoure son journal,

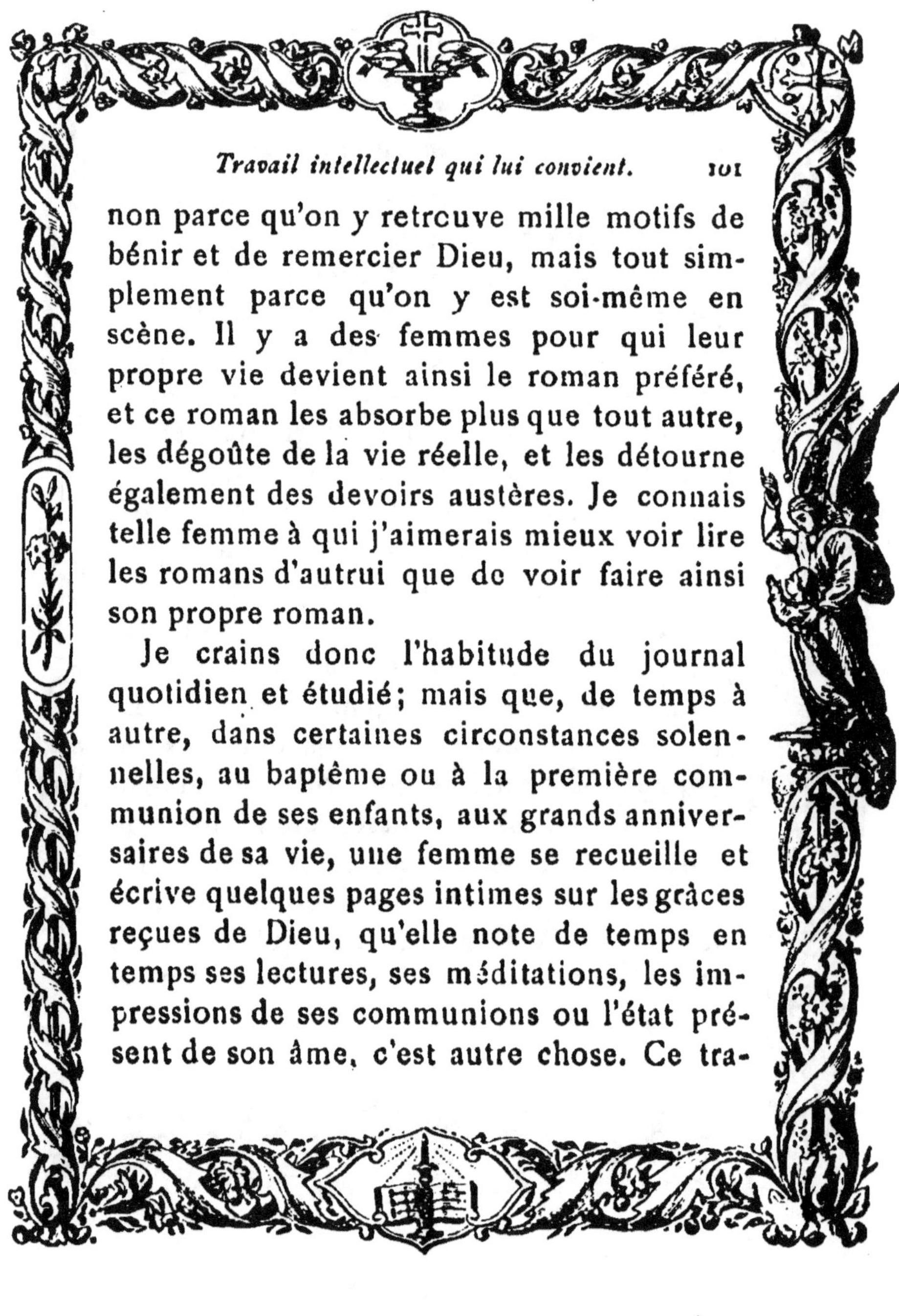

non parce qu'on y retrouve mille motifs de
bénir et de remercier Dieu, mais tout simplement parce qu'on y est soi-même en
scène. Il y a des femmes pour qui leur
propre vie devient ainsi le roman préféré,
et ce roman les absorbe plus que tout autre,
les dégoûte de la vie réelle, et les détourne
également des devoirs austères. Je connais
telle femme à qui j'aimerais mieux voir lire
les romans d'autrui que de voir faire ainsi
son propre roman.

Je crains donc l'habitude du journal
quotidien et étudié; mais que, de temps à
autre, dans certaines circonstances solen-
nelles, au baptême ou à la première communion de ses enfants, aux grands anniver-
saires de sa vie, une femme se recueille et
écrive quelques pages intimes sur les grâces
reçues de Dieu, qu'elle note de temps en
temps ses lectures, ses méditations, les impressions de ses communions ou l'état présent de son âme, c'est autre chose. Ce tra-

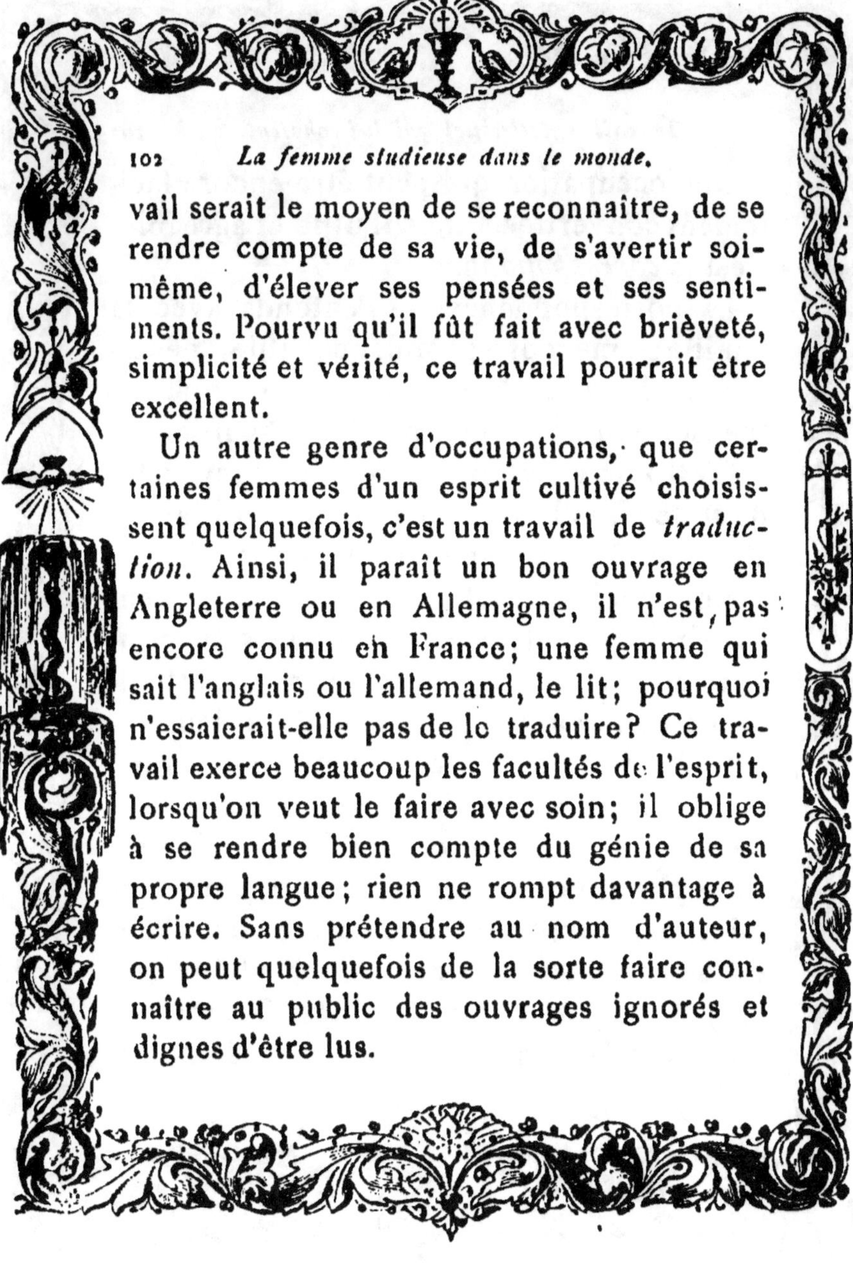

vail serait le moyen de se reconnaître, de se rendre compte de sa vie, de s'avertir soi-même, d'élever ses pensées et ses sentiments. Pourvu qu'il fût fait avec brièveté, simplicité et vérité, ce travail pourrait être excellent.

Un autre genre d'occupations, que certaines femmes d'un esprit cultivé choisissent quelquefois, c'est un travail de *traduction*. Ainsi, il paraît un bon ouvrage en Angleterre ou en Allemagne, il n'est pas encore connu en France; une femme qui sait l'anglais ou l'allemand, le lit; pourquoi n'essaierait-elle pas de le traduire? Ce travail exerce beaucoup les facultés de l'esprit, lorsqu'on veut le faire avec soin; il oblige à se rendre bien compte du génie de sa propre langue; rien ne rompt davantage à écrire. Sans prétendre au nom d'auteur, on peut quelquefois de la sorte faire connaître au public des ouvrages ignorés et dignes d'être lus.

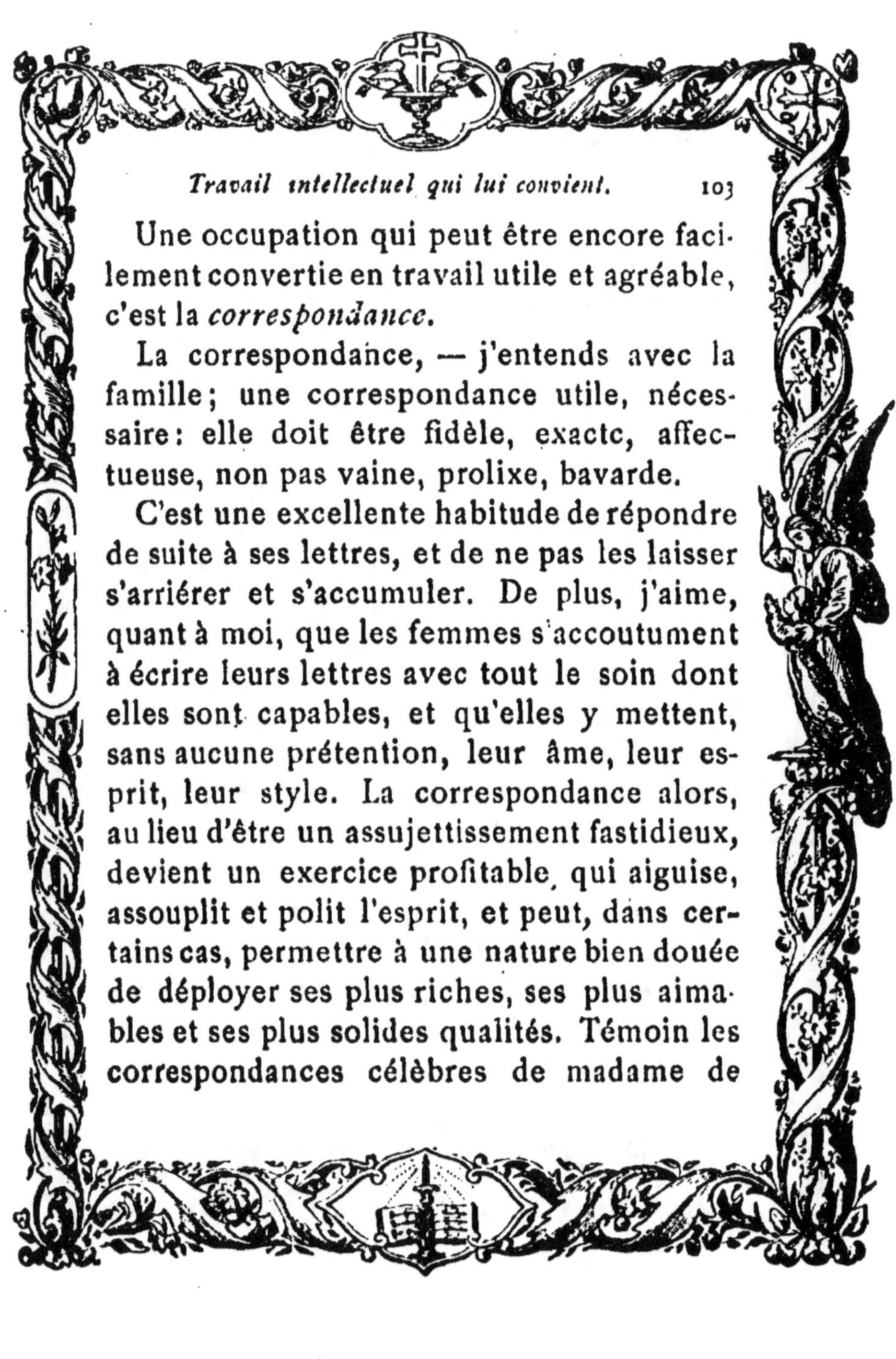

Une occupation qui peut être encore facilement convertie en travail utile et agréable, c'est la *correspondance.*

La correspondance, — j'entends avec la famille; une correspondance utile, nécessaire: elle doit être fidèle, exacte, affectueuse, non pas vaine, prolixe, bavarde.

C'est une excellente habitude de répondre de suite à ses lettres, et de ne pas les laisser s'arriérer et s'accumuler. De plus, j'aime, quant à moi, que les femmes s'accoutument à écrire leurs lettres avec tout le soin dont elles sont capables, et qu'elles y mettent, sans aucune prétention, leur âme, leur esprit, leur style. La correspondance alors, au lieu d'être un assujettissement fastidieux, devient un exercice profitable, qui aiguise, assouplit et polit l'esprit, et peut, dans certains cas, permettre à une nature bien douée de déployer ses plus riches, ses plus aimables et ses plus solides qualités. Témoin les correspondances célèbres de madame de

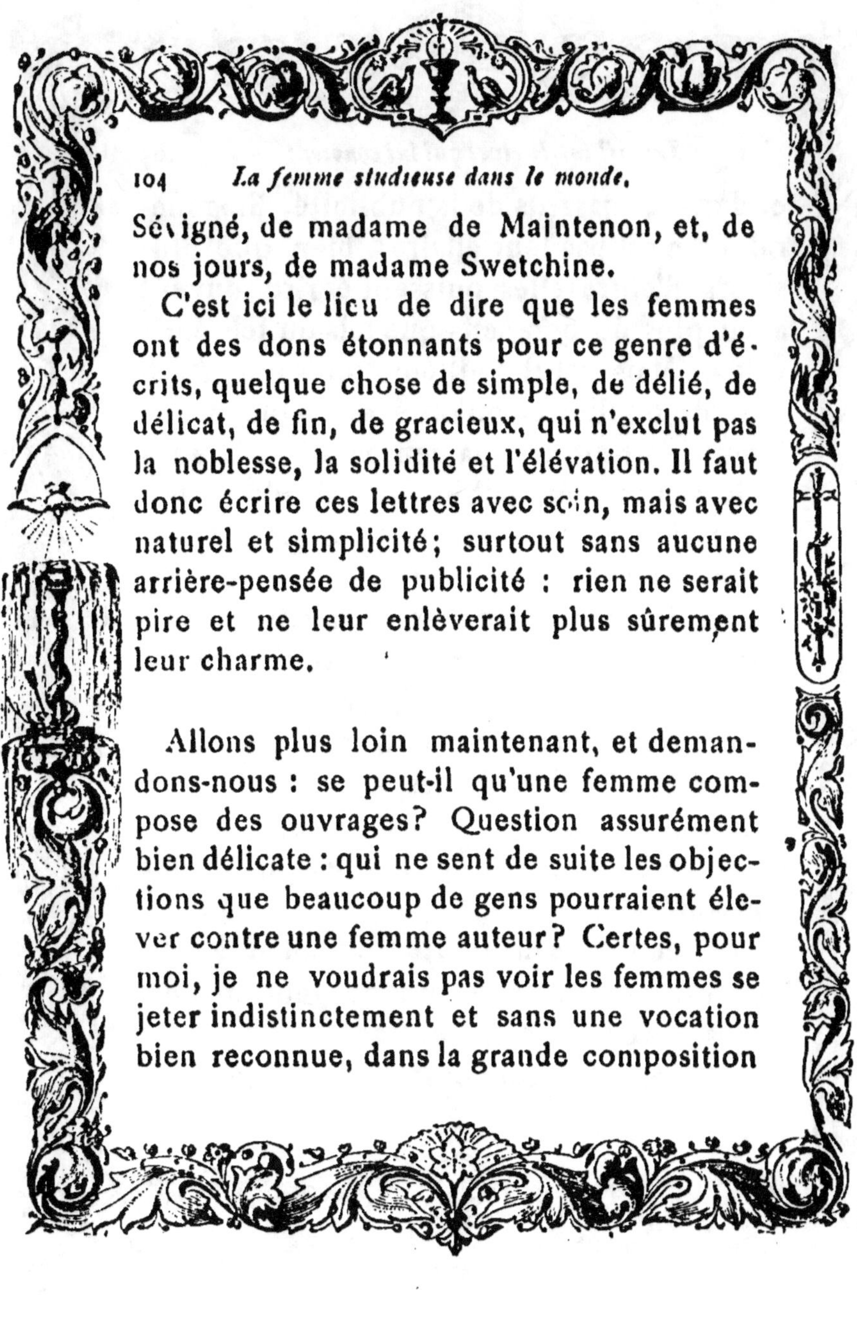

Sévigné, de madame de Maintenon, et, de nos jours, de madame Swetchine.

C'est ici le lieu de dire que les femmes ont des dons étonnants pour ce genre d'écrits, quelque chose de simple, de délié, de délicat, de fin, de gracieux, qui n'exclut pas la noblesse, la solidité et l'élévation. Il faut donc écrire ces lettres avec soin, mais avec naturel et simplicité; surtout sans aucune arrière-pensée de publicité : rien ne serait pire et ne leur enlèverait plus sûrement leur charme.

Allons plus loin maintenant, et demandons-nous : se peut-il qu'une femme compose des ouvrages? Question assurément bien délicate : qui ne sent de suite les objections que beaucoup de gens pourraient élever contre une femme auteur? Certes, pour moi, je ne voudrais pas voir les femmes se jeter indistinctement et sans une vocation bien reconnue, dans la grande composition

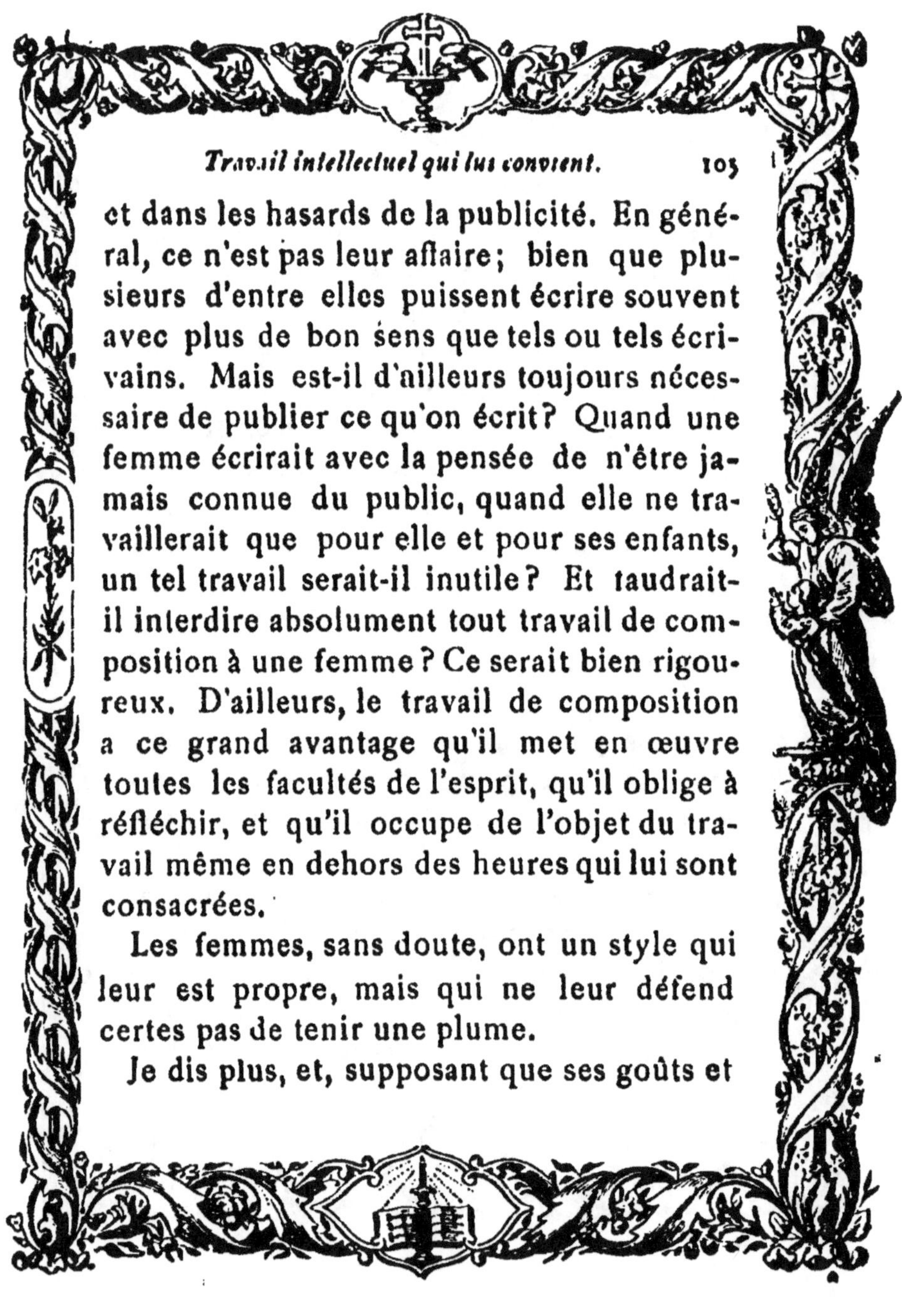

et dans les hasards de la publicité. En général, ce n'est pas leur affaire; bien que plusieurs d'entre elles puissent écrire souvent
avec plus de bon sens que tels ou tels écrivains. Mais est-il d'ailleurs toujours nécessaire de publier ce qu'on écrit? Quand une
femme écrirait avec la pensée de n'être jamais connue du public, quand elle ne tra-
vaillerait que pour elle et pour ses enfants,
un tel travail serait-il inutile? Et faudrait-
il interdire absolument tout travail de composition à une femme? Ce serait bien rigoureux. D'ailleurs, le travail de composition
a ce grand avantage qu'il met en œuvre
toutes les facultés de l'esprit, qu'il oblige à
réfléchir, et qu'il occupe de l'objet du travail même en dehors des heures qui lui sont
consacrées.

Les femmes, sans doute, ont un style qui
leur est propre, mais qui ne leur défend
certes pas de tenir une plume.

Je dis plus, et, supposant que ses goûts et

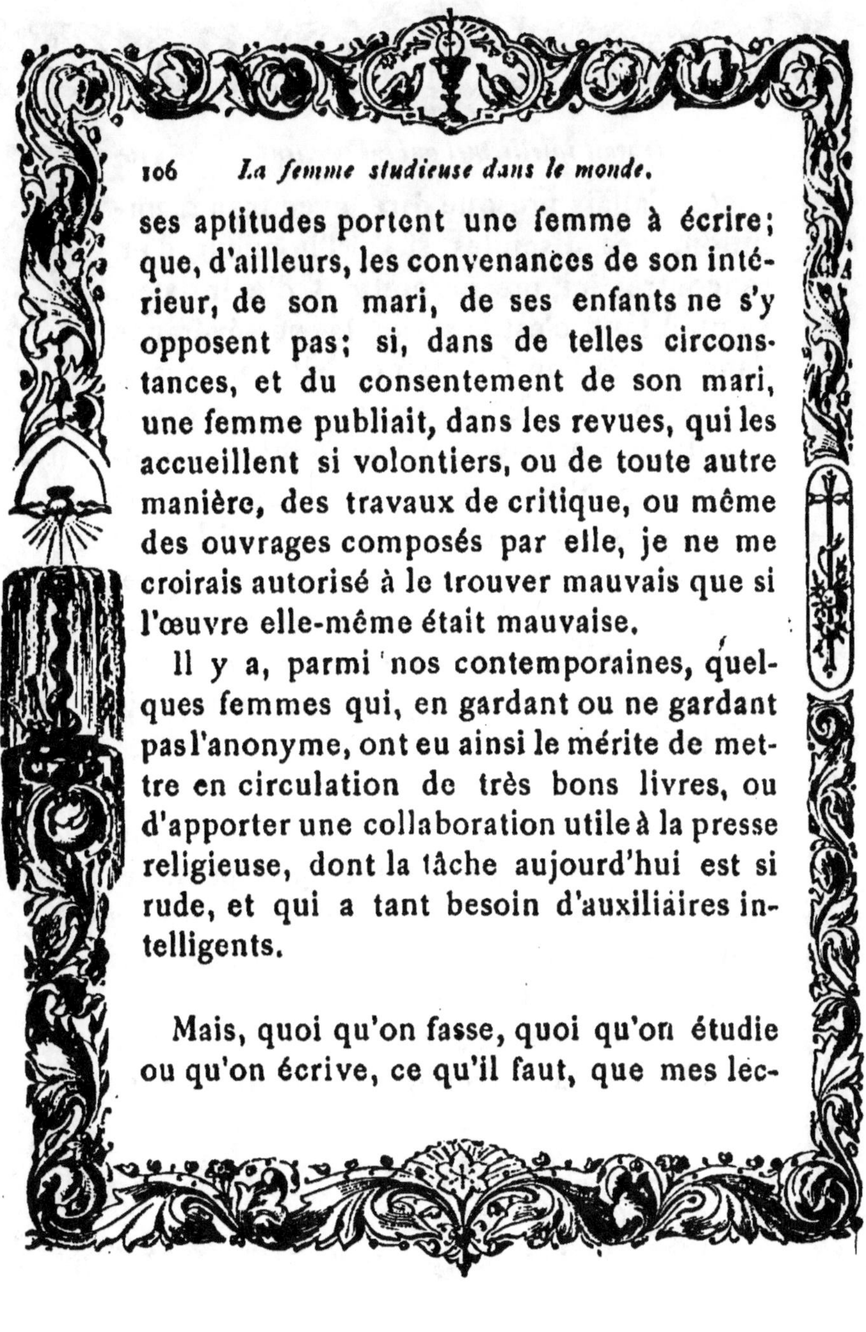

ses aptitudes portent une femme à écrire;
que, d'ailleurs, les convenances de son intérieur, de son mari, de ses enfants ne s'y
opposent pas; si, dans de telles circonstances, et du consentement de son mari,
une femme publiait, dans les revues, qui les
accueillent si volontiers, ou de toute autre
manière, des travaux de critique, ou même
des ouvrages composés par elle, je ne me
croirais autorisé à le trouver mauvais que si
l'œuvre elle-même était mauvaise.

Il y a, parmi nos contemporaines, quelques femmes qui, en gardant ou ne gardant
pas l'anonyme, ont eu ainsi le mérite de mettre en circulation de très bons livres, ou
d'apporter une collaboration utile à la presse
religieuse, dont la tâche aujourd'hui est si
rude, et qui a tant besoin d'auxiliaires intelligents.

Mais, quoi qu'on fasse, quoi qu'on étudie
ou qu'on écrive, ce qu'il faut, que mes lec-

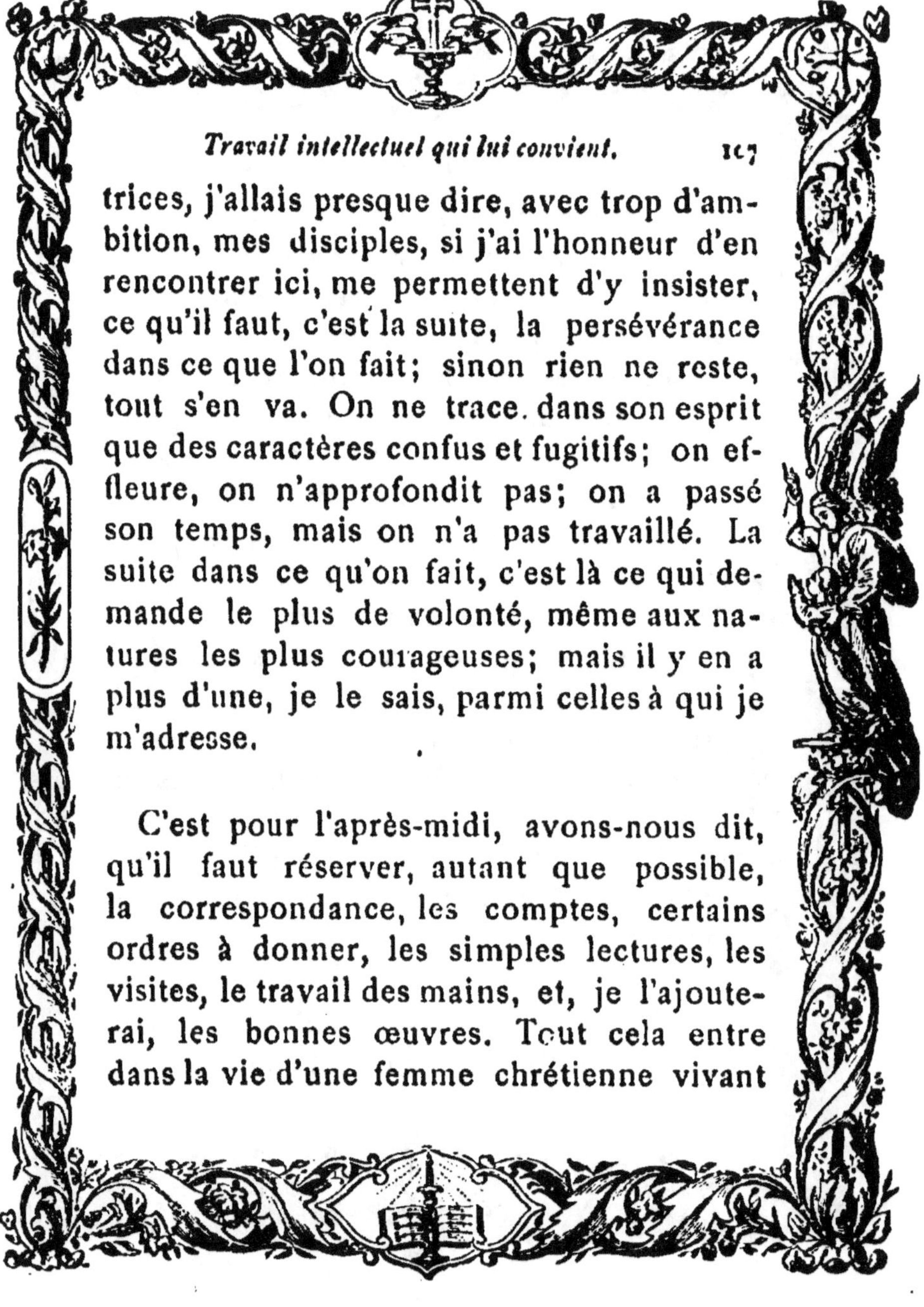

trices, j'allais presque dire, avec trop d'ambition, mes disciples, si j'ai l'honneur d'en
rencontrer ici, me permettent d'y insister,
ce qu'il faut, c'est la suite, la persévérance
dans ce que l'on fait; sinon rien ne reste,
tout s'en va. On ne trace dans son esprit
que des caractères confus et fugitifs; on ef-
fleure, on n'approfondit pas; on a passé
son temps, mais on n'a pas travaillé. La
suite dans ce qu'on fait, c'est là ce qui demande le plus de volonté, même aux natures les plus courageuses; mais il y en a
plus d'une, je le sais, parmi celles à qui je
m'adresse.

C'est pour l'après-midi, avons-nous dit,
qu'il faut réserver, autant que possible,
la correspondance, les comptes, certains
ordres à donner, les simples lectures, les
visites, le travail des mains, et, je l'ajouterai, les bonnes œuvres. Tout cela entre
dans la vie d'une femme chrétienne vivant

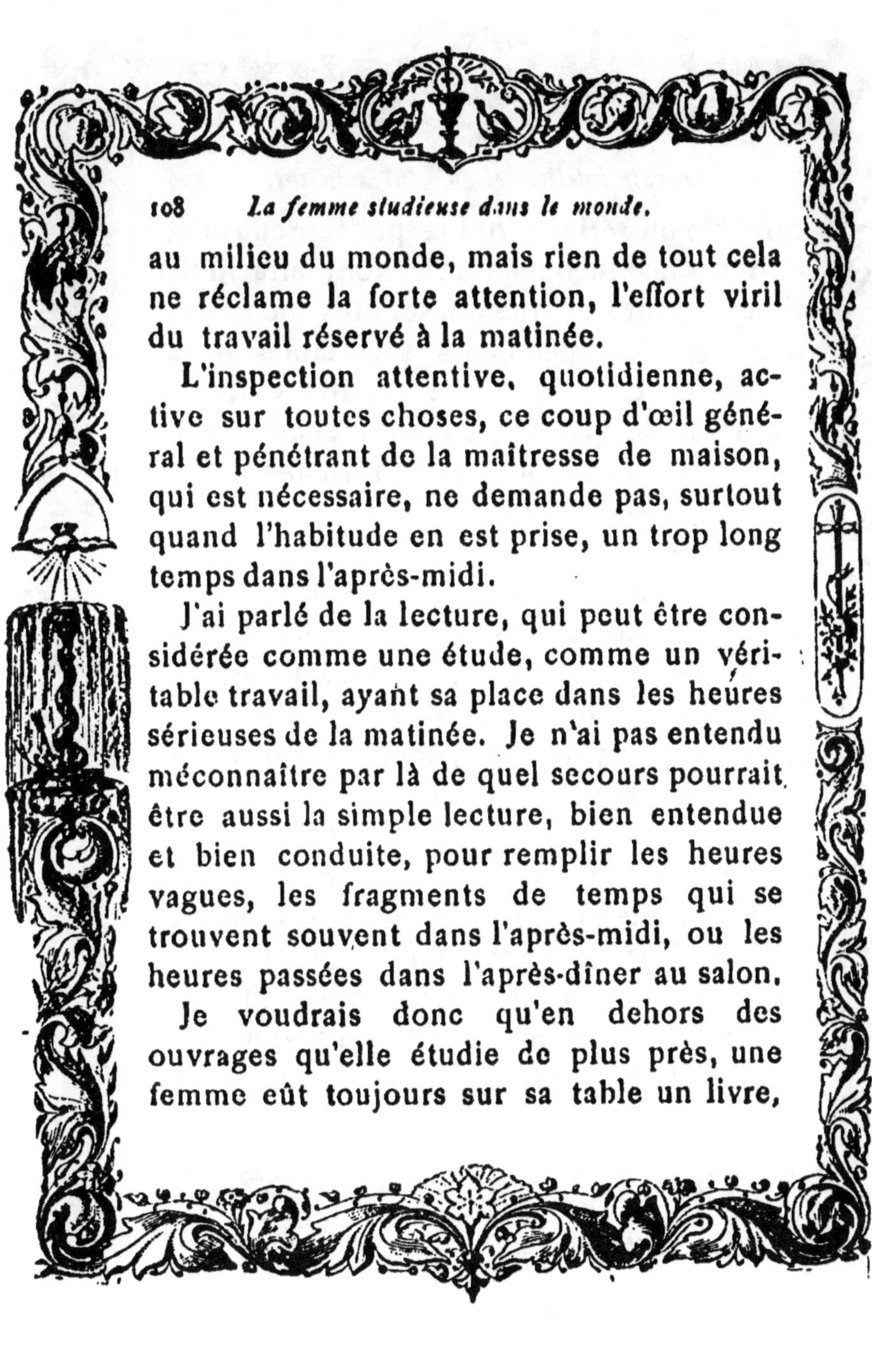

au milieu du monde, mais rien de tout cela ne réclame la forte attention, l'effort viril du travail réservé à la matinée.

L'inspection attentive, quotidienne, active sur toutes choses, ce coup d'œil général et pénétrant de la maîtresse de maison, qui est nécessaire, ne demande pas, surtout quand l'habitude en est prise, un trop long temps dans l'après-midi.

J'ai parlé de la lecture, qui peut être considérée comme une étude, comme un véritable travail, ayant sa place dans les heures sérieuses de la matinée. Je n'ai pas entendu méconnaître par là de quel secours pourrait être aussi la simple lecture, bien entendue et bien conduite, pour remplir les heures vagues, les fragments de temps qui se trouvent souvent dans l'après-midi, ou les heures passées dans l'après-dîner au salon.

Je voudrais donc qu'en dehors des ouvrages qu'elle étudie de plus près, une femme eût toujours sur sa table un livre, agréable ou sérieux, qui se pût reprendre et quitter sans inconvénient, dont elle lirait chaque jour quelque chose, plus ou moins selon les dérangements inévitables dans l'existence d'une mère de famille et d'une maîtresse de maison ; ou bien encore une revue vraiment bonne et chrétienne, telle que le *Correspondant*, ou la *Revue d'économie charitable.*

La lecture a en outre cet avantage qu'elle peut avoir lieu en commun. Le dessin de même peut très bien se faire dans un salon. Dans les après-déjeuners des journées d'été, alors que la chaleur empêche de sortir, on peut donc placer des heures de dessin, ou lorsqu'on ne sait pas dessiner, des heures de lecture en commun. La lecture en commun est le charme de la famille ou des réunions intimes. Que de leçons indirectes et charmantes on y reçoit des réflexions d'autrui ! Quelle sérieuse étude du cœur humain l'on y peut faire ! Prier, prendre ses repas, et

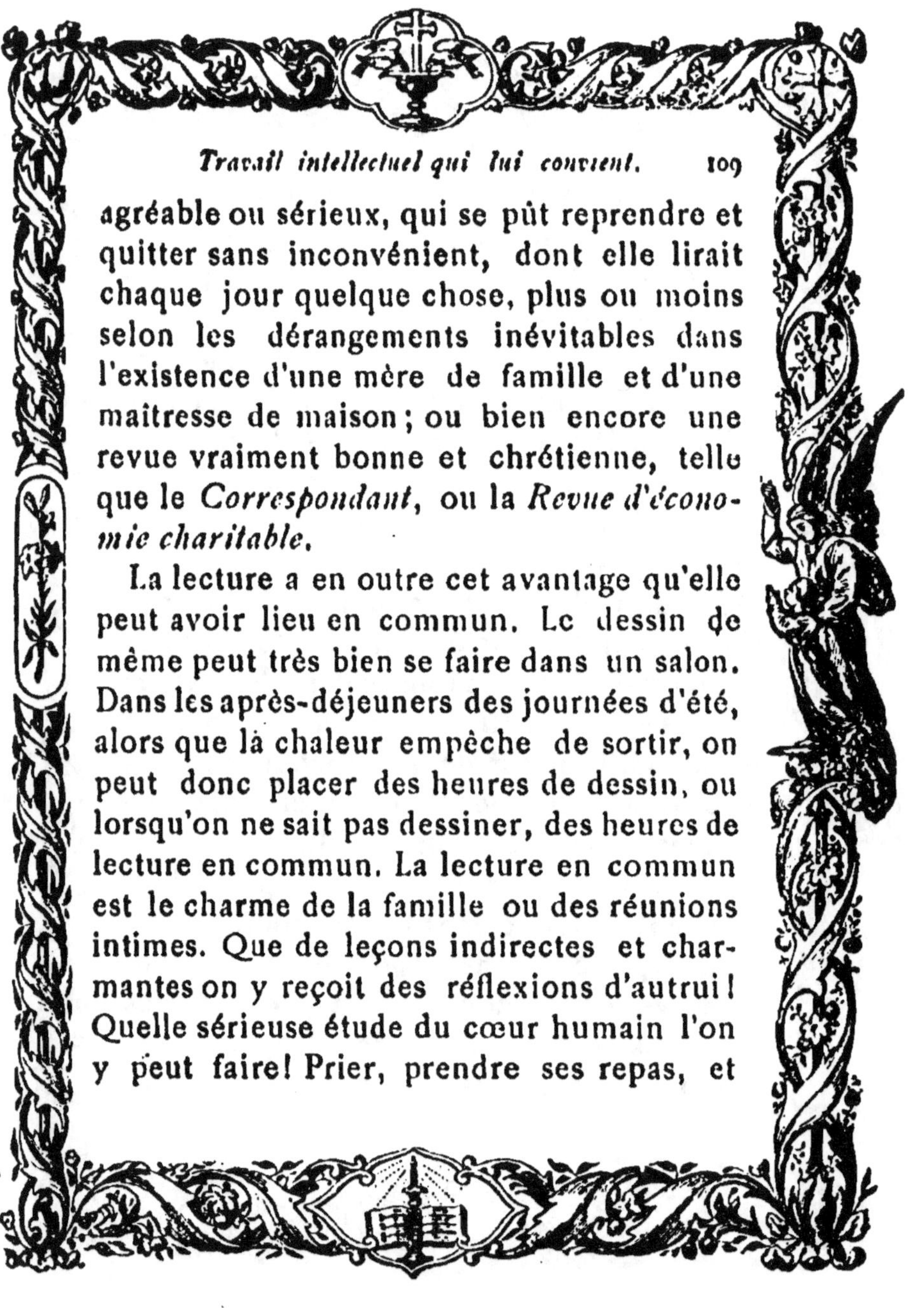

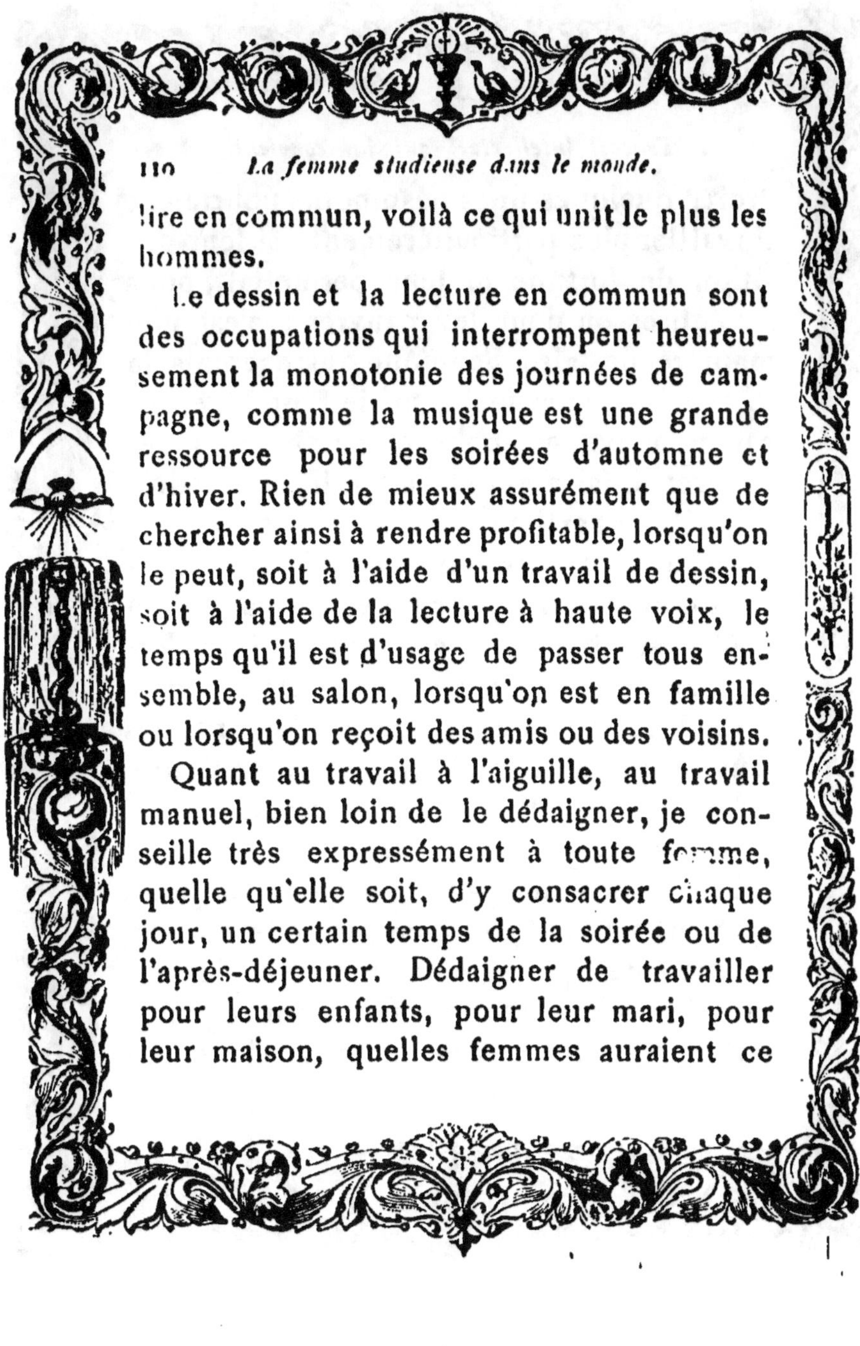

lire en commun, voilà ce qui unit le plus les hommes.

Le dessin et la lecture en commun sont des occupations qui interrompent heureusement la monotonie des journées de campagne, comme la musique est une grande ressource pour les soirées d'automne et d'hiver. Rien de mieux assurément que de chercher ainsi à rendre profitable, lorsqu'on le peut, soit à l'aide d'un travail de dessin, soit à l'aide de la lecture à haute voix, le temps qu'il est d'usage de passer tous ensemble, au salon, lorsqu'on est en famille ou lorsqu'on reçoit des amis ou des voisins.

Quant au travail à l'aiguille, au travail manuel, bien loin de le dédaigner, je conseille très expressément à toute femme, quelle qu'elle soit, d'y consacrer chaque jour, un certain temps de la soirée ou de l'après-déjeuner. Dédaigner de travailler pour leurs enfants, pour leur mari, pour leur maison, quelles femmes auraient ce

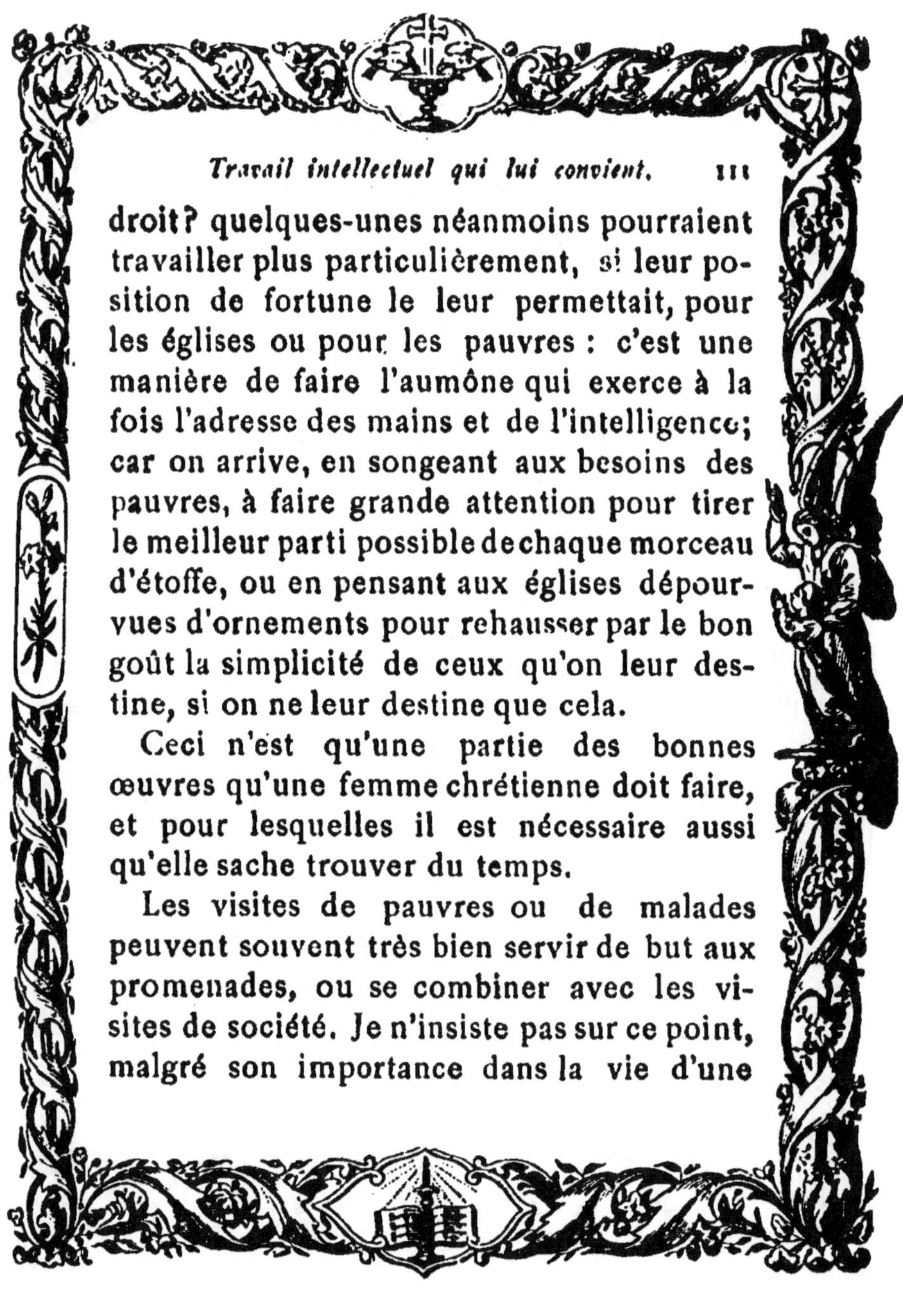

droit? quelques-unes néanmoins pourraient travailler plus particulièrement, si leur position de fortune le leur permettait, pour les églises ou pour les pauvres : c'est une manière de faire l'aumône qui exerce à la fois l'adresse des mains et de l'intelligence; car on arrive, en songeant aux besoins des pauvres, à faire grande attention pour tirer le meilleur parti possible de chaque morceau d'étoffe, ou en pensant aux églises dépourvues d'ornements pour rehausser par le bon goût la simplicité de ceux qu'on leur destine, si on ne leur destine que cela.

Ceci n'est qu'une partie des bonnes œuvres qu'une femme chrétienne doit faire, et pour lesquelles il est nécessaire aussi qu'elle sache trouver du temps.

Les visites de pauvres ou de malades peuvent souvent très bien servir de but aux promenades, ou se combiner avec les visites de société. Je n'insiste pas sur ce point, malgré son importance dans la vie d'une

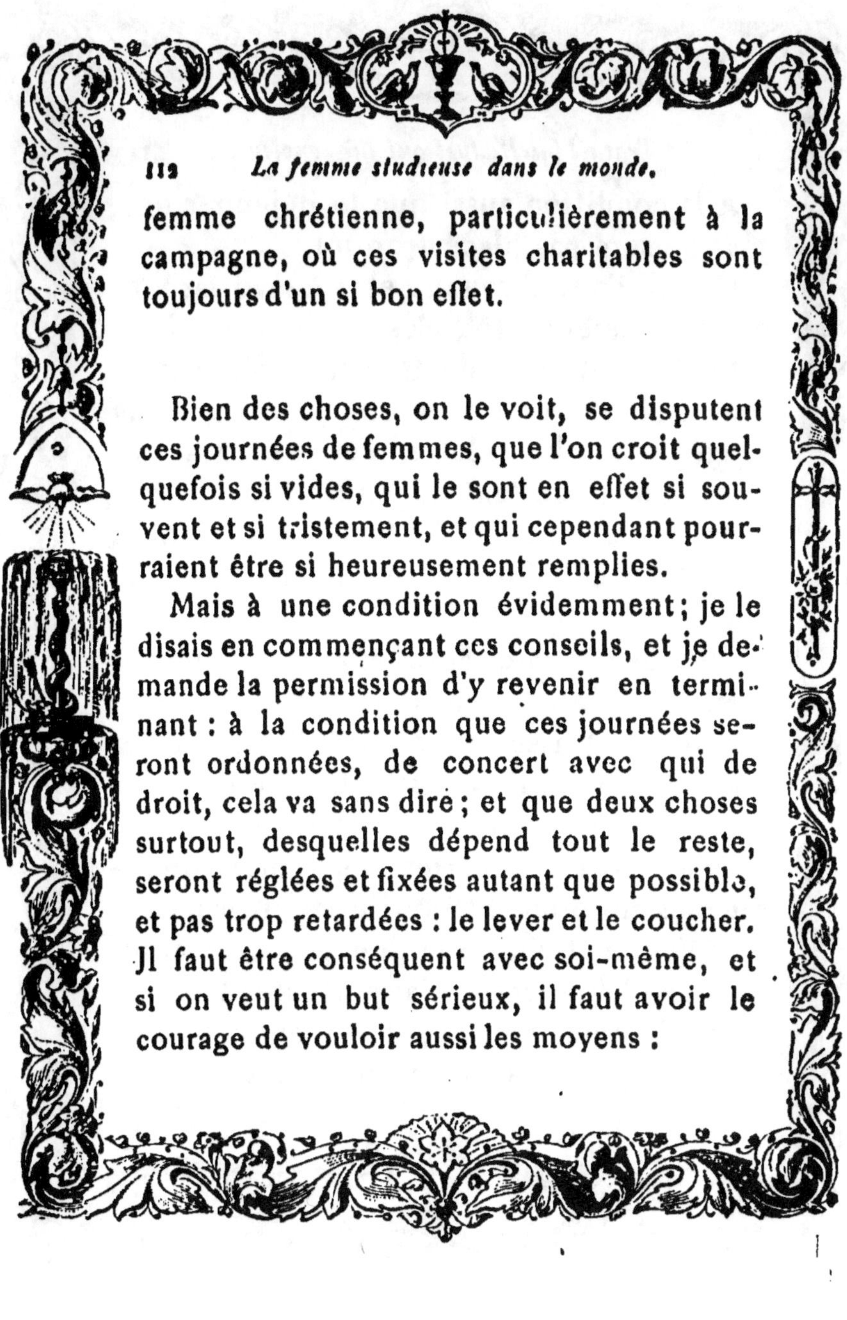

femme chrétienne, particulièrement à la campagne, où ces visites charitables sont toujours d'un si bon effet.

Bien des choses, on le voit, se disputent ces journées de femmes, que l'on croit quelquefois si vides, qui le sont en effet si souvent et si tristement, et qui cependant pourraient être si heureusement remplies.

Mais à une condition évidemment ; je le disais en commençant ces conseils, et je demande la permission d'y revenir en terminant : à la condition que ces journées seront ordonnées, de concert avec qui de droit, cela va sans dire ; et que deux choses surtout, desquelles dépend tout le reste, seront réglées et fixées autant que possible, et pas trop retardées : le lever et le coucher. Il faut être conséquent avec soi-même, et si on veut un but sérieux, il faut avoir le courage de vouloir aussi les moyens :

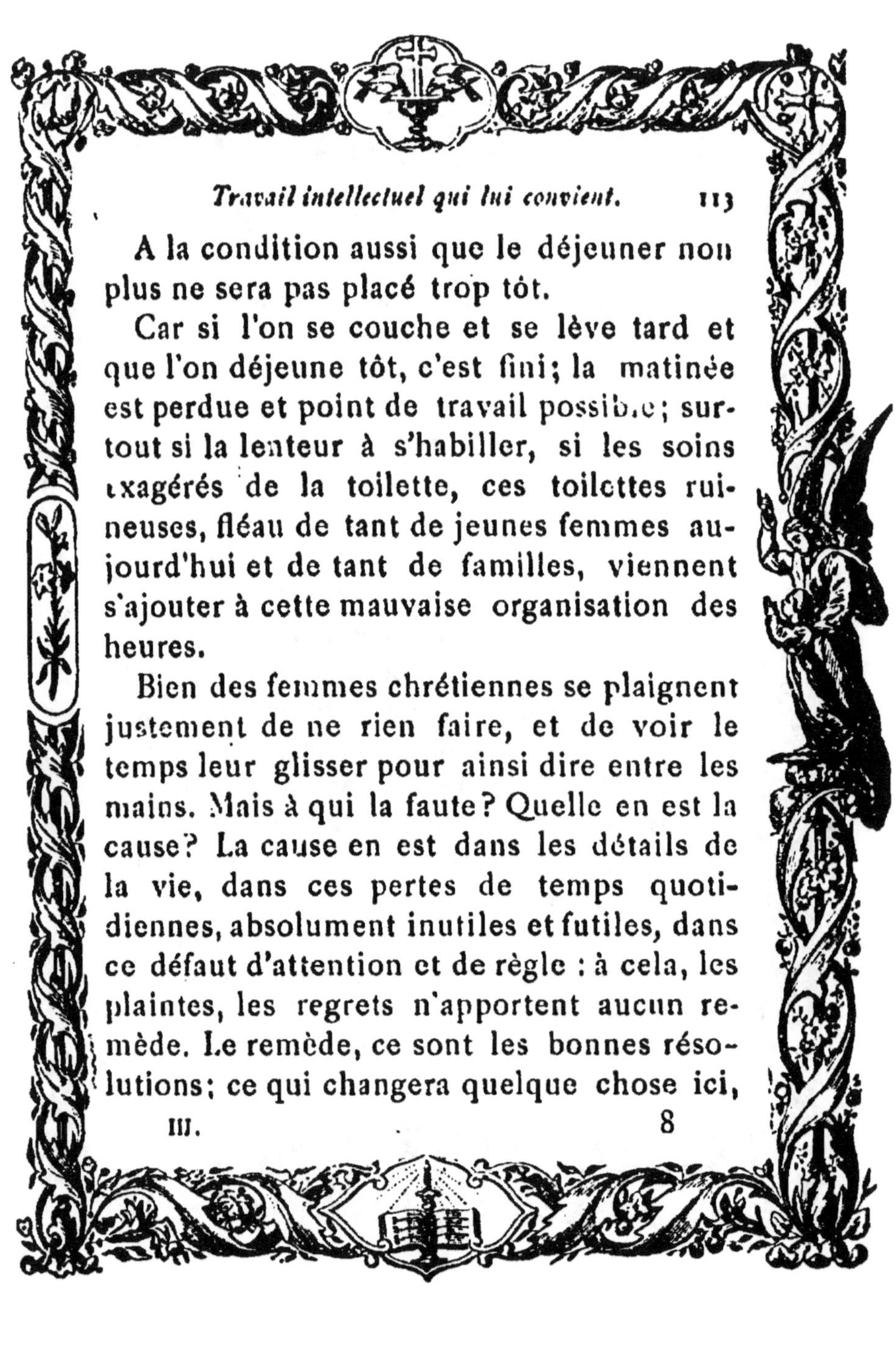

A la condition aussi que le déjeuner non plus ne sera pas placé trop tôt.

Car si l'on se couche et se lève tard et que l'on déjeune tôt, c'est fini; la matinée est perdue et point de travail possible; surtout si la lenteur à s'habiller, si les soins exagérés de la toilette, ces toilettes ruineuses, fléau de tant de jeunes femmes aujourd'hui et de tant de familles, viennent s'ajouter à cette mauvaise organisation des heures.

Bien des femmes chrétiennes se plaignent justement de ne rien faire, et de voir le temps leur glisser pour ainsi dire entre les mains. Mais à qui la faute? Quelle en est la cause? La cause en est dans les détails de la vie, dans ces pertes de temps quotidiennes, absolument inutiles et futiles, dans ce défaut d'attention et de règle : à cela, les plaintes, les regrets n'apportent aucun remède. Le remède, ce sont les bonnes résolutions; ce qui changera quelque chose ici,

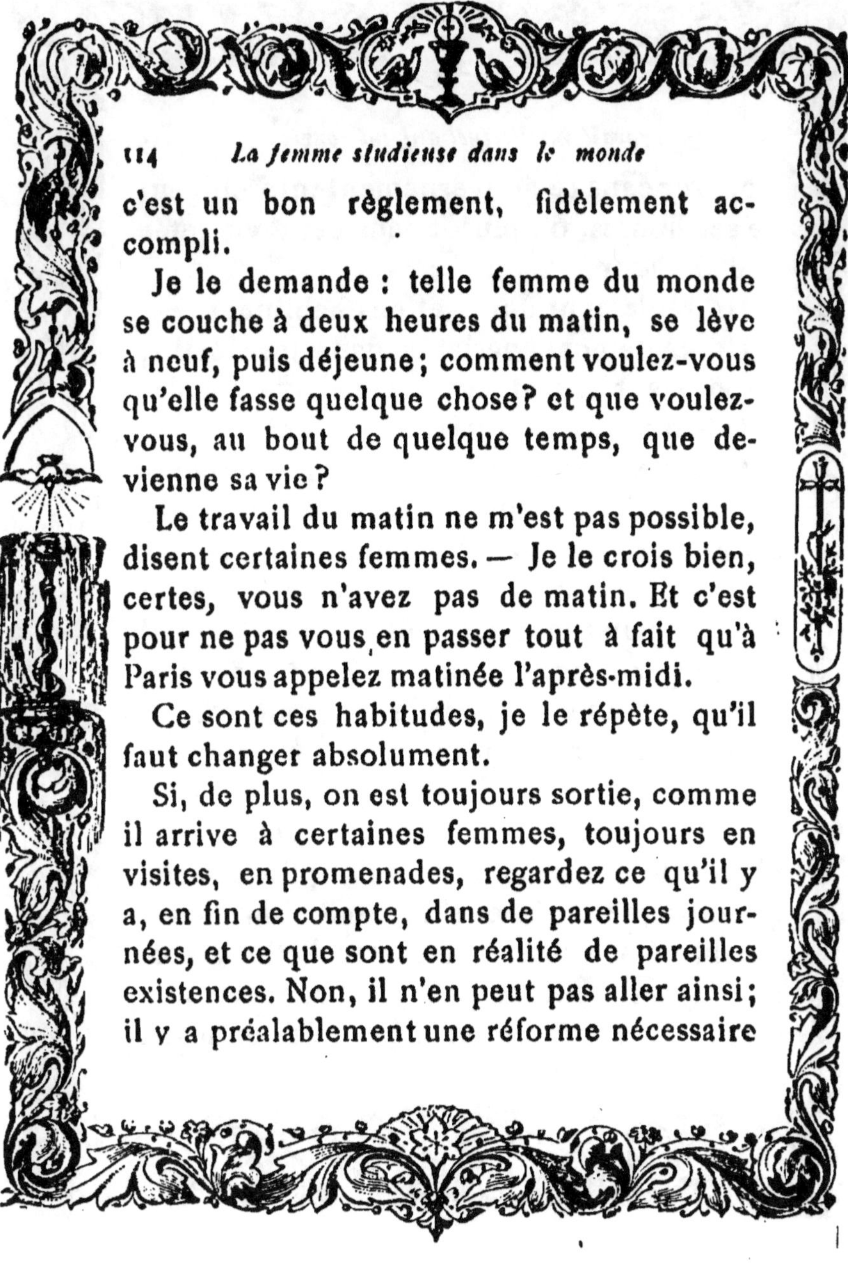

c'est un bon règlement, fidèlement accompli.

Je le demande : telle femme du monde se couche à deux heures du matin, se lève à neuf, puis déjeune ; comment voulez-vous qu'elle fasse quelque chose ? et que voulez-vous, au bout de quelque temps, que devienne sa vie ?

Le travail du matin ne m'est pas possible, disent certaines femmes. — Je le crois bien, certes, vous n'avez pas de matin. Et c'est pour ne pas vous en passer tout à fait qu'à Paris vous appelez matinée l'après-midi.

Ce sont ces habitudes, je le répète, qu'il faut changer absolument.

Si, de plus, on est toujours sortie, comme il arrive à certaines femmes, toujours en visites, en promenades, regardez ce qu'il y a, en fin de compte, dans de pareilles journées, et ce que sont en réalité de pareilles existences. Non, il n'en peut pas aller ainsi ; il y a préalablement une réforme nécessaire

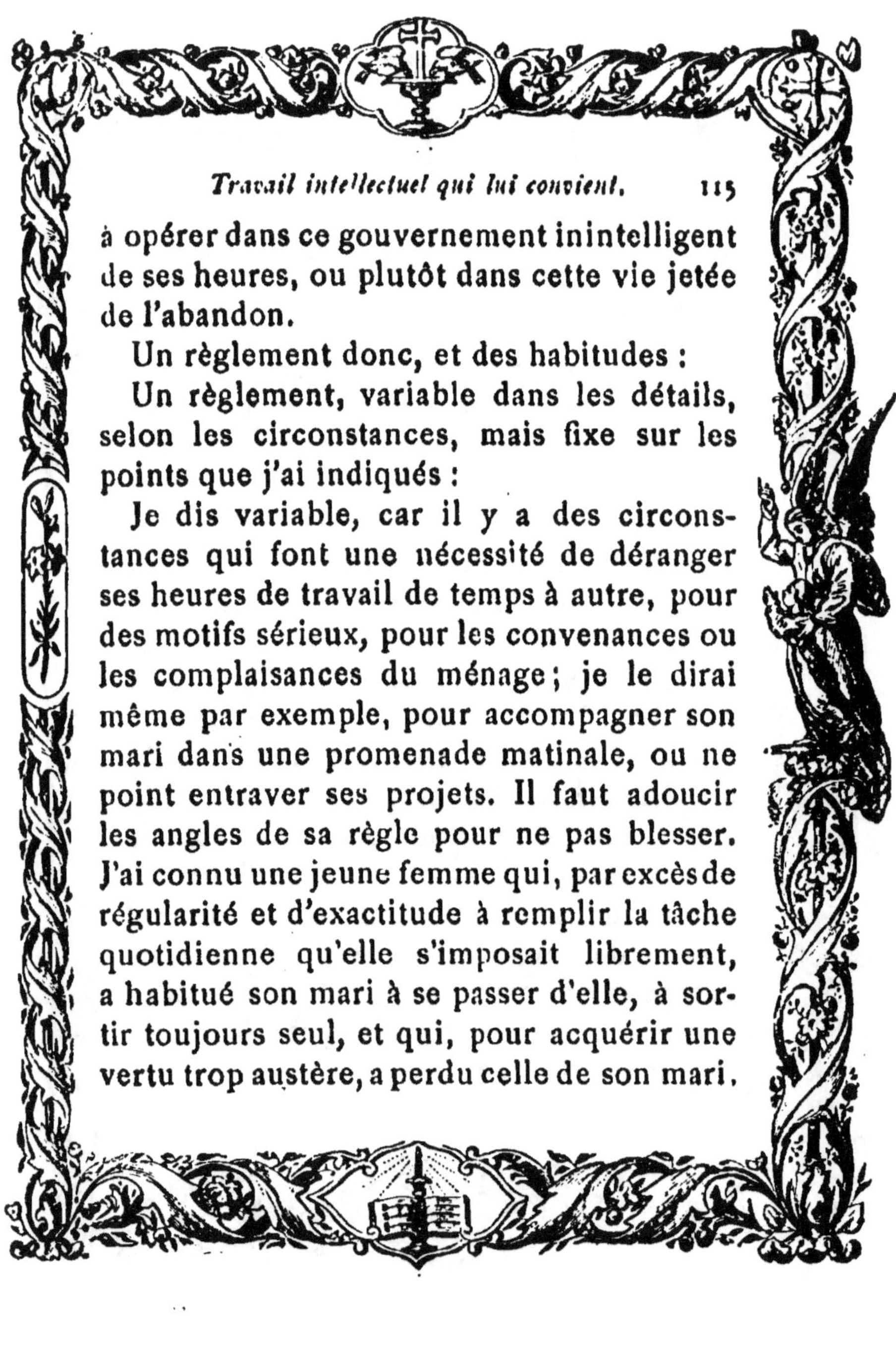

à opérer dans ce gouvernement inintelligent de ses heures, ou plutôt dans cette vie jetée de l'abandon.

Un règlement donc, et des habitudes :

Un règlement, variable dans les détails, selon les circonstances, mais fixe sur les points que j'ai indiqués :

Je dis variable, car il y a des circonstances qui font une nécessité de déranger ses heures de travail de temps à autre, pour des motifs sérieux, pour les convenances ou les complaisances du ménage ; je le dirai même par exemple, pour accompagner son mari dans une promenade matinale, ou ne point entraver ses projets. Il faut adoucir les angles de sa règle pour ne pas blesser. J'ai connu une jeune femme qui, par excès de régularité et d'exactitude à remplir la tâche quotidienne qu'elle s'imposait librement, a habitué son mari à se passer d'elle, à sortir toujours seul, et qui, pour acquérir une vertu trop austère, a perdu celle de son mari.

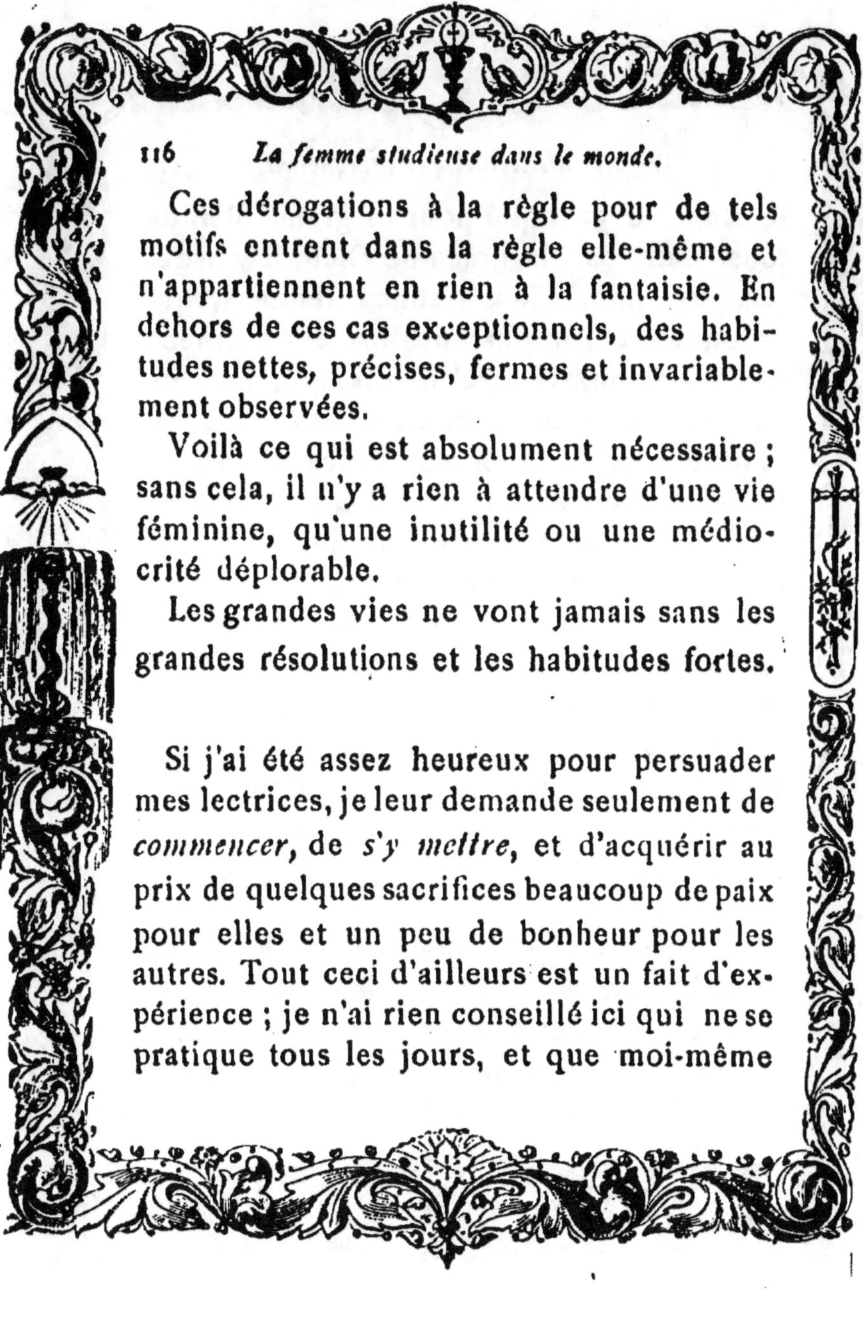

Ces dérogations à la règle pour de tels motifs entrent dans la règle elle-même et n'appartiennent en rien à la fantaisie. En dehors de ces cas exceptionnels, des habitudes nettes, précises, fermes et invariablement observées.

Voilà ce qui est absolument nécessaire ; sans cela, il n'y a rien à attendre d'une vie féminine, qu'une inutilité ou une médiocrité déplorable.

Les grandes vies ne vont jamais sans les grandes résolutions et les habitudes fortes.

Si j'ai été assez heureux pour persuader mes lectrices, je leur demande seulement de *commencer*, de *s'y mettre*, et d'acquérir au prix de quelques sacrifices beaucoup de paix pour elles et un peu de bonheur pour les autres. Tout ceci d'ailleurs est un fait d'expérience ; je n'ai rien conseillé ici qui ne se pratique tous les jours, et que moi-même je n'aie vu pratiqué pour le grand bien de tous. Oui, par la grâce de Dieu, il y a des femmes, même des jeunes femmes, qui ordonnent et remplissent ainsi leur journée ; il y a des maris intelligents qui, loin de contrarier de telles habitudes, les favorisent, et ni le mari, ni la femme, ni les enfants, ni le ménage ne s'en trouvent mal. Tout au contraire, je ne connais pas d'intérieurs plus unis et plus heureux que ceux où l'ordre des occupations remplace ainsi le vide et la fantaisie. J'ai connu des familles entières, réglées avec une force et une douceur incomparables, parce que là des femmes aussi appliquées que modestes, donnaient à tous simplement le grand exemple de la fidélité au travail et du sérieux de la vie chrétienne.

Et qu'on le sache bien, ce sérieux n'est point la tristesse ; loin que le foyer domestique en soit assombri, vous trouverez, dans les ménages régis de la sorte, les heures de

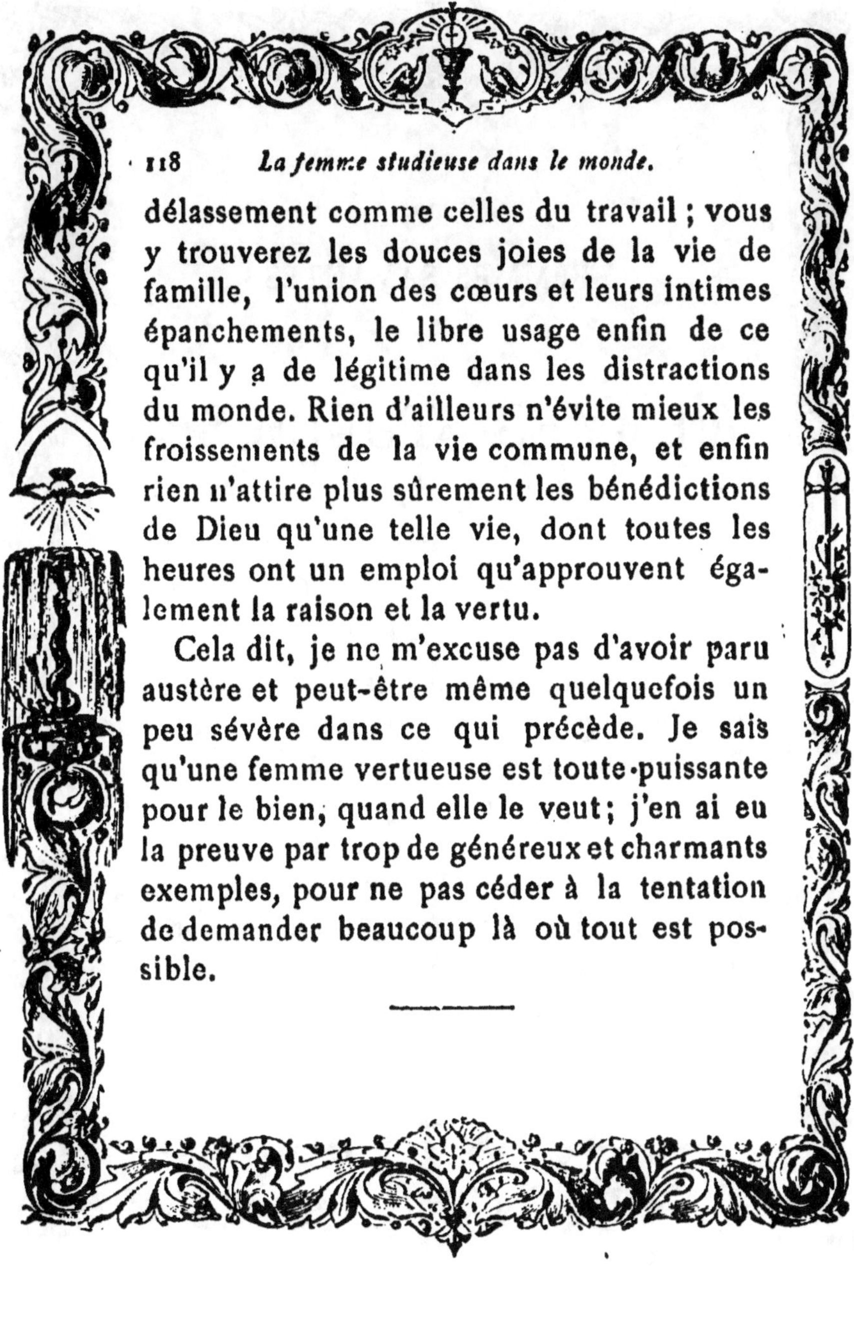

délassement comme celles du travail ; vous y trouverez les douces joies de la vie de famille, l'union des cœurs et leurs intimes épanchements, le libre usage enfin de ce qu'il y a de légitime dans les distractions du monde. Rien d'ailleurs n'évite mieux les froissements de la vie commune, et enfin rien n'attire plus sûrement les bénédictions de Dieu qu'une telle vie, dont toutes les heures ont un emploi qu'approuvent également la raison et la vertu.

Cela dit, je ne m'excuse pas d'avoir paru austère et peut-être même quelquefois un peu sévère dans ce qui précède. Je sais qu'une femme vertueuse est toute-puissante pour le bien, quand elle le veut ; j'en ai eu la preuve par trop de généreux et charmants exemples, pour ne pas céder à la tentation de demander beaucoup là où tout est possible.

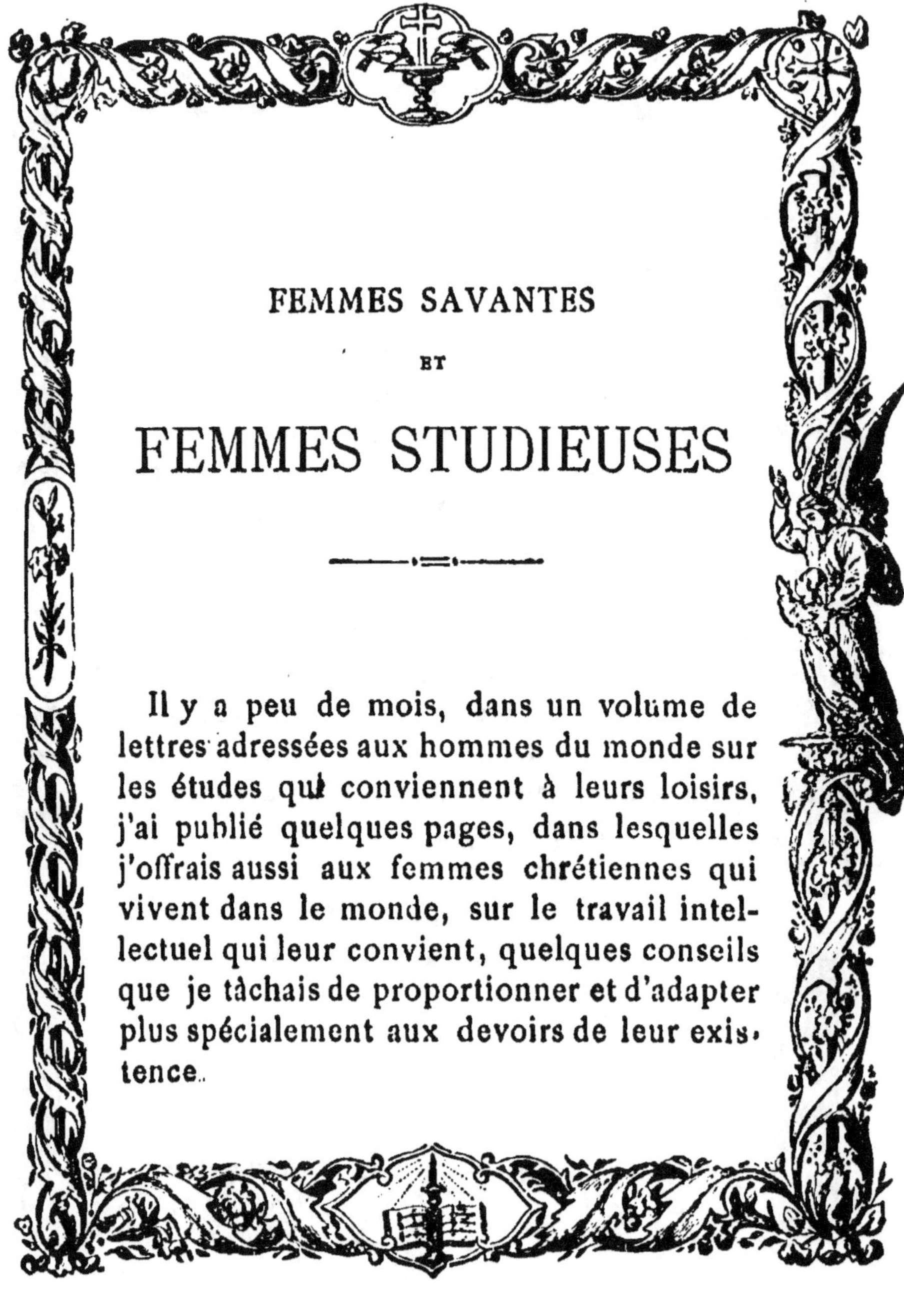

Il y a peu de mois, dans un volume de lettres adressées aux hommes du monde sur les études qui conviennent à leurs loisirs, j'ai publié quelques pages, dans lesquelles j'offrais aussi aux femmes chrétiennes qui vivent dans le monde, sur le travail intellectuel qui leur convient, quelques conseils que je tâchais de proportionner et d'adapter plus spécialement aux devoirs de leur existence.

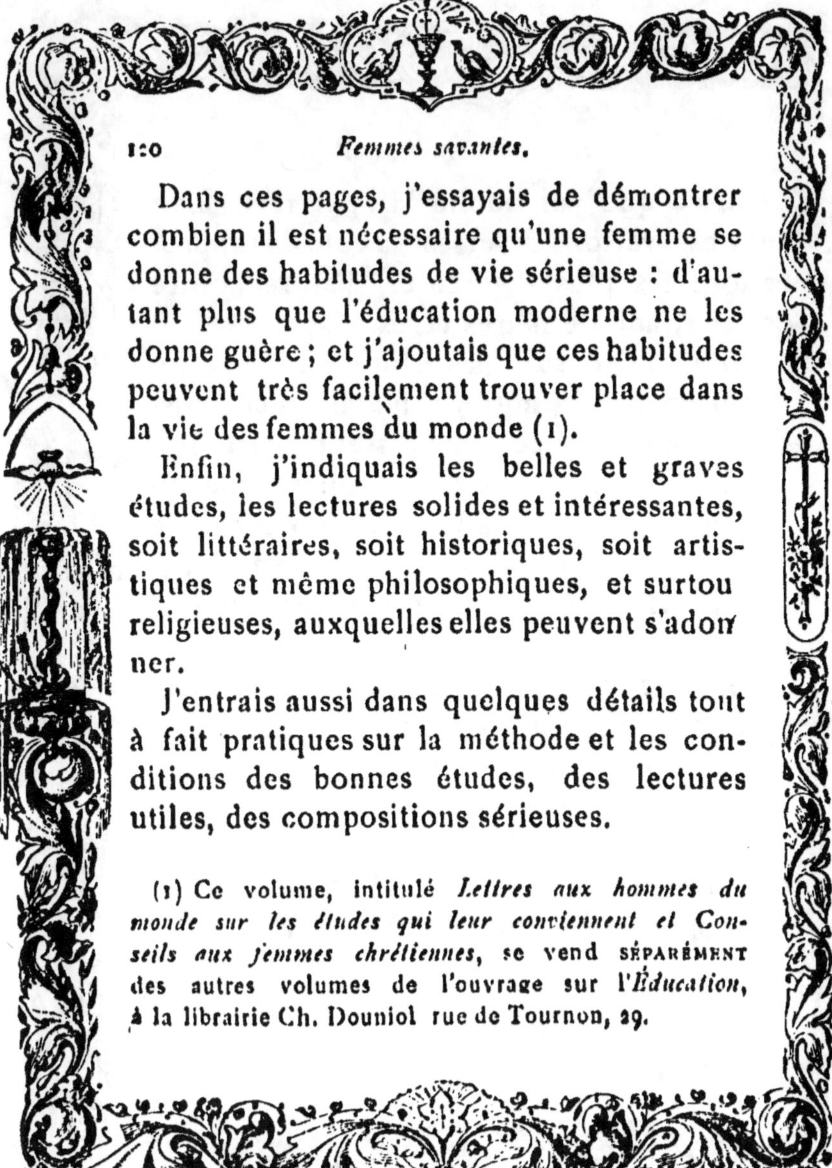

Dans ces pages, j'essayais de démontrer combien il est nécessaire qu'une femme se donne des habitudes de vie sérieuse : d'autant plus que l'éducation moderne ne les donne guère ; et j'ajoutais que ces habitudes peuvent très facilement trouver place dans la vie des femmes du monde (1).

Enfin, j'indiquais les belles et graves études, les lectures solides et intéressantes, soit littéraires, soit historiques, soit artistiques et même philosophiques, et surtou religieuses, auxquelles elles peuvent s'adonner.

J'entrais aussi dans quelques détails tout à fait pratiques sur la méthode et les conditions des bonnes études, des lectures utiles, des compositions sérieuses.

(1) Ce volume, intitulé *Lettres aux hommes du monde sur les études qui leur conviennent et Conseils aux femmes chrétiennes*, se vend SÉPARÉMENT des autres volumes de l'ouvrage sur l'*Éducation*, à la librairie Ch. Douniol rue de Tournon, 29.

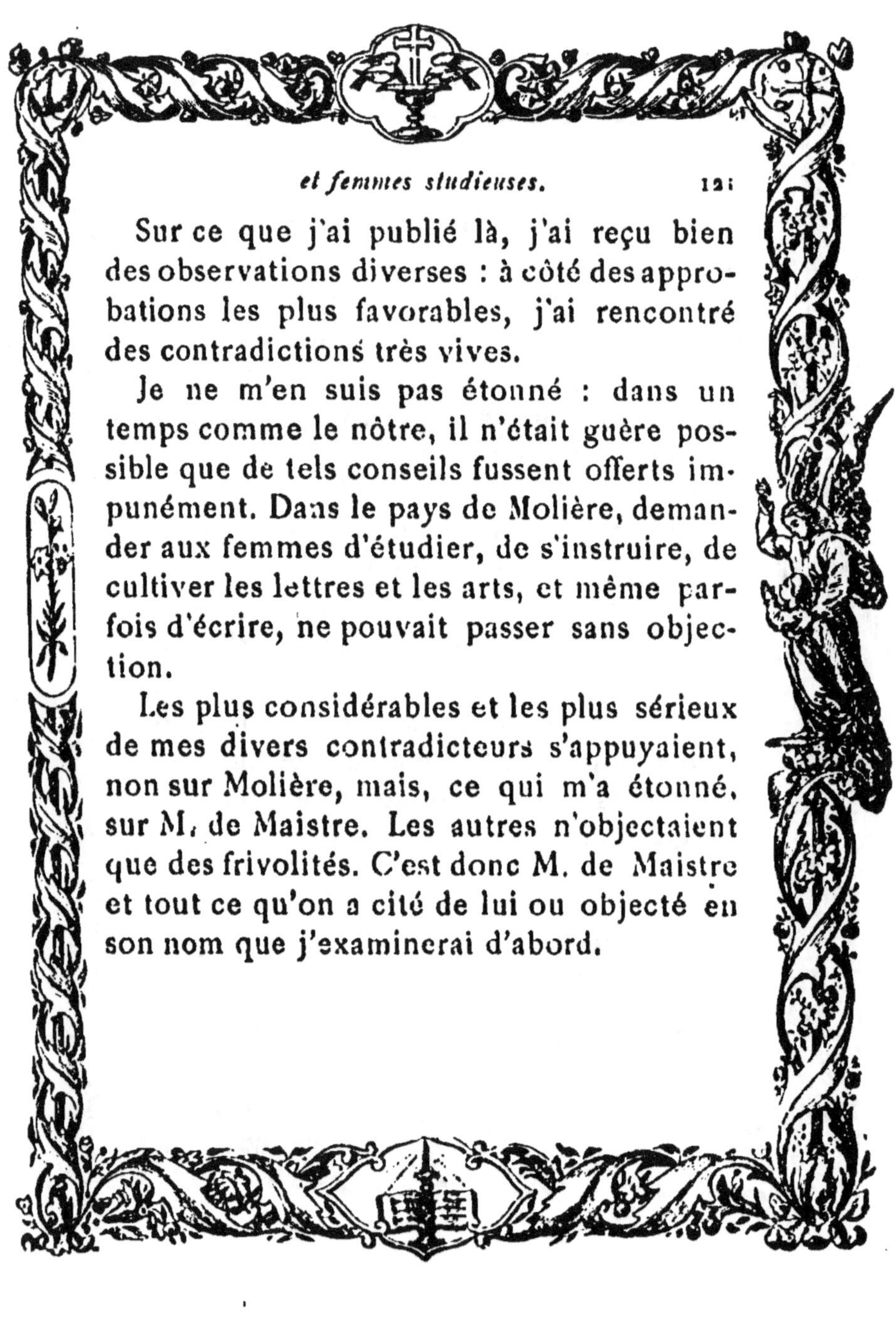

Sur ce que j'ai publié là, j'ai reçu bien des observations diverses : à côté des approbations les plus favorables, j'ai rencontré des contradictions très vives.

Je ne m'en suis pas étonné : dans un temps comme le nôtre, il n'était guère possible que de tels conseils fussent offerts impunément. Dans le pays de Molière, demander aux femmes d'étudier, de s'instruire, de cultiver les lettres et les arts, et même parfois d'écrire, ne pouvait passer sans objection.

Les plus considérables et les plus sérieux de mes divers contradicteurs s'appuyaient, non sur Molière, mais, ce qui m'a étonné, sur M. de Maistre. Les autres n'objectaient que des frivolités. C'est donc M. de Maistre et tout ce qu'on a cité de lui ou objecté en son nom que j'examinerai d'abord.

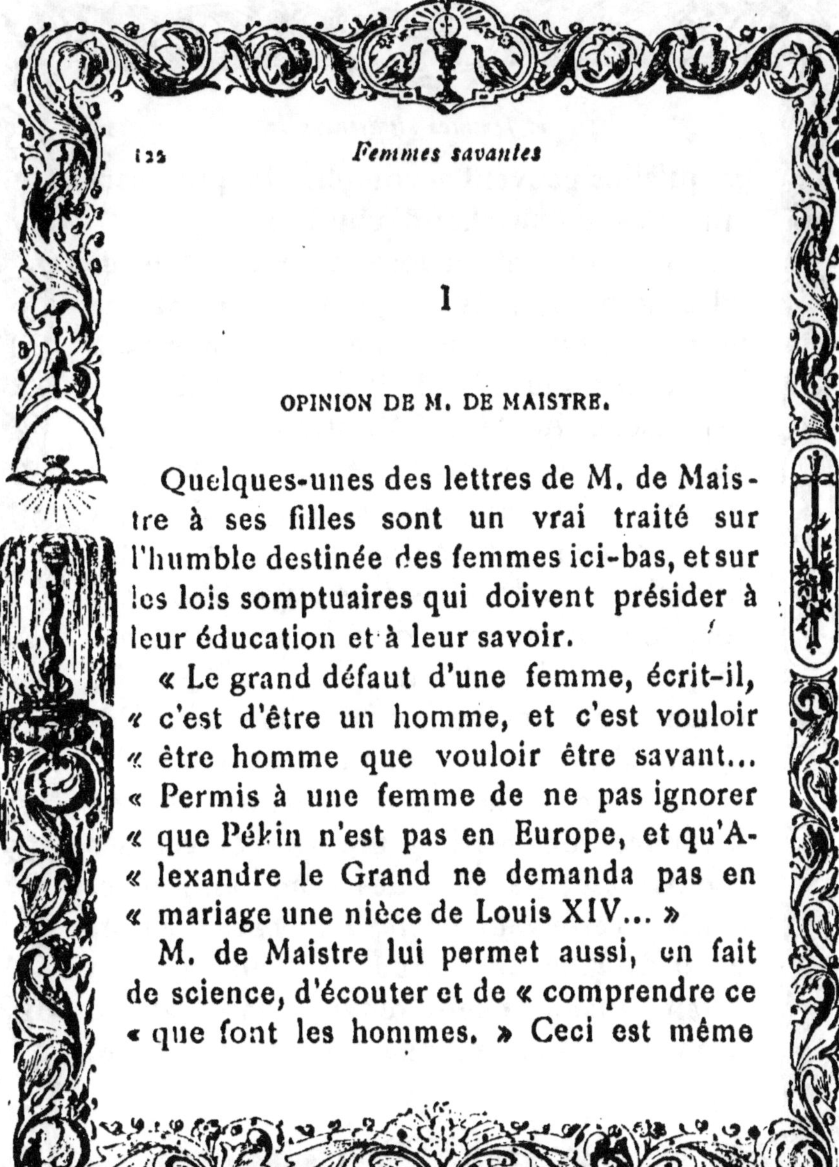

I

OPINION DE M. DE MAISTRE.

Quelques-unes des lettres de M. de Maistre à ses filles sont un vrai traité sur l'humble destinée des femmes ici-bas, et sur les lois somptuaires qui doivent présider à leur éducation et à leur savoir.

« Le grand défaut d'une femme, écrit-il, « c'est d'être un homme, et c'est vouloir « être homme que vouloir être savant... « Permis à une femme de ne pas ignorer « que Pékin n'est pas en Europe, et qu'A- « lexandre le Grand ne demanda pas en « mariage une nièce de Louis XIV... »

M. de Maistre lui permet aussi, en fait de science, d'écouter et de « comprendre ce « que font les hommes. » Ceci est même ce qu'elles peuvent accomplir de plus parfait : c'est « leur chef-d'œuvre. »

Il leur permet encore d'aimer et d'admirer le beau, mais ce qui ne leur est pas permis, c'est de chercher elles-mêmes à l'exprimer. Quand l'aînée de ses filles, mademoiselle Adèle de Maistre, déclare son goût pour la peinture, et quand la plus jeune, mademoiselle Constance, confie à son père l'ardeur qui l'anime pour les études littéraires, M. de Maistre effrayé, s'abritant sous la triple autorité de Salomon, de Fénelon et de Molière, déclare : « Que les « femmes ne doivent pas s'adonner à des « connaissances qui contrarient leurs de- « voirs; que le mérite de la femme est de « rendre son mari heureux, d'élever ses « enfants et de faire des hommes... Que, « dès qu'elle veut *émuler l'homme, elle n'est* « *plus qu'un singe;* que les femmes n'ont « fait aucun chef-d'œuvre dans aucun « genre... Qu'une jeune fille est une folle,

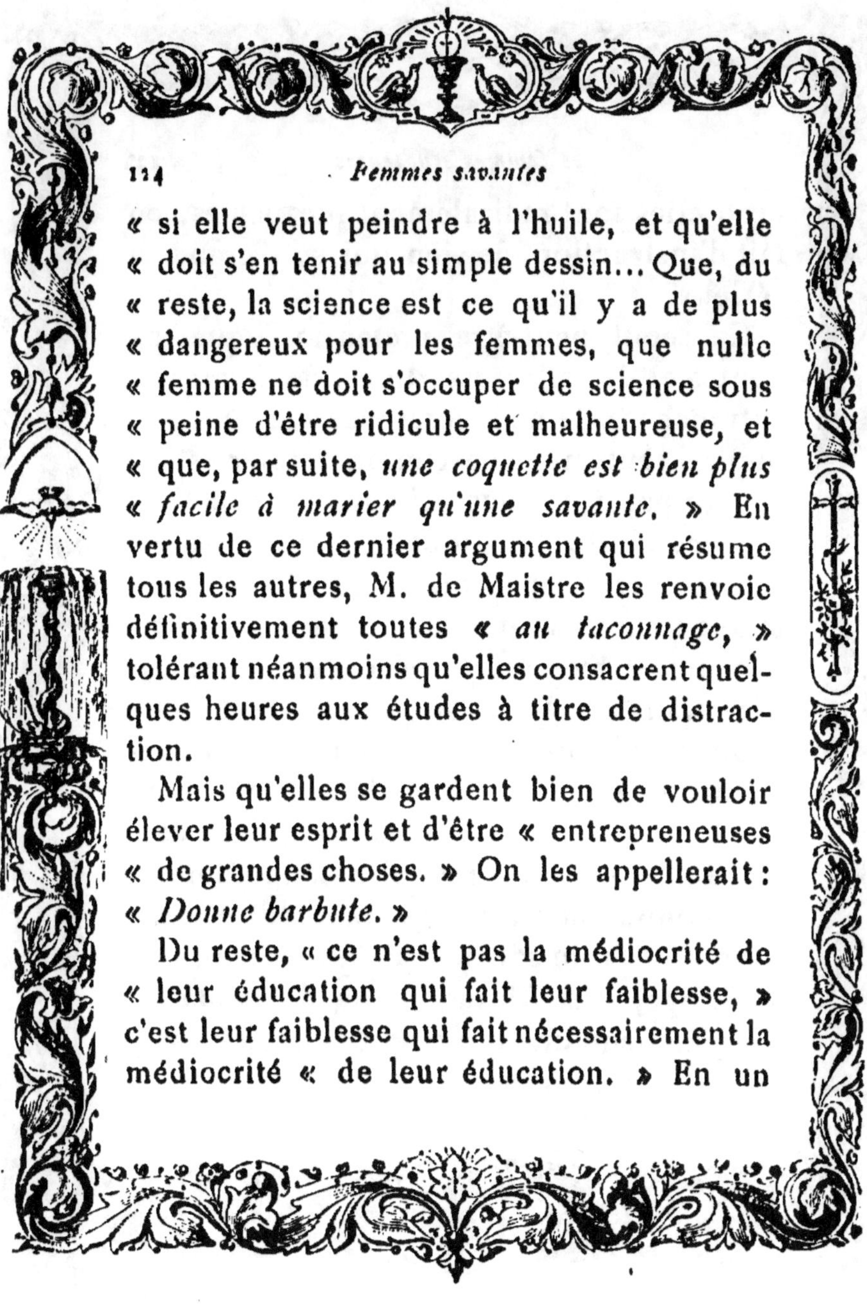

« si elle veut peindre à l'huile, et qu'elle
« doit s'en tenir au simple dessin… Que, du
« reste, la science est ce qu'il y a de plus
« dangereux pour les femmes, que nulle
« femme ne doit s'occuper de science sous
« peine d'être ridicule et malheureuse, et
« que, par suite, *une coquette est bien plus*
« *facile à marier qu'une savante.* » En
vertu de ce dernier argument qui résume
tous les autres, M. de Maistre les renvoie
définitivement toutes « *au taconnage,* »
tolérant néanmoins qu'elles consacrent quelques heures aux études à titre de distraction.

Mais qu'elles se gardent bien de vouloir
élever leur esprit et d'être « entrepreneuses
« de grandes choses. » On les appellerait :
« *Donne barbute.* »

Du reste, « ce n'est pas la médiocrité de
« leur éducation qui fait leur faiblesse, »
c'est leur faiblesse qui fait nécessairement la
médiocrité « de leur éducation. » En un

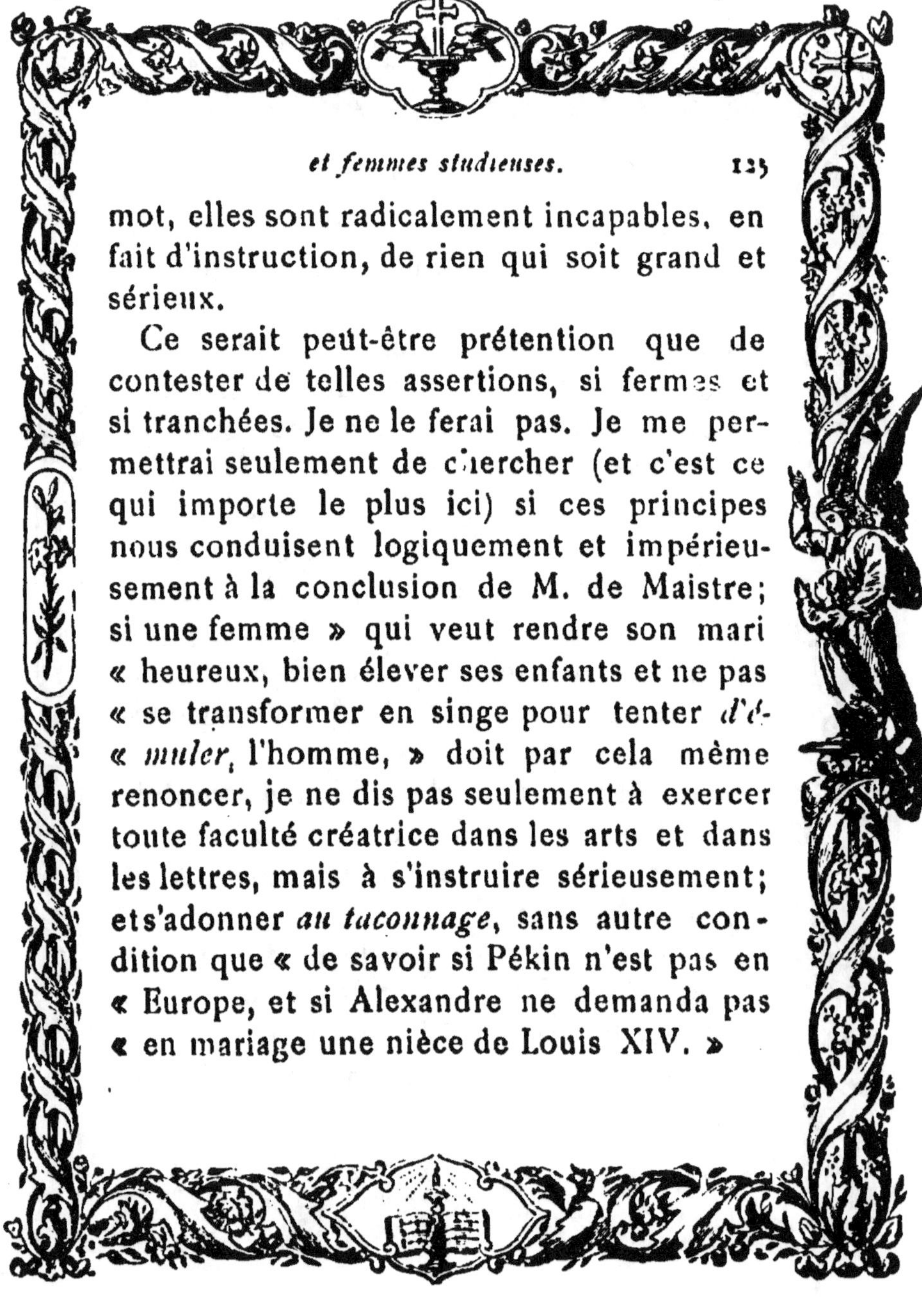

mot, elles sont radicalement incapables, en fait d'instruction, de rien qui soit grand et sérieux.

Ce serait peut-être prétention que de contester de telles assertions, si fermes et si tranchées. Je ne le ferai pas. Je me permettrai seulement de chercher (et c'est ce qui importe le plus ici) si ces principes nous conduisent logiquement et impérieusement à la conclusion de M. de Maistre; si une femme » qui veut rendre son mari « heureux, bien élever ses enfants et ne pas « se transformer en singe pour tenter *d'é-* « *muler*, l'homme, » doit par cela même renoncer, je ne dis pas seulement à exercer toute faculté créatrice dans les arts et dans les lettres, mais à s'instruire sérieusement; et s'adonner *au taconnage*, sans autre condition que « de savoir si Pékin n'est pas en « Europe, et si Alexandre ne demanda pas « en mariage une nièce de Louis XIV. »

II

QUESTION BIEN POSÉE.

Quand on entame un sujet, il faut le préciser.

Avant tout, mettons de côté ce nom de femme savante, dont on a fait depuis Molière un si étrange usage. En France, on décide trop souvent, à tort et à travers, les plus grandes choses avec des mots plaisants; les plus absurdes préjugés se nourrissent et se perpétuent pendant des siècles avec de sottes railleries.

Tout d'abord, n'est-il pas évident qu'il y a ici un juste discernement à faire, et qu'il faut bien se garder de confondre et d'envelopper dans un même anathème les femmes studieuses avec les femmes savantes; les femmes instruites avec les femmes ridicules,

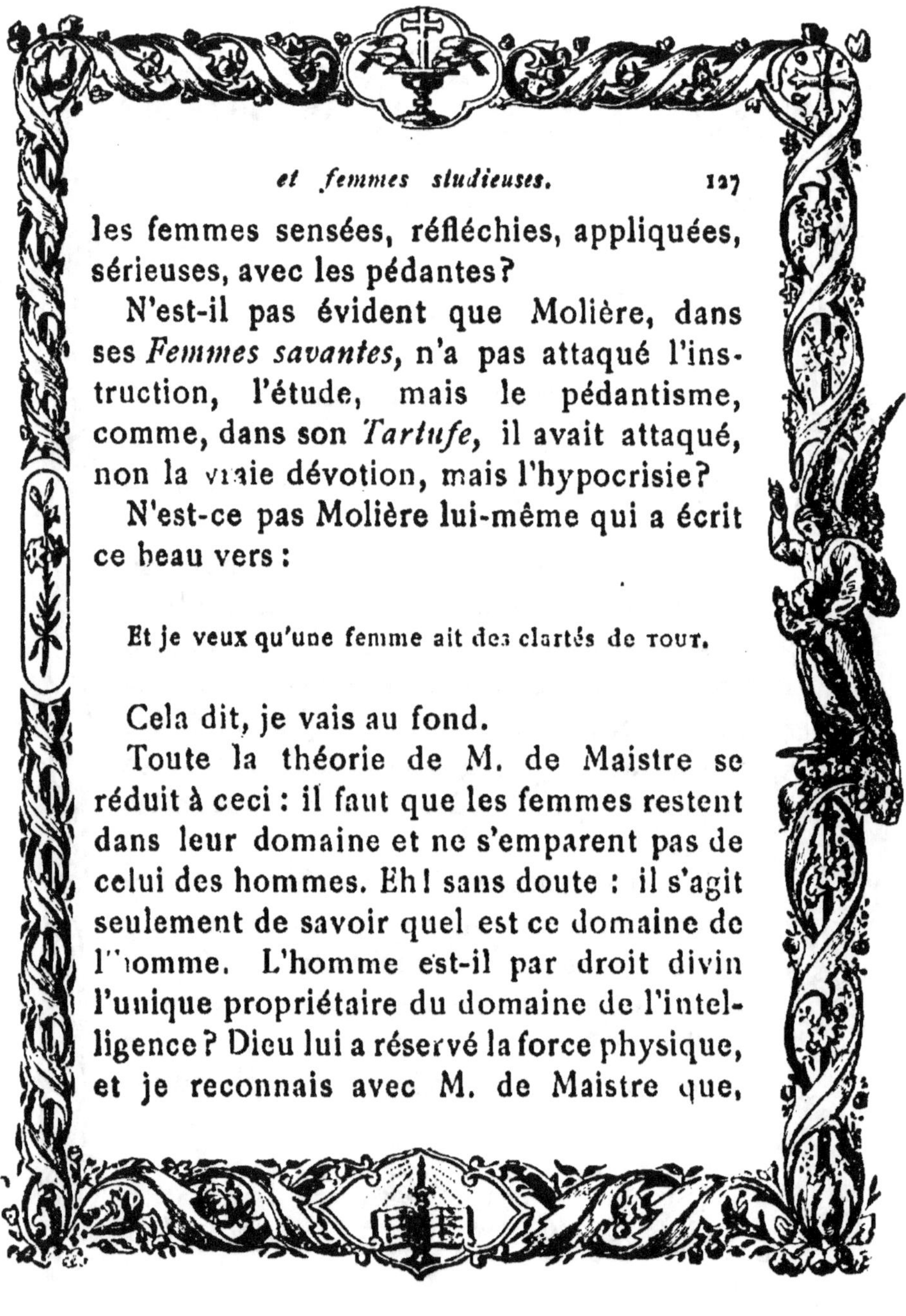

les femmes sensées, réfléchies, appliquées, sérieuses, avec les pédantes?

N'est-il pas évident que Molière, dans ses *Femmes savantes*, n'a pas attaqué l'instruction, l'étude, mais le pédantisme, comme, dans son *Tartufe*, il avait attaqué, non la vraie dévotion, mais l'hypocrisie?

N'est-ce pas Molière lui-même qui a écrit ce beau vers :

Et je veux qu'une femme ait des clartés de tout.

Cela dit, je vais au fond.

Toute la théorie de M. de Maistre se réduit à ceci : il faut que les femmes restent dans leur domaine et ne s'emparent pas de celui des hommes. Eh! sans doute : il s'agit seulement de savoir quel est ce domaine de l'homme. L'homme est-il par droit divin l'unique propriétaire du domaine de l'intelligence? Dieu lui a réservé la force physique, et je reconnais avec M. de Maistre que,

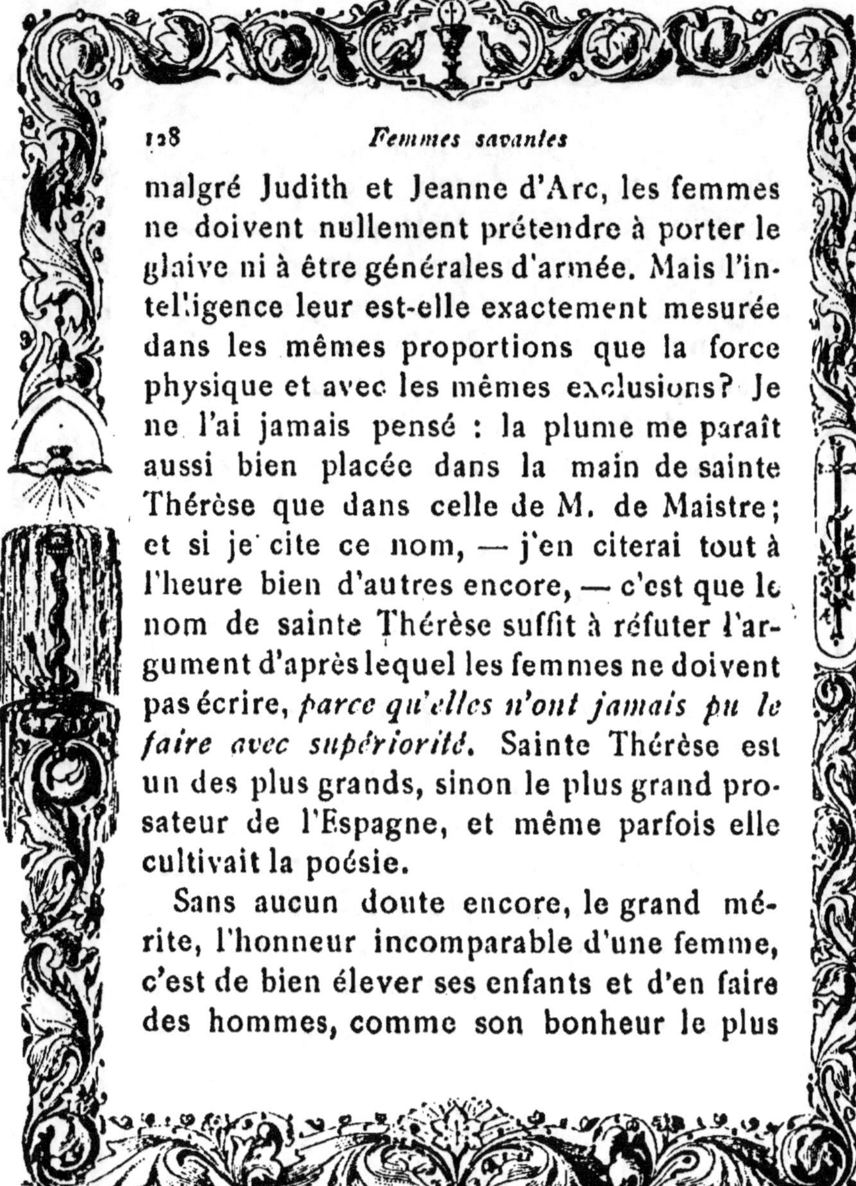

malgré Judith et Jeanne d'Arc, les femmes ne doivent nullement prétendre à porter le glaive ni à être générales d'armée. Mais l'intelligence leur est-elle exactement mesurée dans les mêmes proportions que la force physique et avec les mêmes exclusions? Je ne l'ai jamais pensé : la plume me paraît aussi bien placée dans la main de sainte Thérèse que dans celle de M. de Maistre; et si je cite ce nom, — j'en citerai tout à l'heure bien d'autres encore, — c'est que le nom de sainte Thérèse suffit à réfuter l'argument d'après lequel les femmes ne doivent pas écrire, *parce qu'elles n'ont jamais pu le faire avec supériorité*. Sainte Thérèse est un des plus grands, sinon le plus grand prosateur de l'Espagne, et même parfois elle cultivait la poésie.

Sans aucun doute encore, le grand mérite, l'honneur incomparable d'une femme, c'est de bien élever ses enfants et d'en faire des hommes, comme son bonheur le plus

doux et premier devoir, c'est de rendre
heureux son mari. Mais pour rendre un
mari et des enfants bons et heureux, pour
faire des hommes, « de braves jeunes gens,
« comme disait M. de Maistre, qui croient
« en Dieu et n'ont pas peur du canon, » il
faut précisément avoir des femmes fortes
par l'intelligence, fortes par le jugement et
par le caractère, appliquées, laborieuses,
attentives : il faut, comme dit l'Ecriture,
que ce regard, cette beauté, cette bonté, qui
ornent et embellissent toute une maison,
soient illuminés d'en haut : *Sicut sol oriens
mundo, sic mulieris bonœ species in ornamentum domus ejus.* Il faut que cette main
qui tient le fuseau et s'applique aux détails
de l'intérieur, soit conduite par une tête
qui conçoit et gouverne. Le portrait tracé
par Salomon n'est pas celui de la femme
uniquemment appliquée à la vie matérielle,
mais de la femme *capable;* et si ces enfants
se lèvent pour la proclamer glorieuse et

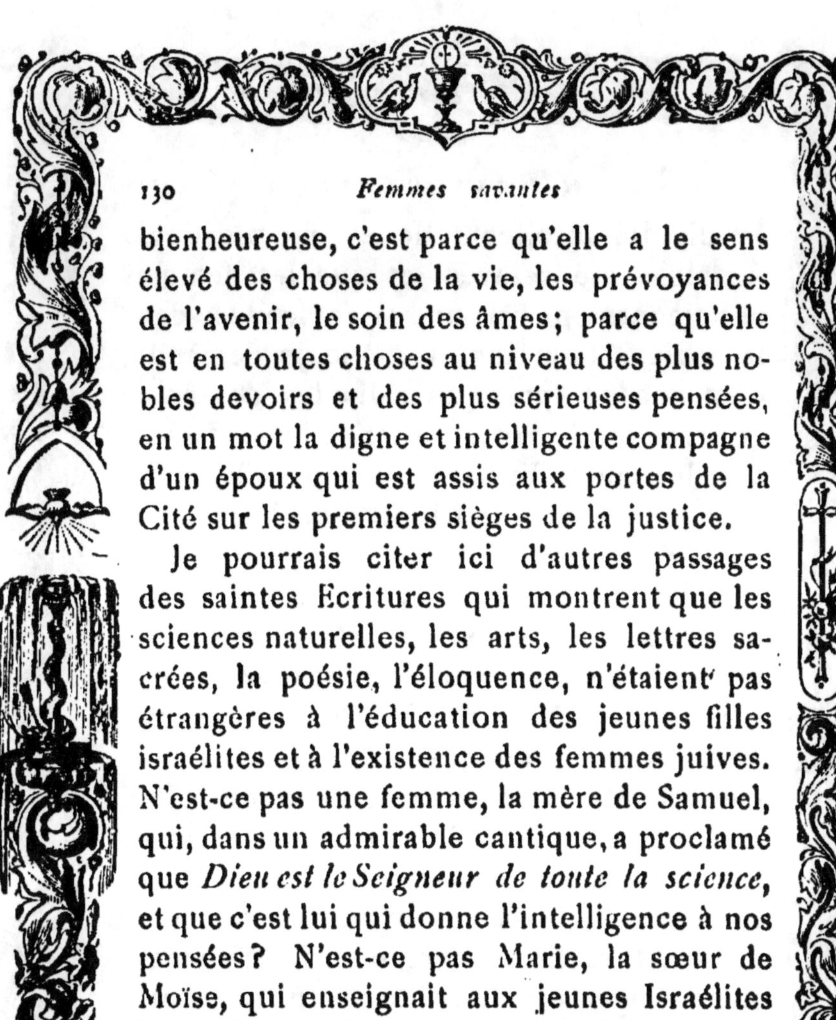

bienheureuse, c'est parce qu'elle a le sens élevé des choses de la vie, les prévoyances de l'avenir, le soin des âmes ; parce qu'elle est en toutes choses au niveau des plus nobles devoirs et des plus sérieuses pensées, en un mot la digne et intelligente compagne d'un époux qui est assis aux portes de la Cité sur les premiers sièges de la justice.

Je pourrais citer ici d'autres passages des saintes Écritures qui montrent que les sciences naturelles, les arts, les lettres sacrées, la poésie, l'éloquence, n'étaient pas étrangères à l'éducation des jeunes filles israélites et à l'existence des femmes juives. N'est-ce pas une femme, la mère de Samuel, qui, dans un admirable cantique, a proclamé que *Dieu est le Seigneur de toute la science,* et que c'est lui qui donne l'intelligence à nos pensées ? N'est-ce pas Marie, la sœur de Moïse, qui enseignait aux jeunes Israélites la musique et les cantiques sacrés ?

Mais c'est surtout depuis l'Evangile que

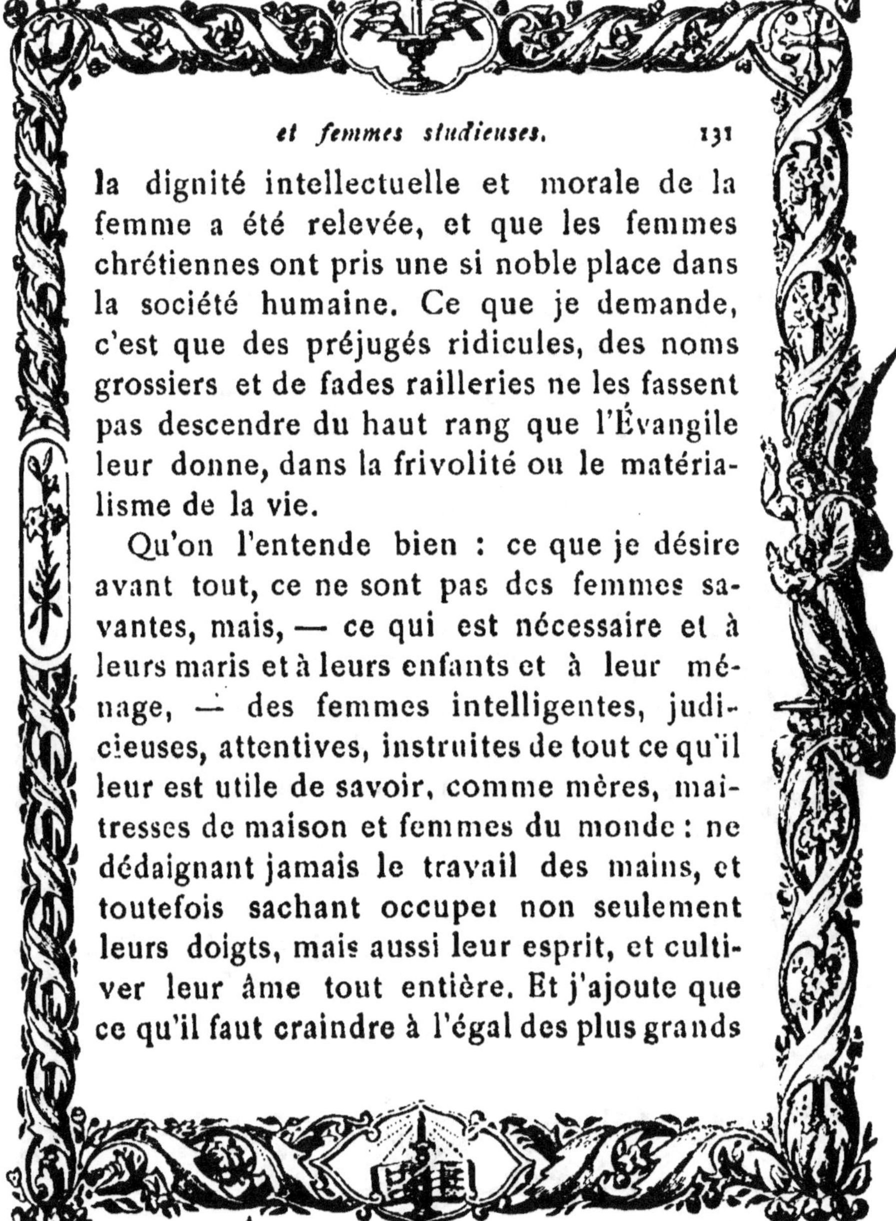

la dignité intellectuelle et morale de la femme a été relevée, et que les femmes chrétiennes ont pris une si noble place dans la société humaine. Ce que je demande, c'est que des préjugés ridicules, des noms grossiers et de fades railleries ne les fassent pas descendre du haut rang que l'Évangile leur donne, dans la frivolité ou le matérialisme de la vie.

Qu'on l'entende bien : ce que je désire avant tout, ce ne sont pas des femmes savantes, mais, — ce qui est nécessaire et à leurs maris et à leurs enfants et à leur ménage, — des femmes intelligentes, judicieuses, attentives, instruites de tout ce qu'il leur est utile de savoir, comme mères, maitresses de maison et femmes du monde : ne dédaignant jamais le travail des mains, et toutefois sachant occuper non seulement leurs doigts, mais aussi leur esprit, et cultiver leur âme tout entière. Et j'ajoute que ce qu'il faut craindre à l'égal des plus grands

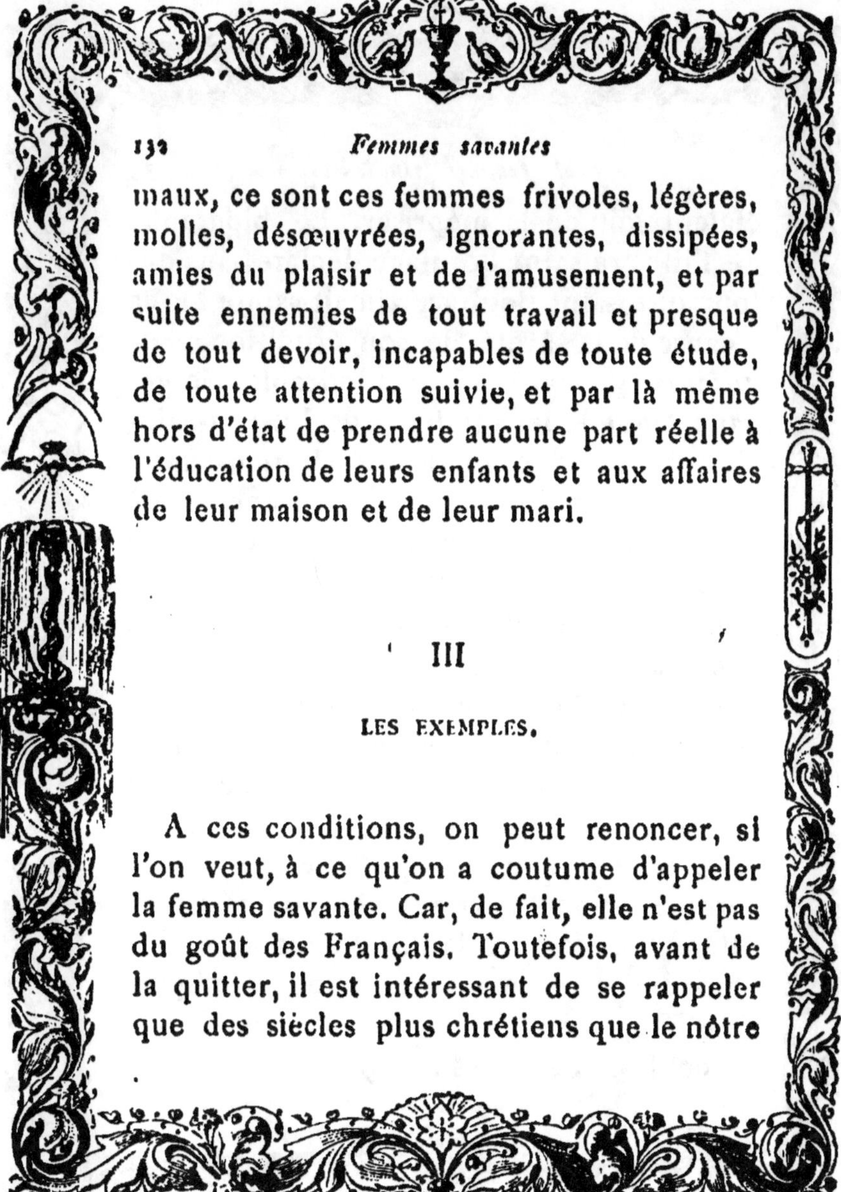

maux, ce sont ces femmes frivoles, légères, molles, désœuvrées, ignorantes, dissipées, amies du plaisir et de l'amusement, et par suite ennemies de tout travail et presque de tout devoir, incapables de toute étude, de toute attention suivie, et par là même hors d'état de prendre aucune part réelle à l'éducation de leurs enfants et aux affaires de leur maison et de leur mari.

III

LES EXEMPLES.

A ces conditions, on peut renoncer, si l'on veut, à ce qu'on a coutume d'appeler la femme savante. Car, de fait, elle n'est pas du goût des Français. Toutefois, avant de la quitter, il est intéressant de se rappeler que des siècles plus chrétiens que le nôtre

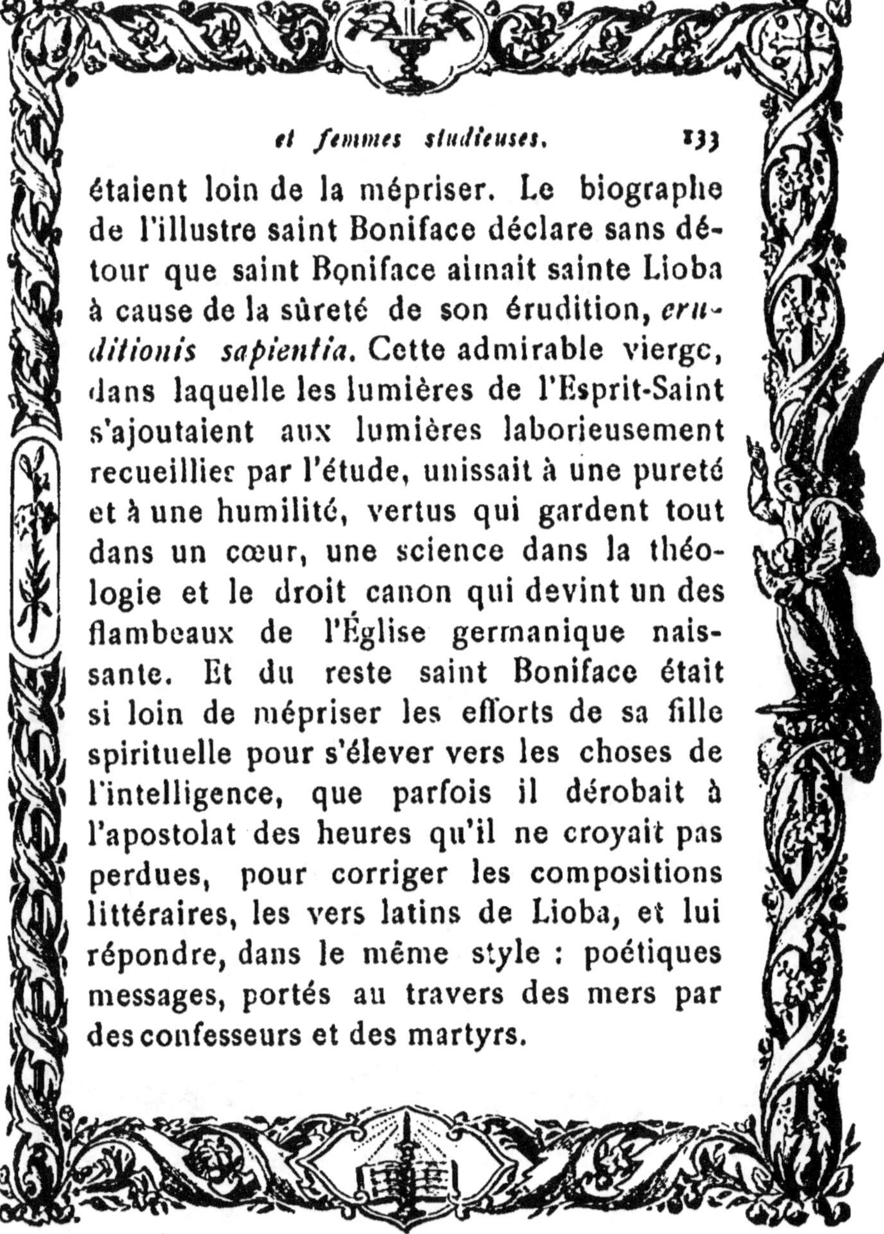

étaient loin de la mépriser. Le biographe de l'illustre saint Boniface déclare sans détour que saint Boniface aimait sainte Lioba à cause de la sûreté de son érudition, *eruditionis sapientia.* Cette admirable vierge, dans laquelle les lumières de l'Esprit-Saint s'ajoutaient aux lumières laborieusement recueillies par l'étude, unissait à une pureté et à une humilité, vertus qui gardent tout dans un cœur, une science dans la théologie et le droit canon qui devint un des flambeaux de l'Église germanique naissante. Et du reste saint Boniface était si loin de mépriser les efforts de sa fille spirituelle pour s'élever vers les choses de l'intelligence, que parfois il dérobait à l'apostolat des heures qu'il ne croyait pas perdues, pour corriger les compositions littéraires, les vers latins de Lioba, et lui répondre, dans le même style : poétiques messages, portés au travers des mers par des confesseurs et des martyrs.

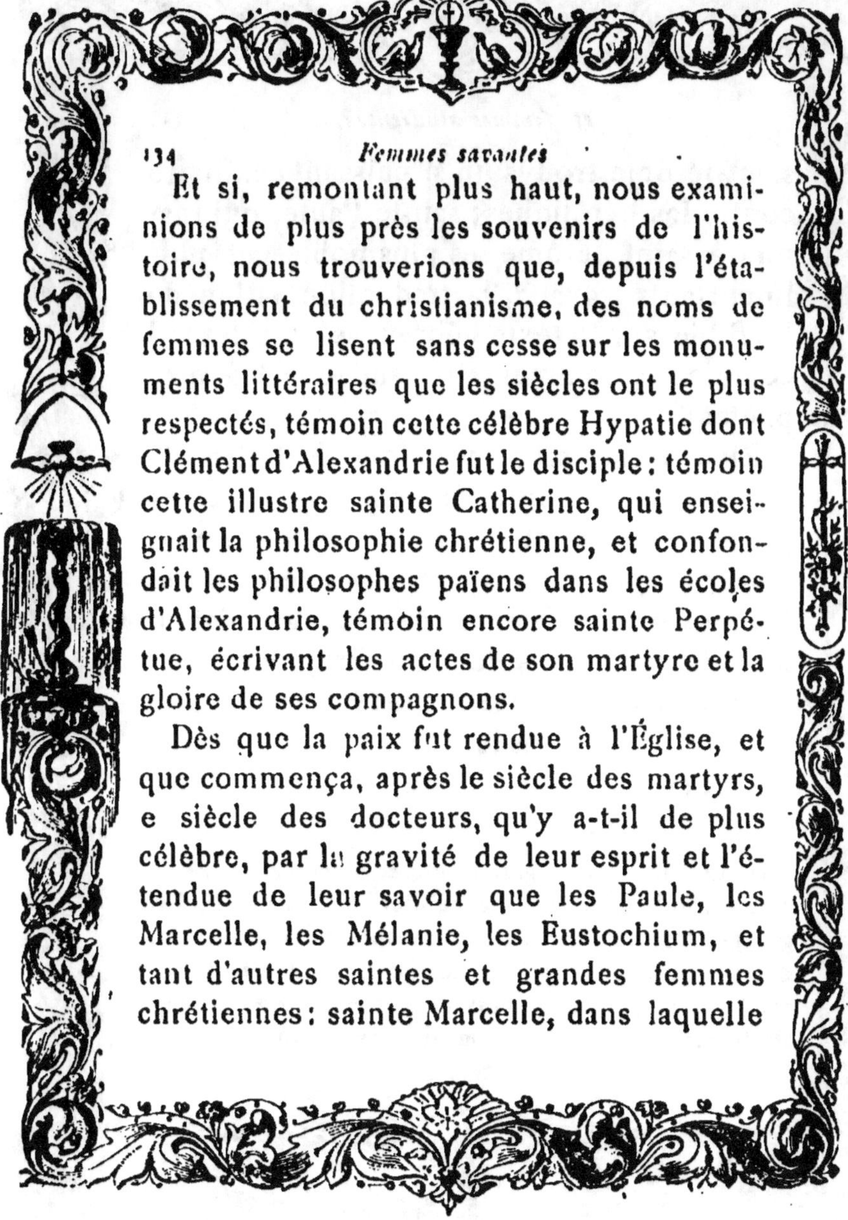

Et si, remontant plus haut, nous exami-
nions de plus près les souvenirs de l'histoire, nous trouverions que, depuis l'éta-
blissement du christianisme, des noms de
femmes se lisent sans cesse sur les monu-
ments littéraires que les siècles ont le plus
respectés, témoin cette célèbre Hypatie dont
Clément d'Alexandrie fut le disciple : témoin
cette illustre sainte Catherine, qui enseignait la philosophie chrétienne, et confon-
dait les philosophes païens dans les écoles
d'Alexandrie, témoin encore sainte Perpétue, écrivant les actes de son martyre et la
gloire de ses compagnons.

Dès que la paix fut rendue à l'Église, et
que commença, après le siècle des martyrs,
e siècle des docteurs, qu'y a-t-il de plus
célèbre, par la gravité de leur esprit et l'é-
tendue de leur savoir que les Paule, les
Marcelle, les Mélanie, les Eustochium, et
tant d'autres saintes et grandes femmes
chrétiennes : sainte Marcelle, dans laquelle

saint Jérôme trouva un si puissant auxiliaire contre les hérétiques; sainte Paule, qui inspira à saint Jérôme ses plus nobles et plus importants travaux, la traduction latine de la Bible sur le texte hébreu, et un travail complet de commentaires sur tous les prophètes?

Rien n'est plus beau que la lettre de sainte Paule à sainte Marcelle; on y comprend tout ce que celle-ci avait fait pour élever l'âme et les facultés des saintes femmes et des jeunes vierges qui l'appelaient leur mère, et quelle était l'intelligence et l'éloquence de sainte Paule (1)?

Qui ne sait, dans le siècle suivant, ce que fut Thérésia pour Paulin, le brillant dis-

(1) On lira avec grand intérêt, dans l'*Histoire de sainte Paule*, que vient de publier M. l'abbé F. Lagrange, les chapitres où sont racontées les Études des dames romaines sur l'Écriture sainte, à l'école de saint Jérôme, et les travaux de sainte Paule elle-même à Bethléem, sous la direction du même saint.

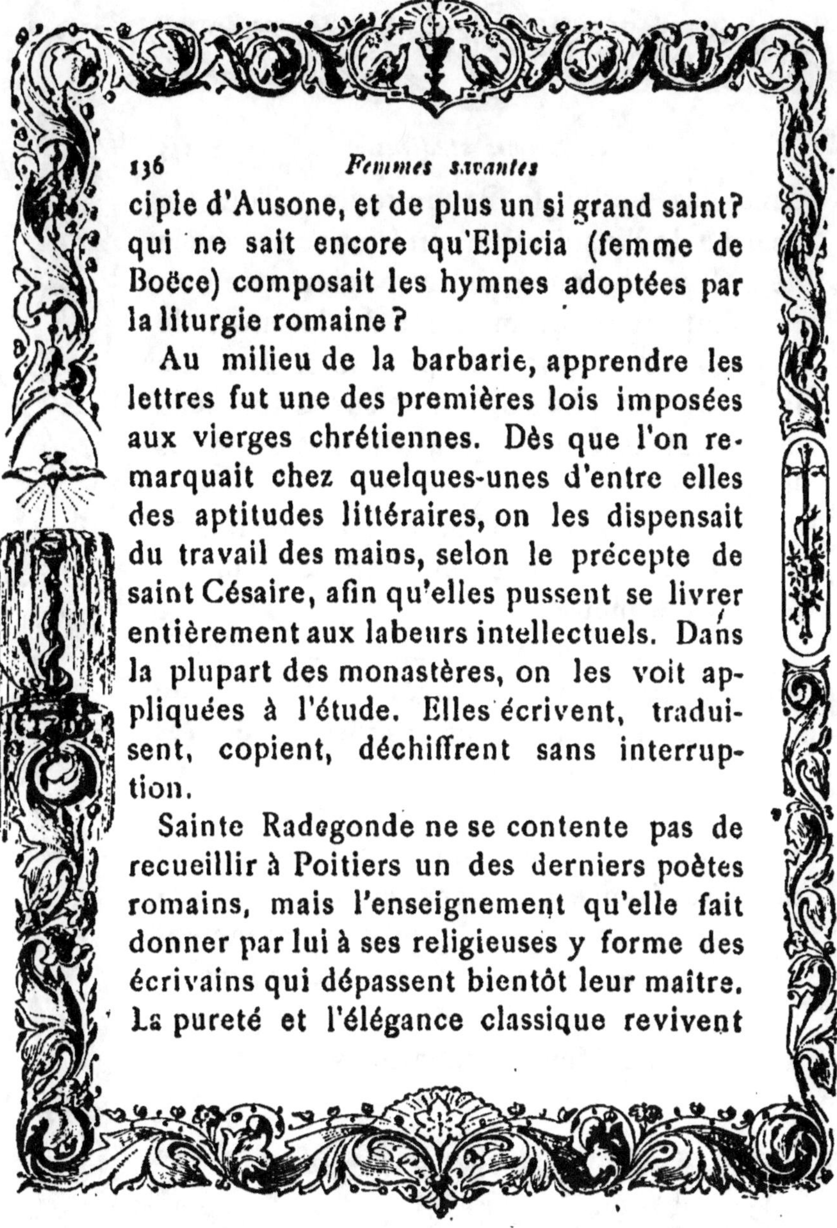

ciple d'Ausone, et de plus un si grand saint? qui ne sait encore qu'Elpicia (femme de Boëce) composait les hymnes adoptées par la liturgie romaine?

Au milieu de la barbarie, apprendre les lettres fut une des premières lois imposées aux vierges chrétiennes. Dès que l'on remarquait chez quelques-unes d'entre elles des aptitudes littéraires, on les dispensait du travail des mains, selon le précepte de saint Césaire, afin qu'elles pussent se livrer entièrement aux labeurs intellectuels. Dans la plupart des monastères, on les voit appliquées à l'étude. Elles écrivent, traduisent, copient, déchiffrent sans interruption.

Sainte Radegonde ne se contente pas de recueillir à Poitiers un des derniers poètes romains, mais l'enseignement qu'elle fait donner par lui à ses religieuses y forme des écrivains qui dépassent bientôt leur maître. La pureté et l'élégance classique revivent

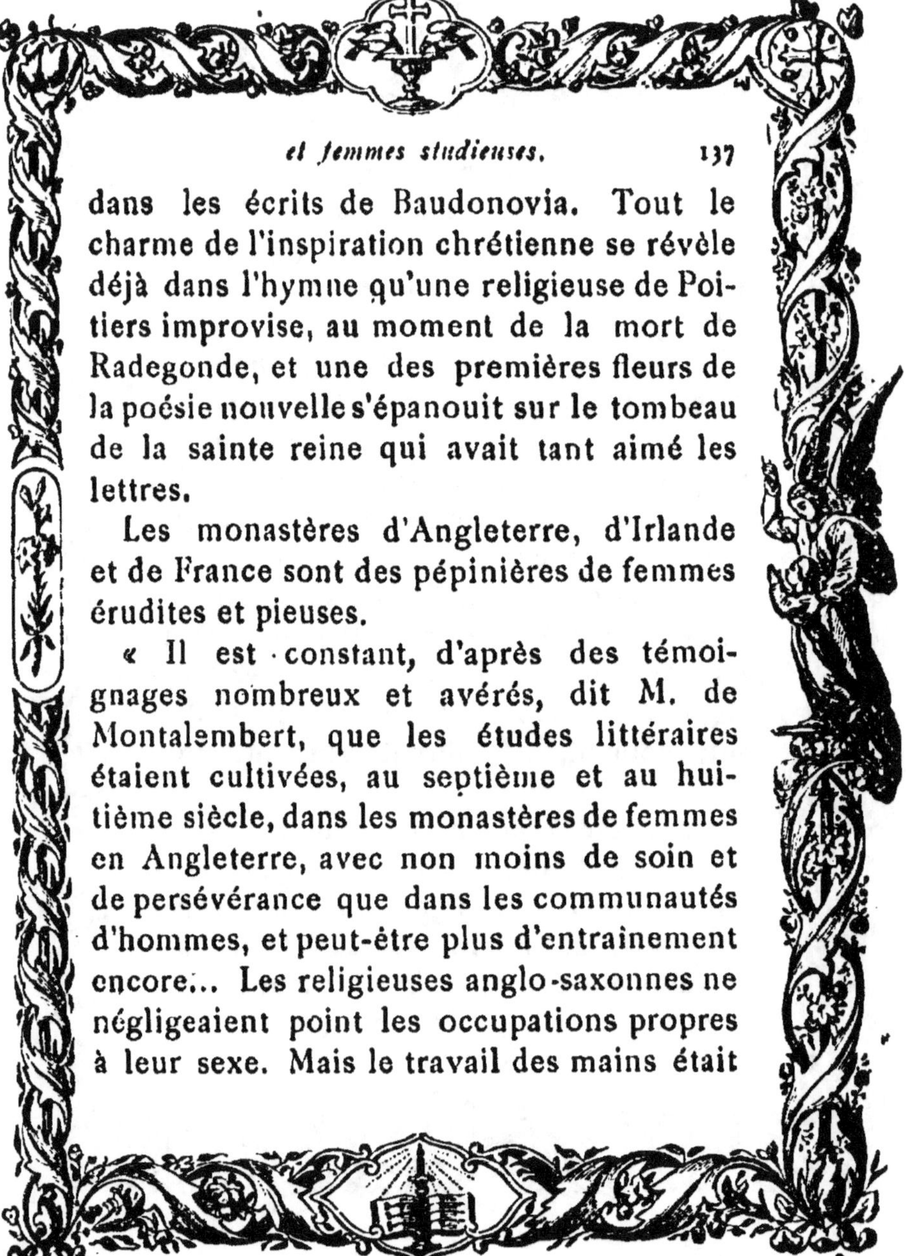

dans les écrits de Baudonovia. Tout le charme de l'inspiration chrétienne se révèle déjà dans l'hymne qu'une religieuse de Poitiers improvise, au moment de la mort de Radegonde, et une des premières fleurs de la poésie nouvelle s'épanouit sur le tombeau de la sainte reine qui avait tant aimé les lettres.

Les monastères d'Angleterre, d'Irlande et de France sont des pépinières de femmes érudites et pieuses.

« Il est constant, d'après des témoignages nombreux et avérés, dit M. de Montalembert, que les études littéraires étaient cultivées, au septième et au huitième siècle, dans les monastères de femmes en Angleterre, avec non moins de soin et de persévérance que dans les communautés d'hommes, et peut-être plus d'entraînement encore... Les religieuses anglo-saxonnes ne négligeaient point les occupations propres à leur sexe. Mais le travail des mains était

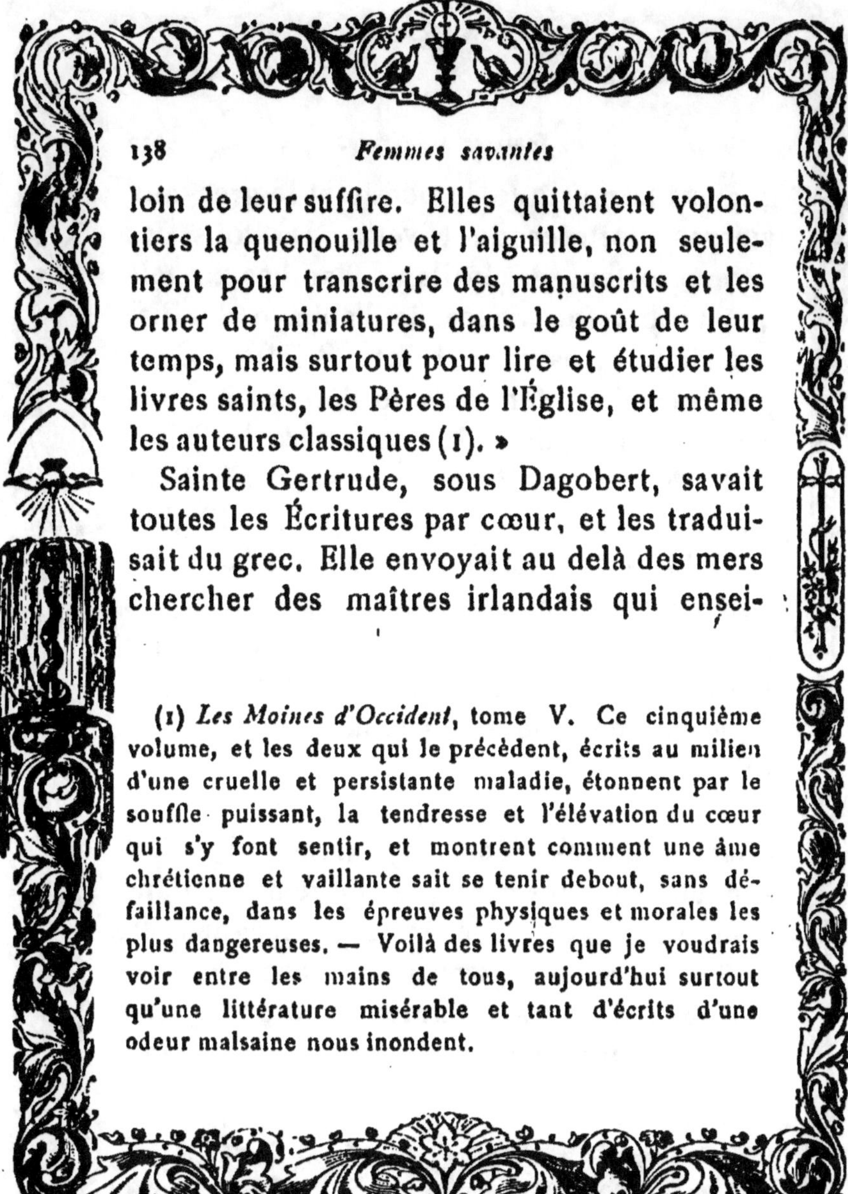

loin de leur suffire. Elles quittaient volontiers la quenouille et l'aiguille, non seulement pour transcrire des manuscrits et les
orner de miniatures, dans le goût de leur
temps, mais surtout pour lire et étudier les
livres saints, les Pères de l'Église, et même
les auteurs classiques (1). »

Sainte Gertrude, sous Dagobert, savait
toutes les Écritures par cœur, et les tradui-
sait du grec. Elle envoyait au delà des mers
chercher des maîtres irlandais qui ensei-

(1) *Les Moines d'Occident*, tome V. Ce cinquième
volume, et les deux qui le précèdent, écrits au milieu
d'une cruelle et persistante maladie, étonnent par le
souffle puissant, la tendresse et l'élévation du cœur
qui s'y font sentir, et montrent comment une âme
chrétienne et vaillante sait se tenir debout, sans dé-
faillance, dans les épreuves physiques et morales les
plus dangereuses. — Voilà des livres que je voudrais
voir entre les mains de tous, aujourd'hui surtout
qu'une littérature misérable et tant d'écrits d'une
odeur malsaine nous inondent.

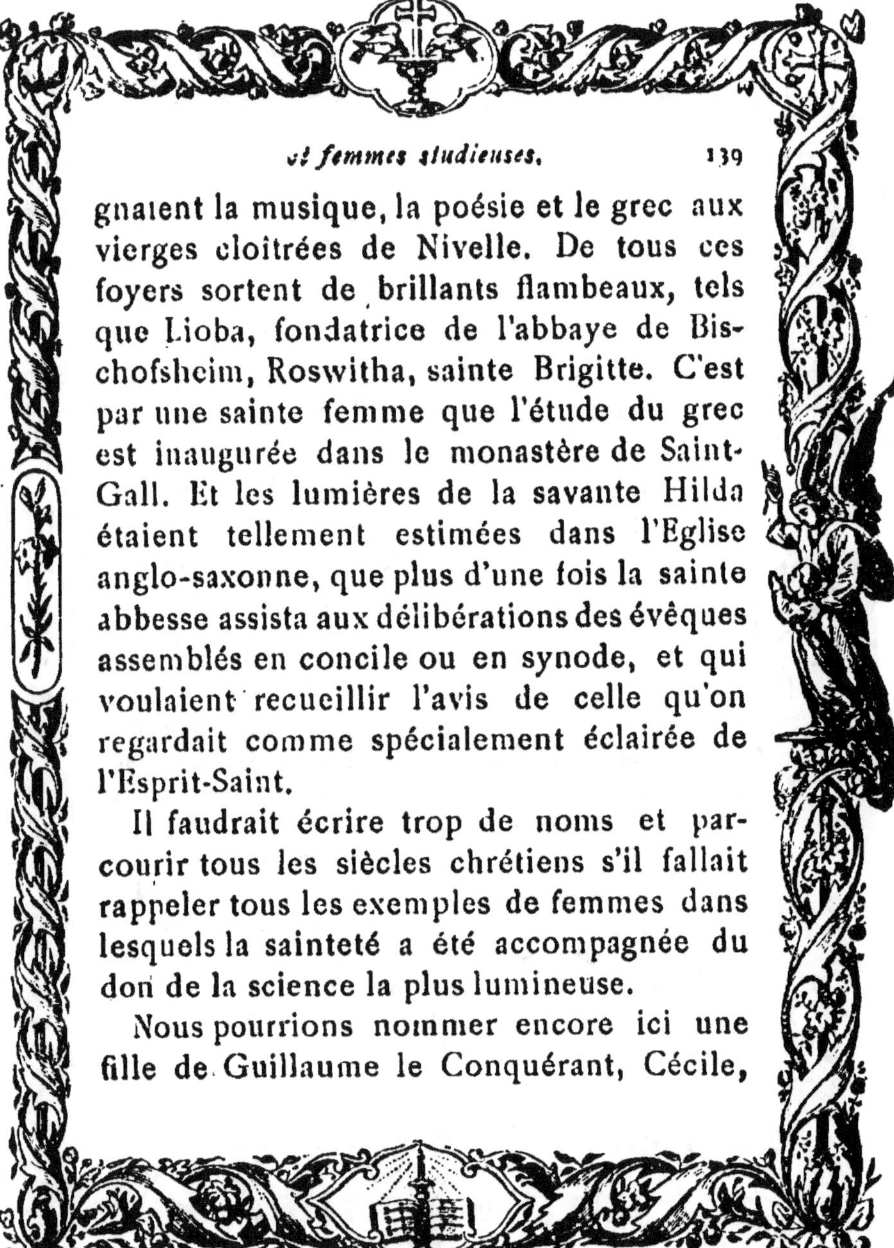

gnaient la musique, la poésie et le grec aux vierges cloîtrées de Nivelle. De tous ces foyers sortent de brillants flambeaux, tels que Lioba, fondatrice de l'abbaye de Bischofsheim, Roswitha, sainte Brigitte. C'est par une sainte femme que l'étude du grec est inaugurée dans le monastère de Saint-Gall. Et les lumières de la savante Hilda étaient tellement estimées dans l'Eglise anglo-saxonne, que plus d'une fois la sainte abbesse assista aux délibérations des évêques assemblés en concile ou en synode, et qui voulaient recueillir l'avis de celle qu'on regardait comme spécialement éclairée de l'Esprit-Saint.

Il faudrait écrire trop de noms et parcourir tous les siècles chrétiens s'il fallait rappeler tous les exemples de femmes dans lesquels la sainteté a été accompagnée du don de la science la plus lumineuse.

Nous pourrions nommer encore ici une fille de Guillaume le Conquérant, Cécile,

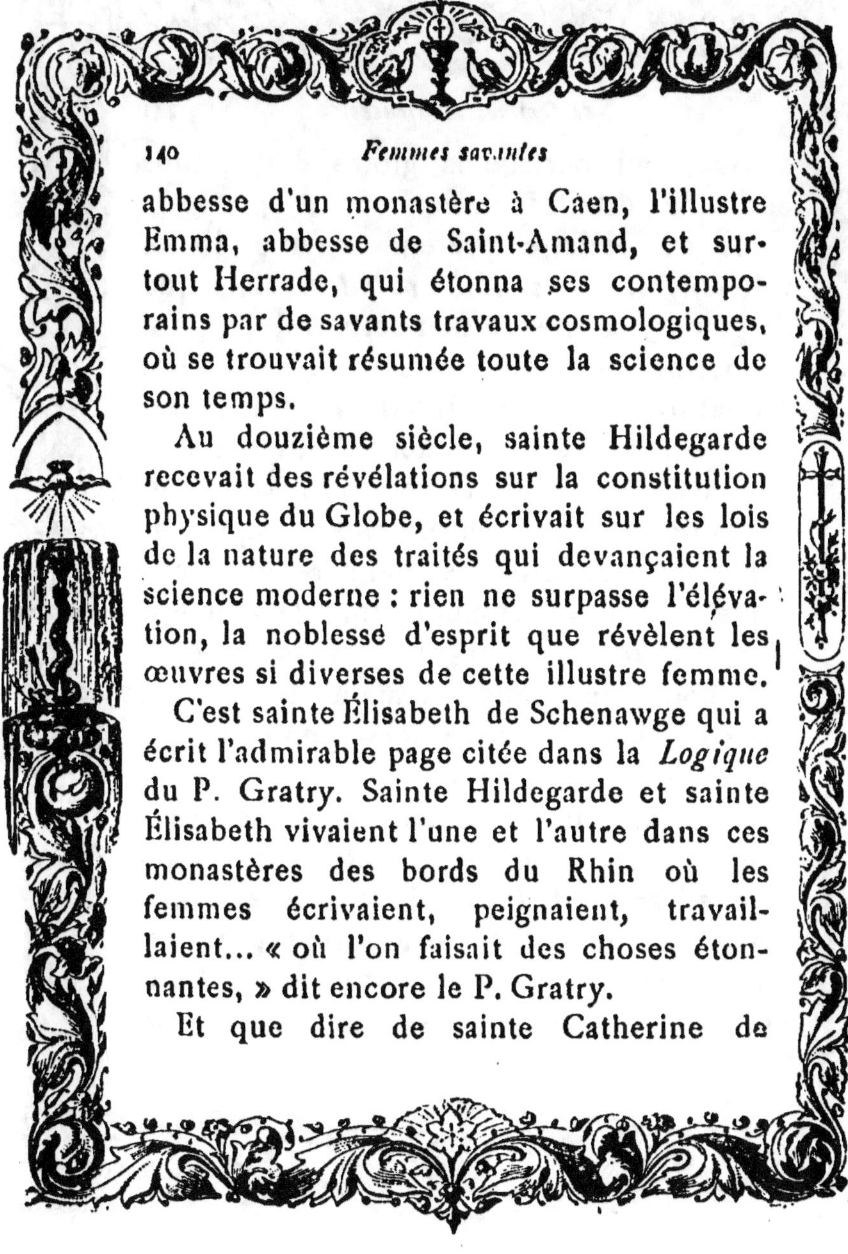

abbesse d'un monastère à Caen, l'illustre Emma, abbesse de Saint-Amand, et surtout Herrade, qui étonna ses contemporains par de savants travaux cosmologiques, où se trouvait résumée toute la science de son temps.

Au douzième siècle, sainte Hildegarde recevait des révélations sur la constitution physique du Globe, et écrivait sur les lois de la nature des traités qui devançaient la science moderne : rien ne surpasse l'élévation, la noblesse d'esprit que révèlent les œuvres si diverses de cette illustre femme.

C'est sainte Élisabeth de Schenawge qui a écrit l'admirable page citée dans la *Logique* du P. Gratry. Sainte Hildegarde et sainte Élisabeth vivaient l'une et l'autre dans ces monastères des bords du Rhin où les femmes écrivaient, peignaient, travaillaient... « où l'on faisait des choses étonnantes, » dit encore le P. Gratry.

Et que dire de sainte Catherine de

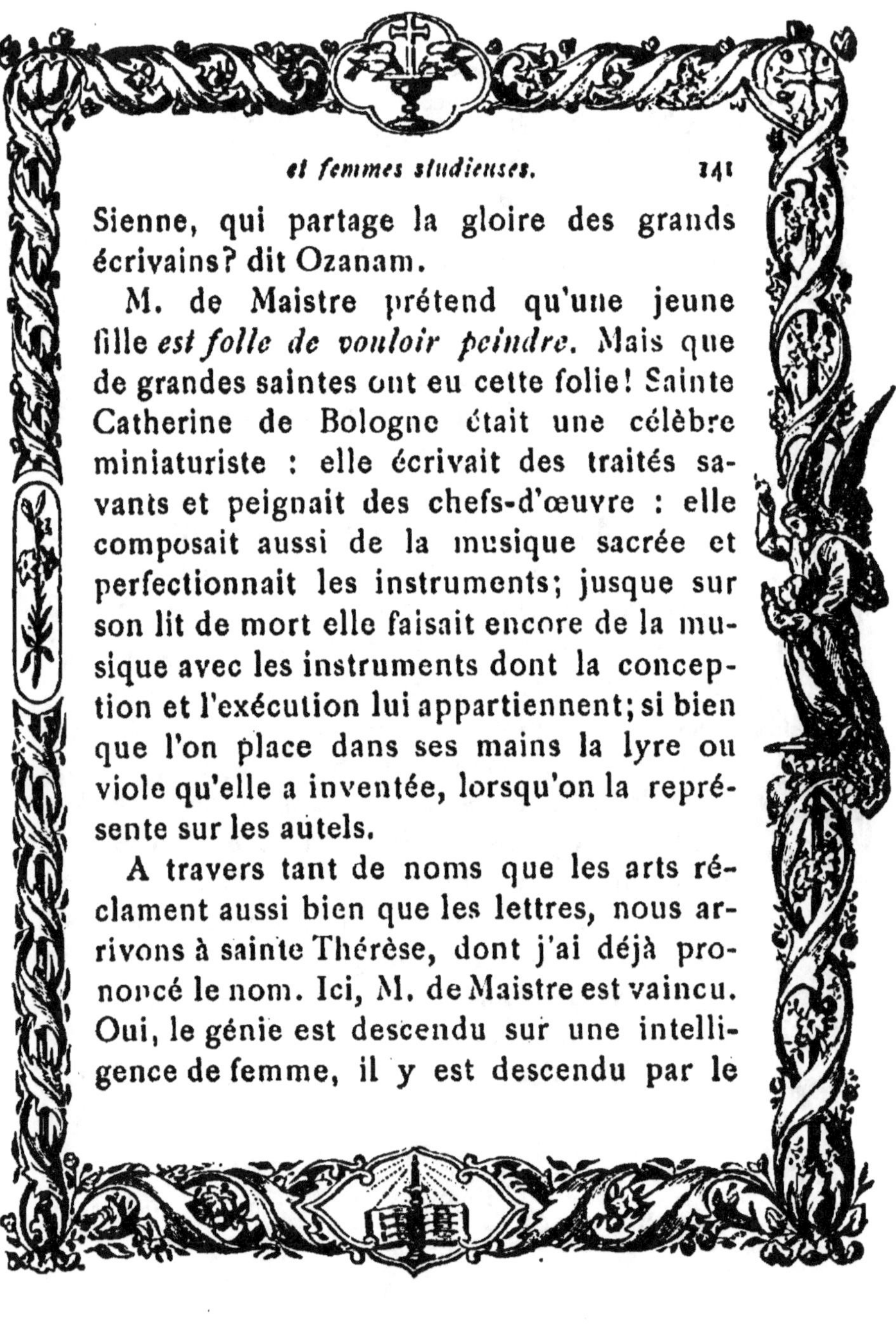

Sienne, qui partage la gloire des grands écrivains? dit Ozanam.

M. de Maistre prétend qu'une jeune fille *est folle de vouloir peindre.* Mais que de grandes saintes ont eu cette folie! Sainte Catherine de Bologne était une célèbre miniaturiste : elle écrivait des traités savants et peignait des chefs-d'œuvre : elle composait aussi de la musique sacrée et perfectionnait les instruments; jusque sur son lit de mort elle faisait encore de la musique avec les instruments dont la conception et l'exécution lui appartiennent; si bien que l'on place dans ses mains la lyre ou viole qu'elle a inventée, lorsqu'on la représente sur les autels.

A travers tant de noms que les arts réclament aussi bien que les lettres, nous arrivons à sainte Thérèse, dont j'ai déjà prononcé le nom. Ici, M. de Maistre est vaincu. Oui, le génie est descendu sur une intelligence de femme, il y est descendu par le

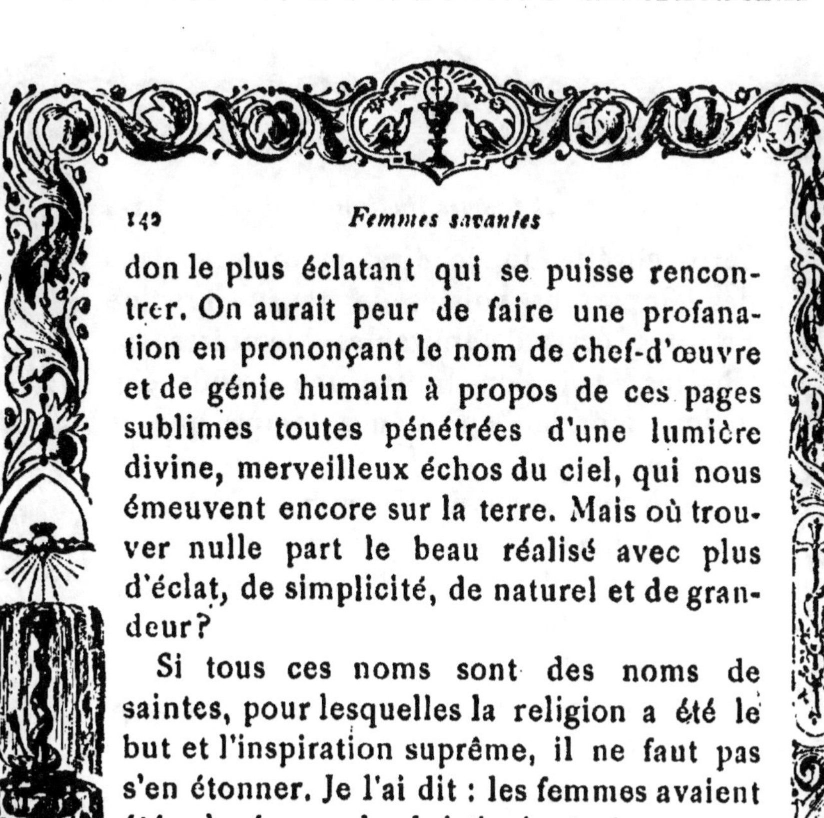

don le plus éclatant qui se puisse rencontrer. On aurait peur de faire une profanation en prononçant le nom de chef-d'œuvre et de génie humain à propos de ces pages sublimes toutes pénétrées d'une lumière divine, merveilleux échos du ciel, qui nous émeuvent encore sur la terre. Mais où trouver nulle part le beau réalisé avec plus d'éclat, de simplicité, de naturel et de grandeur?

Si tous ces noms sont des noms de saintes, pour lesquelles la religion a été le but et l'inspiration suprême, il ne faut pas s'en étonner. Je l'ai dit : les femmes avaient été relevées par le christianisme, âme, cœur et intelligence : elles lui devaient l'hommage de tous les dons qu'elles en avaient reçus, elles le lui offrirent.

Pour achever ce coup d'œil jeté sur l'histoire, non pas tant des femmes savantes que des femmes intelligentes, des femmes d'esprit et de cœur, des femmes de foi et de vertu chrétienne, je dirai enfin que, dans des temps plus voisins de nous, Christine Pisani a écrit d'admirables Mémoires sur Charles V, où l'on trouve une grande élévation morale, en même temps que le charme du style.

Je nommerai aussi Elisabeth de Valois et Marie Stuart, qui ont eu une correspondance latine de plusieurs années sur l'avantage des études littéraires;

Élisabeth Sirani, un des peintres les plus religieux de l'école bolonaise au dix-septième siècle;

Helena Cornaro, au seizième siècle, qui fut reçue docteur à Milan, et est morte en odeur de sainteté.

Et la mère de Chaugy, quel charmant écrivain, au commencement du dix-septième siècle!

Et comment ne pas nommer aussi madame de Sévigné et madame de la Fayette?

Enfin, au dix-huitième siècle, je rappel-

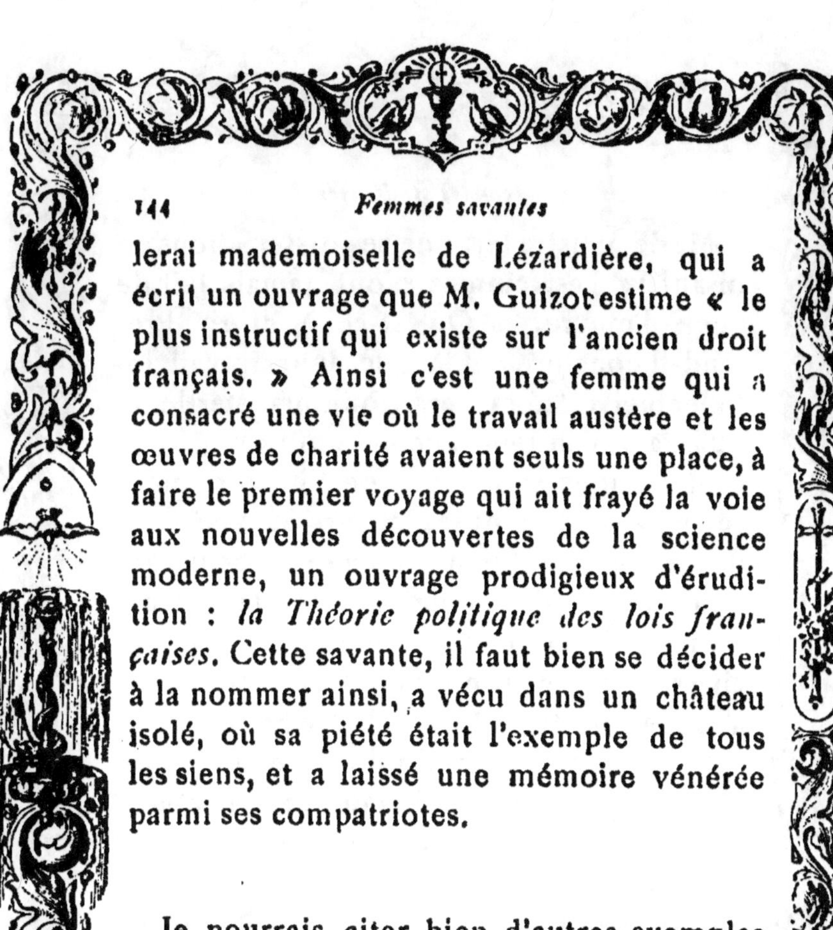

lerai mademoiselle de Lézardière, qui a écrit un ouvrage que M. Guizot estime « le plus instructif qui existe sur l'ancien droit français. » Ainsi c'est une femme qui a consacré une vie où le travail austère et les œuvres de charité avaient seuls une place, à faire le premier voyage qui ait frayé la voie aux nouvelles découvertes de la science moderne, un ouvrage prodigieux d'érudition : *la Théorie politique des lois françaises.* Cette savante, il faut bien se décider à la nommer ainsi, a vécu dans un château isolé, où sa piété était l'exemple de tous les siens, et a laissé une mémoire vénérée parmi ses compatriotes.

Je pourrais citer bien d'autres exemples encore pour réhabiliter même ce mot de *femme savante,* que, du reste, j'ai promis d'abandonner et abandonne de très bon cœur. Mais c'est assez.

M. de Maistre termine ses dissertations en disant : « Les femmes n'ont jamais fait de chefs-d'œuvre. » Qu'est-ce à dire? Prétend-il conclure de là que leur travail intellectuel a été et sera toujours stérile et qu'il faut n'en tenir aucun compte?

Mais nous avons vu, et l'histoire nous révèle à quel point les labeurs et la science des femmes sont venus en aide à ceux qui nous conservaient l'héritage des lettres antiques. Il serait assez singulier qu'on les chassât d'un navire qu'elles ont contribué à sauver des tempêtes de la barbarie.

De plus, est-il besoin de faire des chefs-d'œuvre pour justifier le talent intellectuel? Non, Dieu arrose les petites fleurs comme les grands arbres. Il y a d'humbles travaux qui reçoivent la fécondité d'une bonne action. Et d'ailleurs le succès de nos adversaires doit être notre encouragement. Si des femmes de talent ont fait tant de mal, il faut que les femmes chrétiennes luttent

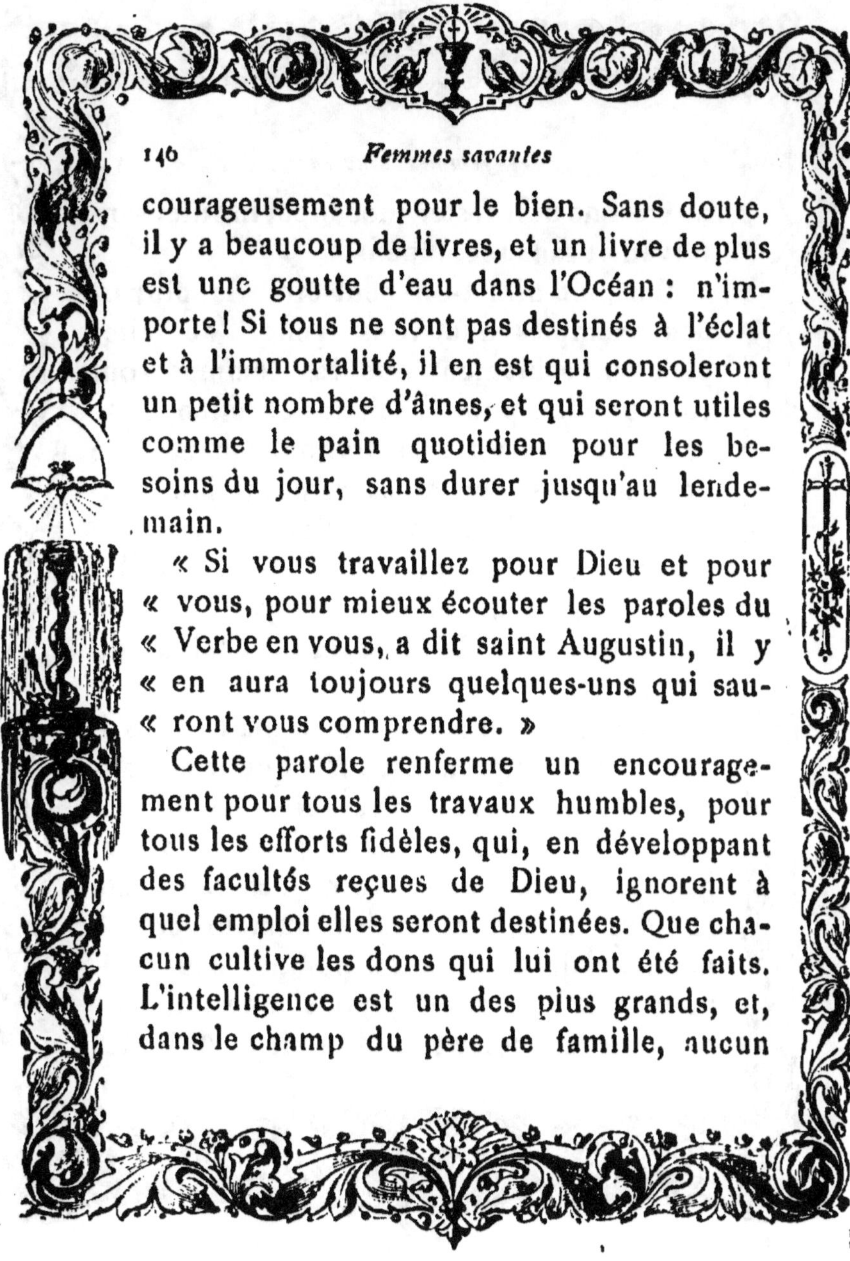

courageusement pour le bien. Sans doute, il y a beaucoup de livres, et un livre de plus est une goutte d'eau dans l'Océan : n'importe! Si tous ne sont pas destinés à l'éclat et à l'immortalité, il en est qui consoleront un petit nombre d'âmes, et qui seront utiles comme le pain quotidien pour les besoins du jour, sans durer jusqu'au lendemain.

« Si vous travaillez pour Dieu et pour
« vous, pour mieux écouter les paroles du
« Verbe en vous, a dit saint Augustin, il y
« en aura toujours quelques-uns qui sau-
« ront vous comprendre. »

Cette parole renferme un encouragement pour tous les travaux humbles, pour tous les efforts fidèles, qui, en développant des facultés reçues de Dieu, ignorent à quel emploi elles seront destinées. Que chacun cultive les dons qui lui ont été faits. L'intelligence est un des plus grands, et, dans le champ du père de famille, aucun

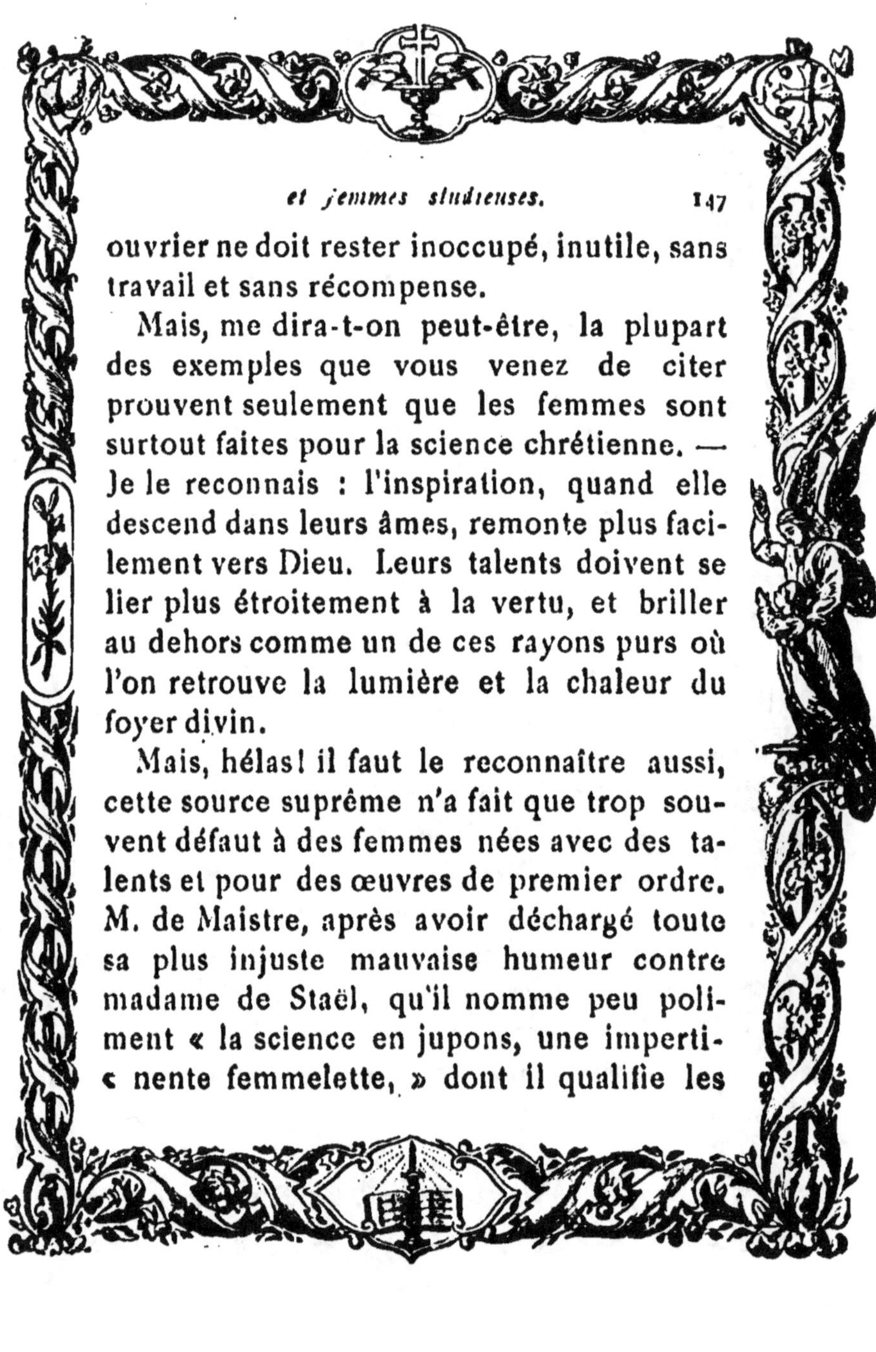

ouvrier ne doit rester inoccupé, inutile, sans travail et sans récompense.

Mais, me dira-t-on peut-être, la plupart des exemples que vous venez de citer prouvent seulement que les femmes sont surtout faites pour la science chrétienne. — Je le reconnais : l'inspiration, quand elle descend dans leurs âmes, remonte plus facilement vers Dieu. Leurs talents doivent se lier plus étroitement à la vertu, et briller au dehors comme un de ces rayons purs où l'on retrouve la lumière et la chaleur du foyer divin.

Mais, hélas! il faut le reconnaître aussi, cette source suprême n'a fait que trop souvent défaut à des femmes nées avec des talents et pour des œuvres de premier ordre. M. de Maistre, après avoir déchargé toute sa plus injuste mauvaise humeur contre madame de Staël, qu'il nomme peu poliment « la science en jupons, une imperti- « nente femmelette, » dont il qualifie les

ouvrages de « brillantes guenilles, » avoue
cependant lui-même, dans une de ces im-
pétueuses contradictions qui lui sont fami-
lières, qu'il n'a manqué à madame de Staël
que le flambeau de la vérité pour élever au
plus haut degré « ses immenses facultés ».
« Si elle eût été catholique, dit-il plus
« tard, elle eût été adorable au lieu d'être
« fameuse. »

Qu'eût-il dit des femmes qui écrivent de
nos jours?

De nos jours, que de chutes intellectuelles! Quelle douleur d'avoir perdu, pour
la cause divine, des talents, des âmes, qui,
dans leur chute, portent encore l'empreinte
du rayon céleste; temples écroulés, qui parfois semblent faire effort pour se relever de
leurs ruines, et du fond de leurs tristesses laissent entendre des accents comme
ceux-ci :

« O ma grandeur! ô ma force! vous
« avez passé comme une nuée d'orage, et

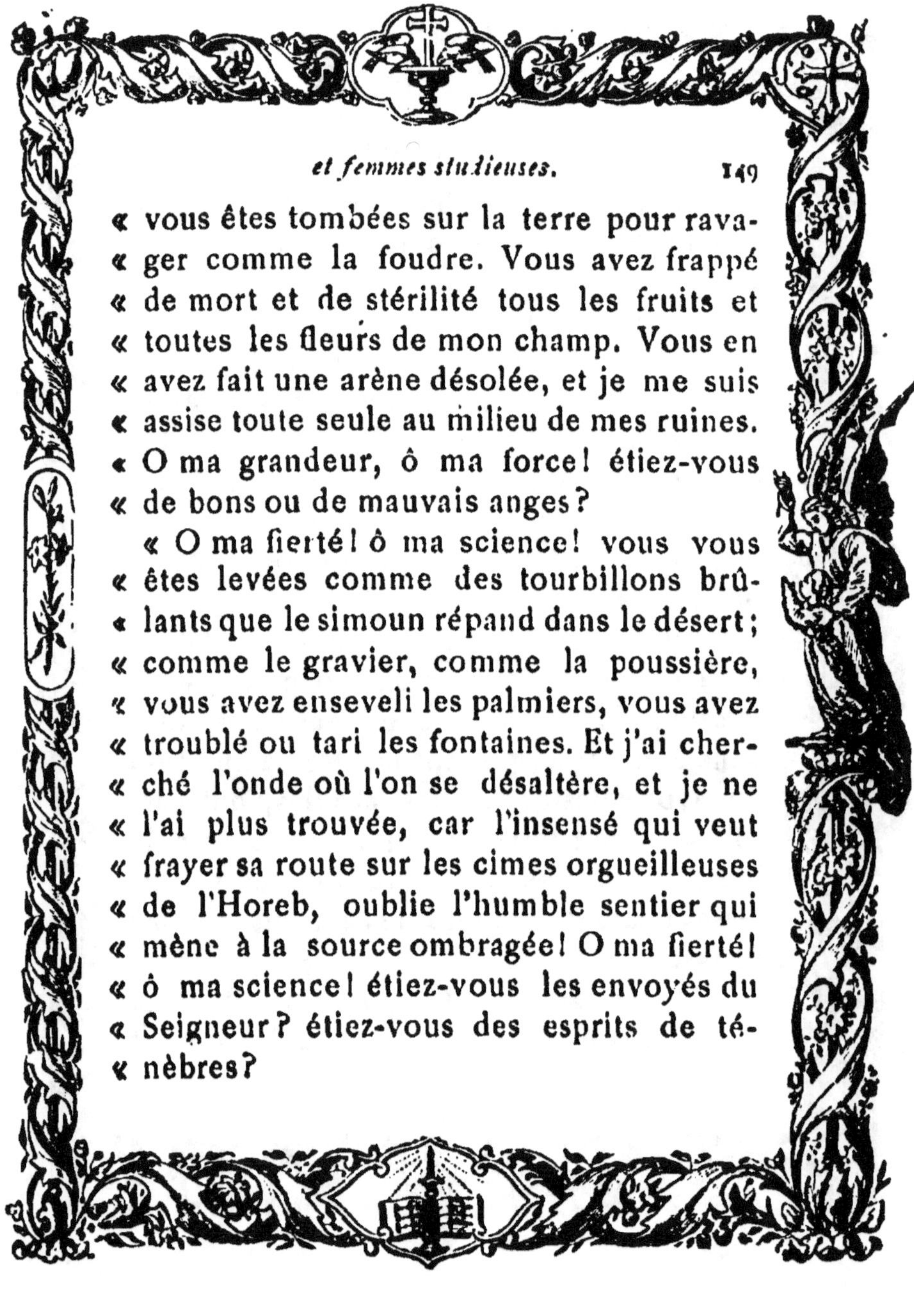

« vous êtes tombées sur la terre pour rava-
« ger comme la foudre. Vous avez frappé
« de mort et de stérilité tous les fruits et
« toutes les fleurs de mon champ. Vous en
« avez fait une arène désolée, et je me suis
« assise toute seule au milieu de mes ruines.
« O ma grandeur, ô ma force! étiez-vous
« de bons ou de mauvais anges?

   « O ma fierté! ô ma science! vous vous
« êtes levées comme des tourbillons brû-
« lants que le simoun répand dans le désert;
« comme le gravier, comme la poussière,
« vous avez enseveli les palmiers, vous avez
« troublé ou tari les fontaines. Et j'ai cher-
« ché l'onde où l'on se désaltère, et je ne
« l'ai plus trouvée, car l'insensé qui veut
« frayer sa route sur les cimes orgueilleuses
« de l'Horeb, oublie l'humble sentier qui
« mène à la source ombragée! O ma fierté!
« ô ma science! étiez-vous les envoyés du
« Seigneur? étiez-vous des esprits de té-
« nèbres?

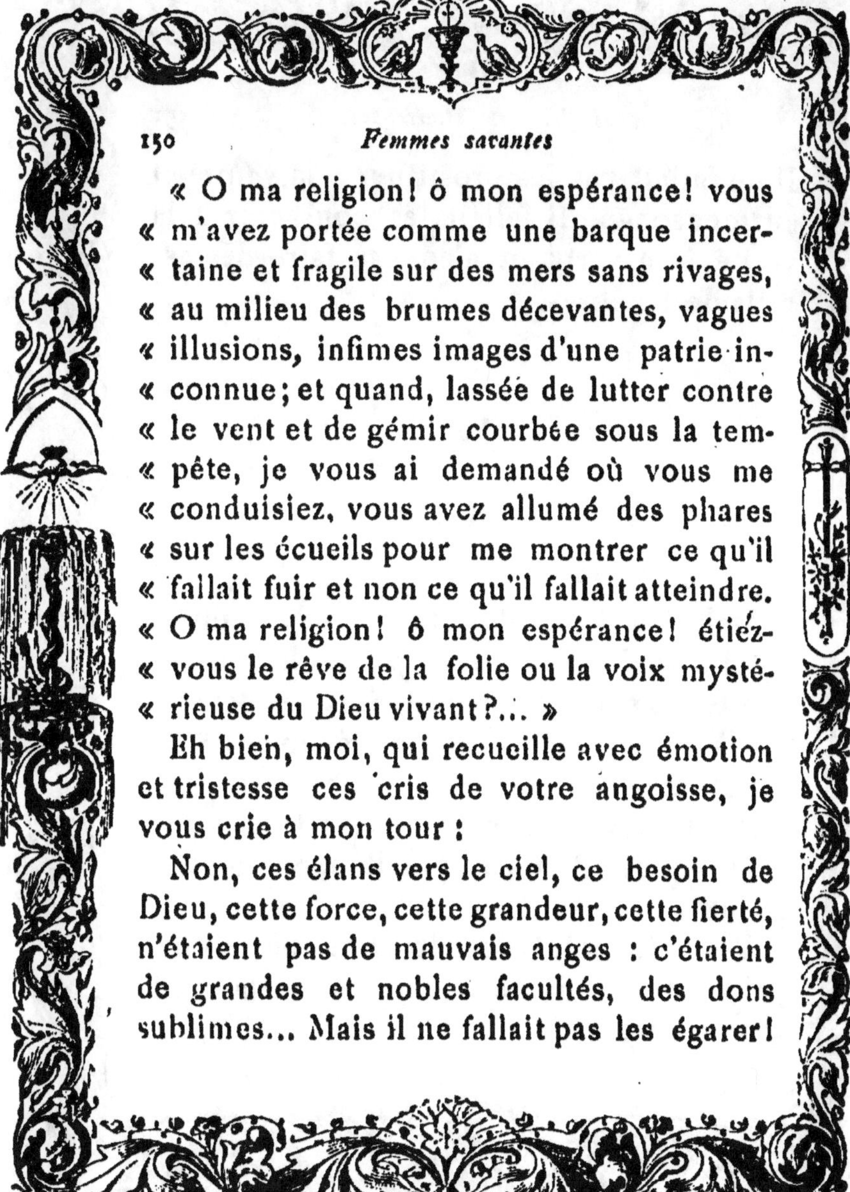

« O ma religion! ô mon espérance! vous
« m'avez portée comme une barque incer-
« taine et fragile sur des mers sans rivages,
« au milieu des brumes décevantes, vagues
« illusions, infimes images d'une patrie in-
« connue; et quand, lassée de lutter contre
« le vent et de gémir courbée sous la tem-
« pête, je vous ai demandé où vous me
« conduisiez, vous avez allumé des phares
« sur les écueils pour me montrer ce qu'il
« fallait fuir et non ce qu'il fallait atteindre.
« O ma religion! ô mon espérance! étiez-
« vous le rêve de la folie ou la voix mysté-
« rieuse du Dieu vivant?... »

Eh bien, moi, qui recueille avec émotion
et tristesse ces cris de votre angoisse, je
vous crie à mon tour :

Non, ces élans vers le ciel, ce besoin de
Dieu, cette force, cette grandeur, cette fierté,
n'étaient pas de mauvais anges : c'étaient
de grandes et nobles facultés, des dons
sublimes... Mais il ne fallait pas les égarer!

Il ne fallait pas les prostituer à la vanité et au mensonge. Il fallait les consacrer à la vérité, à la vertu, et n'en pas faire des esprits de ténèbres.

IV

LE DEVOIR

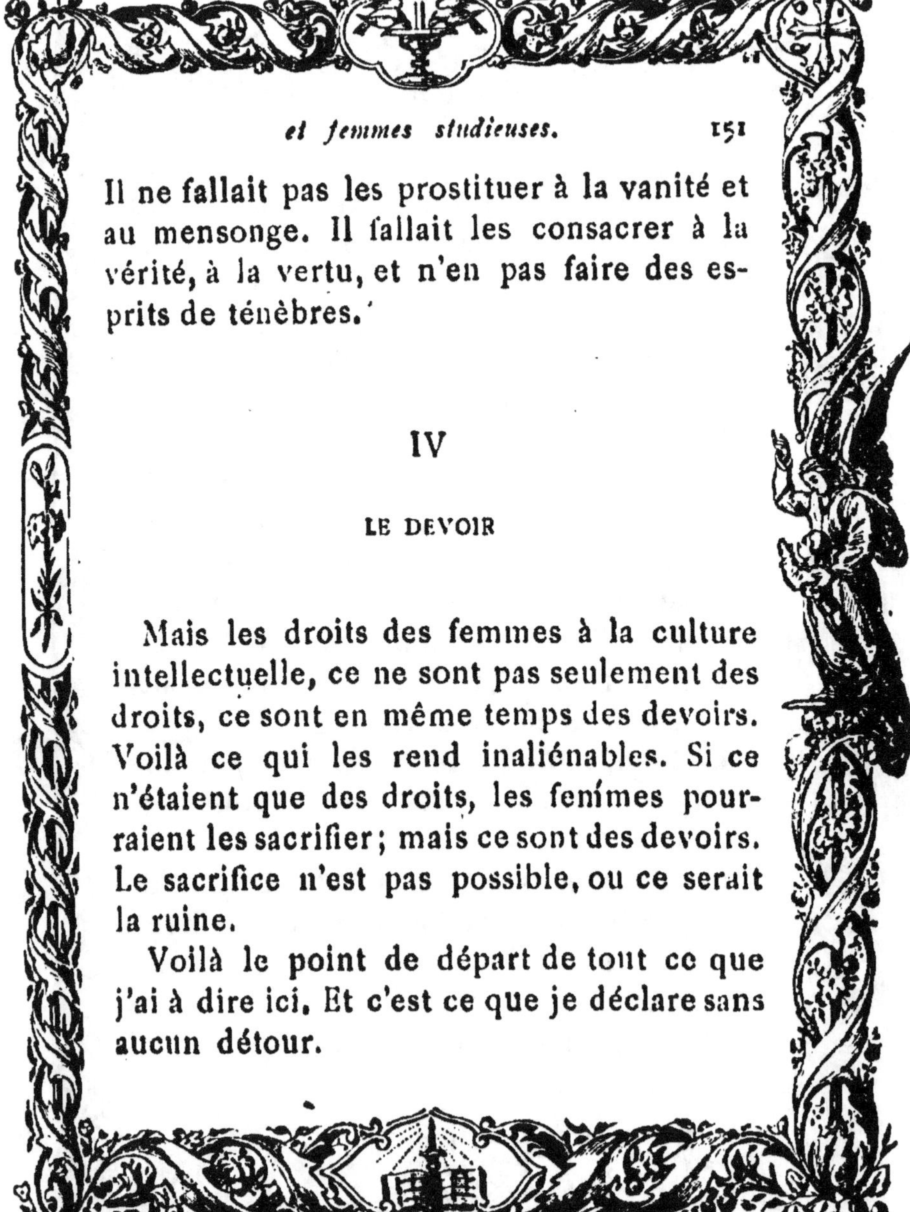

Mais les droits des femmes à la culture intellectuelle, ce ne sont pas seulement des droits, ce sont en même temps des devoirs. Voilà ce qui les rend inaliénables. Si ce n'étaient que des droits, les femmes pourraient les sacrifier; mais ce sont des devoirs. Le sacrifice n'est pas possible, ou ce serait la ruine.

Voilà le point de départ de tout ce que j'ai à dire ici. Et c'est ce que je déclare sans aucun détour.

Oui, c'est pour les femmes un devoir
d'étudier et de s'instruire; et le travail intellectuel doit avoir sa place réservée, parmi
les occupations qui leur sont spéciales, et
parmi leurs obligations les plus importantes.

Les raisons primordiales de cette obligation sont graves, d'origine divine, absolument irrécusables; les voici :

C'est d'abord que Dieu ne fait pas de
dons inutiles; en toutes les choses que
Dieu fait, il y a une raison, un but; et si la
compagne de l'homme est une créature rái-
sonnable, si comme l'homme elle a été créée
à l'image et à la ressemblance de Dieu, si
elle aussi a reçu du créateur le plus sublime
de tous les dons, l'intelligence, c'est pour en
faire usage.

C'est de plus que tous les dons reçus de
Dieu, pour servir à quelque chose, doivent
être cultivés. L'Ecriture nous le déclare, les
âmes comme la terre, quand on les laisse en
friche, ne produisent que des fruits sau-

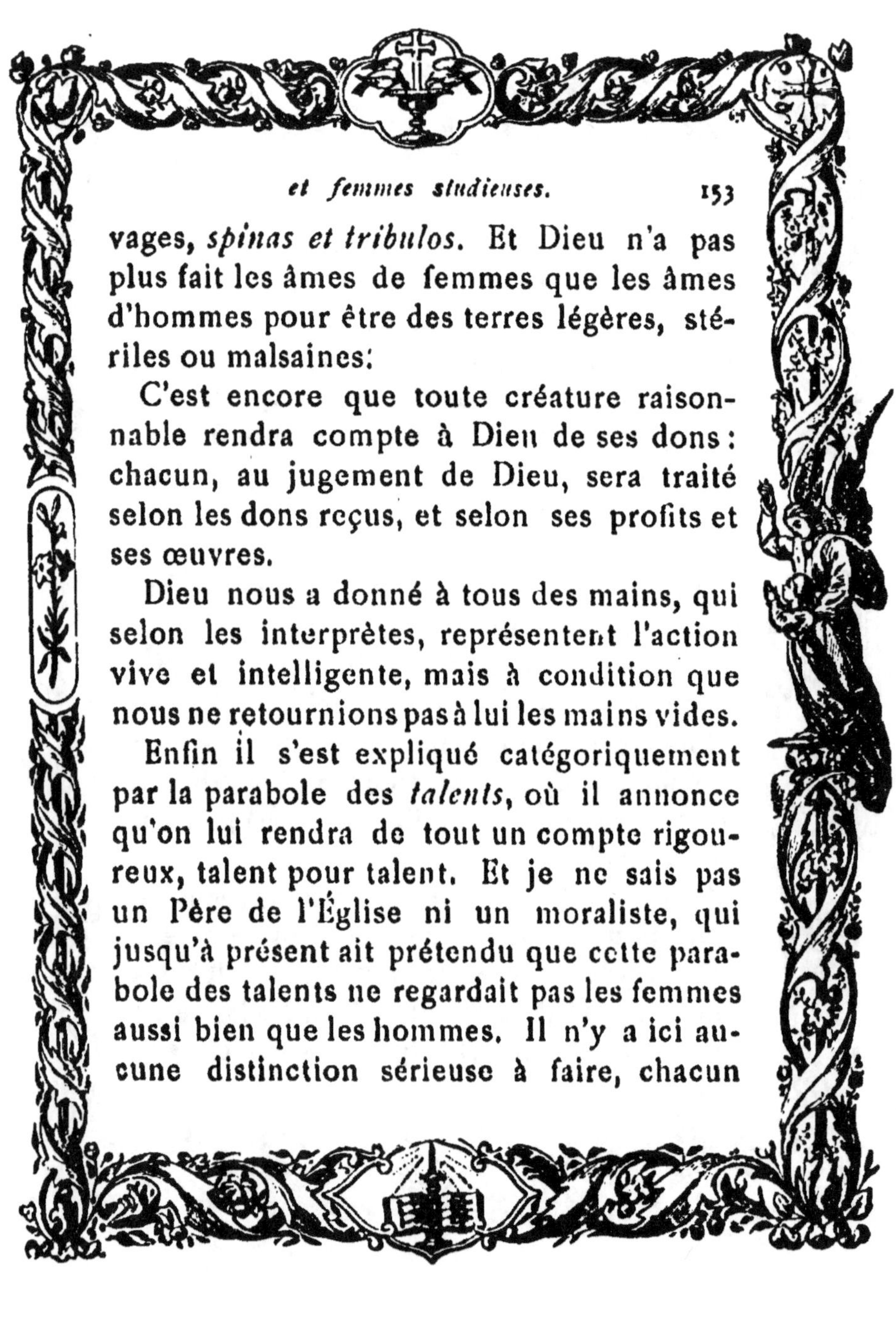

vages, *spinas et tribulos*. Et Dieu n'a pas plus fait les âmes de femmes que les âmes d'hommes pour être des terres légères, stériles ou malsaines:

C'est encore que toute créature raisonnable rendra compte à Dieu de ses dons : chacun, au jugement de Dieu, sera traité selon les dons reçus, et selon ses profits et ses œuvres.

Dieu nous a donné à tous des mains, qui selon les interprètes, représentent l'action vive et intelligente, mais à condition que nous ne retournions pas à lui les mains vides.

Enfin il s'est expliqué catégoriquement par la parabole des *talents*, où il annonce qu'on lui rendra de tout un compte rigoureux, talent pour talent. Et je ne sais pas un Père de l'Église ni un moraliste, qui jusqu'à présent ait prétendu que cette parabole des talents ne regardait pas les femmes aussi bien que les hommes. Il n'y a ici aucune distinction sérieuse à faire, chacun

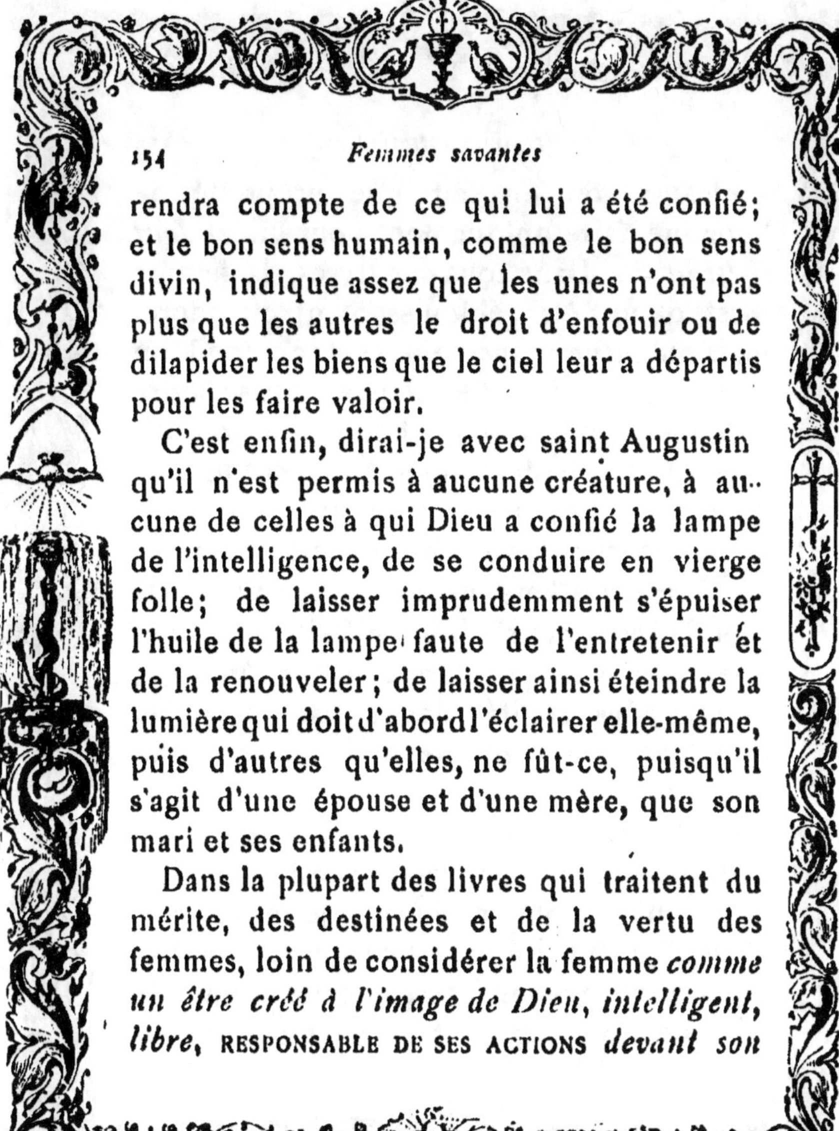

rendra compte de ce qui lui a été confié;
et le bon sens humain, comme le bon sens
divin, indique assez que les unes n'ont pas
plus que les autres le droit d'enfouir ou de
dilapider les biens que le ciel leur a départis
pour les faire valoir.

C'est enfin, dirai-je avec saint Augustin
qu'il n'est permis à aucune créature, à aucune de celles à qui Dieu a confié la lampe
de l'intelligence, de se conduire en vierge
folle; de laisser imprudemment s'épuiser
l'huile de la lampe faute de l'entretenir et
de la renouveler; de laisser ainsi éteindre la
lumière qui doit d'abord l'éclairer elle-même,
puis d'autres qu'elles, ne fût-ce, puisqu'il
s'agit d'une épouse et d'une mère, que son
mari et ses enfants.

Dans la plupart des livres qui traitent du
mérite, des destinées et de la vertu des
femmes, loin de considérer la femme *comme
un être créé à l'image de Dieu, intelligent,
libre,* RESPONSABLE DE SES ACTIONS *devant son*

Créateur, on en fait une propriété de l'homme, faite uniquement pour lui, et *dont il est la fin*. Dans tous ces livres, la femme n'est qu'un être éblouissant qu'on adore, mais qu'on ne respecte pas, et au fond un être inférieur, dont l'existence n'a pas d'autre but que l'agrément de l'homme ou son utilité la plus frivole, dépendant avant tout de l'homme qui est seul son maître, son législateur et son juge, absolument comme si elle n'avait ni âme, ni conscience, ni liberté morale, comme si Dieu n'était rien pour elle, et n'avait pas donné à son âme des besoins, des facultés, des aspirations, en un mot, des droits en même temps que des devoirs.

On déclame, et l'on fait bien, contre la futilité des femmes, contre leur désir de plaire, et ce qu'on nomme leur coquetterie. Mais d'abord la futilité, ne la fait-on pas naître, ne la propage-t-on pas par cette crainte de faire des *savantes*, de trop développer leur

intelligence, comme si elle pouvait jamais
l'être sérieusement trop, comme si le véritable développement, celui par lequel on
comprend mieux le devoir, par lequel on en
sait mieux tirer les conséquences, pouvait
nuire! N'oblige-t-on pas la femme qui a des
goûts sérieux à les cacher ou à les faire
excuser par *tous les moyens qu'elle pourrait employer, s'il s'agissait d'une faute?*

Ou bien encore, si on lui permet de s'instruire, ce n'est que dans les bornes les plus
restreintes, et seulement, comme le veut
M. de Maistre, pour pouvoir comprendre ce
que disent les hommes; pour se rendre plus
amusantes, en entremêlant les chiffons avec
je ne sais quel savoir dans une mesure plus
piquante : tant la crainte de la femme savante épouvante les paresseux et les hommes légers, qui ne veulent rien faire eux-
mêmes ni rien laisser faire aux autres.

J'irai plus loin et je dirai :

Ce désir de plaire, cette coquetterie ne

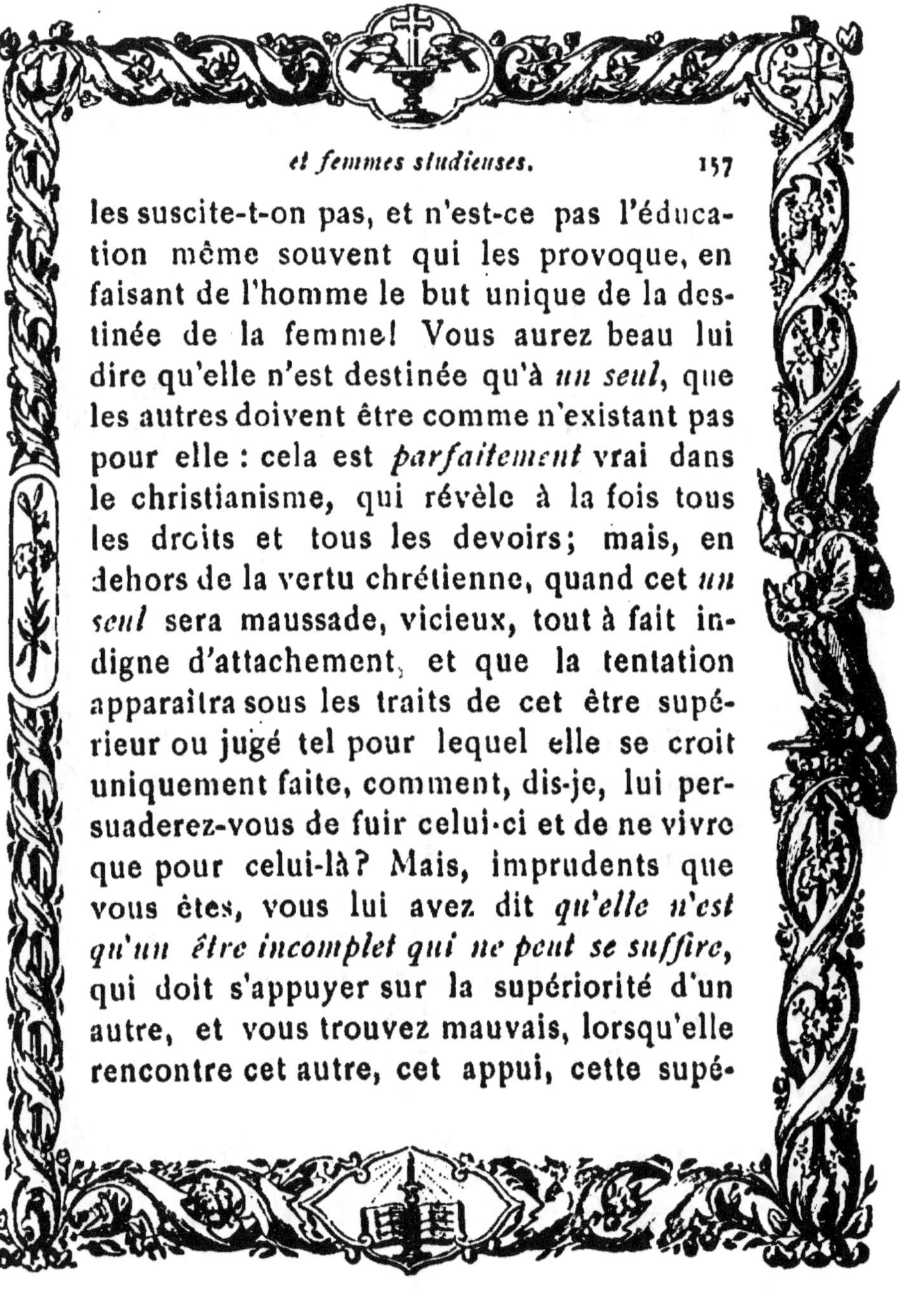

les suscite-t-on pas, et n'est-ce pas l'éducation même souvent qui les provoque, en
faisant de l'homme le but unique de la destinée de la femme! Vous aurez beau lui
dire qu'elle n'est destinée qu'à *un seul*, que
les autres doivent être comme n'existant pas
pour elle : cela est *parfaitement* vrai dans
le christianisme, qui révèle à la fois tous
les droits et tous les devoirs; mais, en
dehors de la vertu chrétienne, quand cet *un
seul* sera maussade, vicieux, tout à fait indigne d'attachement, et que la tentation
apparaîtra sous les traits de cet être supérieur ou jugé tel pour lequel elle se croit
uniquement faite, comment, dis-je, lui per-
suaderez-vous de fuir celui-ci et de ne vivre
que pour celui-là? Mais, imprudents que
vous êtes, vous lui avez dit *qu'elle n'est
qu'un être incomplet qui ne peut se suffire,*
qui doit s'appuyer sur la supériorité d'un
autre, et vous trouvez mauvais, lorsqu'elle
rencontre cet autre, cet appui, cette supé-

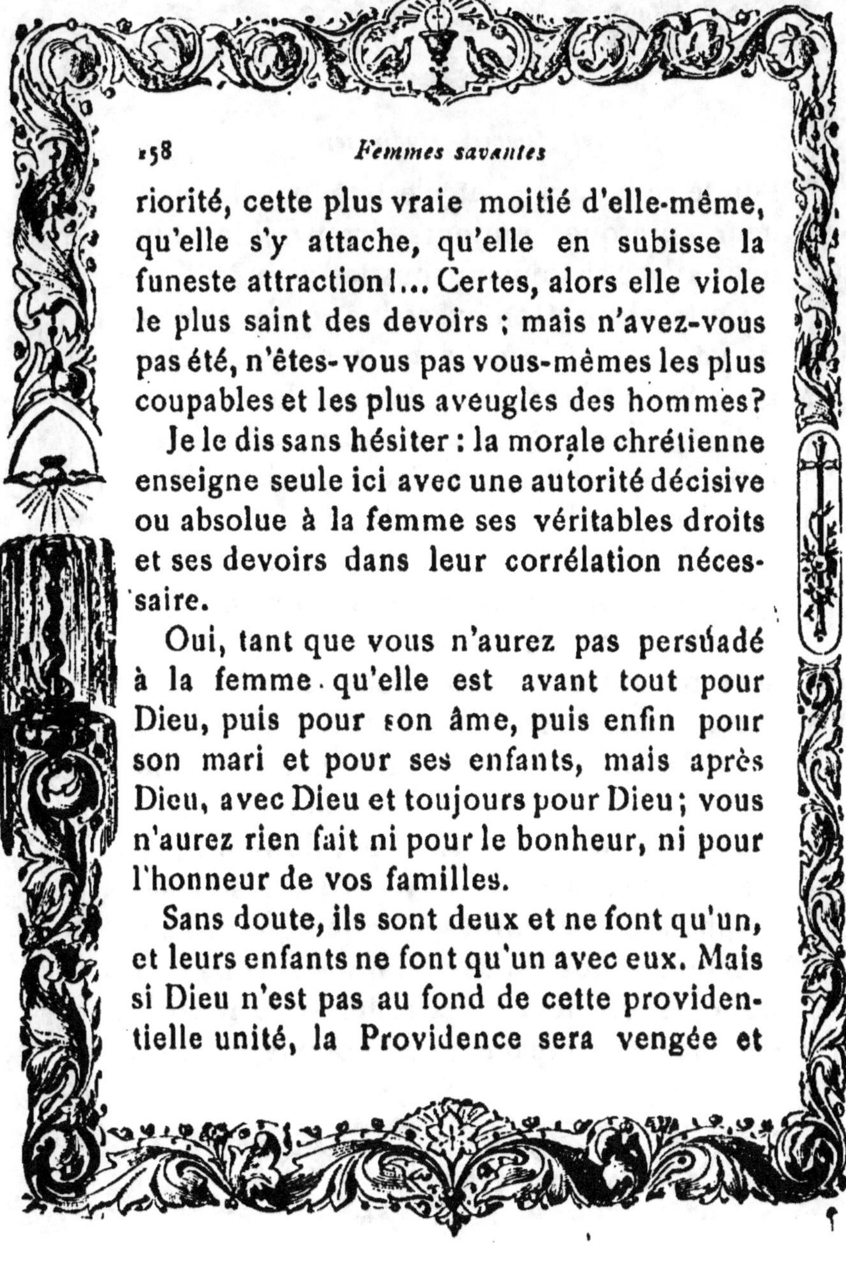

riorité, cette plus vraie moitié d'elle-même, qu'elle s'y attache, qu'elle en subisse la funeste attraction !... Certes, alors elle viole le plus saint des devoirs ; mais n'avez-vous pas été, n'êtes-vous pas vous-mêmes les plus coupables et les plus aveugles des hommes?

Je le dis sans hésiter : la morale chrétienne enseigne seule ici avec une autorité décisive ou absolue à la femme ses véritables droits et ses devoirs dans leur corrélation néces-saire.

Oui, tant que vous n'aurez pas persuadé à la femme qu'elle est avant tout pour Dieu, puis pour son âme, puis enfin pour son mari et pour ses enfants, mais après Dieu, avec Dieu et toujours pour Dieu ; vous n'aurez rien fait ni pour le bonheur, ni pour l'honneur de vos familles.

Sans doute, ils sont deux et ne font qu'un, et leurs enfants ne font qu'un avec eux. Mais si Dieu n'est pas au fond de cette providen-tielle unité, la Providence sera vengée et

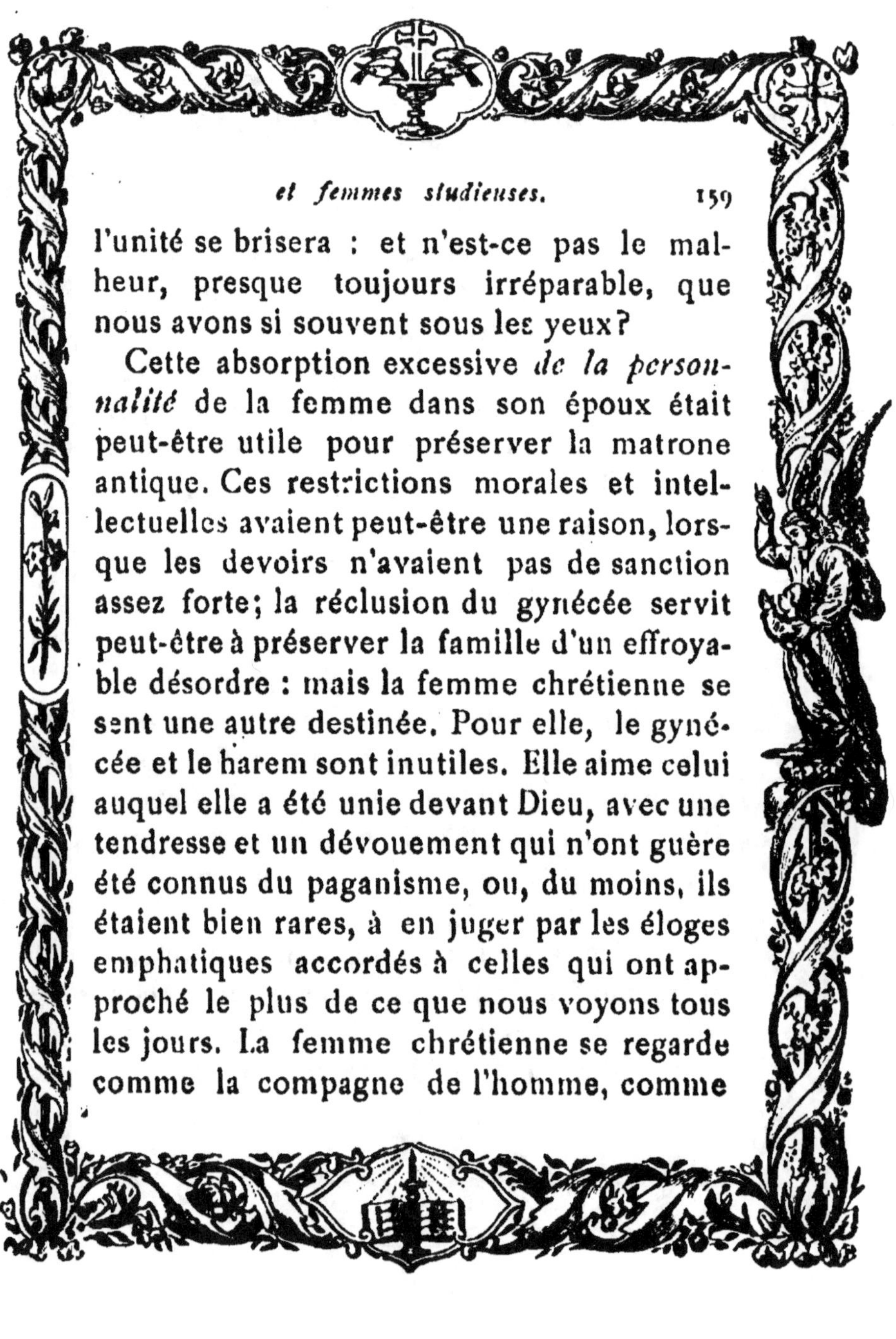

l'unité se brisera : et n'est-ce pas le malheur, presque toujours irréparable, que nous avons si souvent sous les yeux?

Cette absorption excessive *de la personnalité* de la femme dans son époux était peut-être utile pour préserver la matrone antique. Ces restrictions morales et intellectuelles avaient peut-être une raison, lorsque les devoirs n'avaient pas de sanction assez forte; la réclusion du gynécée servit peut-être à préserver la famille d'un effroyable désordre : mais la femme chrétienne se sent une autre destinée. Pour elle, le gynécée et le harem sont inutiles. Elle aime celui auquel elle a été unie devant Dieu, avec une tendresse et un dévouement qui n'ont guère été connus du paganisme, ou, du moins, ils étaient bien rares, à en juger par les éloges emphatiques accordés à celles qui ont approché le plus de ce que nous voyons tous les jours. La femme chrétienne se regarde comme la compagne de l'homme, comme

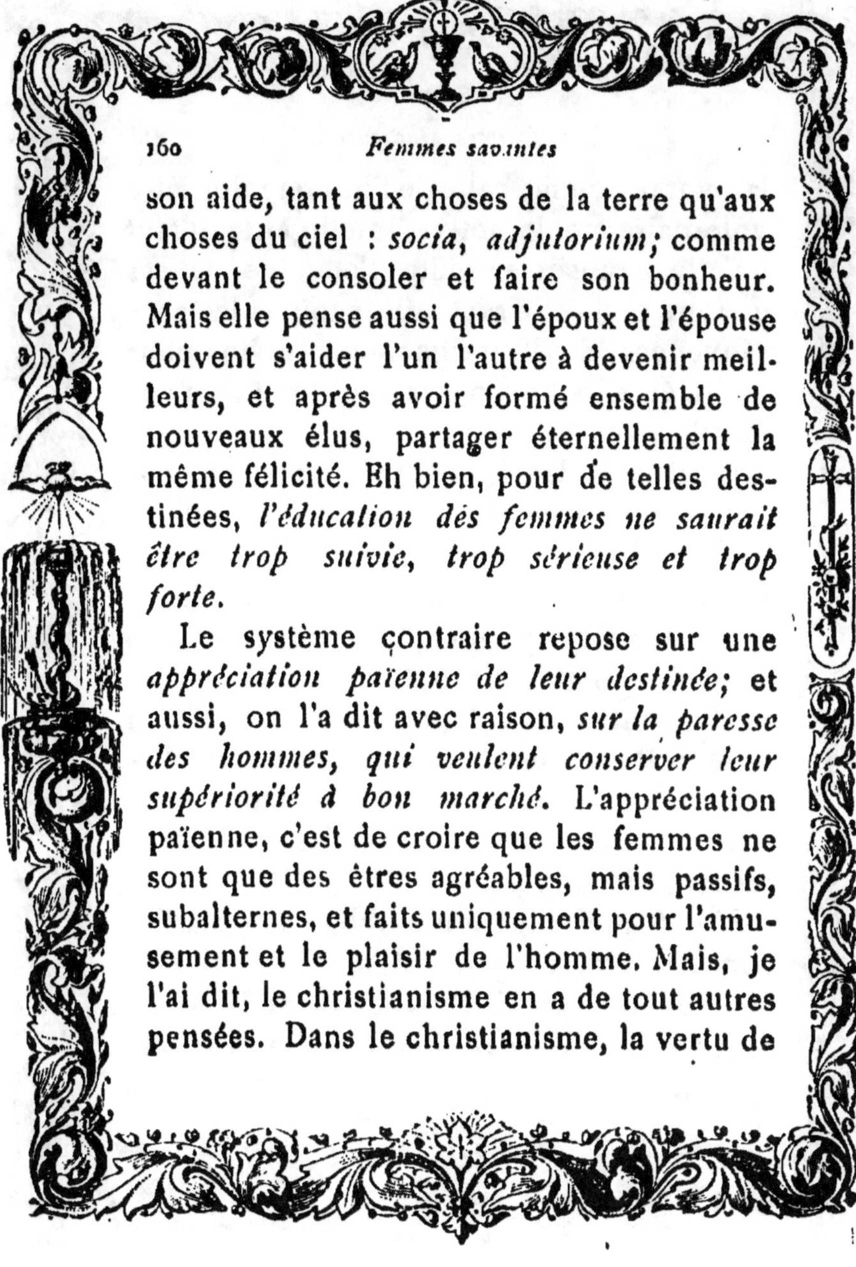

son aide, tant aux choses de la terre qu'aux choses du ciel : *socia, adjutorium;* comme devant le consoler et faire son bonheur. Mais elle pense aussi que l'époux et l'épouse doivent s'aider l'un l'autre à devenir meilleurs, et après avoir formé ensemble de nouveaux élus, partager éternellement la même félicité. Eh bien, pour de telles destinées, *l'éducation dés femmes ne saurait être trop suivie, trop sérieuse et trop forte.*

Le système contraire repose sur une *appréciation païenne de leur destinée;* et aussi, on l'a dit avec raison, *sur la paresse des hommes, qui veulent conserver leur supériorité à bon marché.* L'appréciation païenne, c'est de croire que les femmes ne sont que des êtres agréables, mais passifs, subalternes, et faits uniquement pour l'amusement et le plaisir de l'homme. Mais, je l'ai dit, le christianisme en a de tout autres pensées. Dans le christianisme, la vertu de la femme comme celle de l'homme doit être volontaire, noble, active, intelligente. Il faut qu'elle connaisse toute l'étendue de ses devoirs et qu'elle sache tirer toutes les conséquences de l'enseignement divin pour elle-même, pour son mari et pour ses enfants.

C'est une des inventions les plus coupables du dix-huitième siècle, ce siècle d'impiété et de volupté, que le préjugé contre le travail intellectuel des femmes. Le régent et Louis XV y ont plus contribué que Molière, comme ils ont créé plus de préjugés contre la religion que *Tartufe*. Il était utile à tous ces maris sans vertu d'avoir des femmes sans valeur, ou ne valant pas mieux qu'eux, et incapables de contrôler leurs désordres.

Une femme supérieure oblige son mari à compter avec elle. Il est forcé de subir le contrôle d'un esprit intelligent, et il ne se sent pas libre de se livrer à tous les caprices.

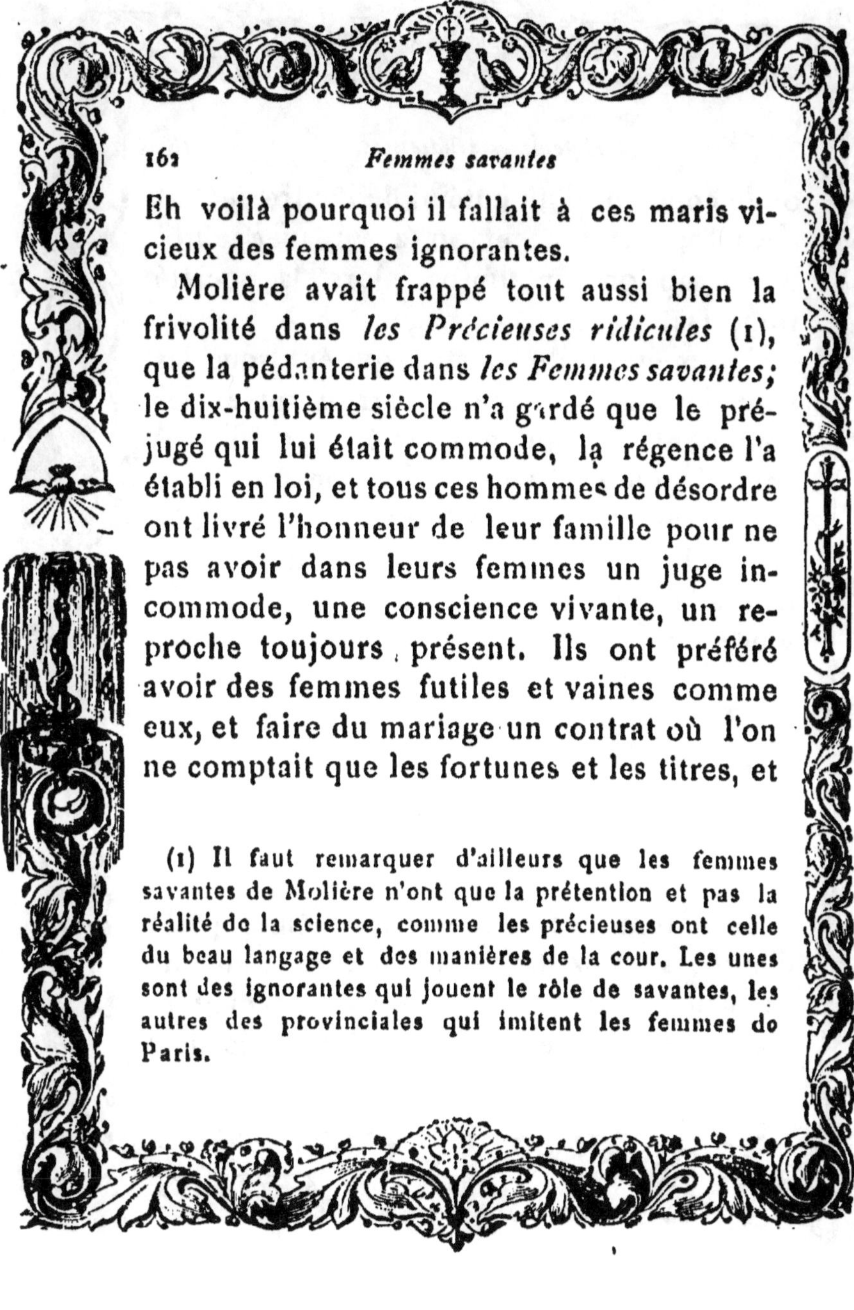

Eh voilà pourquoi il fallait à ces maris vicieux des femmes ignorantes.

Molière avait frappé tout aussi bien la frivolité dans *les Précieuses ridicules* (1), que la pédanterie dans *les Femmes savantes;* le dix-huitième siècle n'a gardé que le préjugé qui lui était commode, la régence l'a établi en loi, et tous ces hommes de désordre ont livré l'honneur de leur famille pour ne pas avoir dans leurs femmes un juge incommode, une conscience vivante, un reproche toujours présent. Ils ont préféré avoir des femmes futiles et vaines comme eux, et faire du mariage un contrat où l'on ne comptait que les fortunes et les titres, et

(1) Il faut remarquer d'ailleurs que les femmes savantes de Molière n'ont que la prétention et pas la réalité de la science, comme les précieuses ont celle du beau langage et des manières de la cour. Les unes sont des ignorantes qui jouent le rôle de savantes, les autres des provinciales qui imitent les femmes do Paris.

où le cœur, ni d'un côté ni de l'autre, n'était engagé pour rien; et on a vu avec effroi la corruption où tomba alors la société française.

Comment M. de Maistre, qui eut sous les yeux les restes de cette corruption et les châtiments qu'elle a mérités, n'a-t-il pas compris que la situation abaissée faite à la femme en était une des causes premières, et que le préjugé contre l'élévation intellectuelle des femmes était l'œuvre du vice?

V

LES DANGERS DE LA COMPRESSION.

La nature des choses elles-mêmes parle d'ailleurs assez haut. La nature humaine demande à être instruite, agrandie, éclairée, élevée dans toutes ses facultés; et, je dois

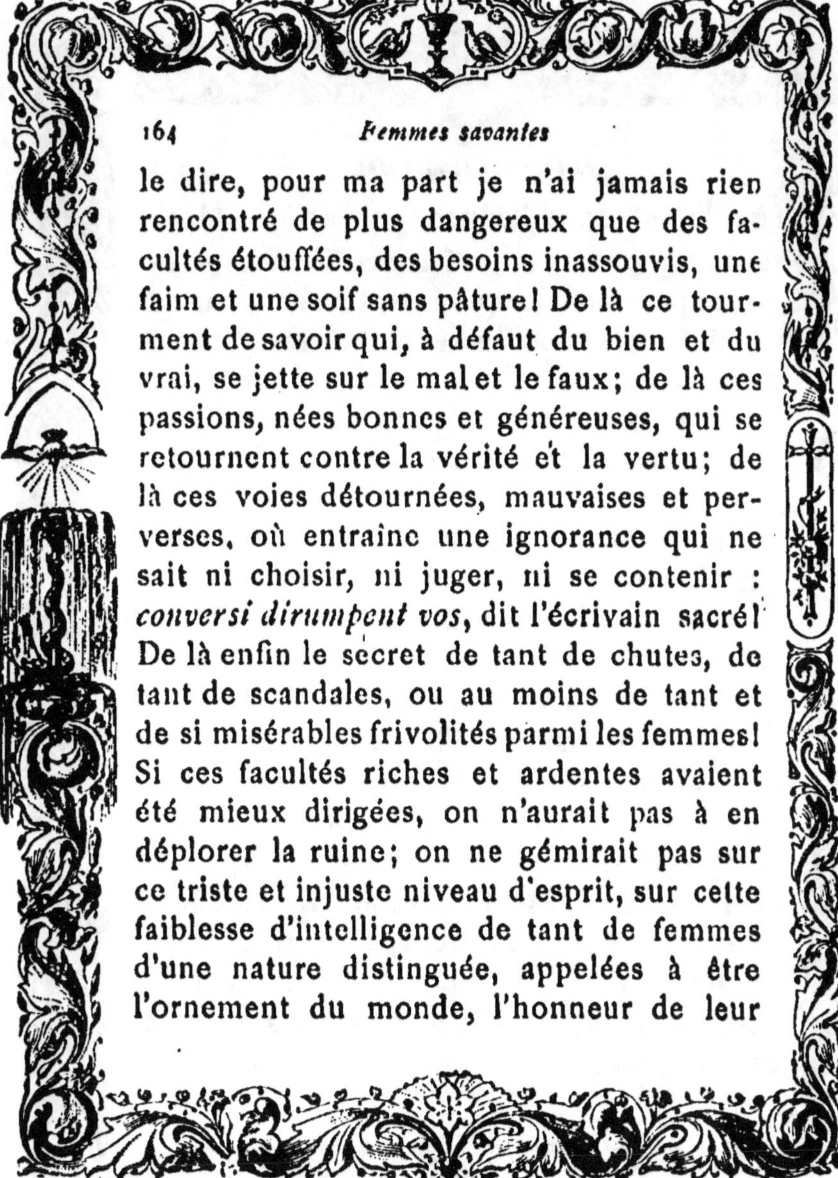

le dire, pour ma part je n'ai jamais rien rencontré de plus dangereux que des facultés étouffées, des besoins inassouvis, une faim et une soif sans pâture! De là ce tourment de savoir qui, à défaut du bien et du vrai, se jette sur le mal et le faux; de là ces passions, nées bonnes et généreuses, qui se retournent contre la vérité et la vertu; de là ces voies détournées, mauvaises et perverses, où entraîne une ignorance qui ne sait ni choisir, ni juger, ni se contenir : *conversi dirumpent vos*, dit l'écrivain sacré! De là enfin le secret de tant de chutes, de tant de scandales, ou au moins de tant et de si misérables frivolités parmi les femmes! Si ces facultés riches et ardentes avaient été mieux dirigées, on n'aurait pas à en déplorer la ruine; on ne gémirait pas sur ce triste et injuste niveau d'esprit, sur cette faiblesse d'intelligence de tant de femmes d'une nature distinguée, appelées à être l'ornement du monde, l'honneur de leur

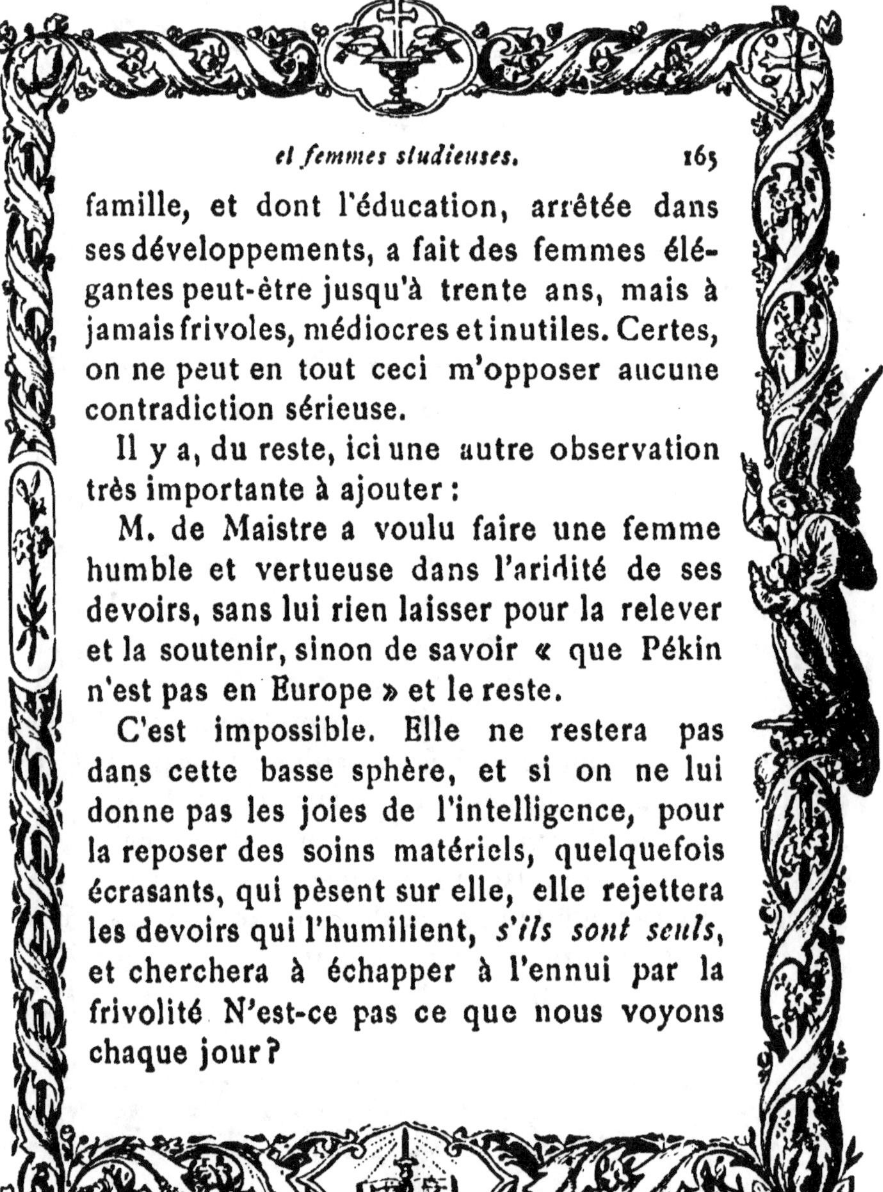

famille, et dont l'éducation, arrêtée dans ses développements, a fait des femmes élégantes peut-être jusqu'à trente ans, mais à jamais frivoles, médiocres et inutiles. Certes, on ne peut en tout ceci m'opposer aucune contradiction sérieuse.

Il y a, du reste, ici une autre observation très importante à ajouter :

M. de Maistre a voulu faire une femme humble et vertueuse dans l'aridité de ses devoirs, sans lui rien laisser pour la relever et la soutenir, sinon de savoir « que Pékin n'est pas en Europe » et le reste.

C'est impossible. Elle ne restera pas dans cette basse sphère, et si on ne lui donne pas les joies de l'intelligence, pour la reposer des soins matériels, quelquefois écrasants, qui pèsent sur elle, elle rejettera les devoirs qui l'humilient, *s'ils sont seuls*, et cherchera à échapper à l'ennui par la frivolité. N'est-ce pas ce que nous voyons chaque jour ?

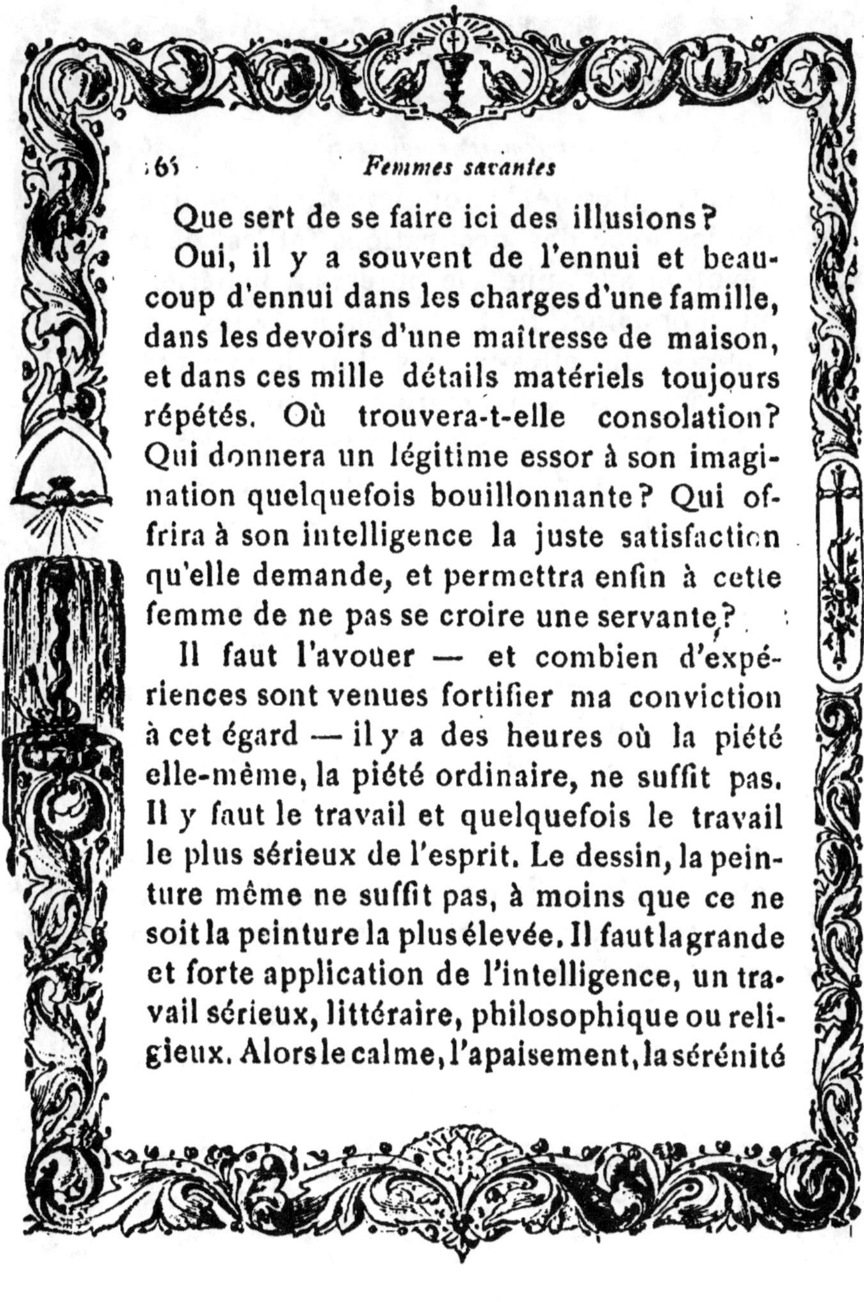

Que sert de se faire ici des illusions?

Oui, il y a souvent de l'ennui et beaucoup d'ennui dans les charges d'une famille,
dans les devoirs d'une maîtresse de maison,
et dans ces mille détails matériels toujours
répétés. Où trouvera-t-elle consolation?
Qui donnera un légitime essor à son imagination quelquefois bouillonnante? Qui of-
frira à son intelligence la juste satisfaction
qu'elle demande, et permettra enfin à cette
femme de ne pas se croire une servante?

Il faut l'avouer — et combien d'expé-
riences sont venues fortifier ma conviction
à cet égard — il y a des heures où la piété
elle-même, la piété ordinaire, ne suffit pas.
Il y faut le travail et quelquefois le travail
le plus sérieux de l'esprit. Le dessin, la peinture même ne suffit pas, à moins que ce ne
soit la peinture la plus élevée. Il faut la grande
et forte application de l'intelligence, un travail sérieux, littéraire, philosophique ou religieux. Alors le calme, l'apaisement, la sérénité

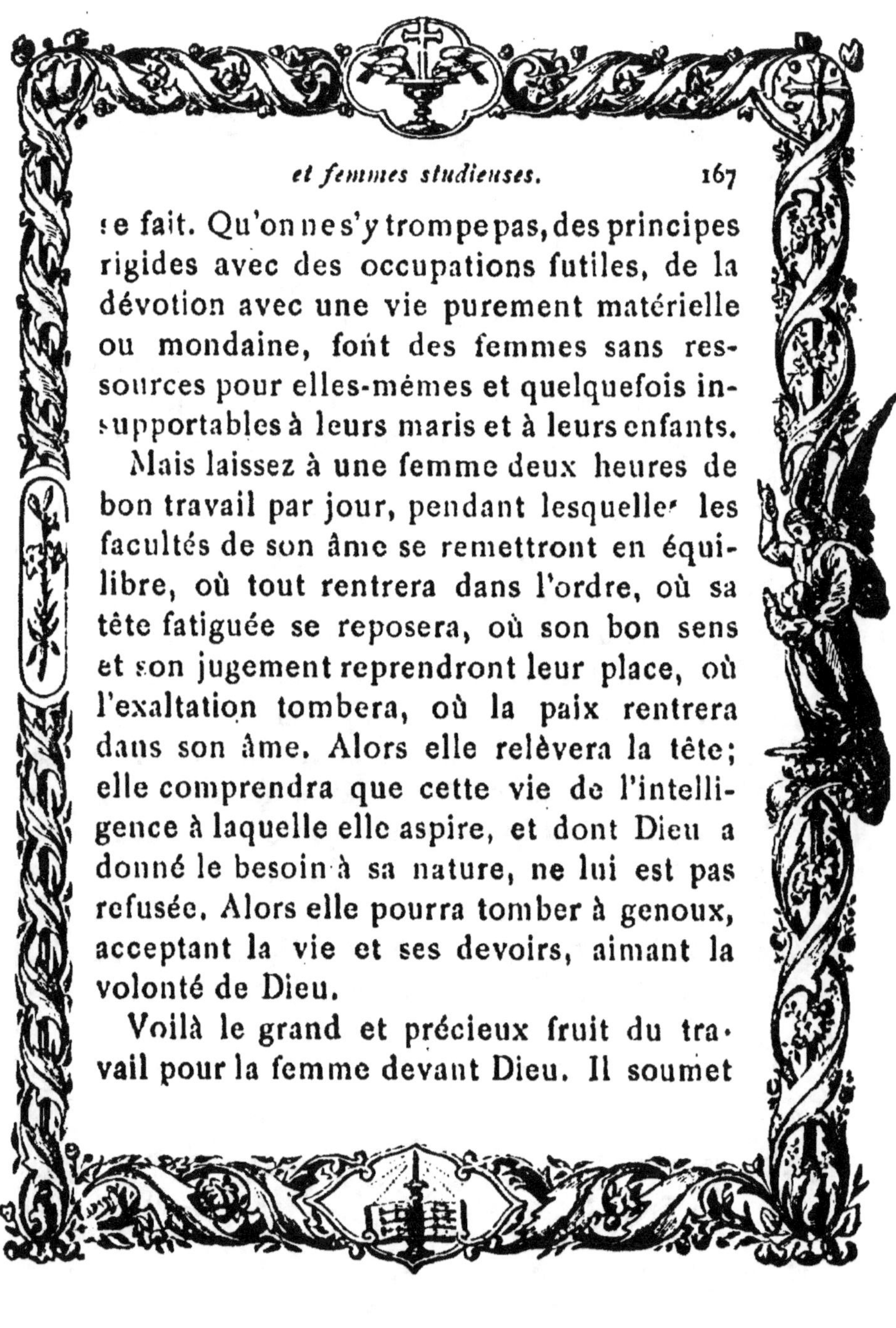

se fait. Qu'on ne s'y trompe pas, des principes rigides avec des occupations futiles, de la dévotion avec une vie purement matérielle ou mondaine, font des femmes sans ressources pour elles-mêmes et quelquefois insupportables à leurs maris et à leurs enfants.

Mais laissez à une femme deux heures de bon travail par jour, pendant lesquelles les facultés de son âme se remettront en équilibre, où tout rentrera dans l'ordre, où sa tête fatiguée se reposera, où son bon sens et son jugement reprendront leur place, où l'exaltation tombera, où la paix rentrera dans son âme. Alors elle relèvera la tête; elle comprendra que cette vie de l'intelligence à laquelle elle aspire, et dont Dieu a donné le besoin à sa nature, ne lui est pas refusée. Alors elle pourra tomber à genoux, acceptant la vie et ses devoirs, aimant la volonté de Dieu.

Voilà le grand et précieux fruit du travail pour la femme devant Dieu. Il soumet

son âme quelquefois plus que toute prière.
Il la remet dans l'ordre et le bon sens, et
satisfait en elle un désir juste et noble.

J'ai quelquefois entendu dire à des mères
qu'elles redouteraient pour leurs enfants
des facultés dépassant un peu la proportion
ordinaire, et qu'elles s'efforceraient de les
étouffer : « Qu'en ferait-on? disent-elles.
« Comment trouver une place à ces grandes
« facultés au milieu de la vie réelle, si
« étroite, si mesquine, qui s'ouvre pour les
« femmes au bout de leurs premières an-
« nées de jeunesse? »

Cette parole m'a toujours secrètement
révolté. Quoi! vous voulez détruire l'épanouissement de l'œuvre divine, d'une âme
dans laquelle Dieu a déposé un germe de
vie idéale! Vous respectez ce don chez les
hommes, à condition toutefois qu'il trouvera
son emploi dans la vie pratique, c'est-à-dire
qu'il servira à gagner de l'argent et à ac-
croître une position sociale. Mais comme

l'utilité des grandes choses est moins lucra-
tive chez les femmes, il vaut mieux les supprimer. Coupez donc les rameaux de cette
plante à laquelle il faudrait trop d'air, d'espace et de soleil, retranchez cette sève inutile. Mais la plante était née pour devenir
un grand arbre, et vous allez en faire un
arbuste amaigri. Prenez garde dans cette
mutilation de la faire d'abord cruellement
souffrir et enfin périr tout entière. Eteindre
une âme que Dieu avait créée pour être lumineuse, c'est y enfouir le germe d'une
souffrance intérieure que vous ne guérirez
jamais, et qui égarera peut-être et épuisera
cette âme en aspirations vagues et exagérées.
Il n'y a pas de tourment comparable à ce
sentiment du beau qui ne peut se faire jour,
à cette douleur intime d'une âme qui, sans
peut-être le savoir, aura manqué sa vocation;
et ce mot qui semble exprimer les appels
d'en haut, les appels sérieux et irrésistibles,
s'applique aux femmes comme aux hommes,

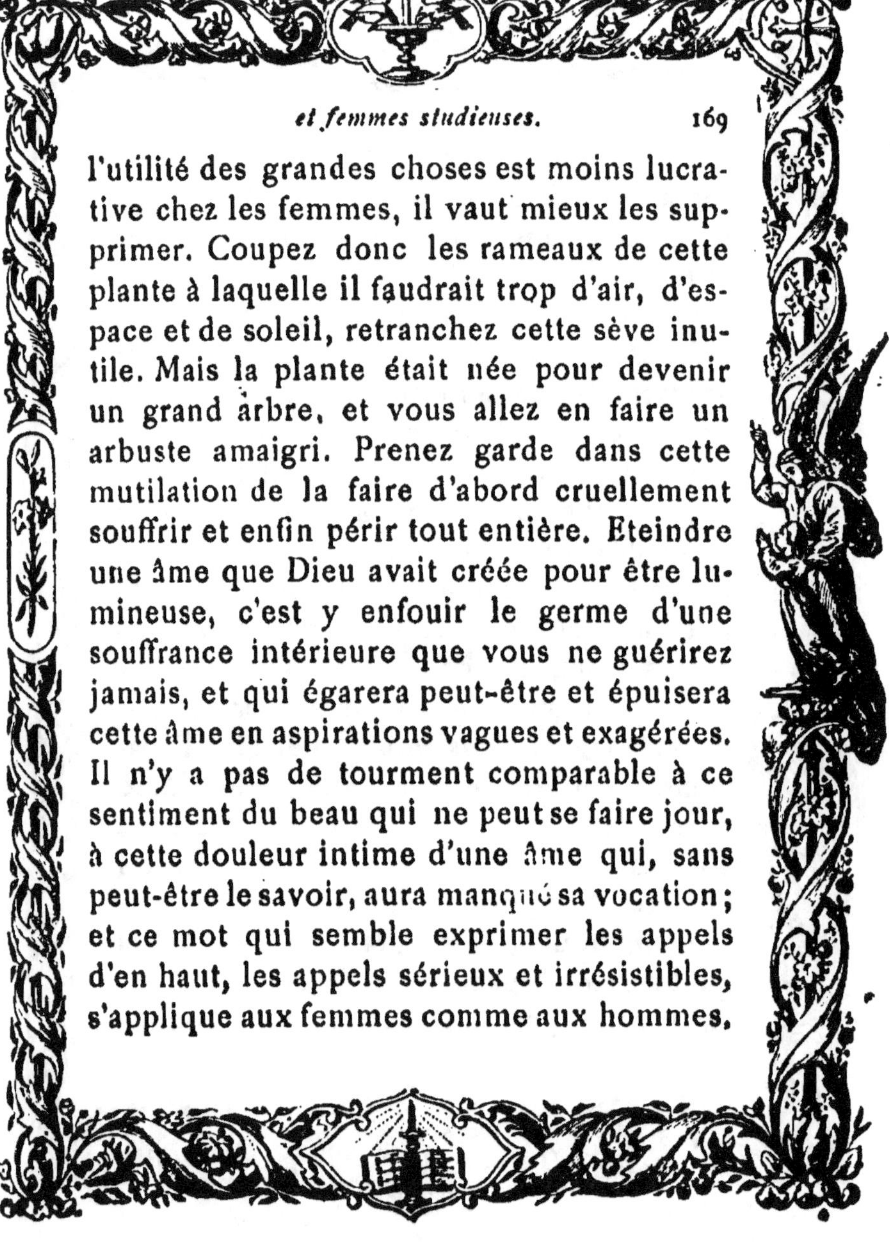

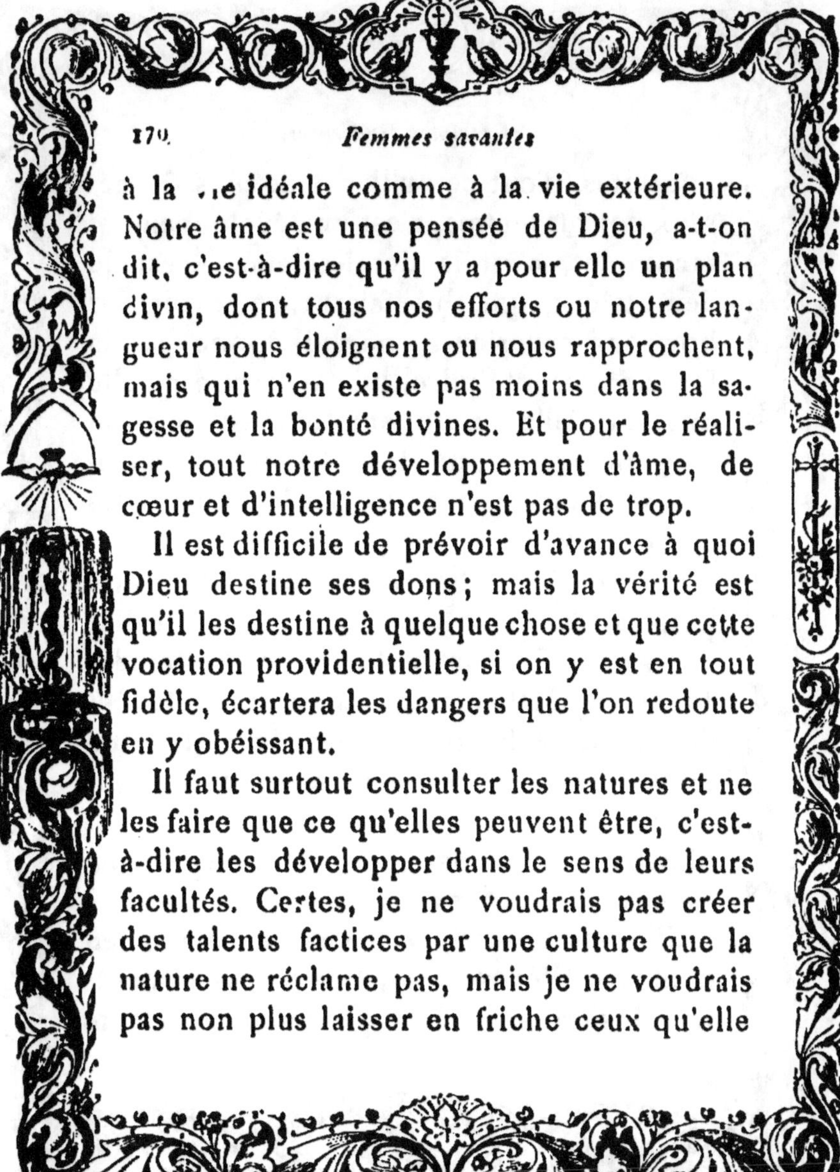

à la ..e idéale comme à la vie extérieure. Notre âme est une pensée de Dieu, a-t-on dit, c'est-à-dire qu'il y a pour elle un plan divin, dont tous nos efforts ou notre langueur nous éloignent ou nous rapprochent, mais qui n'en existe pas moins dans la sagesse et la bonté divines. Et pour le réaliser, tout notre développement d'âme, de cœur et d'intelligence n'est pas de trop.

Il est difficile de prévoir d'avance à quoi Dieu destine ses dons; mais la vérité est qu'il les destine à quelque chose et que cette vocation providentielle, si on y est en tout fidèle, écartera les dangers que l'on redoute en y obéissant.

Il faut surtout consulter les natures et ne les faire que ce qu'elles peuvent être, c'est-à-dire les développer dans le sens de leurs facultés. Certes, je ne voudrais pas créer des talents factices par une culture que la nature ne réclame pas, mais je ne voudrais pas non plus laisser en friche ceux qu'elle

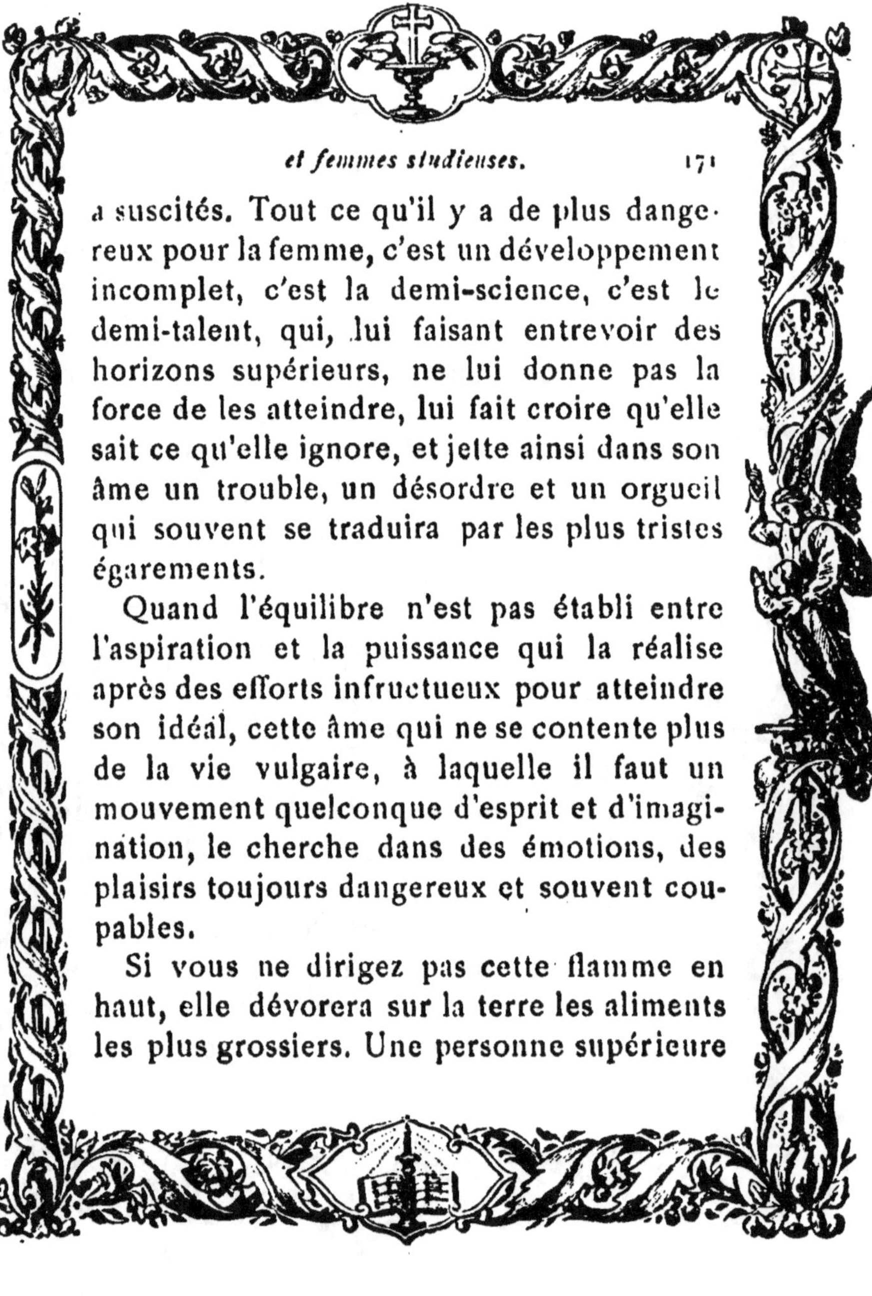

a suscités. Tout ce qu'il y a de plus dangereux pour la femme, c'est un développement
incomplet, c'est la demi-science, c'est le
demi-talent, qui, lui faisant entrevoir des
horizons supérieurs, ne lui donne pas la
force de les atteindre, lui fait croire qu'elle
sait ce qu'elle ignore, et jette ainsi dans son
âme un trouble, un désordre et un orgueil
qui souvent se traduira par les plus tristes
égarements.

Quand l'équilibre n'est pas établi entre
l'aspiration et la puissance qui la réalise
après des efforts infructueux pour atteindre
son idéal, cette âme qui ne se contente plus
de la vie vulgaire, à laquelle il faut un
mouvement quelconque d'esprit et d'imagination, le cherche dans des émotions, des
plaisirs toujours dangereux et souvent coupables.

Si vous ne dirigez pas cette flamme en
haut, elle dévorera sur la terre les aliments
les plus grossiers. Une personne supérieure

me disait : Dans les arts, c'est la médiocrité surtout qui est à craindre ; un grand talent échappe à beaucoup de dangers. Ce qu'il faut, quand l'élan est donné, c'est d'atteindre le but : sans cela, nul ne sait où l'on retombera.

J'en ai eu de terribles exemples, où j'ai vu ce que deviennent les talents étouffés et une riche nature que l'on a fait avorter.

VI

SUITES FUNESTES DE L'IGNORANCE ET DE LA FRIVOLITÉ CHEZ LES FEMMES.

Insistons quelque peu sur un sujet si grave.

La futilité, la frivolité des femmes, leur luxe, leur coquetterie, on s'en plaint, disions-nous tout à l'heure, et justement.

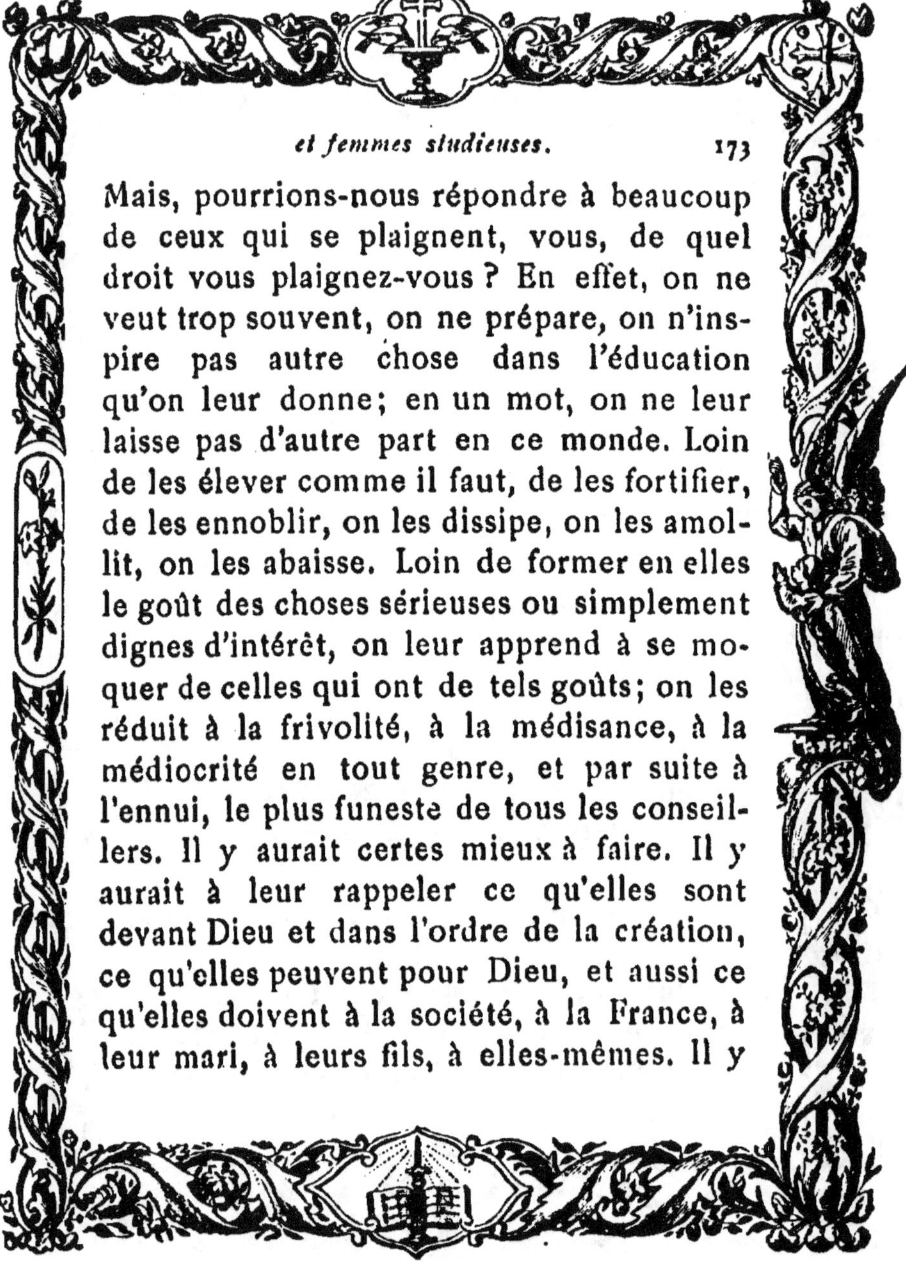

Mais, pourrions-nous répondre à beaucoup de ceux qui se plaignent, vous, de quel droit vous plaignez-vous ? En effet, on ne veut trop souvent, on ne prépare, on n'inspire pas autre chose dans l'éducation qu'on leur donne ; en un mot, on ne leur laisse pas d'autre part en ce monde. Loin de les élever comme il faut, de les fortifier, de les ennoblir, on les dissipe, on les amollit, on les abaisse. Loin de former en elles le goût des choses sérieuses ou simplement dignes d'intérêt, on leur apprend à se moquer de celles qui ont de tels goûts ; on les réduit à la frivolité, à la médisance, à la médiocrité en tout genre, et par suite à l'ennui, le plus funeste de tous les conseillers. Il y aurait certes mieux à faire. Il y aurait à leur rappeler ce qu'elles sont devant Dieu et dans l'ordre de la création, ce qu'elles peuvent pour Dieu, et aussi ce qu'elles doivent à la société, à la France, à leur mari, à leurs fils, à elles-mêmes. Il y

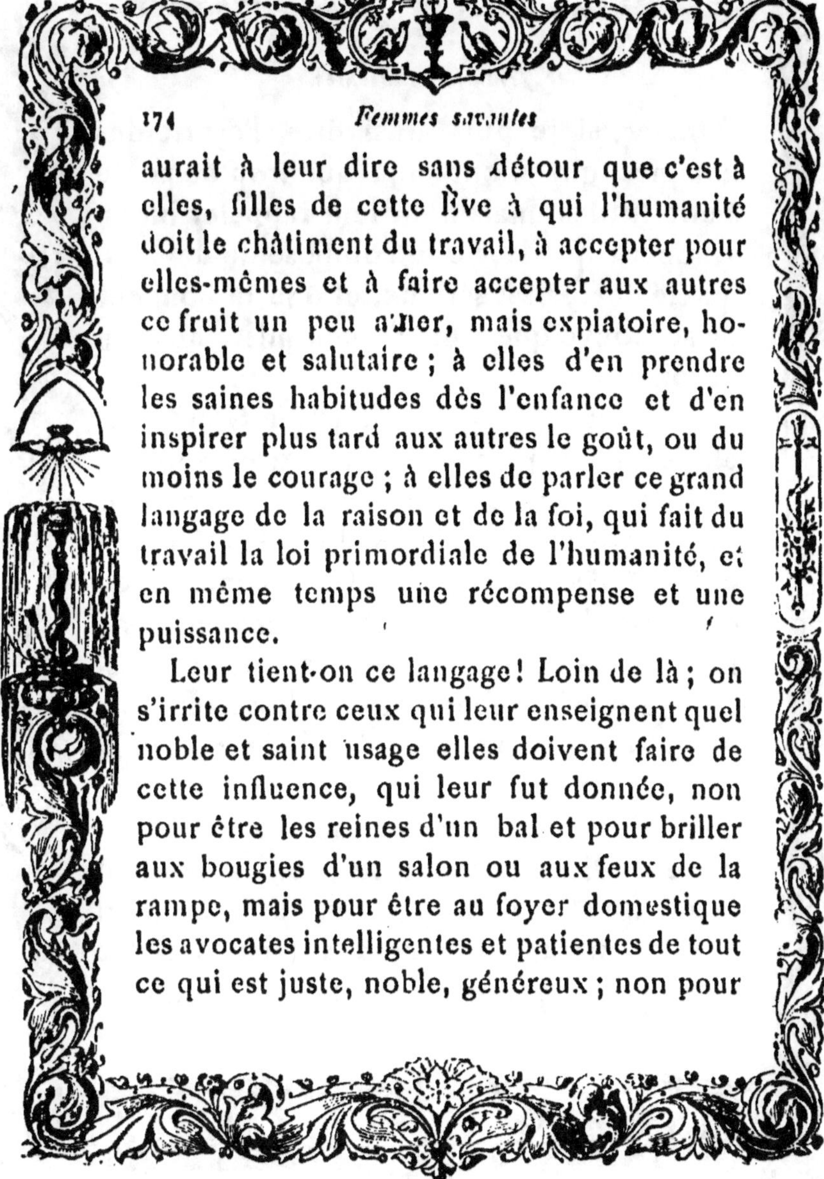

aurait à leur dire sans détour que c'est à
elles, filles de cette Ève à qui l'humanité
doit le châtiment du travail, à accepter pour
elles-mêmes et à faire accepter aux autres
ce fruit un peu amer, mais expiatoire, honorable et salutaire ; à elles d'en prendre
les saines habitudes dès l'enfance et d'en
inspirer plus tard aux autres le goût, ou du
moins le courage ; à elles de parler ce grand
langage de la raison et de la foi, qui fait du
travail la loi primordiale de l'humanité, et
en même temps une récompense et une
puissance.

Leur tient-on ce langage! Loin de là ; on
s'irrite contre ceux qui leur enseignent quel
noble et saint usage elles doivent faire de
cette influence, qui leur fut donnée, non
pour être les reines d'un bal et pour briller
aux bougies d'un salon ou aux feux de la
rampe, mais pour être au foyer domestique
les avocates intelligentes et patientes de tout
ce qui est juste, noble, généreux ; non pour

futiliser, si je puis ainsi dire, l'esprit des hommes, qui n'ont déjà que trop de pente à être futiles, mais pour leur rappeler incessamment que la vie se compose de devoirs, que le devoir est sérieux, et que le bonheur ne se trouve que dans l'accomplissement du devoir.

Au lieu de cela, qu'en fait-on? Des étoiles d'un jour, météores trop souvent funestes au repos, à la fortune, à l'honneur des familles : on peut le dire, les femmes qui ont l'éclat et la durée des comètes, en ont aussi les sinistres influences; mais au lieu des fadaises dont on les enivre, dites-leur donc qu'elles n'auront pas toujours vingt ans, et que bientôt il leur faudra d'autres ressources et un autre ascendant que celui de leur beauté ou de leurs caprices. Dites-leur surtout, en admettant même qu'elles dominent toujours leur mari à si bon marché, que cette autorité frelatée ne leur donnera aucune prise sur leurs en-

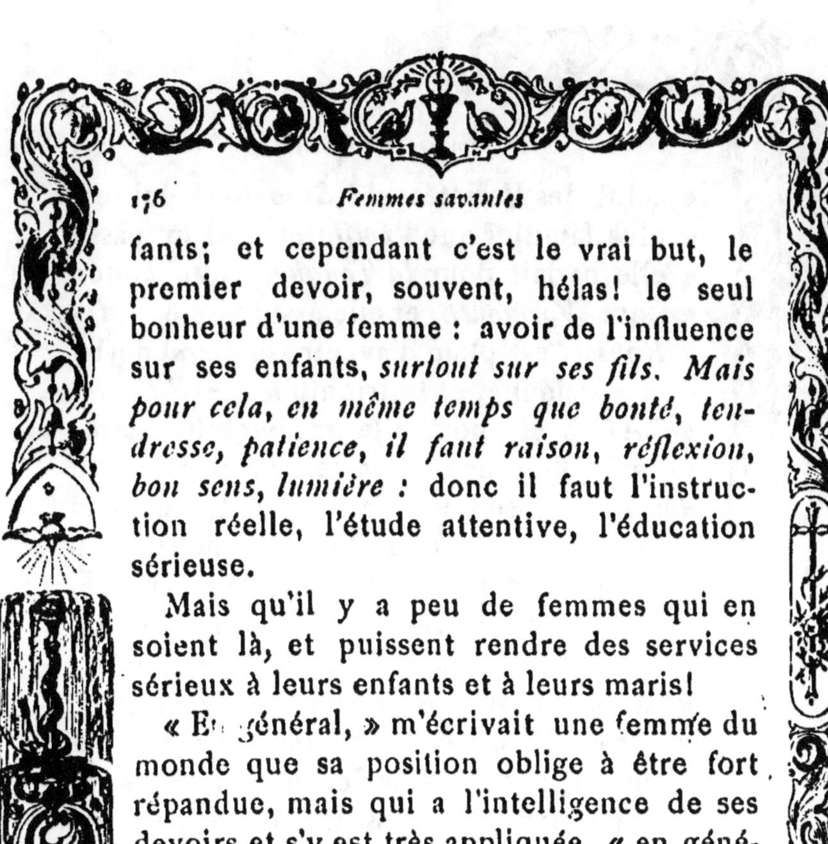

fants; et cependant c'est le vrai but, le premier devoir, souvent, hélas! le seul bonheur d'une femme : avoir de l'influence sur ses enfants, *surtout sur ses fils. Mais pour cela, en même temps que bonté, tendresse, patience, il faut raison, réflexion, bon sens, lumière :* donc il faut l'instruction réelle, l'étude attentive, l'éducation sérieuse.

Mais qu'il y a peu de femmes qui en soient là, et puissent rendre des services sérieux à leurs enfants et à leurs maris!

« E général, » m'écrivait une femme du monde que sa position oblige à être fort répandue, mais qui a l'intelligence de ses devoirs et s'y est très appliquée, « en géné-
« ral on ne sait rien, *absolument rien.* On
« ne peut parler que toilette, modes,
« steeple-chase, ridicule des uns et des
« autres. Une femme connaît tous les ac-
« teurs et tous les chevaux en renom, elle
« sait par cœur le personnel de l'Opéra et

« celui des Variétés ; le *Stud-book* lui est
« plus familier que l'*Imitation* : l'an passé
« elle pariait pour *la Touque,* cette année
« pour *Vermouth*, et elle assure que *Bois-*
« *Roussel* est plein d'avenir ; le grand derby
« la passionne, et le triomphe de *Fille-de-*
« *l'Air* a été pour elle une victoire natio-
« nale. Elle nous dira les couturières en
« renom, le sellier à la mode, le magasin
« qui fait fureur ; elle pèsera le mérite res-
« pectif des écuries du comte de la Grange,
« du duc de Morny ou de M. Delamarre.
« Mais, hélas ! mettez la conversation sur
« un sujet d'histoire ou de géographie,
« parlez du moyen âge, des croisades, des
« institutions de Charlemagne ou de saint
« Louis, comparez Bossuet à Corneille ou
« Racine à Fénelon ; prononcez les noms
« du Camoëns ou de Dante, de Royer-
« Collard, de Frédéric Ozanam, du comte
« de Montalembert ou du P. Gratry, la
« pauvre femme reste muette. Elle ne peut

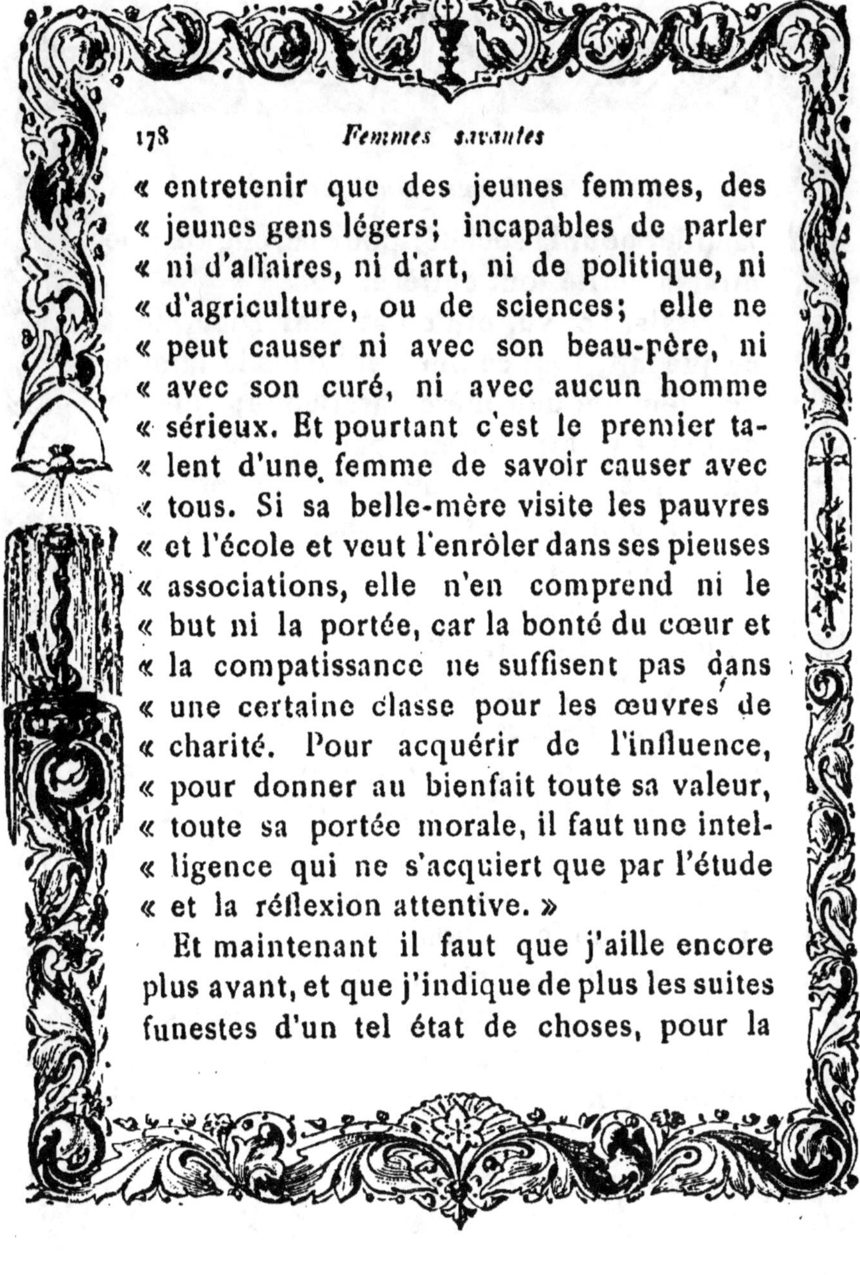

« entretenir que des jeunes femmes, des
« jeunes gens légers; incapables de parler
« ni d'affaires, ni d'art, ni de politique, ni
« d'agriculture, ou de sciences; elle ne
« peut causer ni avec son beau-père, ni
« avec son curé, ni avec aucun homme
« sérieux. Et pourtant c'est le premier ta-
« lent d'une femme de savoir causer avec
« tous. Si sa belle-mère visite les pauvres
« et l'école et veut l'enrôler dans ses pieuses
« associations, elle n'en comprend ni le
« but ni la portée, car la bonté du cœur et
« la compatissance ne suffisent pas dans
« une certaine classe pour les œuvres de
« charité. Pour acquérir de l'influence,
« pour donner au bienfait toute sa valeur,
« toute sa portée morale, il faut une intel-
« ligence qui ne s'acquiert que par l'étude
« et la réflexion attentive. »

Et maintenant il faut que j'aille encore
plus avant, et que j'indique de plus les suites
funestes d'un tel état de choses, pour la

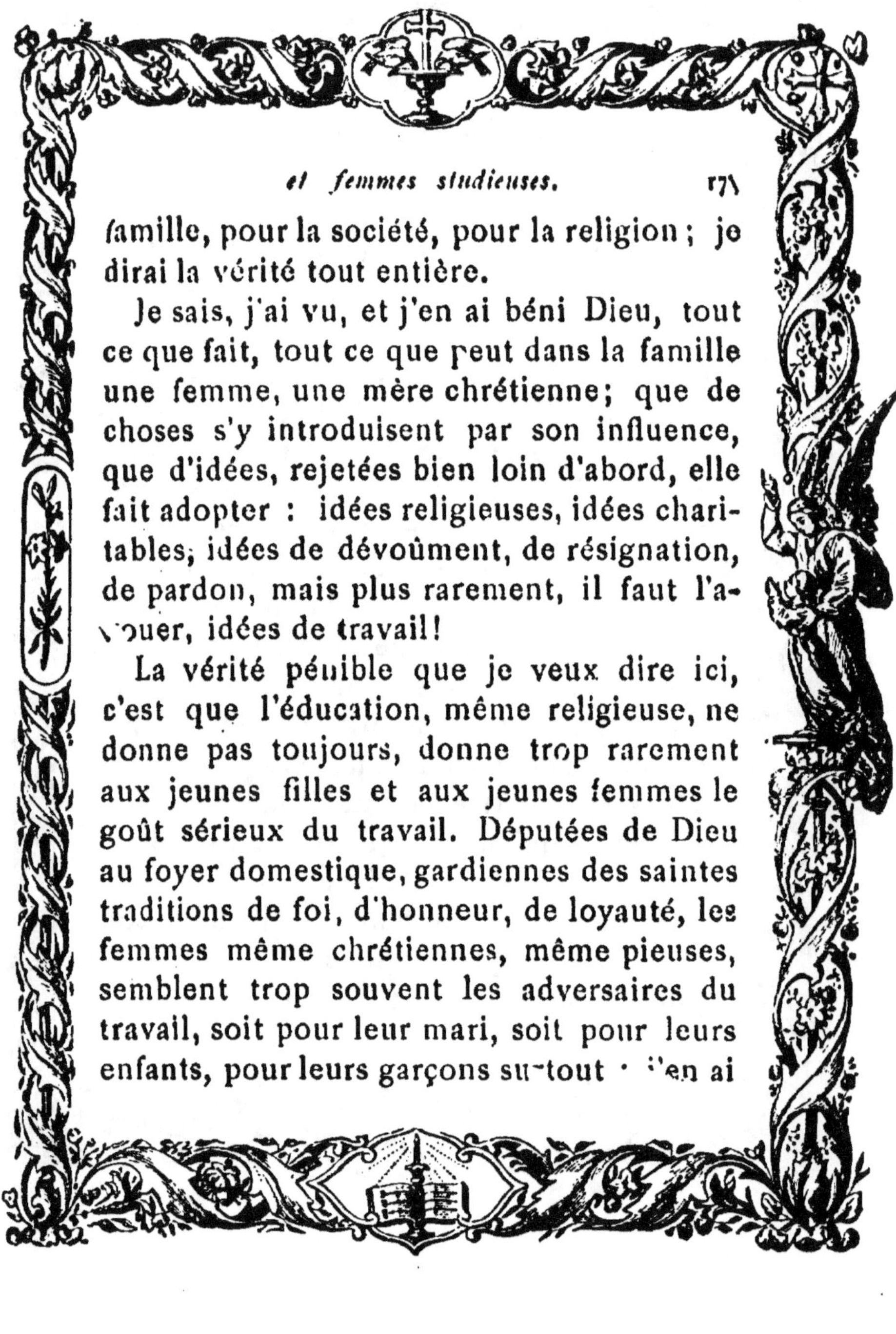

famille, pour la société, pour la religion ; je dirai la vérité tout entière.

Je sais, j'ai vu, et j'en ai béni Dieu, tout ce que fait, tout ce que peut dans la famille une femme, une mère chrétienne; que de choses s'y introduisent par son influence, que d'idées, rejetées bien loin d'abord, elle fait adopter : idées religieuses, idées charitables, idées de dévoûment, de résignation, de pardon, mais plus rarement, il faut l'avouer, idées de travail !

La vérité pénible que je veux dire ici, c'est que l'éducation, même religieuse, ne donne pas toujours, donne trop rarement aux jeunes filles et aux jeunes femmes le goût sérieux du travail. Députées de Dieu au foyer domestique, gardiennes des saintes traditions de foi, d'honneur, de loyauté, les femmes même chrétiennes, même pieuses, semblent trop souvent les adversaires du travail, soit pour leur mari, soit pour leurs enfants, pour leurs garçons surtout · j'en ai

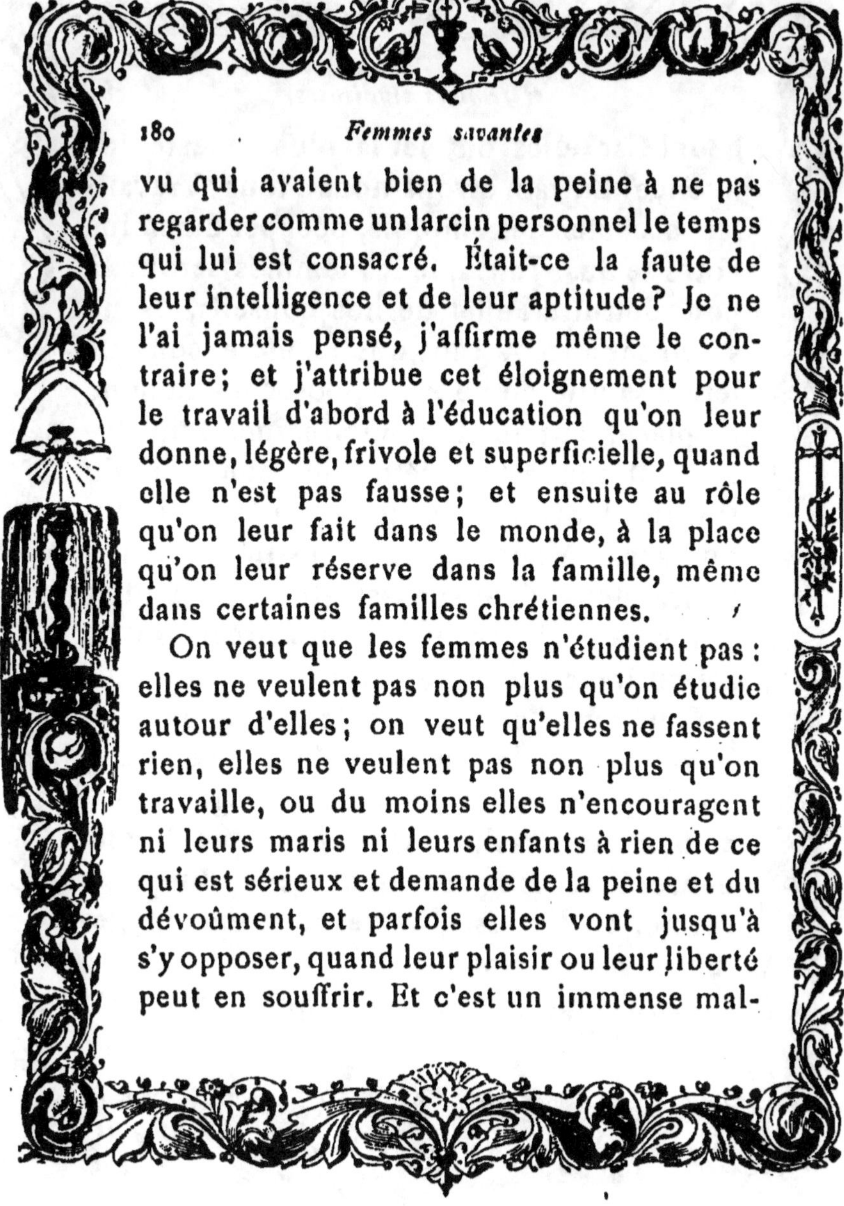

vu qui avaient bien de la peine à ne pas regarder comme un larcin personnel le temps qui lui est consacré. Était-ce la faute de leur intelligence et de leur aptitude ? Je ne l'ai jamais pensé, j'affirme même le contraire ; et j'attribue cet éloignement pour le travail d'abord à l'éducation qu'on leur donne, légère, frivole et superficielle, quand elle n'est pas fausse ; et ensuite au rôle qu'on leur fait dans le monde, à la place qu'on leur réserve dans la famille, même dans certaines familles chrétiennes.

On veut que les femmes n'étudient pas : elles ne veulent pas non plus qu'on étudie autour d'elles ; on veut qu'elles ne fassent rien, elles ne veulent pas non plus qu'on travaille, ou du moins elles n'encouragent ni leurs maris ni leurs enfants à rien de ce qui est sérieux et demande de la peine et du dévoûment, et parfois elles vont jusqu'à s'y opposer, quand leur plaisir ou leur liberté peut en souffrir. Et c'est un immense mal-

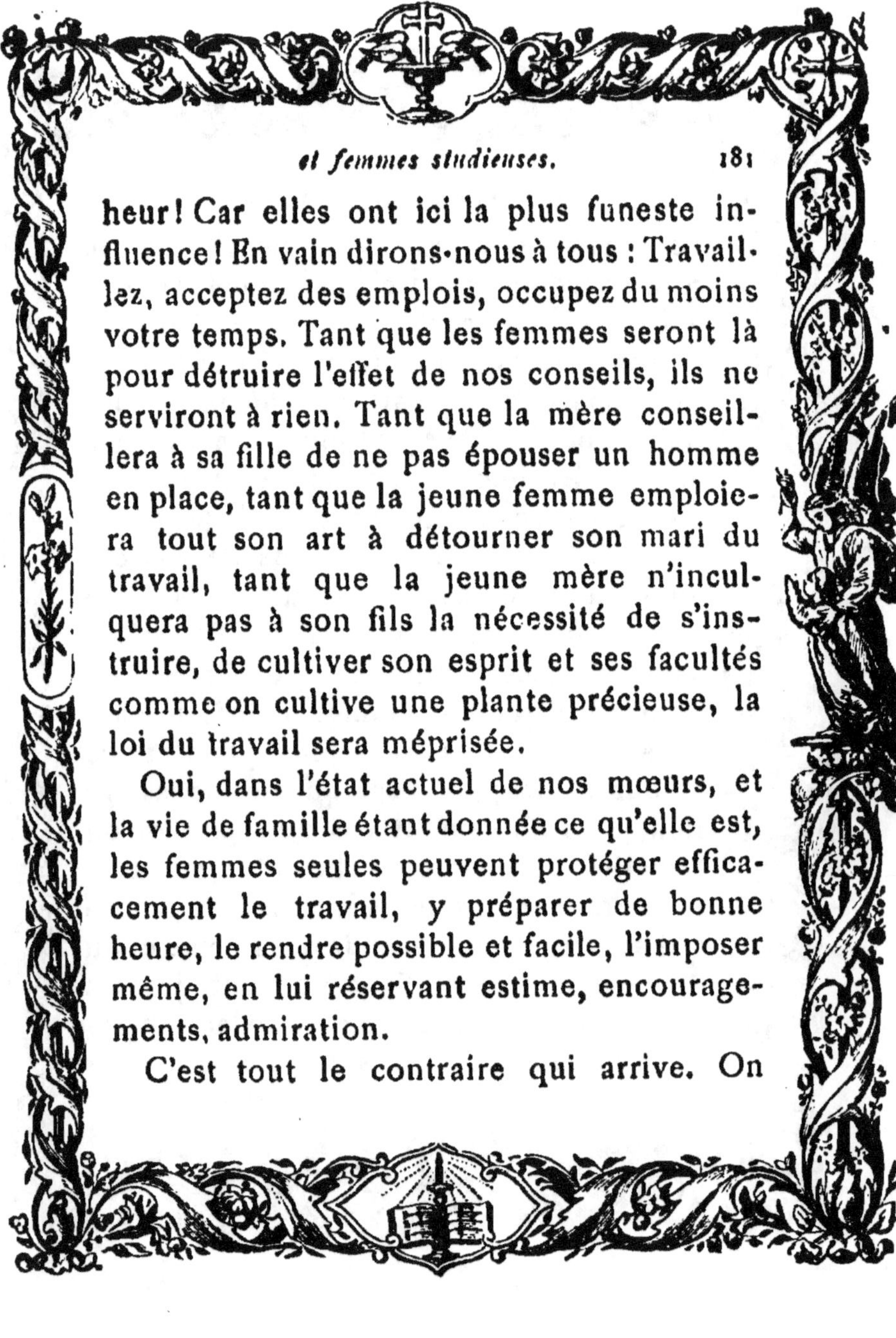

heur ! Car elles ont ici la plus funeste influence ! En vain dirons-nous à tous : Travaillez, acceptez des emplois, occupez du moins votre temps. Tant que les femmes seront là pour détruire l'effet de nos conseils, ils ne serviront à rien. Tant que la mère conseillera à sa fille de ne pas épouser un homme en place, tant que la jeune femme emploiera tout son art à détourner son mari du travail, tant que la jeune mère n'inculquera pas à son fils la nécessité de s'instruire, de cultiver son esprit et ses facultés comme on cultive une plante précieuse, la loi du travail sera méprisée.

Oui, dans l'état actuel de nos mœurs, et la vie de famille étant donnée ce qu'elle est, les femmes seules peuvent protéger efficacement le travail, y préparer de bonne heure, le rendre possible et facile, l'imposer même, en lui réservant estime, encouragements, admiration.

C'est tout le contraire qui arrive. On

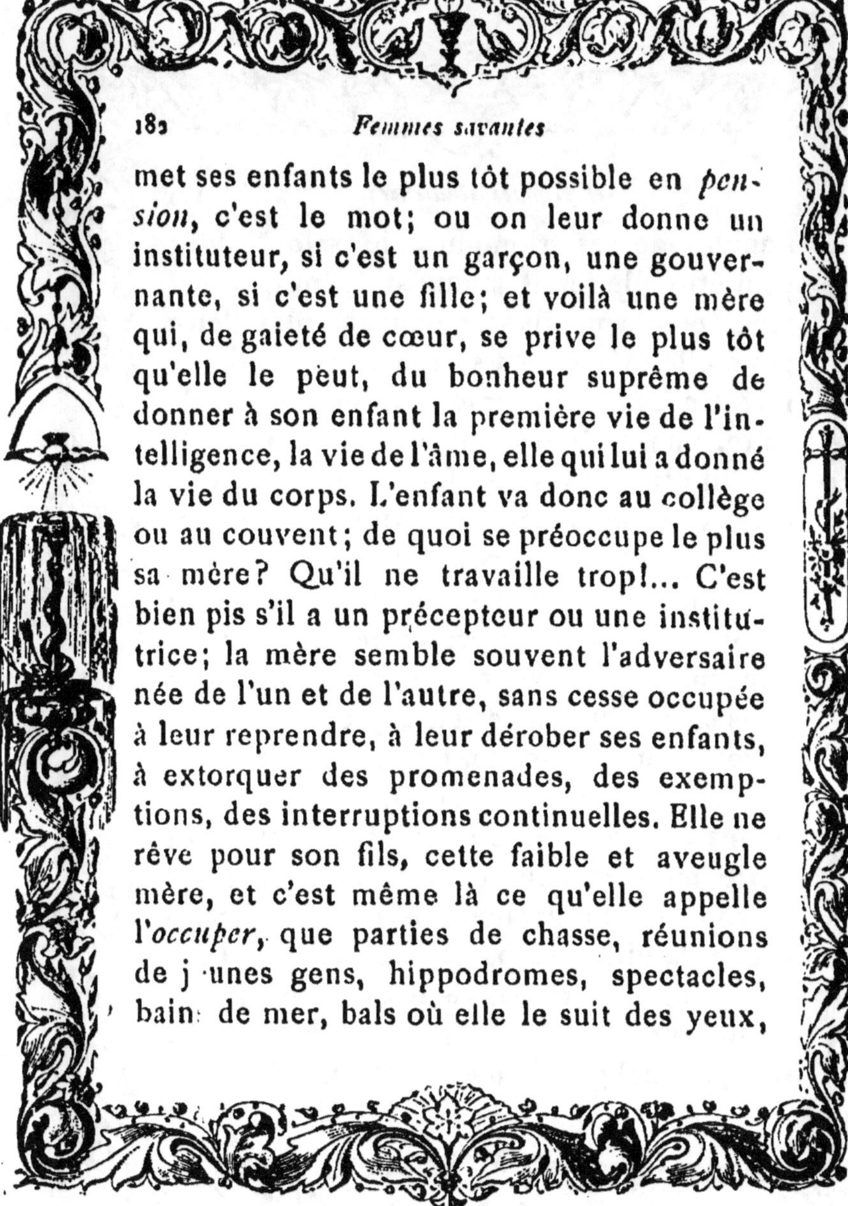

met ses enfants le plus tôt possible en *pension*, c'est le mot; ou on leur donne un instituteur, si c'est un garçon, une gouvernante, si c'est une fille; et voilà une mère qui, de gaieté de cœur, se prive le plus tôt qu'elle le peut, du bonheur suprême de donner à son enfant la première vie de l'intelligence, la vie de l'âme, elle qui lui a donné la vie du corps. L'enfant va donc au collège ou au couvent; de quoi se préoccupe le plus sa mère? Qu'il ne travaille trop!... C'est bien pis s'il a un précepteur ou une institutrice; la mère semble souvent l'adversaire née de l'un et de l'autre, sans cesse occupée à leur reprendre, à leur dérober ses enfants, à extorquer des promenades, des exemptions, des interruptions continuelles. Elle ne rêve pour son fils, cette faible et aveugle mère, et c'est même là ce qu'elle appelle l'*occuper*, que parties de chasse, réunions de jeunes gens, hippodromes, spectacles, bains de mer, bals où elle le suit des yeux, s'enivre de ses triomphes de salon, dont peut-être elle ferait mieux de gémir, vaniteuse pour son fils, ne pouvant plus l'être pour elle-même. Aussi que blâme-t-elle en lui? Un geste peu gracieux, un mot vulgaire, une politesse omise. Ce n'est pas elle qui lui dira : Vous êtes fait pour mieux que cela, visez plus haut; instruisez-vous, apprenez à réfléchir, à connaitre les hommes, les choses et vous-même; devenez un homme distingué, servez votre pays, faitesvous un nom, si vous n'en avez pas, et si vous en avez un, soyez-en digne.

Peu de mères tiennent ce langage à leurs enfants. Les jeunes femmes le tiennent moins encore à leurs maris. Elles semblent s'être mariées pour courir, pour s'amuser et trouver le mouvement perpétuel : la campagne, la ville, les bains, les eaux, le turf, le bal, les concerts, les visites, ne leur laissent un instant de repos, ni le jour, ni la nuit. Bon gré, mal gré, le mari doit partager cette

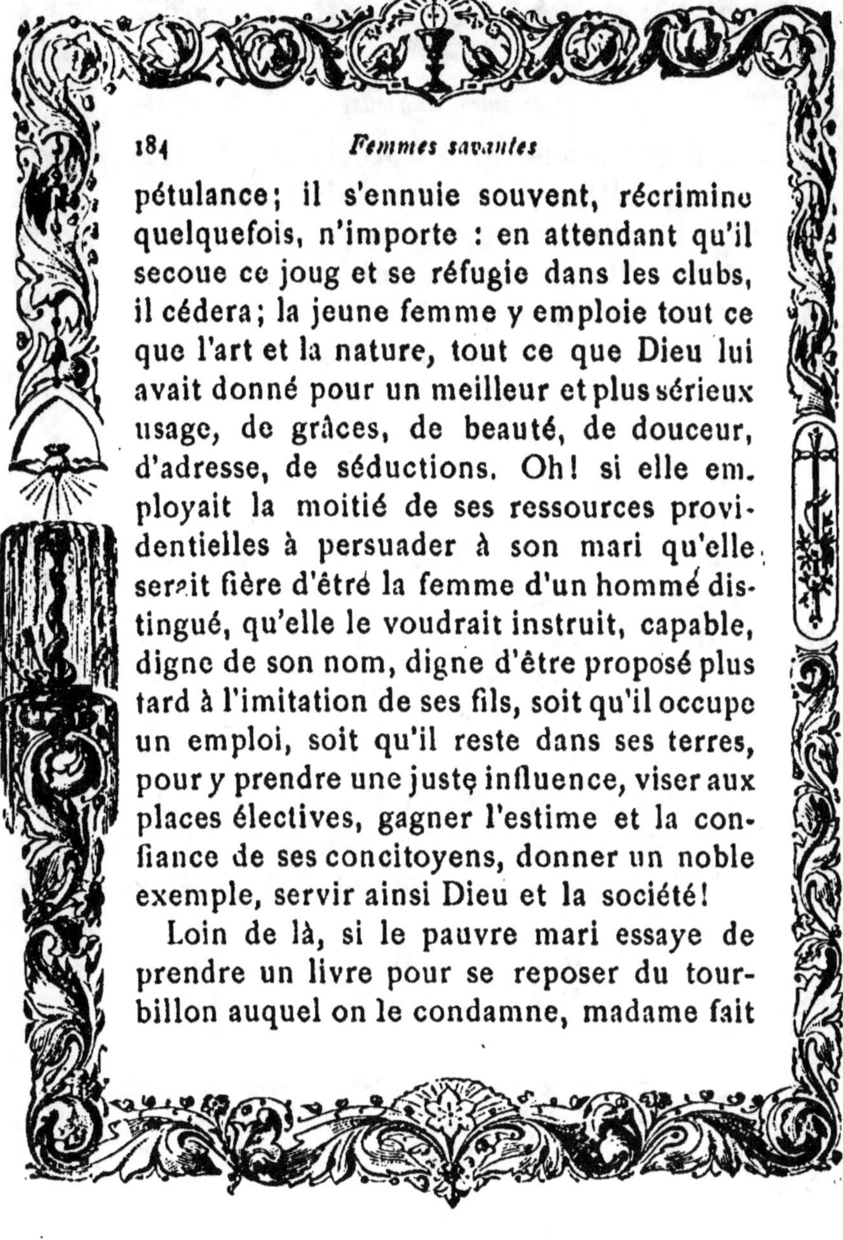

pétulance ; il s'ennuie souvent, récrimino quelquefois, n'importe : en attendant qu'il secoue ce joug et se réfugie dans les clubs, il cédera ; la jeune femme y emploie tout ce que l'art et la nature, tout ce que Dieu lui avait donné pour un meilleur et plus sérieux usage, de grâces, de beauté, de douceur, d'adresse, de séductions. Oh ! si elle em. ployait la moitié de ses ressources providentielles à persuader à son mari qu'elle serait fière d'être la femme d'un hommé distingué, qu'elle le voudrait instruit, capable, digne de son nom, digne d'être proposé plus tard à l'imitation de ses fils, soit qu'il occupe un emploi, soit qu'il reste dans ses terres, pour y prendre une juste influence, viser aux places électives, gagner l'estime et la confiance de ses concitoyens, donner un noble exemple, servir ainsi Dieu et la société !

Loin de là, si le pauvre mari essaye de prendre un livre pour se reposer du tourbillon auquel on le condamne, madame fait

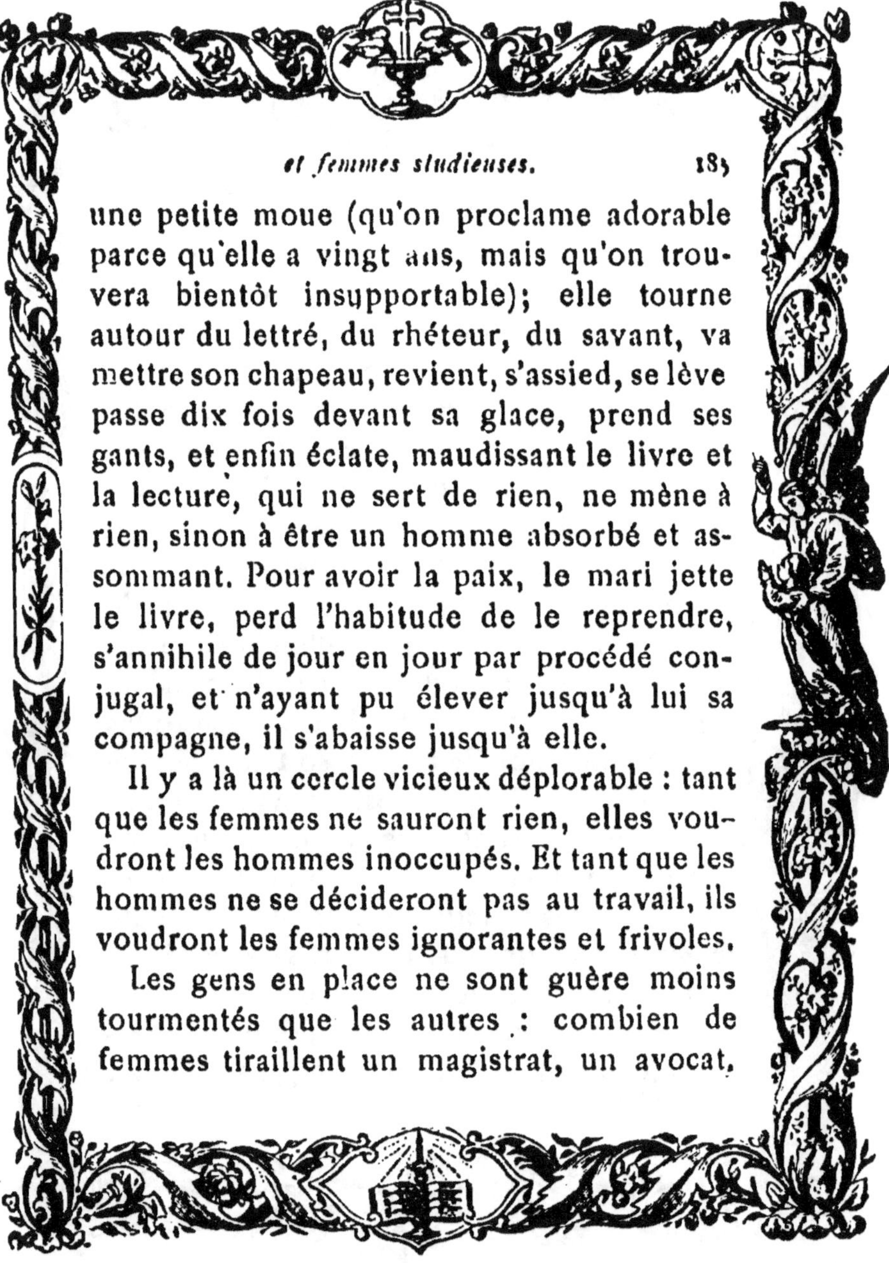

une petite moue (qu'on proclame adorable
parce qu'elle a vingt ans, mais qu'on trouvera bientôt insupportable); elle tourne
autour du lettré, du rhéteur, du savant, va
mettre son chapeau, revient, s'assied, se lève
passe dix fois devant sa glace, prend ses
gants, et enfin éclate, maudissant le livre et
la lecture, qui ne sert de rien, ne mène à
rien, sinon à être un homme absorbé et as-
sommant. Pour avoir la paix, le mari jette
le livre, perd l'habitude de le reprendre,
s'annihile de jour en jour par procédé conjugal, et n'ayant pu élever jusqu'à lui sa
compagne, il s'abaisse jusqu'à elle.

Il y a là un cercle vicieux déplorable : tant
que les femmes ne sauront rien, elles voudront les hommes inoccupés. Et tant que les
hommes ne se décideront pas au travail, ils
voudront les femmes ignorantes et frivoles.

Les gens en place ne sont guère moins
tourmentés que les autres : combien de
femmes tiraillent un magistrat, un avocat,

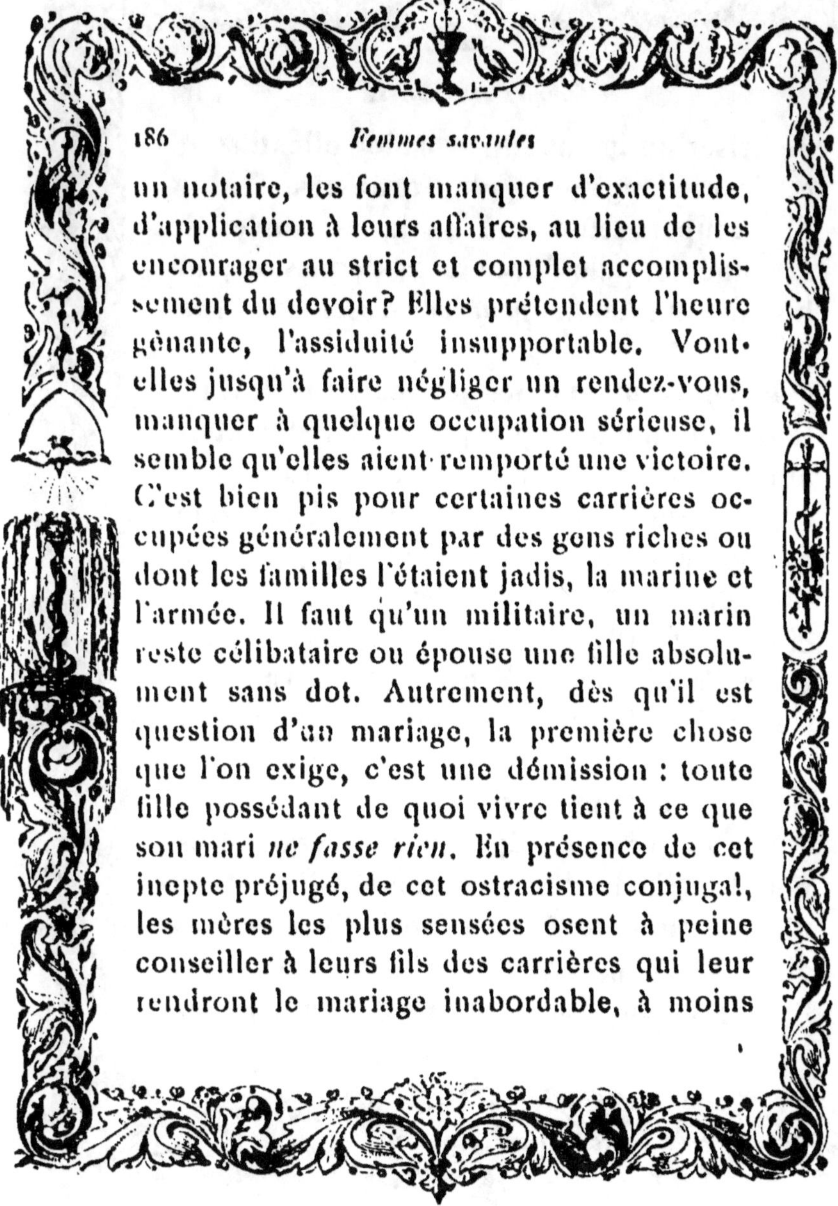

un notaire, les font manquer d'exactitude, d'application à leurs affaires, au lieu de les encourager au strict et complet accomplissement du devoir? Elles prétendent l'heure gênante, l'assiduité insupportable. Vont-elles jusqu'à faire négliger un rendez-vous, manquer à quelque occupation sérieuse, il semble qu'elles aient remporté une victoire. C'est bien pis pour certaines carrières occupées généralement par des gens riches ou dont les familles l'étaient jadis, la marine et l'armée. Il faut qu'un militaire, un marin reste célibataire ou épouse une fille absolument sans dot. Autrement, dès qu'il est question d'un mariage, la première chose que l'on exige, c'est une démission : toute fille possédant de quoi vivre tient à ce que son mari *ne fasse rien*. En présence de cet inepte préjugé, de cet ostracisme conjugal, les mères les plus sensées osent à peine conseiller à leurs fils des carrières qui leur rendront le mariage inabordable, à moins

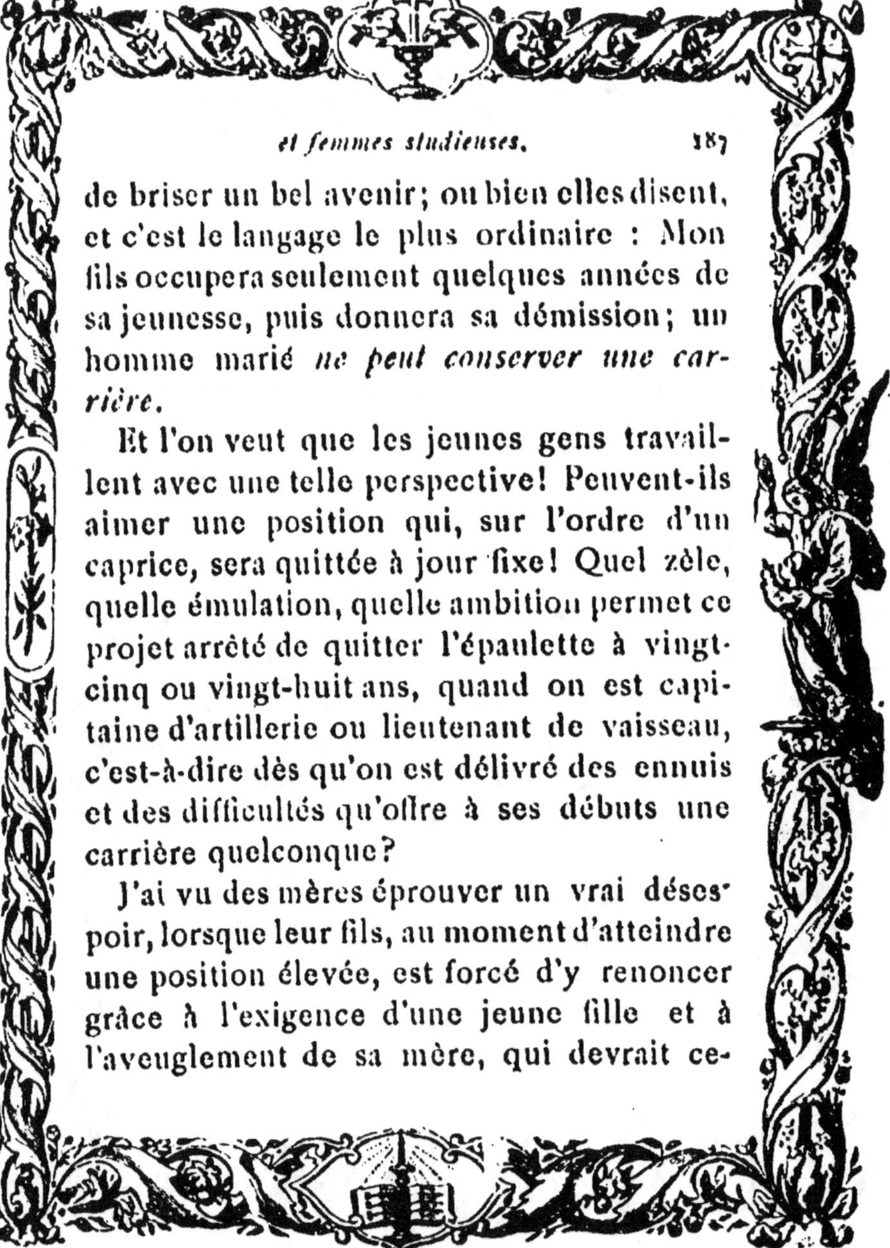

de briser un bel avenir; ou bien elles disent, et c'est le langage le plus ordinaire : Mon fils occupera seulement quelques années de sa jeunesse, puis donnera sa démission; un homme marié *ne peut conserver une carrière.*

Et l'on veut que les jeunes gens travaillent avec une telle perspective! Peuvent-ils aimer une position qui, sur l'ordre d'un caprice, sera quittée à jour fixe! Quel zèle, quelle émulation, quelle ambition permet ce projet arrêté de quitter l'épaulette à vingt-cinq ou vingt-huit ans, quand on est capitaine d'artillerie ou lieutenant de vaisseau, c'est-à-dire dès qu'on est délivré des ennuis et des difficultés qu'offre à ses débuts une carrière quelconque?

J'ai vu des mères éprouver un vrai désespoir, lorsque leur fils, au moment d'atteindre une position élevée, est forcé d'y renoncer grâce à l'exigence d'une jeune fille et à l'aveuglement de sa mère, qui devrait ce-

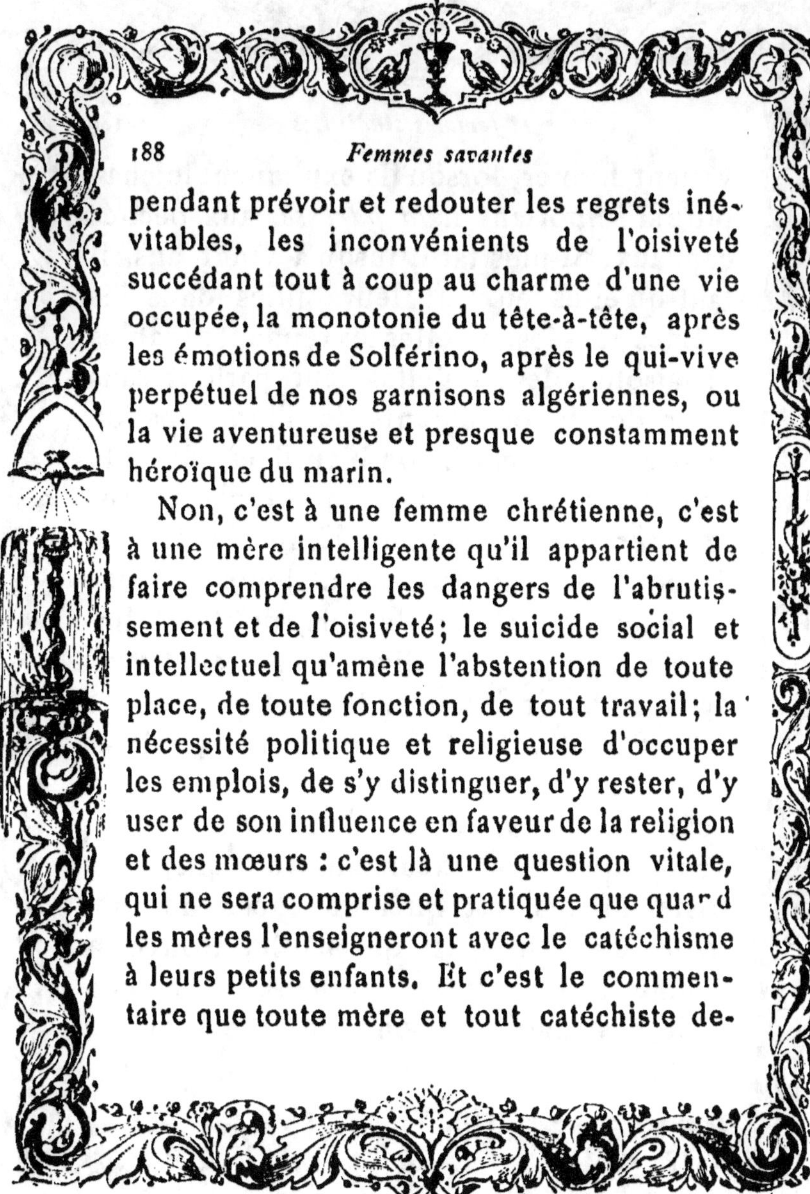

pendant prévoir et redouter les regrets inévitables, les inconvénients de l'oisiveté
succédant tout à coup au charme d'une vie
occupée, la monotonie du tête-à-tête, après
les émotions de Solférino, après le qui-vive
perpétuel de nos garnisons algériennes, ou
la vie aventureuse et presque constamment
héroïque du marin.

Non, c'est à une femme chrétienne, c'est
à une mère intelligente qu'il appartient de
faire comprendre les dangers de l'abrutis-
sement et de l'oisiveté ; le suicide social et
intellectuel qu'amène l'abstention de toute
place, de toute fonction, de tout travail ; la
nécessité politique et religieuse d'occuper
les emplois, de s'y distinguer, d'y rester, d'y
user de son influence en faveur de la religion
et des mœurs : c'est là une question vitale,
qui ne sera comprise et pratiquée que quand
les mères l'enseigneront avec le catéchisme
à leurs petits enfants. Et c'est le commentaire que toute mère et tout catéchiste de-

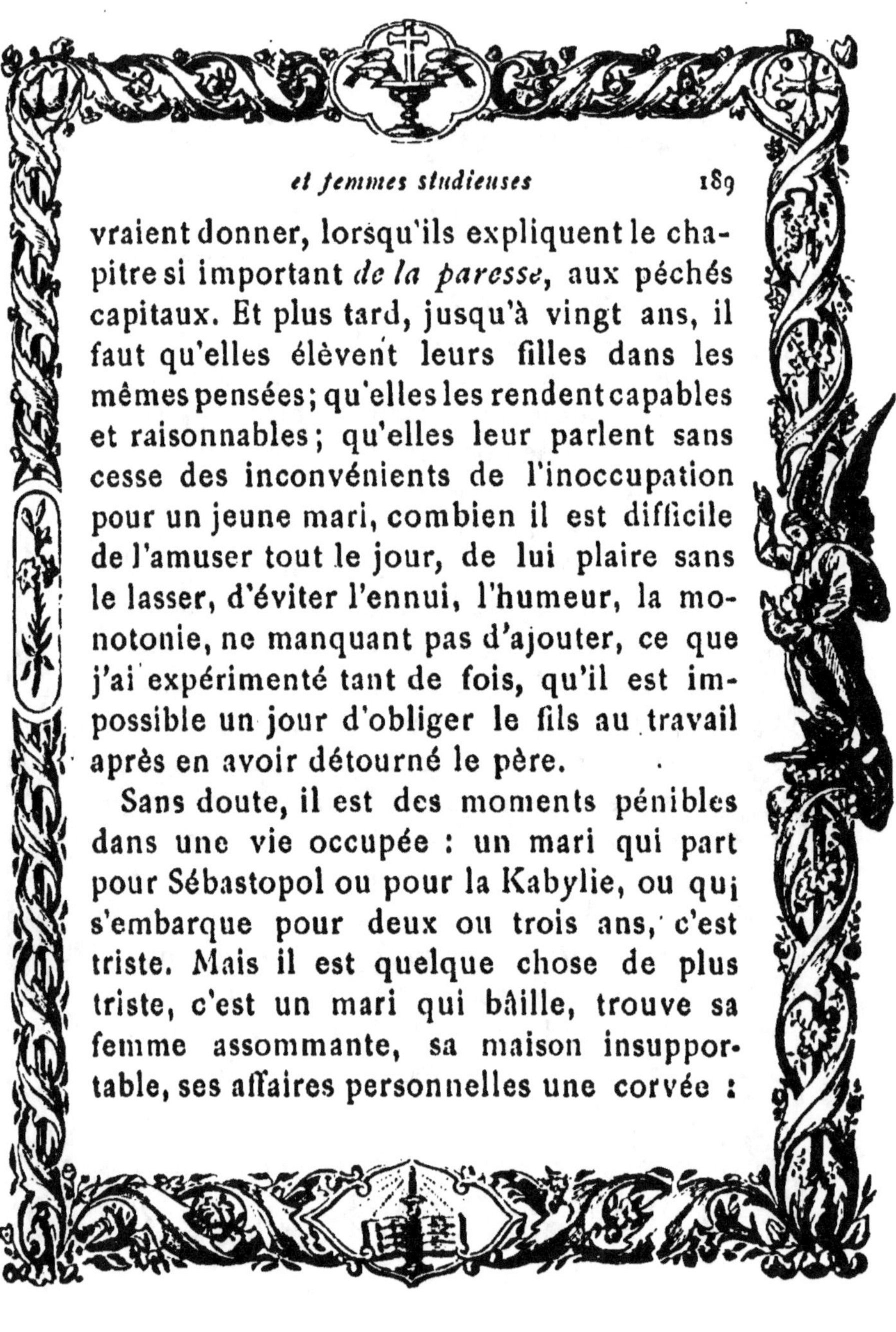

vraient donner, lorsqu'ils expliquent le cha-
pitre si important *de la paresse*, aux péchés
capitaux. Et plus tard, jusqu'à vingt ans, il
faut qu'elles élèvent leurs filles dans les
mêmes pensées ; qu'elles les rendent capables
et raisonnables ; qu'elles leur parlent sans
cesse des inconvénients de l'inoccupation
pour un jeune mari, combien il est difficile
de l'amuser tout le jour, de lui plaire sans
le lasser, d'éviter l'ennui, l'humeur, la monotonie, ne manquant pas d'ajouter, ce que
j'ai expérimenté tant de fois, qu'il est impossible un jour d'obliger le fils au travail
après en avoir détourné le père.

Sans doute, il est des moments pénibles
dans une vie occupée : un mari qui part
pour Sébastopol ou pour la Kabylie, ou qui
s'embarque pour deux ou trois ans, c'est
triste. Mais il est quelque chose de plus
triste, c'est un mari qui bâille, trouve sa
femme assommante, sa maison insupportable, ses affaires personnelles une corvée :

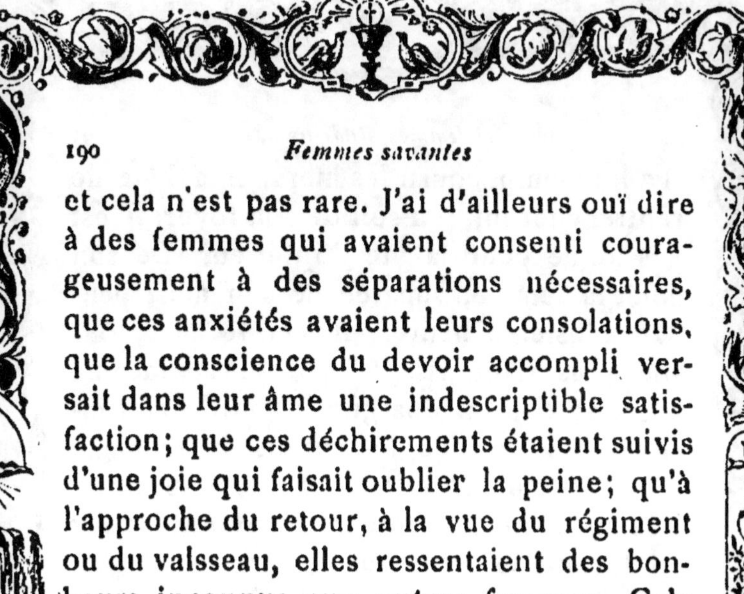

et cela n'est pas rare. J'ai d'ailleurs ouï dire à des femmes qui avaient consenti courageusement à des séparations nécessaires, que ces anxiétés avaient leurs consolations, que la conscience du devoir accompli versait dans leur âme une indescriptible satisfaction; que ces déchirements étaient suivis d'une joie qui faisait oublier la peine; qu'à l'approche du retour, à la vue du régiment ou du vaisseau, elles ressentaient des bonheurs inconnus aux autres femmes. Cela doit être : Dieu ne laisse rien sans récompense; tout sacrifice a sa compensation, toute blessure a son baume. On m'assure que les meilleurs ménages se trouvent dans nos ports de mers, dans nos grands centres manufacturiers et même dans nos villes de nombreuse garnison, malgré l'entrain, l'agitation et la dissipation qui y règnent. Je le crois sans peine : là, tout le monde est occupé. Quand un mari a passé la journée à la caserne ou à la fabrique, quand surtout

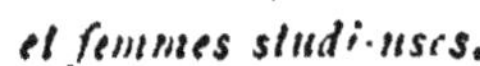

il a longtemps couru les mers, il a hâte de
rentrer chez lui, il a soif de son foyer, il est
passionné pour la vie d'intérieur. De son
côté, la femme, séparée de son mari pendant plusieurs heures, lui garde au retour
son plus riant visage, son plus gracieux
sourire; elle lui épargne les mille contra-
riétés de la journée, les ennuis du ménage,
les petits embarras de la vie, les étourderies
des marmots. Les enfants accourent joyeux
au-devant du père, leurs caresses et leur
babil le reposent du travail; c'est ainsi que
les hommes aiment les enfants : quand il
leur faut les subir tout le jour, ils les redoutent.

Et sans s'élever si haut, je demande simplement ce qui vaudrait mieux pour un
mari, quel qu'il soit, même pour celui qui
passe sa vie à la chasse, ou partout ailleurs
que chez lui, de trouver en rentrant au logis
sa femme de bonne humeur, parce qu'après
lui avoir préparé une maison bien tenue,

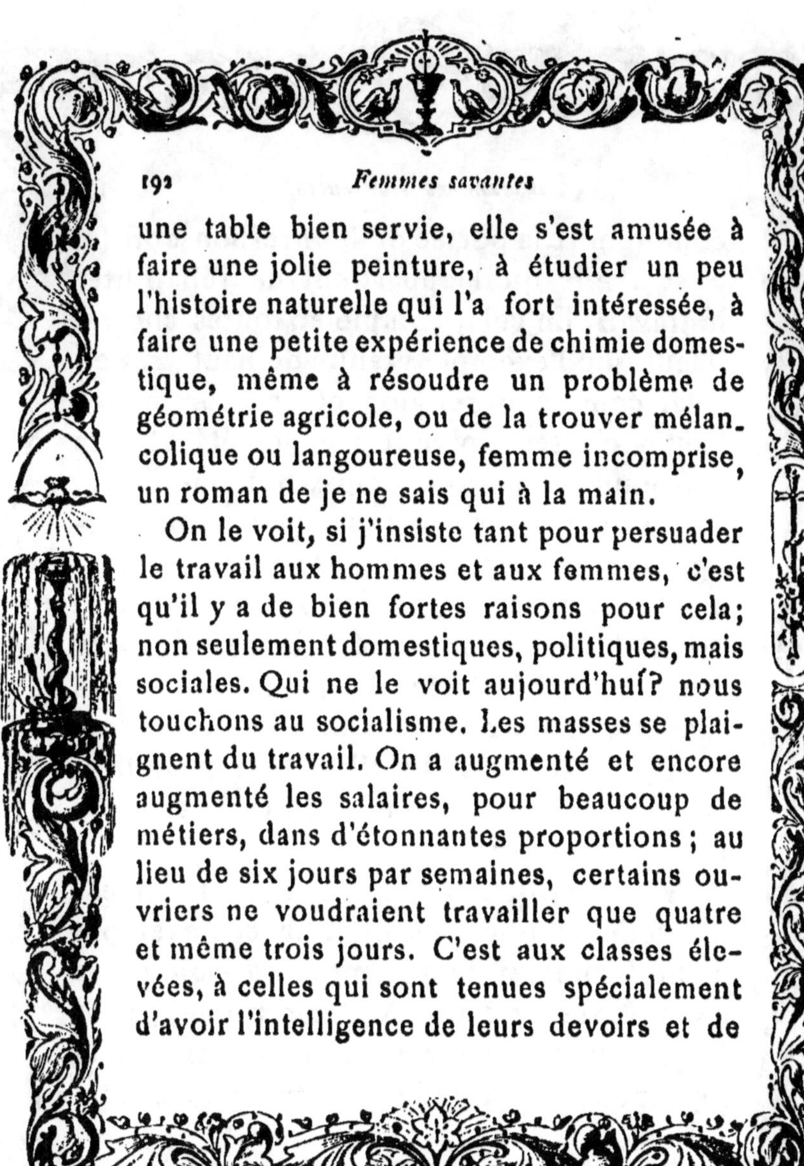

une table bien servie, elle s'est amusée à faire une jolie peinture, à étudier un peu l'histoire naturelle qui l'a fort intéressée, à faire une petite expérience de chimie domestique, même à résoudre un problème de géométrie agricole, ou de la trouver mélan_ colique ou langoureuse, femme incomprise, un roman de je ne sais qui à la main.

On le voit, si j'insiste tant pour persuader le travail aux hommes et aux femmes, c'est qu'il y a de bien fortes raisons pour cela; non seulement domestiques, politiques, mais sociales. Qui ne le voit aujourd'hui? nous touchons au socialisme. Les masses se plaignent du travail. On a augmenté et encore augmenté les salaires, pour beaucoup de métiers, dans d'étonnantes proportions; au lieu de six jours par semaines, certains ouvriers ne voudraient travailler que quatre et même trois jours. C'est aux classes élevées, à celles qui sont tenues spécialement d'avoir l'intelligence de leurs devoirs et de

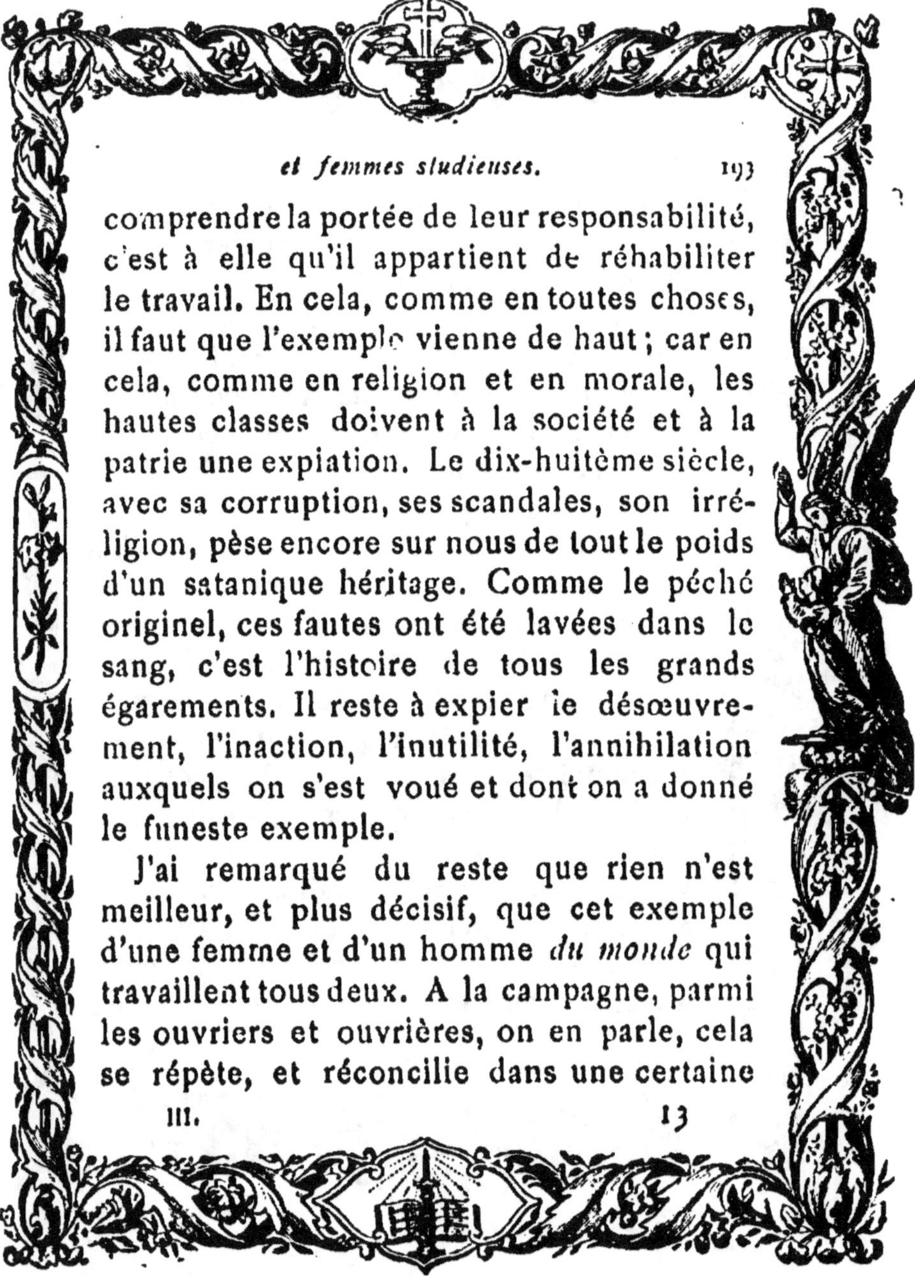

comprendre la portée de leur responsabilité, c'est à elle qu'il appartient de réhabiliter le travail. En cela, comme en toutes choses, il faut que l'exemple vienne de haut ; car en cela, comme en religion et en morale, les hautes classes doivent à la société et à la patrie une expiation. Le dix-huitème siècle, avec sa corruption, ses scandales, son irréligion, pèse encore sur nous de tout le poids d'un satanique héritage. Comme le péché originel, ces fautes ont été lavées dans le sang, c'est l'histoire de tous les grands égarements. Il reste à expier le désœuvrement, l'inaction, l'inutilité, l'annihilation auxquels on s'est voué et dont on a donné le funeste exemple.

J'ai remarqué du reste que rien n'est meilleur, et plus décisif, que cet exemple d'une femme et d'un homme *du monde* qui travaillent tous deux. A la campagne, parmi les ouvriers et ouvrières, on en parle, cela se répète, et réconcilie dans une certaine

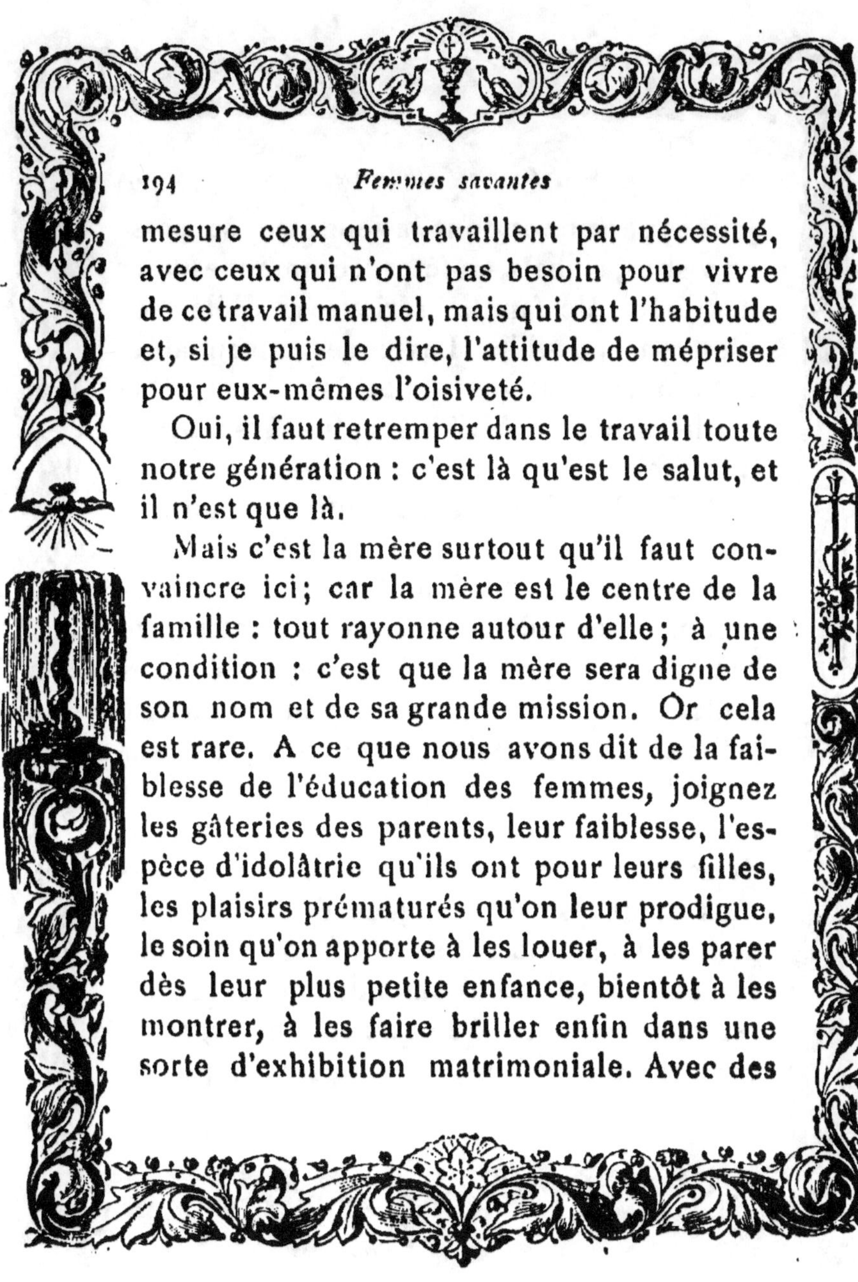

mesure ceux qui travaillent par nécessité, avec ceux qui n'ont pas besoin pour vivre de ce travail manuel, mais qui ont l'habitude et, si je puis le dire, l'attitude de mépriser pour eux-mêmes l'oisiveté.

Oui, il faut retremper dans le travail toute notre génération : c'est là qu'est le salut, et il n'est que là.

Mais c'est la mère surtout qu'il faut convaincre ici ; car la mère est le centre de la famille : tout rayonne autour d'elle ; à une condition : c'est que la mère sera digne de son nom et de sa grande mission. Or cela est rare. A ce que nous avons dit de la faiblesse de l'éducation des femmes, joignez les gâteries des parents, leur faiblesse, l'espèce d'idolâtrie qu'ils ont pour leurs filles, les plaisirs prématurés qu'on leur prodigue, le soin qu'on apporte à les louer, à les parer dès leur plus petite enfance, bientôt à les montrer, à les faire briller enfin dans une sorte d'exhibition matrimoniale. Avec des

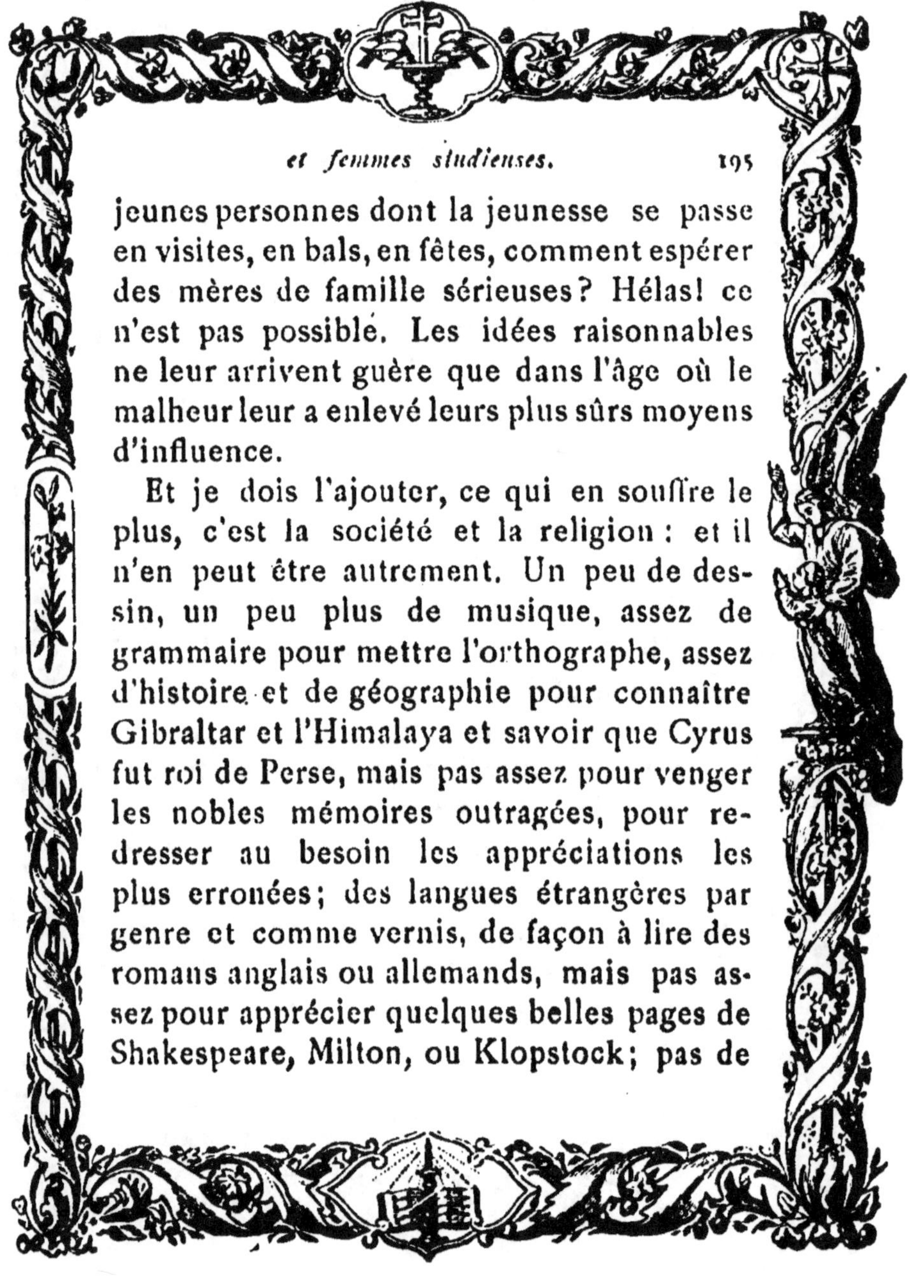

jeunes personnes dont la jeunesse se passe en visites, en bals, en fêtes, comment espérer des mères de famille sérieuses? Hélas! ce n'est pas possible. Les idées raisonnables ne leur arrivent guère que dans l'âge où le malheur leur a enlevé leurs plus sûrs moyens d'influence.

Et je dois l'ajouter, ce qui en souffre le plus, c'est la société et la religion : et il n'en peut être autrement. Un peu de dessin, un peu plus de musique, assez de grammaire pour mettre l'orthographe, assez d'histoire et de géographie pour connaître Gibraltar et l'Himalaya et savoir que Cyrus fut roi de Perse, mais pas assez pour venger les nobles mémoires outragées, pour redresser au besoin les appréciations les plus erronées; des langues étrangères par genre et comme vernis, de façon à lire des romans anglais ou allemands, mais pas assez pour apprécier quelques belles pages de Shakespeare, Milton, ou Klopstock; pas de

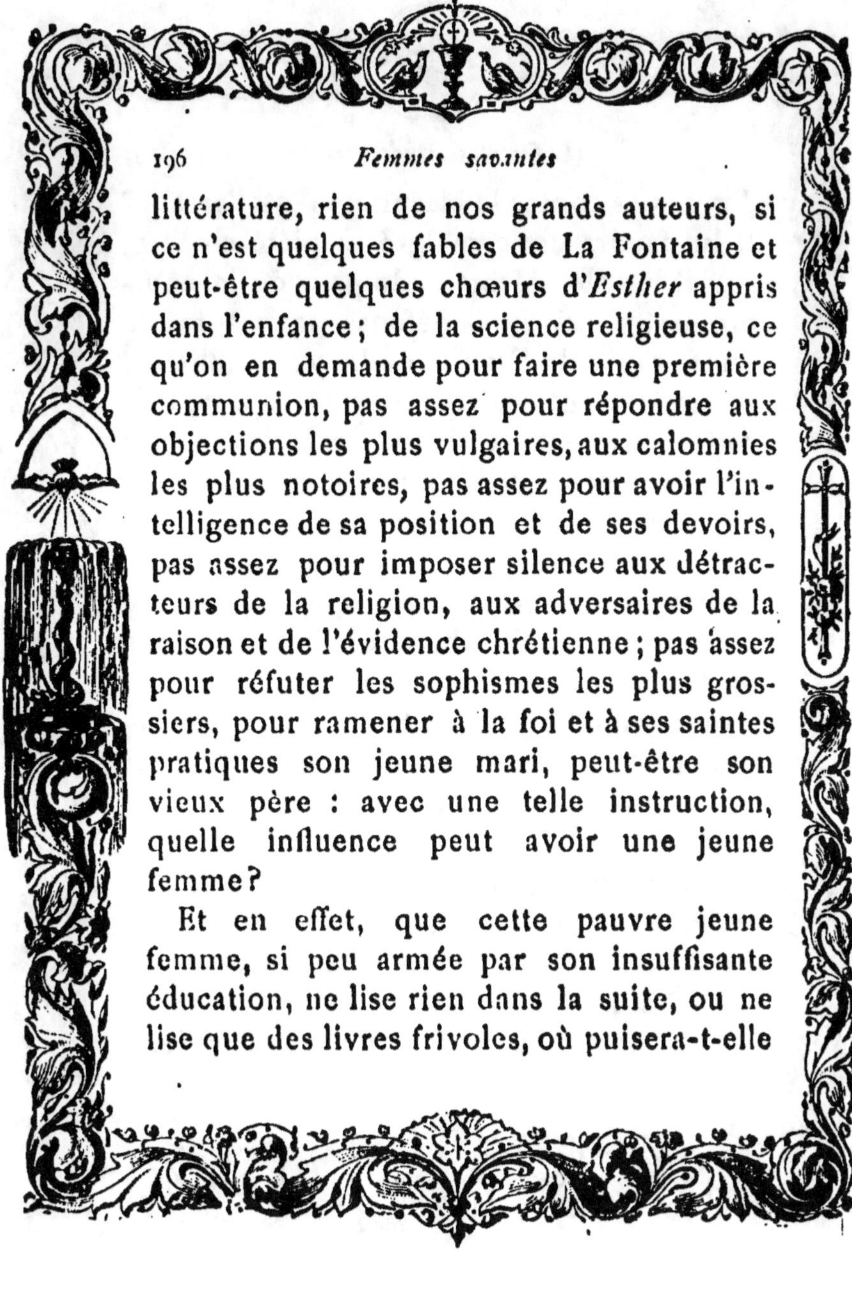

littérature, rien de nos grands auteurs, si
ce n'est quelques fables de La Fontaine et
peut-être quelques chœurs d'*Esther* appris
dans l'enfance ; de la science religieuse, ce
qu'on en demande pour faire une première
communion, pas assez pour répondre aux
objections les plus vulgaires, aux calomnies
les plus notoires, pas assez pour avoir l'intelligence de sa position et de ses devoirs,
pas assez pour imposer silence aux détracteurs de la religion, aux adversaires de la
raison et de l'évidence chrétienne ; pas assez
pour réfuter les sophismes les plus grossiers, pour ramener à la foi et à ses saintes
pratiques son jeune mari, peut-être son
vieux père : avec une telle instruction,
quelle influence peut avoir une jeune
femme ?

Et en effet, que cette pauvre jeune
femme, si peu armée par son insuffisante
éducation, ne lise rien dans la suite, ou ne
lise que des livres frivoles, où puisera-t-elle

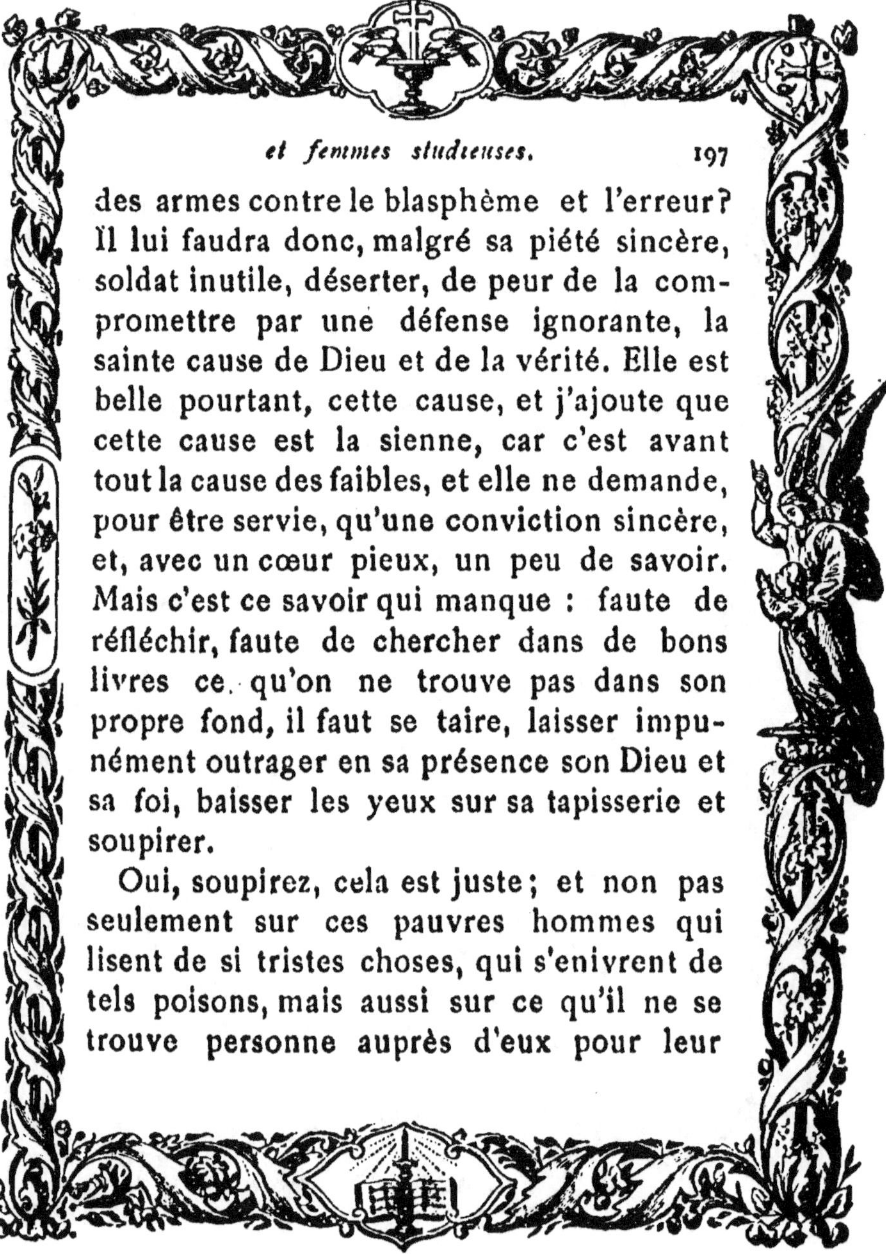

des armes contre le blasphème et l'erreur?
Il lui faudra donc, malgré sa piété sincère,
soldat inutile, déserter, de peur de la com-
promettre par une défense ignorante, la
sainte cause de Dieu et de la vérité. Elle est
belle pourtant, cette cause, et j'ajoute que
cette cause est la sienne, car c'est avant
tout la cause des faibles, et elle ne demande,
pour être servie, qu'une conviction sincère,
et, avec un cœur pieux, un peu de savoir.
Mais c'est ce savoir qui manque : faute de
réfléchir, faute de chercher dans de bons
livres ce qu'on ne trouve pas dans son
propre fond, il faut se taire, laisser impunément outrager en sa présence son Dieu et
sa foi, baisser les yeux sur sa tapisserie et
soupirer.

Oui, soupirez, cela est juste ; et non pas
seulement sur ces pauvres hommes qui
lisent de si tristes choses, qui s'enivrent de
tels poisons, mais aussi sur ce qu'il ne se
trouve personne auprès d'eux pour leur

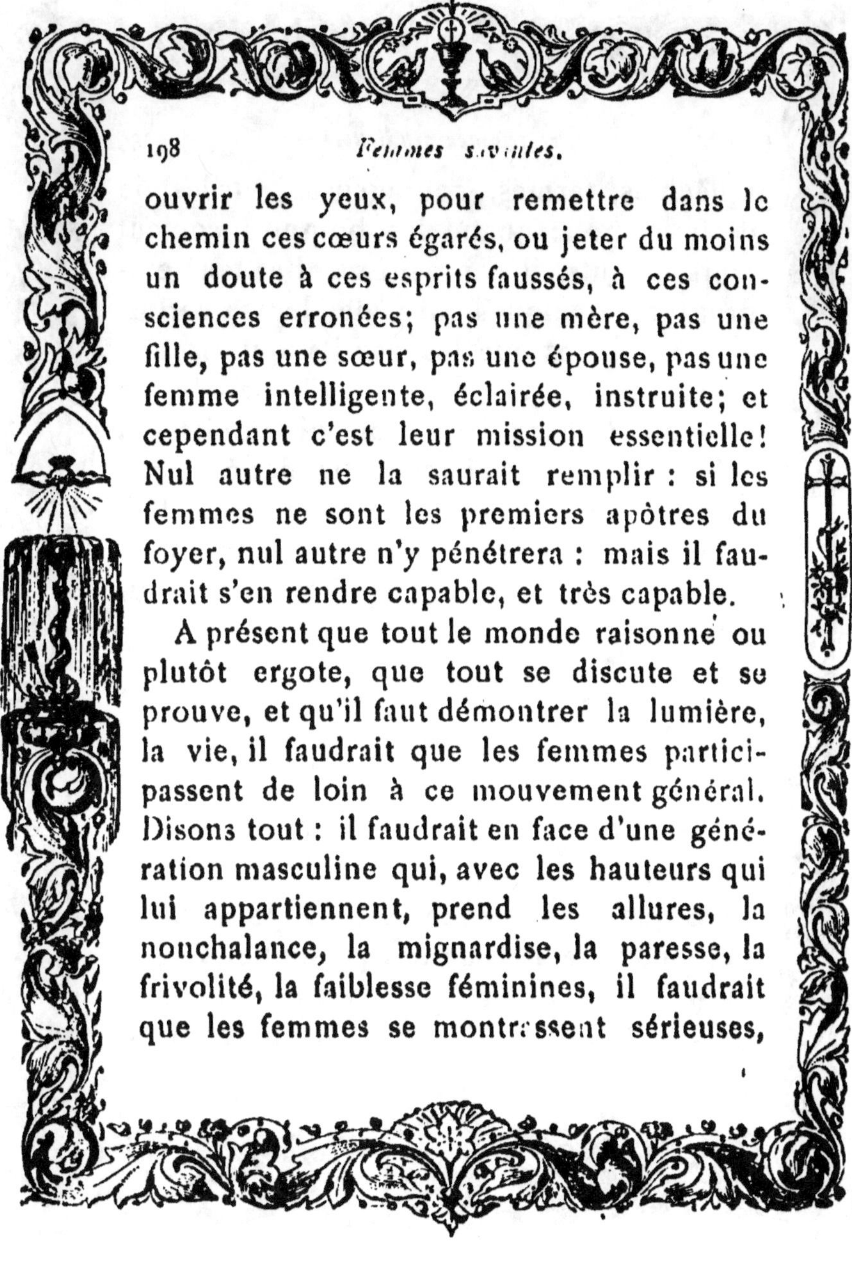

ouvrir les yeux, pour remettre dans le chemin ces cœurs égarés, ou jeter du moins un doute à ces esprits faussés, à ces consciences erronées; pas une mère, pas une fille, pas une sœur, pas une épouse, pas une femme intelligente, éclairée, instruite; et cependant c'est leur mission essentielle! Nul autre ne la saurait remplir : si les femmes ne sont les premiers apôtres du foyer, nul autre n'y pénétrera : mais il faudrait s'en rendre capable, et très capable.

A présent que tout le monde raisonne ou plutôt ergote, que tout se discute et se prouve, et qu'il faut démontrer la lumière, la vie, il faudrait que les femmes participassent de loin à ce mouvement général. Disons tout : il faudrait en face d'une génération masculine qui, avec les hauteurs qui lui appartiennent, prend les allures, la nonchalance, la mignardise, la paresse, la frivolité, la faiblesse féminines, il faudrait que les femmes se montrassent sérieuses,

réfléchies, fermes, courageuses, viriles, je
dirai le mot : quand les hommes copient
leurs défauts, il convient qu'elles leur em-
pruntent quelques-unes de leurs vertus.
« Il est temps que les esprits qui préten-
« dent à quelque usage de la pensée, se
« réveillent dans l'attention, dit noblement
« M. Caro : que chaque être doué de rai-
« son sache se protéger contre les malfai-
« teurs littéraires et repousser leurs atten-
« tats contre Dieu, contre l'âme, la vertu,
« la pudeur et la foi. »

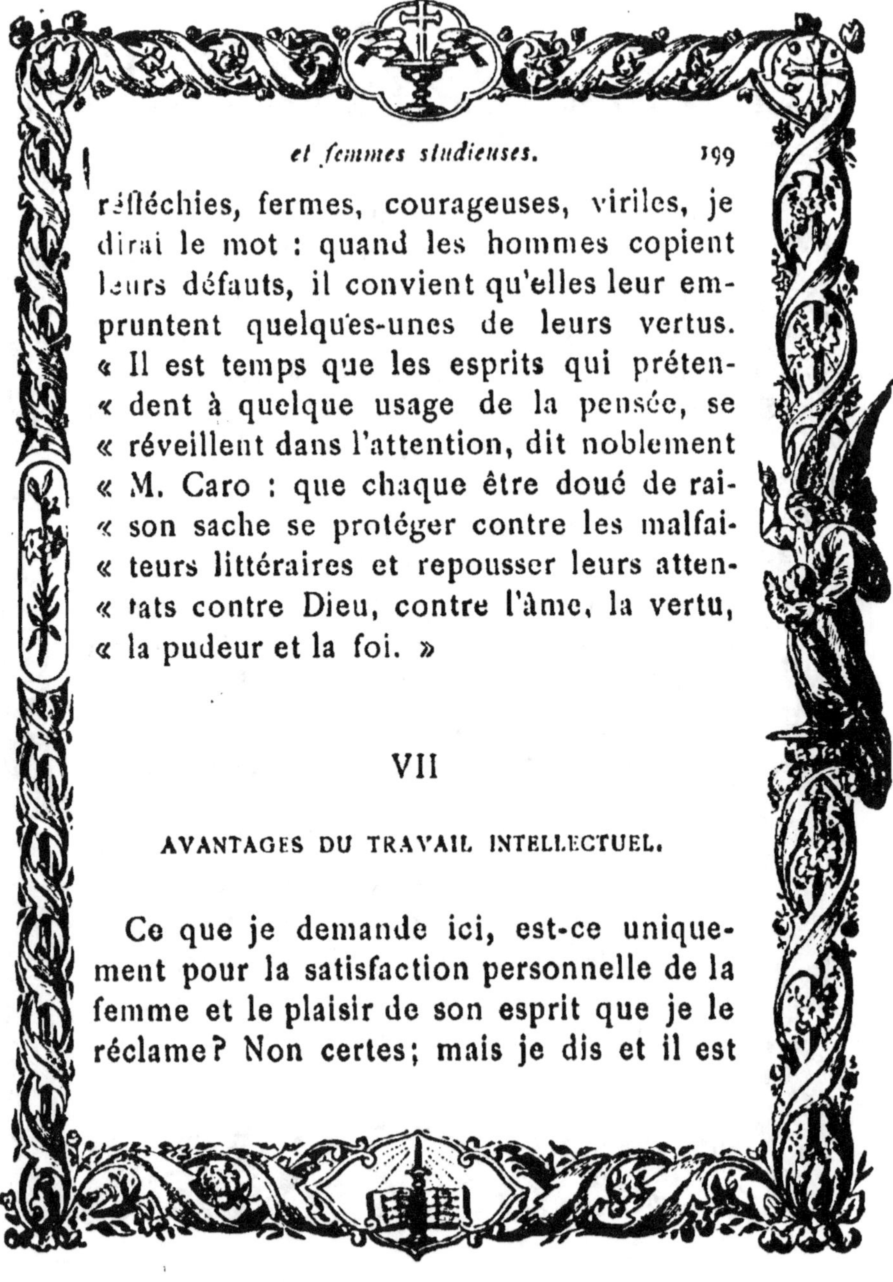

VII

AVANTAGES DU TRAVAIL INTELLECTUEL.

Ce que je demande ici, est-ce uniquement pour la satisfaction personnelle de la
femme et le plaisir de son esprit que je le
réclame? Non certes; mais je dis et il est

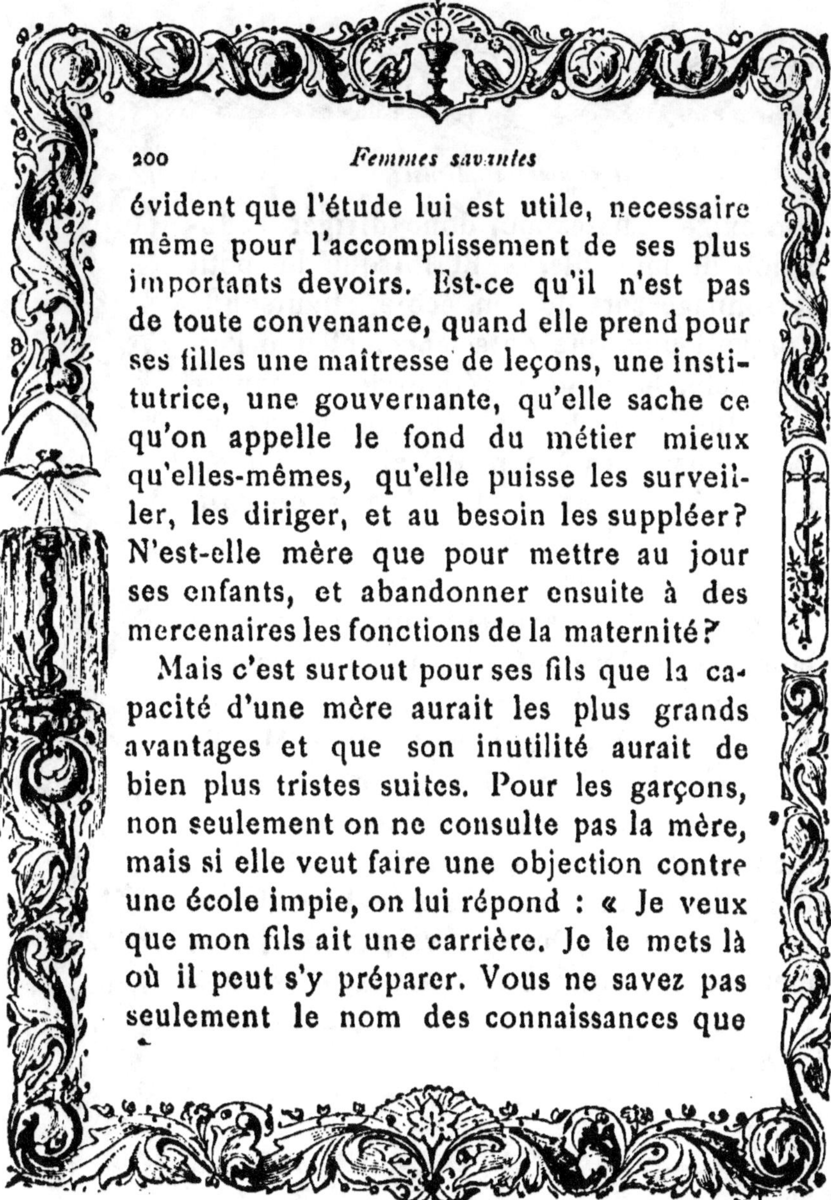

évident que l'étude lui est utile, necessaire même pour l'accomplissement de ses plus importants devoirs. Est-ce qu'il n'est pas de toute convenance, quand elle prend pour ses filles une maîtresse de leçons, une institutrice, une gouvernante, qu'elle sache ce qu'on appelle le fond du métier mieux qu'elles-mêmes, qu'elle puisse les surveiller, les diriger, et au besoin les suppléer? N'est-elle mère que pour mettre au jour ses enfants, et abandonner ensuite à des mercenaires les fonctions de la maternité?

Mais c'est surtout pour ses fils que la capacité d'une mère aurait les plus grands avantages et que son inutilité aurait de bien plus tristes suites. Pour les garçons, non seulement on ne consulte pas la mère, mais si elle veut faire une objection contre une école impie, on lui répond : « Je veux que mon fils ait une carrière. Je le mets là où il peut s'y préparer. Vous ne savez pas seulement le nom des connaissances que l'on exige. Laissez-moi donc diriger l'éducation de mon fils. » Et lorsque le petit personnage sort de son école, boursouflé d'orgueil plus que de science, et que l'esprit juste, le cœur chrétien de la pauvre mère lui fait apercevoir les sophismes que l'on a enseignés à son fils, elle est obligée de se taire, parce qu'elle n'a pas *un fait*, *une date* précise dans la mémoire, pour l'opposer à une erreur dangereuse.

D'ailleurs bien souvent un père, engagé dans une carrière spéciale, a perdu de vue le mouvement littéraire et artistique qui attire son fils devenu jeune homme. Mais la mère, si elle est intelligente et instruite, saura initier son fils à tout ce qu'elle a aimé et cultivé elle-même durant sa vie. Elle lui indiquera les bons auteurs et les bons livres, les lira avec lui, lui fera rejeter les livres mauvais, les auteurs dangereux, et stimulera ses goûts d'étude en les dirigeant toujours vers un but élevé.

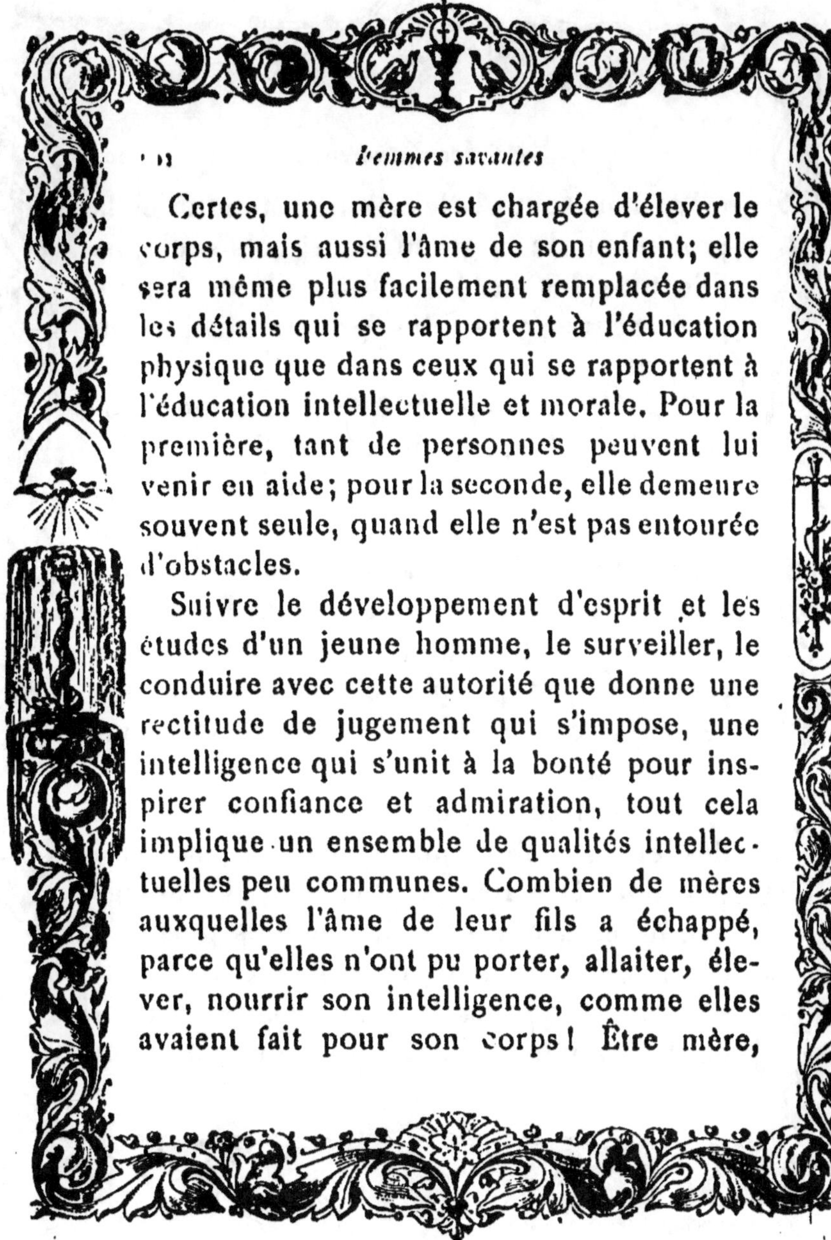

Certes, une mère est chargée d'élever le corps, mais aussi l'âme de son enfant; elle sera même plus facilement remplacée dans les détails qui se rapportent à l'éducation physique que dans ceux qui se rapportent à l'éducation intellectuelle et morale. Pour la première, tant de personnes peuvent lui venir en aide; pour la seconde, elle demeure souvent seule, quand elle n'est pas entourée d'obstacles.

Suivre le développement d'esprit et les études d'un jeune homme, le surveiller, le conduire avec cette autorité que donne une rectitude de jugement qui s'impose, une intelligence qui s'unit à la bonté pour inspirer confiance et admiration, tout cela implique un ensemble de qualités intellectuelles peu communes. Combien de mères auxquelles l'âme de leur fils a échappé, parce qu'elles n'ont pu porter, allaiter, élever, nourrir son intelligence, comme elles avaient fait pour son corps! Être mère,

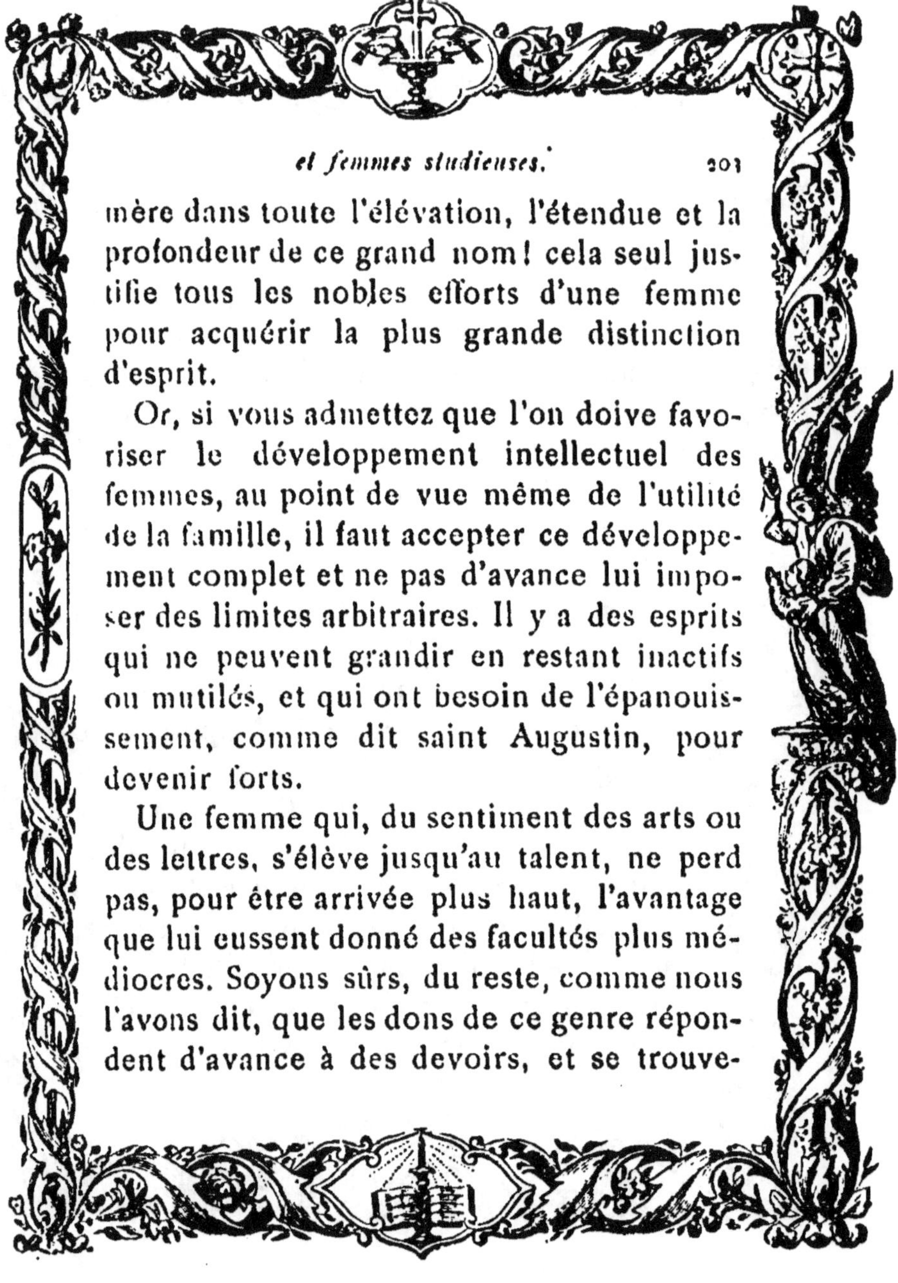

mère dans toute l'élévation, l'étendue et la profondeur de ce grand nom! cela seul justifie tous les nobles efforts d'une femme pour acquérir la plus grande distinction d'esprit.

Or, si vous admettez que l'on doive favoriser le développement intellectuel des femmes, au point de vue même de l'utilité de la famille, il faut accepter ce développement complet et ne pas d'avance lui imposer des limites arbitraires. Il y a des esprits qui ne peuvent grandir en restant inactifs ou mutilés, et qui ont besoin de l'épanouissement, comme dit saint Augustin, pour devenir forts.

Une femme qui, du sentiment des arts ou des lettres, s'élève jusqu'au talent, ne perd pas, pour être arrivée plus haut, l'avantage que lui eussent donné des facultés plus médiocres. Soyons sûrs, du reste, comme nous l'avons dit, que les dons de ce genre répondent d'avance à des devoirs, et se trouve-

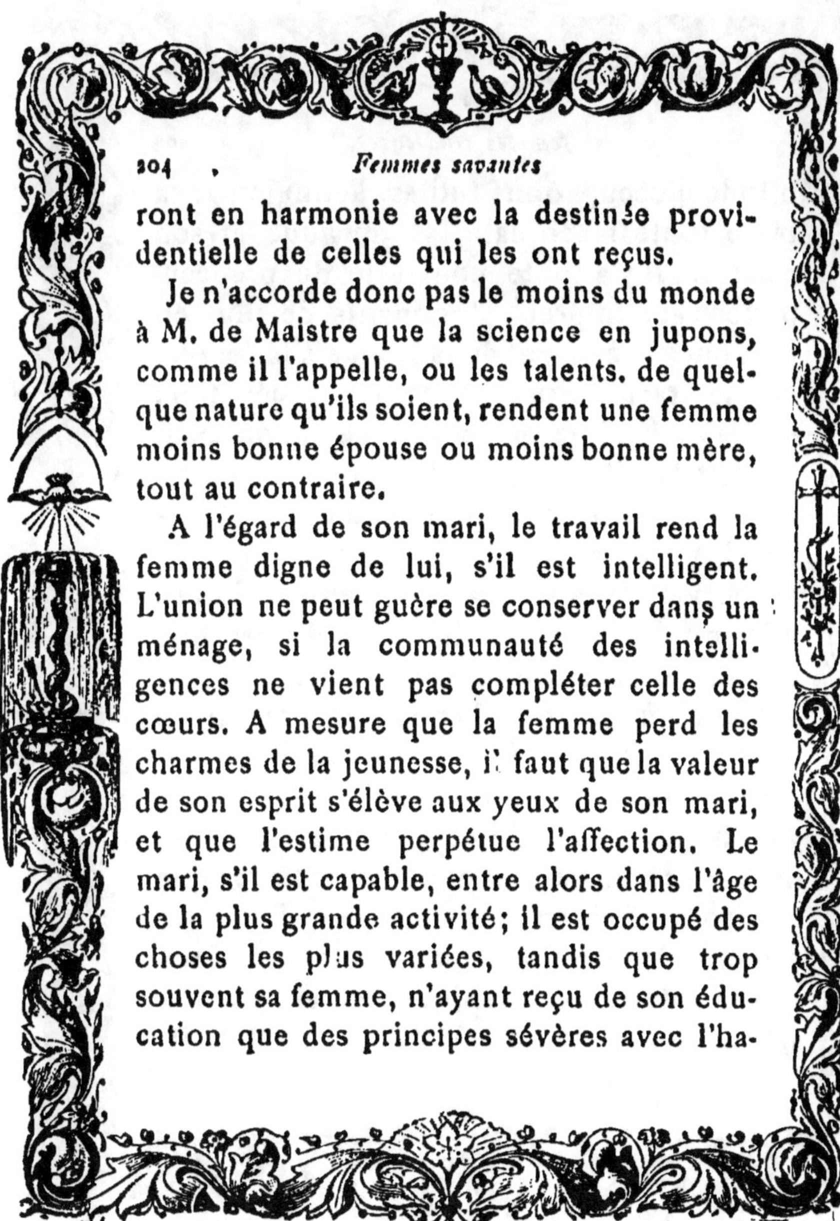

ront en harmonie avec la destinée providentielle de celles qui les ont reçus.

Je n'accorde donc pas le moins du monde
à M. de Maistre que la science en jupons,
comme il l'appelle, ou les talents. de quelque nature qu'ils soient, rendent une femme
moins bonne épouse ou moins bonne mère,
tout au contraire.

A l'égard de son mari, le travail rend la
femme digne de lui, s'il est intelligent.
L'union ne peut guère se conserver dans un
ménage, si la communauté des intelligences ne vient pas compléter celle des
cœurs. A mesure que la femme perd les
charmes de la jeunesse, il faut que la valeur
de son esprit s'élève aux yeux de son mari,
et que l'estime perpétue l'affection. Le
mari, s'il est capable, entre alors dans l'âge
de la plus grande activité; il est occupé des
choses les plus variées, tandis que trop
souvent sa femme, n'ayant reçu de son éducation que des principes sévères avec l'ha-

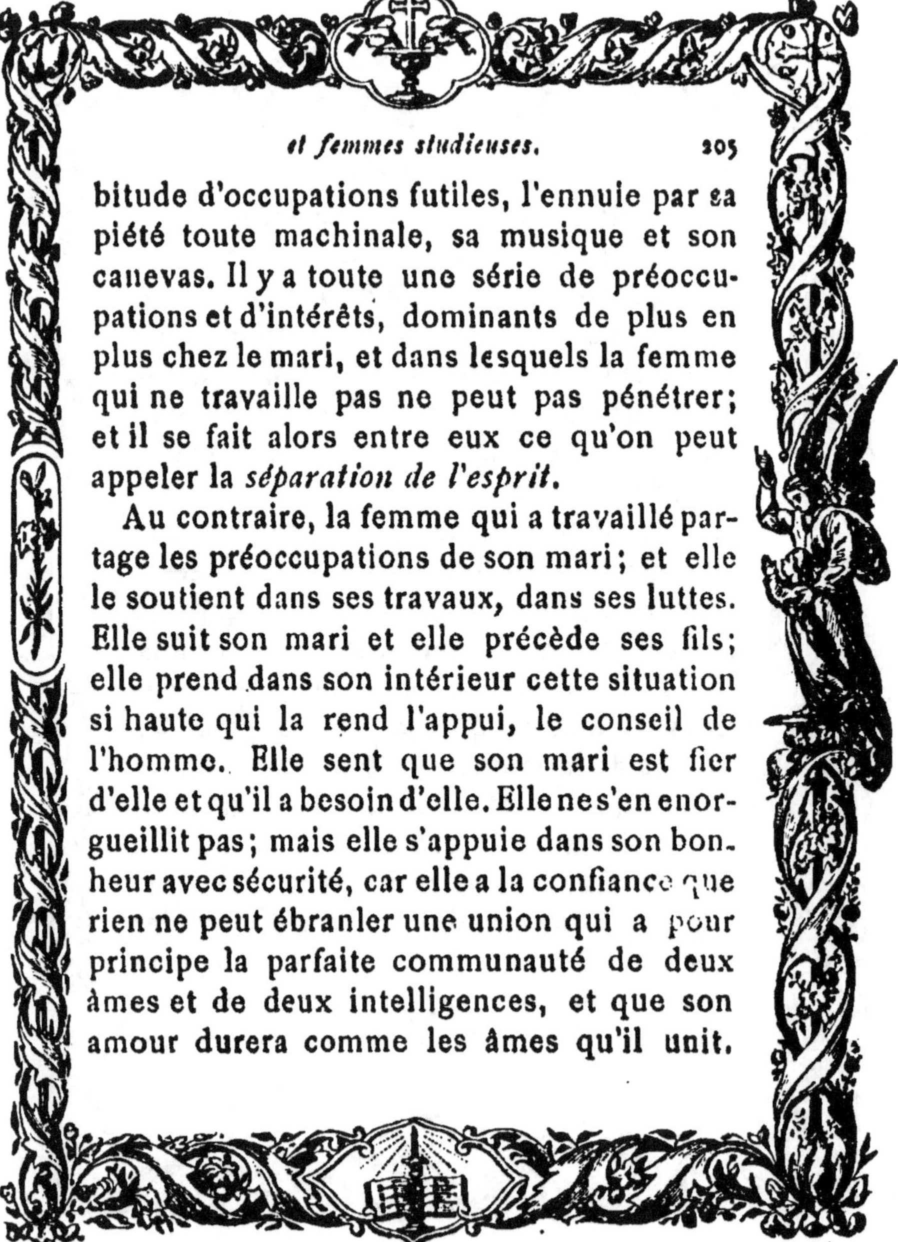

bitude d'occupations futiles, l'ennuie par sa piété toute machinale, sa musique et son canevas. Il y a toute une série de préoccupations et d'intérêts, dominants de plus en plus chez le mari, et dans lesquels la femme qui ne travaille pas ne peut pas pénétrer; et il se fait alors entre eux ce qu'on peut appeler la *séparation de l'esprit.*

Au contraire, la femme qui a travaillé partage les préoccupations de son mari; et elle le soutient dans ses travaux, dans ses luttes. Elle suit son mari et elle précède ses fils; elle prend dans son intérieur cette situation si haute qui la rend l'appui, le conseil de l'homme. Elle sent que son mari est fier d'elle et qu'il a besoin d'elle. Elle ne s'en enorgueillit pas; mais elle s'appuie dans son bonheur avec sécurité, car elle a la confiance que rien ne peut ébranler une union qui a pour principe la parfaite communauté de deux âmes et de deux intelligences, et que son amour durera comme les âmes qu'il unit.

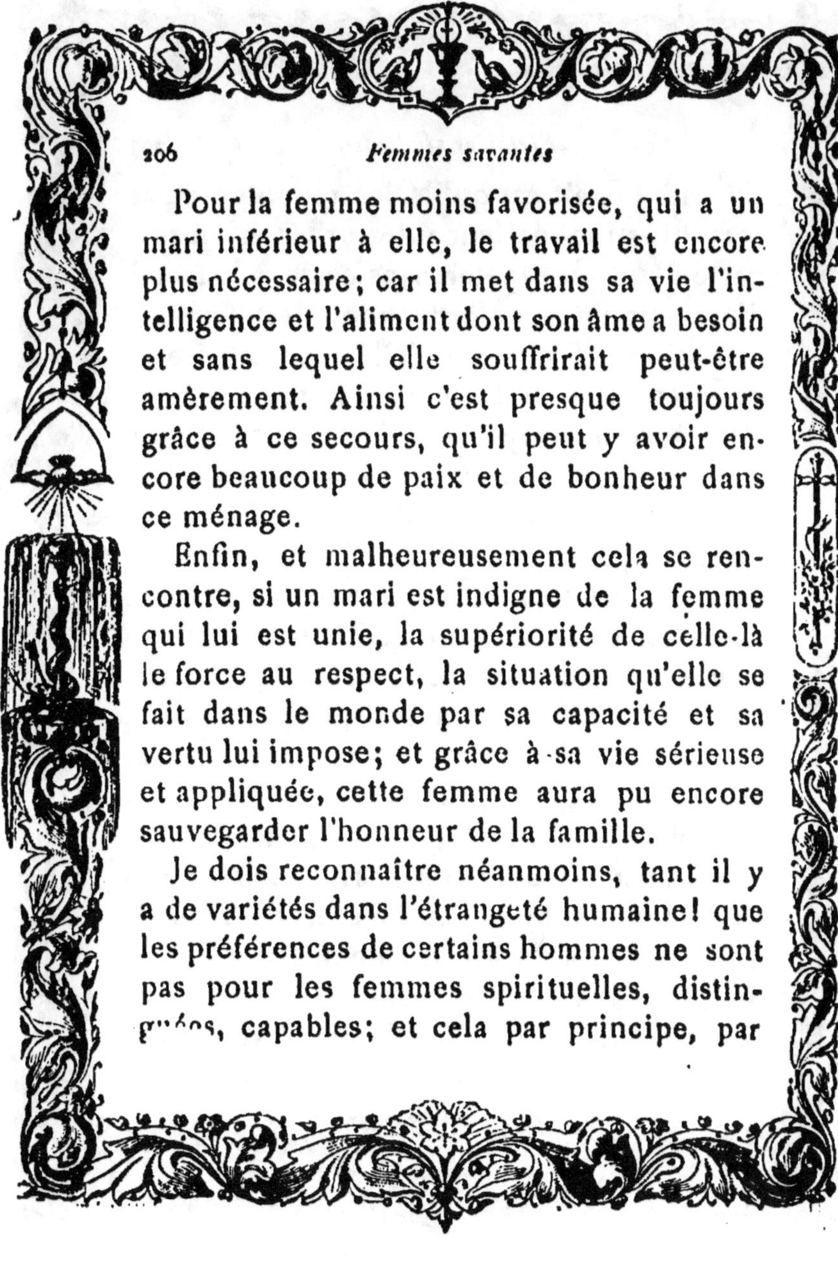

Pour la femme moins favorisée, qui a un mari inférieur à elle, le travail est encore plus nécessaire; car il met dans sa vie l'intelligence et l'aliment dont son âme a besoin et sans lequel elle souffrirait peut-être amèrement. Ainsi c'est presque toujours grâce à ce secours, qu'il peut y avoir encore beaucoup de paix et de bonheur dans ce ménage.

Enfin, et malheureusement cela se rencontre, si un mari est indigne de la femme qui lui est unie, la supériorité de celle-là le force au respect, la situation qu'elle se fait dans le monde par sa capacité et sa vertu lui impose; et grâce à sa vie sérieuse et appliquée, cette femme aura pu encore sauvegarder l'honneur de la famille.

Je dois reconnaître néanmoins, tant il y a de variétés dans l'étrangeté humaine! que les préférences de certains hommes ne sont pas pour les femmes spirituelles, distinguées, capables; et cela par principe, par

théorie. Le fait est qu'ils les redoutent, par
secret instinct de leur infériorité; et on m'a
parlé d'un qui répétait sans cesse, à la façon
d'un axiome : « Parlez-moi des femmes
« inutiles; il n'y a qu'elles qui n'embar-
« rassent pas. » Le même homme s'exta-
siait à tout propos sur le mérite de ces
excellentes femmes inutiles. La sienne, fort
distinguée, qu'il fatiguait de ce langage, se
contenta longtemps de lui répondre que les
maris de ces femmes n'étaient pas tous de
son avis. Enfin un jour qu'il recommençait
devant elle son propos favori, et qu'il ajou-
tait spirituellement, à son gré du moins :
« Je dirais bien à mes garçons d'épouser
« des femmes sottes; c'est charmant. A
« quoi sert l'esprit chez une femme? — A
« le transmettre avec son sang, » répondit
cette femme noble et sensée. La réponse
fut jugée bonne apparemment, car depuis
le propos ne reparut plus. Lorsqu'en effet un enfant a le bonheur d'avoir pour

mère une femme capable, et s'il a un père qui ressemble à cette mère, il est difficile que rien ne passe dans son âme de la distinction de ses parents : et les germes d'intelligence, transmis avec la vie, ont grande chance de se développer sous les influences qui présideront à son éducation. Ses parents sauront l'élever, le former, le diriger. Et c'est ainsi qu'on a des fils qui réussissent et font honneur au nom qu'ils portent; ils sont les premiers au collège, ils parviennent aux écoles, aux carrières, et sont un jour l'orgueil et la joie de leur famille. Voilà à quoi sert l'esprit chez une femme.

Il le faut bien entendre, la femme en devenant chrétienne est devenue la compagne de l'homme : *socia*; et de plus un secours, une aide, un appui, un conseil, *adjutorium*. La religion, qui a relevé son âme et son cœur, a rendu aussi son intelligence capable de comprendre, quelquefois

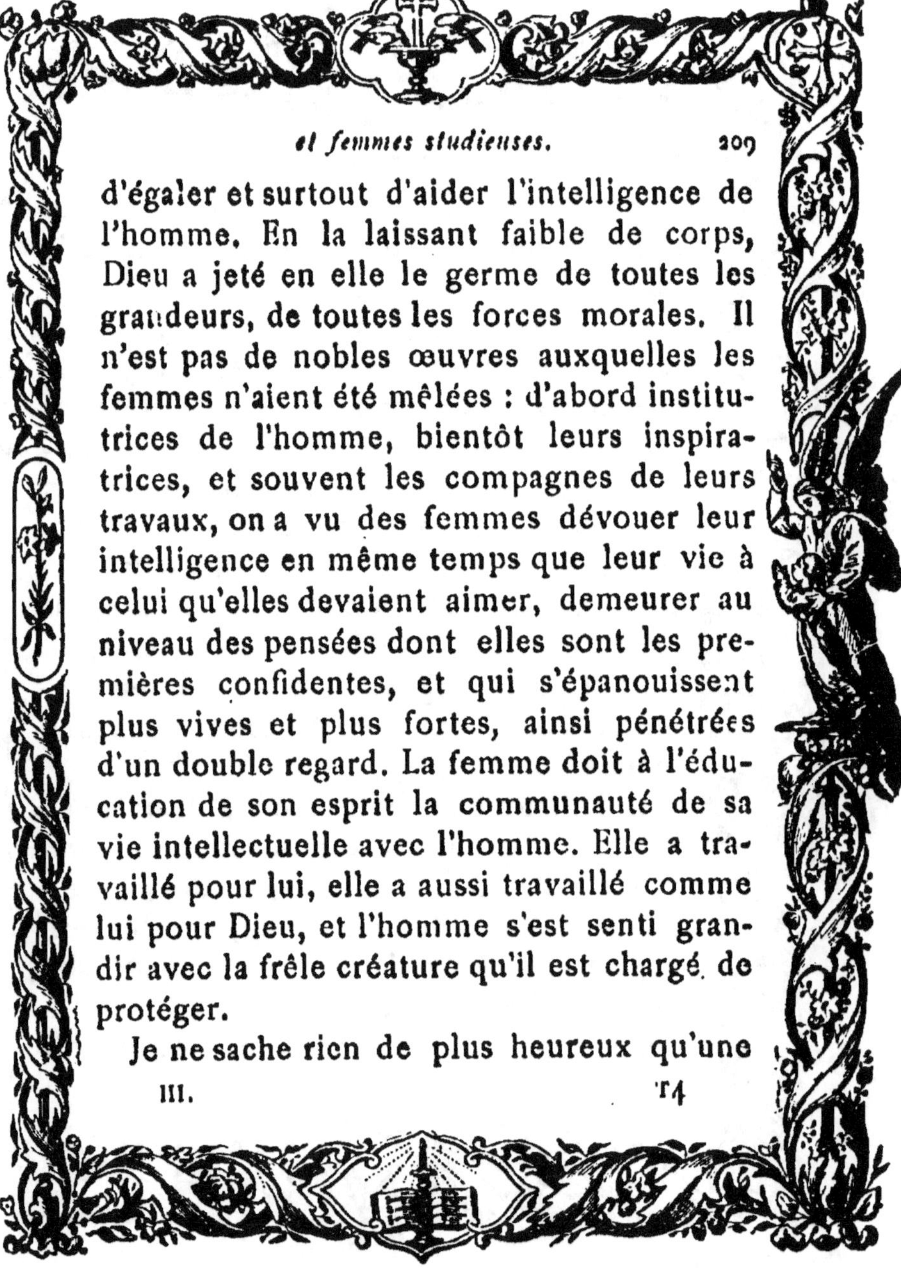

d'égaler et surtout d'aider l'intelligence de l'homme. En la laissant faible de corps, Dieu a jeté en elle le germe de toutes les grandeurs, de toutes les forces morales. Il n'est pas de nobles œuvres auxquelles les femmes n'aient été mêlées : d'abord institutrices de l'homme, bientôt leurs inspiratrices, et souvent les compagnes de leurs travaux, on a vu des femmes dévouer leur intelligence en même temps que leur vie à celui qu'elles devaient aimer, demeurer au niveau des pensées dont elles sont les premières confidentes, et qui s'épanouissent plus vives et plus fortes, ainsi pénétrées d'un double regard. La femme doit à l'éducation de son esprit la communauté de sa vie intellectuelle avec l'homme. Elle a travaillé pour lui, elle a aussi travaillé comme lui pour Dieu, et l'homme s'est senti grandir avec la frêle créature qu'il est chargé de protéger.

Je ne sache rien de plus heureux qu'une

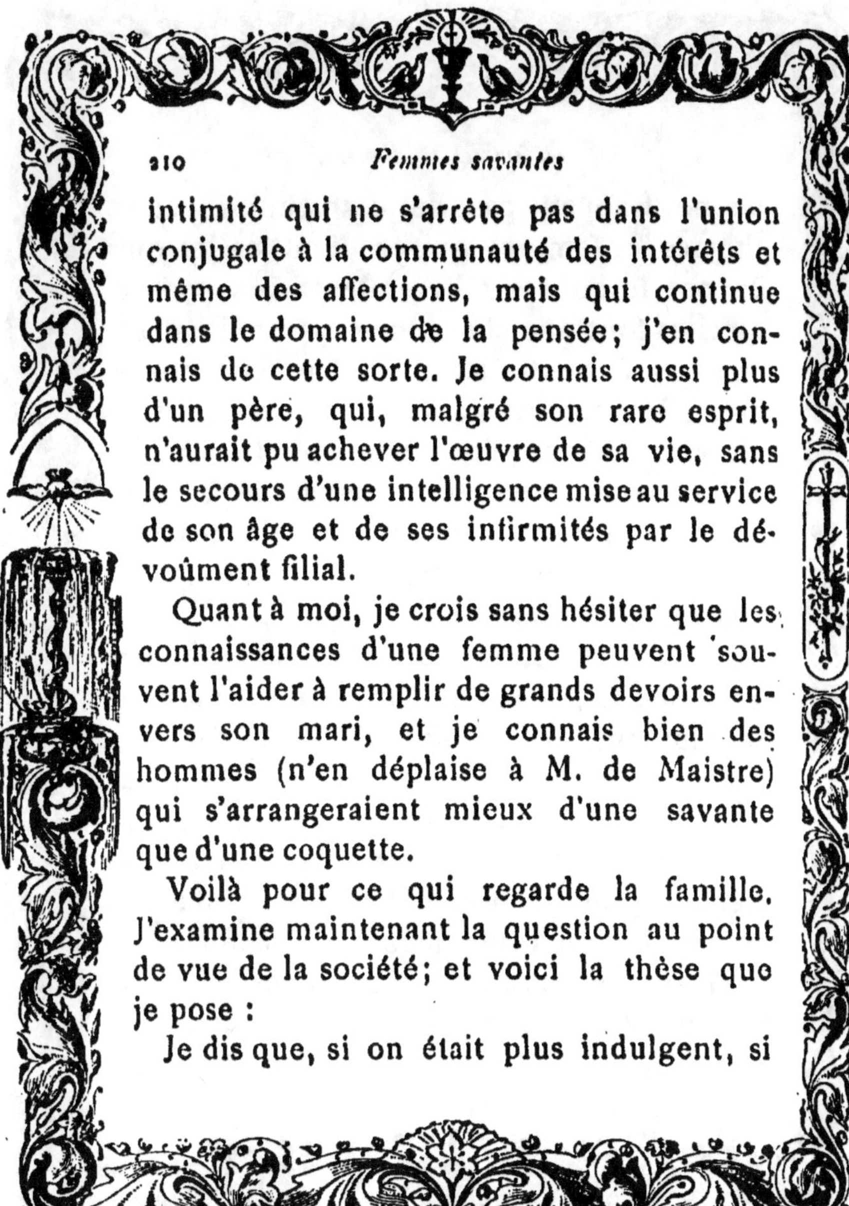

intimité qui ne s'arrête pas dans l'union conjugale à la communauté des intérêts et même des affections, mais qui continue dans le domaine de la pensée; j'en connais de cette sorte. Je connais aussi plus d'un père, qui, malgré son rare esprit, n'aurait pu achever l'œuvre de sa vie, sans le secours d'une intelligence mise au service de son âge et de ses infirmités par le dévoûment filial.

Quant à moi, je crois sans hésiter que les connaissances d'une femme peuvent souvent l'aider à remplir de grands devoirs envers son mari, et je connais bien des hommes (n'en déplaise à M. de Maistre) qui s'arrangeraient mieux d'une savante que d'une coquette.

Voilà pour ce qui regarde la famille. J'examine maintenant la question au point de vue de la société; et voici la thèse que je pose :

Je dis que, si on était plus indulgent, si

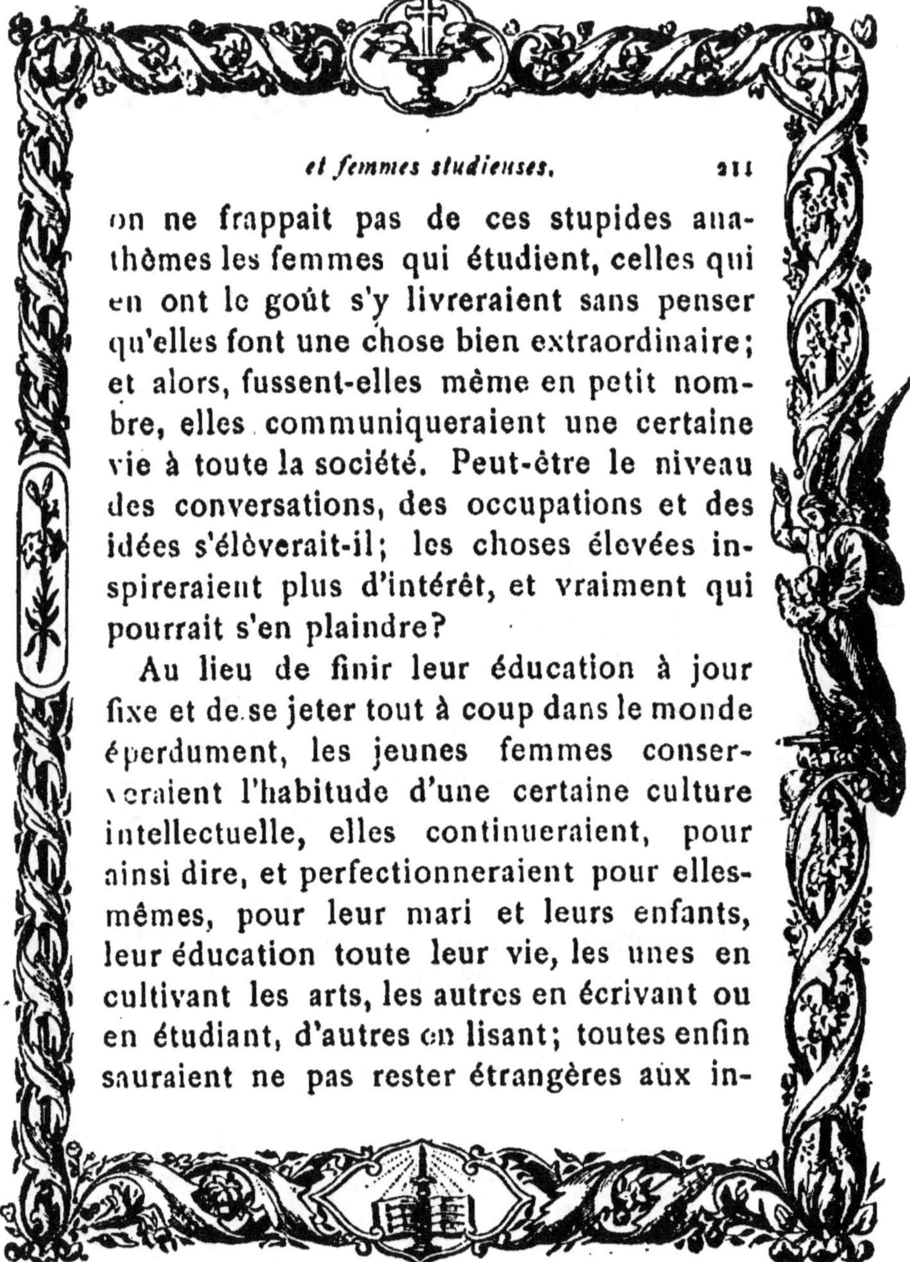

on ne frappait pas de ces stupides ana-
thèmes les femmes qui étudient, celles qui
en ont le goût s'y livreraient sans penser
qu'elles font une chose bien extraordinaire;
et alors, fussent-elles même en petit nombre, elles communiqueraient une certaine
vie à toute la société. Peut-être le niveau
des conversations, des occupations et des
idées s'élèverait-il; les choses élevées in-
spireraient plus d'intérêt, et vraiment qui
pourrait s'en plaindre?

Au lieu de finir leur éducation à jour
fixe et de se jeter tout à coup dans le monde
éperdument, les jeunes femmes conser-
veraient l'habitude d'une certaine culture
intellectuelle, elles continueraient, pour
ainsi dire, et perfectionneraient pour elles-
mêmes, pour leur mari et leurs enfants,
leur éducation toute leur vie, les unes en
cultivant les arts, les autres en écrivant ou
en étudiant, d'autres en lisant; toutes enfin
sauraient ne pas rester étrangères aux in-

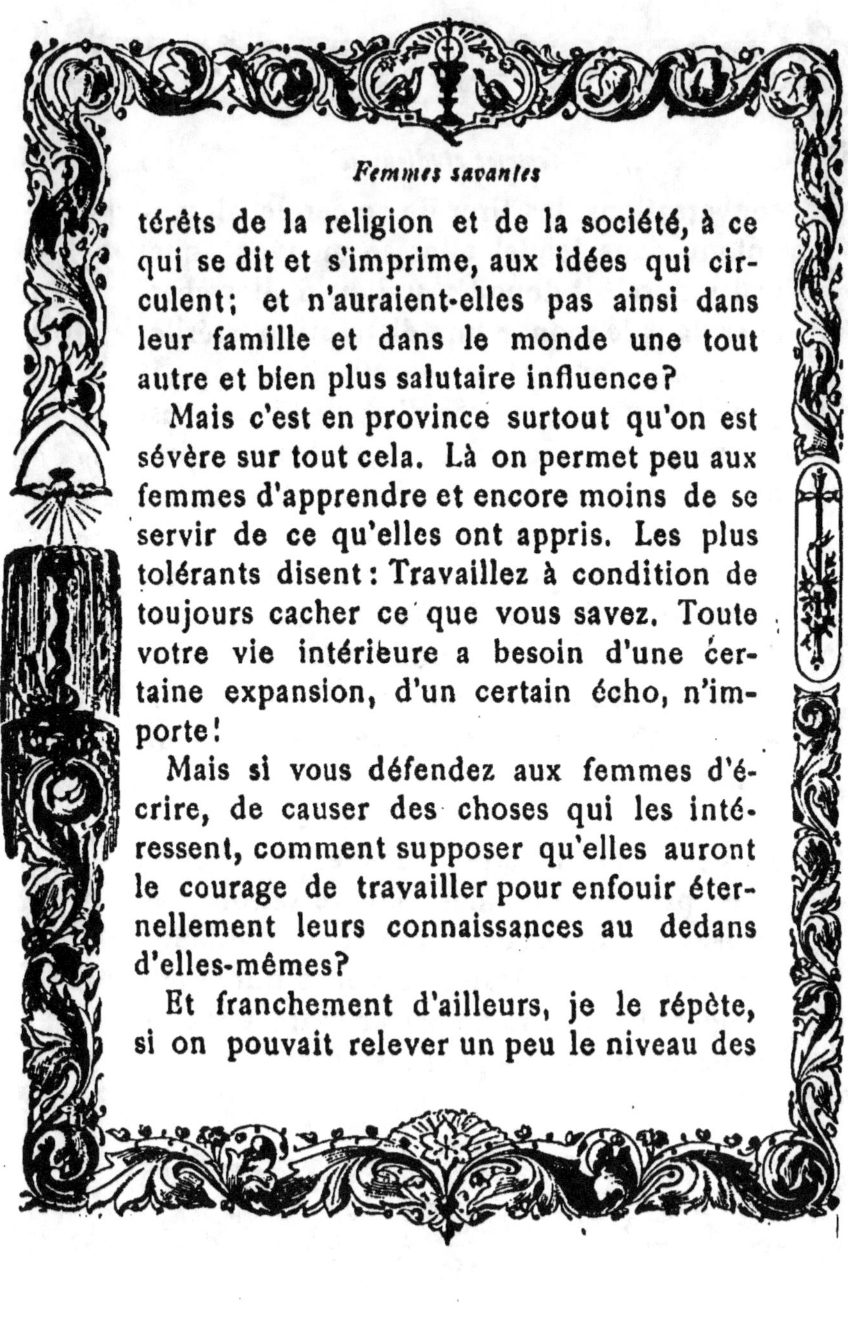

térêts de la religion et de la société, à ce qui se dit et s'imprime, aux idées qui circulent; et n'auraient-elles pas ainsi dans leur famille et dans le monde une tout autre et bien plus salutaire influence?

Mais c'est en province surtout qu'on est sévère sur tout cela. Là on permet peu aux femmes d'apprendre et encore moins de se servir de ce qu'elles ont appris. Les plus tolérants disent : Travaillez à condition de toujours cacher ce que vous savez. Toute votre vie intérieure a besoin d'une certaine expansion, d'un certain écho, n'importe!

Mais si vous défendez aux femmes d'écrire, de causer des choses qui les intéressent, comment supposer qu'elles auront le courage de travailler pour enfouir éternellement leurs connaissances au dedans d'elles-mêmes?

Et franchement d'ailleurs, je le répète, si on pouvait relever un peu le niveau des

conversations, les tirer de ce cercle si mo-
notone dans lequel elles se meuvent, quel
mal y aurait-il donc? Au lieu d'aller chercher dans le monde une distraction stérile,
et le plus souvent un ennui, si on pouvait
y établir un commerce d'esprit, si ce n'est
d'âme et de cœur, remplacer les histoires
des villes et les dissertations sur les modes,
par des causeries intéressantes où l'on ap-
prendrait quelque chose, d'où l'on rappor-
terait le profit qui résulte toujours de l'effort fait en commun pour s'élever vers le
sentiment du beau, vers les nobles pensées
et les nobles intérêts, ne serait-ce pas un
vrai progrès?

On trouve cela, dit-on, dans certains salons : on m'en a cité où les jeunes filles ne
sont pas exclues des conversations sérieuses; on ne les exile pas comme ailleurs,
dans un coin du salon où elles ont le pri-
vilège et l'habitude de parler entre elles de
toutes les niaiseries possibles : mais il leur

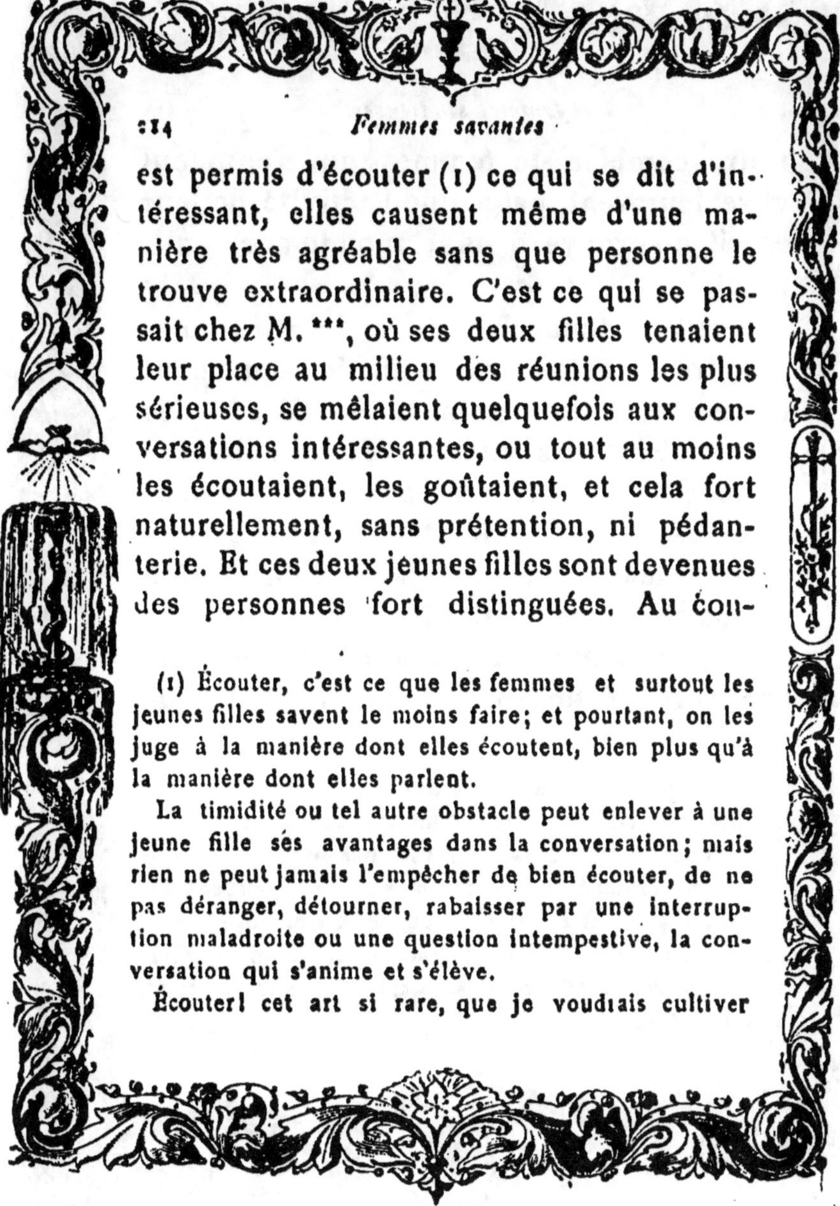

est permis d'écouter (1) ce qui se dit d'intéressant, elles causent même d'une manière très agréable sans que personne le
trouve extraordinaire. C'est ce qui se pas-
sait chez M. ***, où ses deux filles tenaient
leur place au milieu des réunions les plus
sérieuses, se mêlaient quelquefois aux conversations intéressantes, ou tout au moins
les écoutaient, les goûtaient, et cela fort
naturellement, sans prétention, ni pédanterie. Et ces deux jeunes filles sont devenues
des personnes fort distinguées. Au cou-

(1) Écouter, c'est ce que les femmes et surtout les
jeunes filles savent le moins faire; et pourtant, on les
juge à la manière dont elles écoutent, bien plus qu'à
la manière dont elles parlent.

La timidité ou tel autre obstacle peut enlever à une
jeune fille ses avantages dans la conversation; mais
rien ne peut jamais l'empêcher de bien écouter, de ne
pas déranger, détourner, rabaisser par une interruption maladroite ou une question intempestive, la conversation qui s'anime et s'élève.

Écouter! cet art si rare, que je voudrais cultiver

traire, combien de femmes qui s'ennuient et se dépravent, parce que l'activité de leur esprit ne trouve dans le monde aucun aliment!

Serait-ce donc si difficile de faire comprendre et admettre que le développement intellectuel des femmes par l'étude des lettres et des arts, au lieu d'être un élément étranger à la vie, un embarras qui leur crée des besoins en les détournant de leurs devoirs, leur est au contraire d'une utilité journalière dans la famille et la société?

Dans la famille dont elles créent en quelque sorte l'atmosphère morale, où tout

chez une jeune fille avant le dessin et la musique : le premier des arts libéraux, dit un spirituel auteur.

Et cet art-là au moins, il n'est pas de loi somptuaire qui l'interdise aux femmes. Elles peuvent le pratiquer, au grand bénéfice de ceux qui apprécient cette chose rare, délicate et charmante, qu'on appelle une bonne conversation, et sans même courir le danger du sarcasme ordinaire.

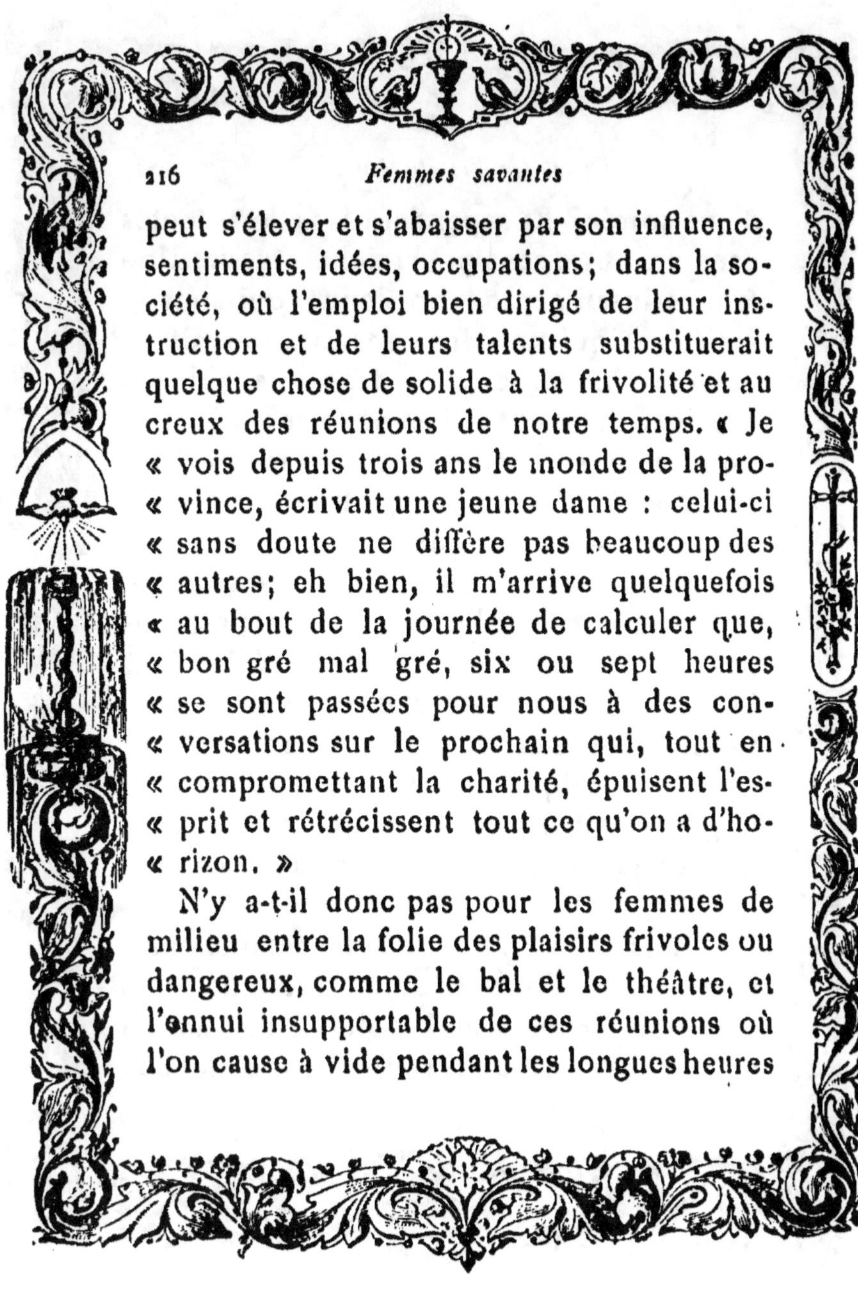

peut s'élever et s'abaisser par son influence,
sentiments, idées, occupations; dans la société, où l'emploi bien dirigé de leur instruction et de leurs talents substituerait
quelque chose de solide à la frivolité et au
creux des réunions de notre temps. « Je
« vois depuis trois ans le monde de la pro-
« vince, écrivait une jeune dame : celui-ci
« sans doute ne diffère pas beaucoup des
« autres; eh bien, il m'arrive quelquefois
« au bout de la journée de calculer que,
« bon gré mal gré, six ou sept heures
« se sont passées pour nous à des con-
« versations sur le prochain qui, tout en
« compromettant la charité, épuisent l'es-
« prit et rétrécissent tout ce qu'on a d'ho-
« rizon. »

N'y a-t-il donc pas pour les femmes de
milieu entre la folie des plaisirs frivoles ou
dangereux, comme le bal et le théâtre, et
l'ennui insupportable de ces réunions où
l'on cause à vide pendant les longues heures

d'une soirée? Et cependant les efforts tentés dans un autre sens pourraient réussir. Une femme intelligente, chrétienne, qui aime la société et qui ne danse pas, se trouvait de passage l'hiver dernier, dans une ville de province. Elle eut l'idée de faire de la musique dans son salon, mais de la musique sérieuse. On jouait des quatuors de Mozart et de Beethoven. L'admiration excitée par ces chefs-d'œuvre éleva naturellement les esprits au-dessus du niveau des préoccupations ordinaires qui ont leur écho dans le monde. Les conversations s'en ressentirent : tout le monde en fut charmé, et l'on rapporta quelque chose de ces soirées, où le goût du beau en se ranimant éveilla les bonnes pensées et fortifia les nobles sentiments.

Je suis convaincu que si les femmes prenaient ainsi l'initiative, pour donner une direction élevée à ce besoin de distraction que l'on cherche à satisfaire dans le monde;

si les hommes avaient d'autres moyens de leur plaire que la fadeur et la frivolité, peut-être les jeunes gens sans valeur se sentiraient-ils un peu moins les maîtres du monde, peut-être les clubs seraient-ils moins habituellement le refuge des hommes qui s'ennuient dans les salons. Si l'on avait vaincu le terrible préjugé qui condamne une femme à ne pas être instruite, *à ne pas causer de choses sérieuses, à ne pas même paraître s'y intéresser*, il y en aurait un bon nombre qui seraient capables de prendre un certain essor, et de s'intéresser à autre chose qu'à des chiffons. Par suite, la femme *intelligente* n'étant pas plus une exception que ne l'est aujourd'hui une femme *pianiste*, elle serait d'autant moins exposée au péril de l'orgueil que lui fait, dit-on, sa position de phénomène.

On ne peut détruire le monde, mais ne pourrait-on pas l'améliorer, en lui donnant un autre mobile que le plaisir enivrant ou

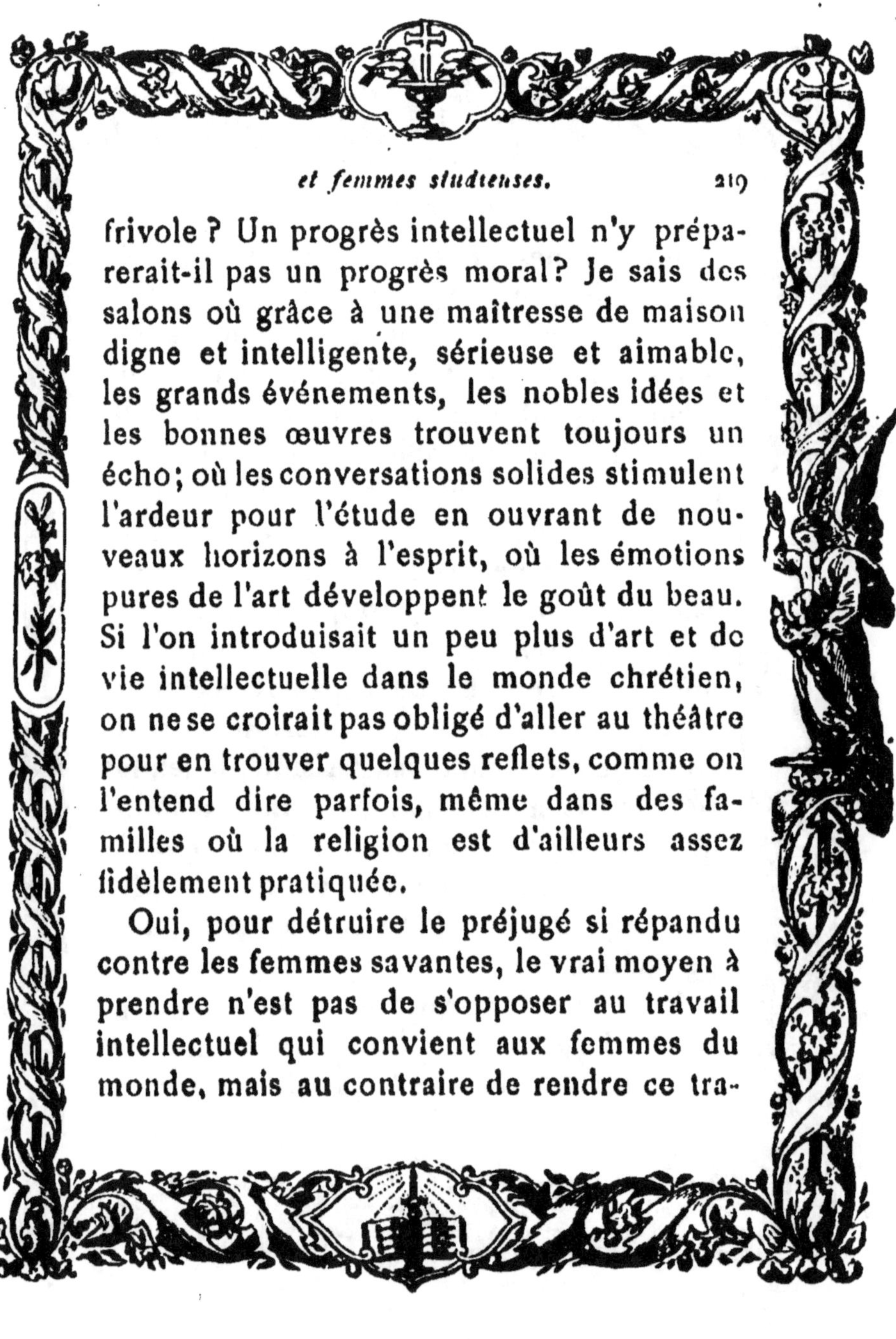

frivole ? Un progrès intellectuel n'y préparerait-il pas un progrès moral ? Je sais des salons où grâce à une maîtresse de maison digne et intelligente, sérieuse et aimable, les grands événements, les nobles idées et les bonnes œuvres trouvent toujours un écho ; où les conversations solides stimulent l'ardeur pour l'étude en ouvrant de nouveaux horizons à l'esprit, où les émotions pures de l'art développent le goût du beau. Si l'on introduisait un peu plus d'art et de vie intellectuelle dans le monde chrétien, on ne se croirait pas obligé d'aller au théâtre pour en trouver quelques reflets, comme on l'entend dire parfois, même dans des familles où la religion est d'ailleurs assez fidèlement pratiquée.

Oui, pour détruire le préjugé si répandu contre les femmes savantes, le vrai moyen à prendre n'est pas de s'opposer au travail intellectuel qui convient aux femmes du monde, mais au contraire de rendre ce travail chose commune et générale; et c'est ce que j'essaye de faire pour ma part. En effet, le danger vient de ce que l'instruction parmi les femmes est une exception; dès lors la femme instruite est tentée de s'enorgueillir d'un mérite qui devrait être regardé comme naturel. Dans un village, l'enfant qui sait bien lire et écrire au milieu de camarades ignorants, se croit une exception et s'imagine être destiné à devenir un monsieur; il quitte la charrue et prétend à un emploi de bureau. En Amérique, tout le monde sait lire et écrire, et les savants de l'école primaire restent à la charrue et charment seulement leurs veillées par la lecture.

On peut comparer à ces beaux esprits de village les femmes qui prétendent au titre de femme savante. Mais si les femmes regardaient toutes le travail comme un devoir, comme un secours, comme une nécessité de leur situation, une pratique commune soutiendrait leurs efforts, sans les exposer

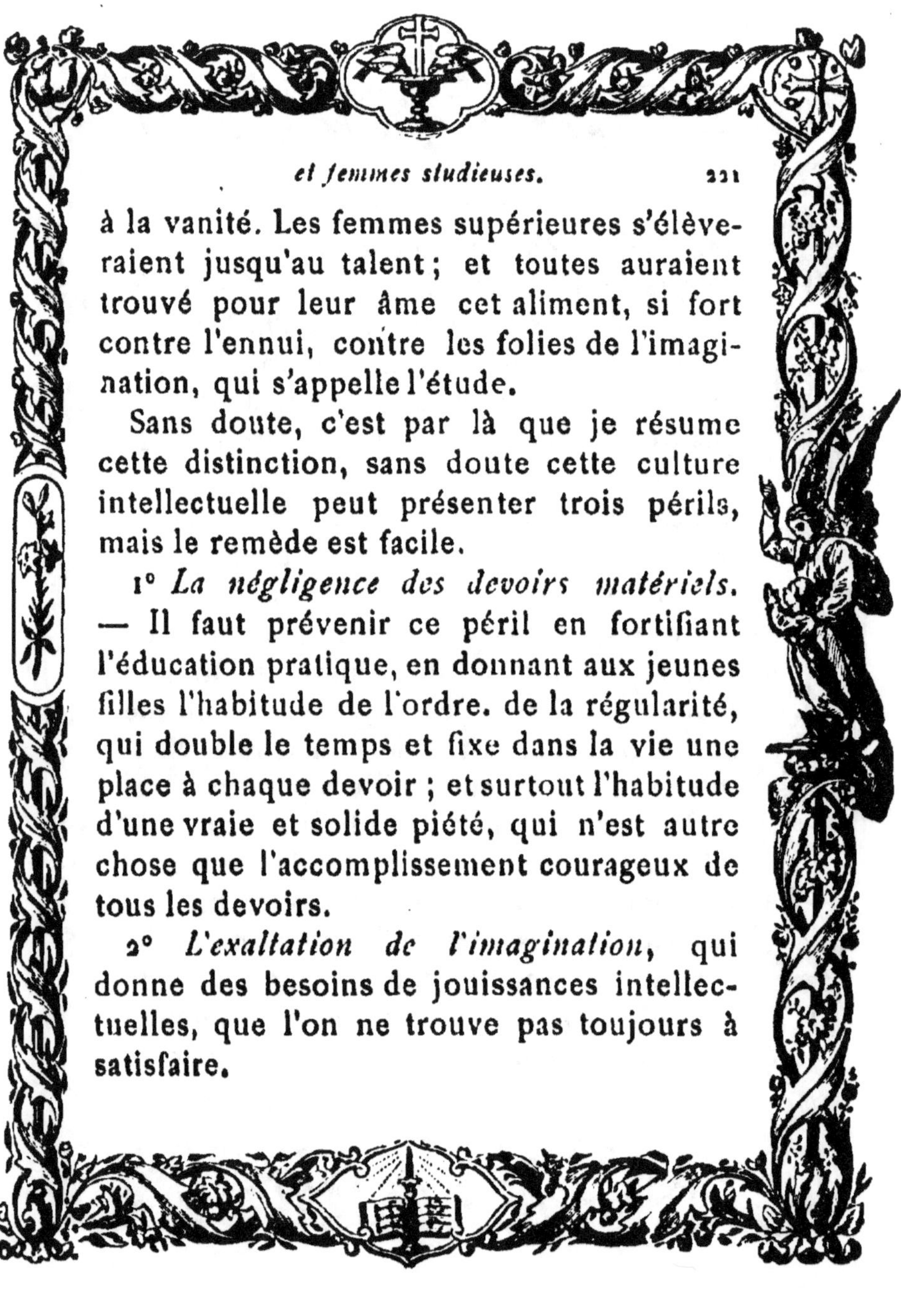

à la vanité. Les femmes supérieures s'élèveraient jusqu'au talent ; et toutes auraient
trouvé pour leur âme cet aliment, si fort
contre l'ennui, contre les folies de l'imagination, qui s'appelle l'étude.

Sans doute, c'est par là que je résume
cette distinction, sans doute cette culture
intellectuelle peut présenter trois périls,
mais le remède est facile.

1° *La négligence des devoirs matériels.*
— Il faut prévenir ce péril en fortifiant
l'éducation pratique, en donnant aux jeunes
filles l'habitude de l'ordre. de la régularité,
qui double le temps et fixe dans la vie une
place à chaque devoir ; et surtout l'habitude
d'une vraie et solide piété, qui n'est autre
chose que l'accomplissement courageux de
tous les devoirs.

2° *L'exaltation de l'imagination,* qui
donne des besoins de jouissances intellectuelles, que l'on ne trouve pas toujours à
satisfaire.

Mais ici encore, il y a moyen de tout équilibrer. Le point important est que l'éducation réponde aux dons de Dieu sans les dépasser ni les étouffer : ils portent d'ordinaire avec eux le contre poids de leurs périls. Une culture excessive est dangereuse, une culture insuffisante ne l'est pas moins — La piété d'ailleurs est ici encore un grand secours.

3° *L'orgueil*. — Il n'y a pour le prévenir que le bon sens cultivé chrétiennement. Il faut remarquer cependant que, si la culture de l'esprit, comme les agréments du corps, peut exciter l'orgueil, l'étude a au moins un contrepoids : elle met quelque chose de sérieux et de lumineux dans l'esprit, tandis que les succès dus à la beauté et à la toilette ne sont jamais que frivoles ou mauvais.

L'orgueil, oui, voilà, j'en conviens, une raison spécieuse pour soutenir les systèmes restrictifs de l'intelligence féminine. On

veut leur conserver une modestie qui est,
dit-on, leur plus bel ornement. Je suis parfaitement d'avis que la modestie est non
seulement une vertu, mais un grand charme.
Mais il n'est point du tout clair pour moi
que l'ignorance en soit la meilleure gar-
dienne. Je dirai encore que, prise en un
certain sens, elle est vertu païenne, c'est-
à-dire fausse ou très imparfaite. Donnez à
une femme toute la science, tous les talents,
tout le développement dont elle est capable :
donnez-lui en même temps l'humilité chrétienne, et elle sera ornée d'une simplicité et
d'une modestie bien plus vraies et bien plus
aimables qu'une pauvre Hindoue, qui se croit
un animal d'une espèce un peu supérieure
aux guenons de la basse-cour, mais bien in-
férieure à la nature de son mari. Cette humilité éclairée sera une vraie vertu, et elle
deviendra la mère de plusieurs autres vertus,
et l'inspiration d'un plus haut degré de perfection. Car l'humilité n'empêche point de

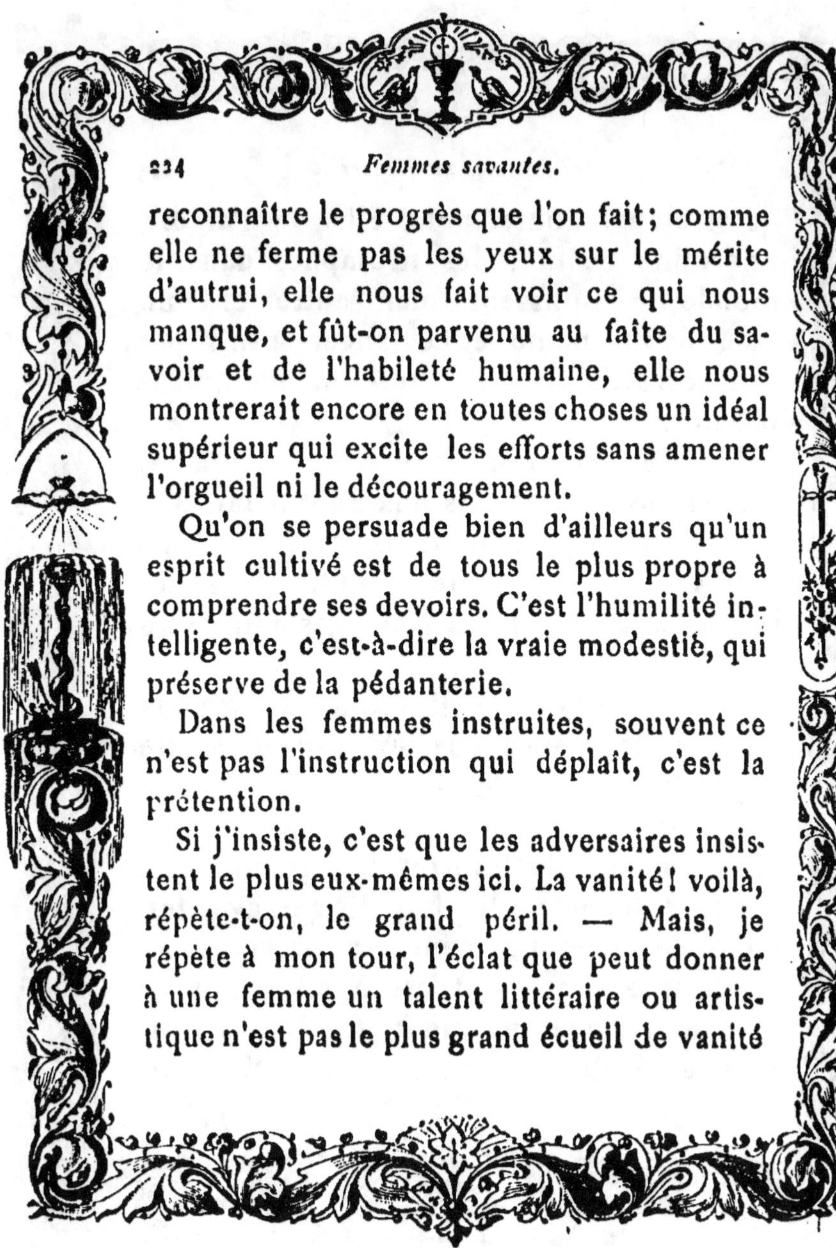

reconnaître le progrès que l'on fait; comme elle ne ferme pas les yeux sur le mérite d'autrui, elle nous fait voir ce qui nous manque, et fût-on parvenu au faîte du savoir et de l'habileté humaine, elle nous montrerait encore en toutes choses un idéal supérieur qui excite les efforts sans amener l'orgueil ni le découragement.

Qu'on se persuade bien d'ailleurs qu'un esprit cultivé est de tous le plus propre à comprendre ses devoirs. C'est l'humilité intelligente, c'est-à-dire la vraie modestié, qui préserve de la pédanterie.

Dans les femmes instruites, souvent ce n'est pas l'instruction qui déplaît, c'est la prétention.

Si j'insiste, c'est que les adversaires insistent le plus eux-mêmes ici. La vanité! voilà, répète-t-on, le grand péril. — Mais, je répète à mon tour, l'éclat que peut donner à une femme un talent littéraire ou artistique n'est pas le plus grand écueil de vanité

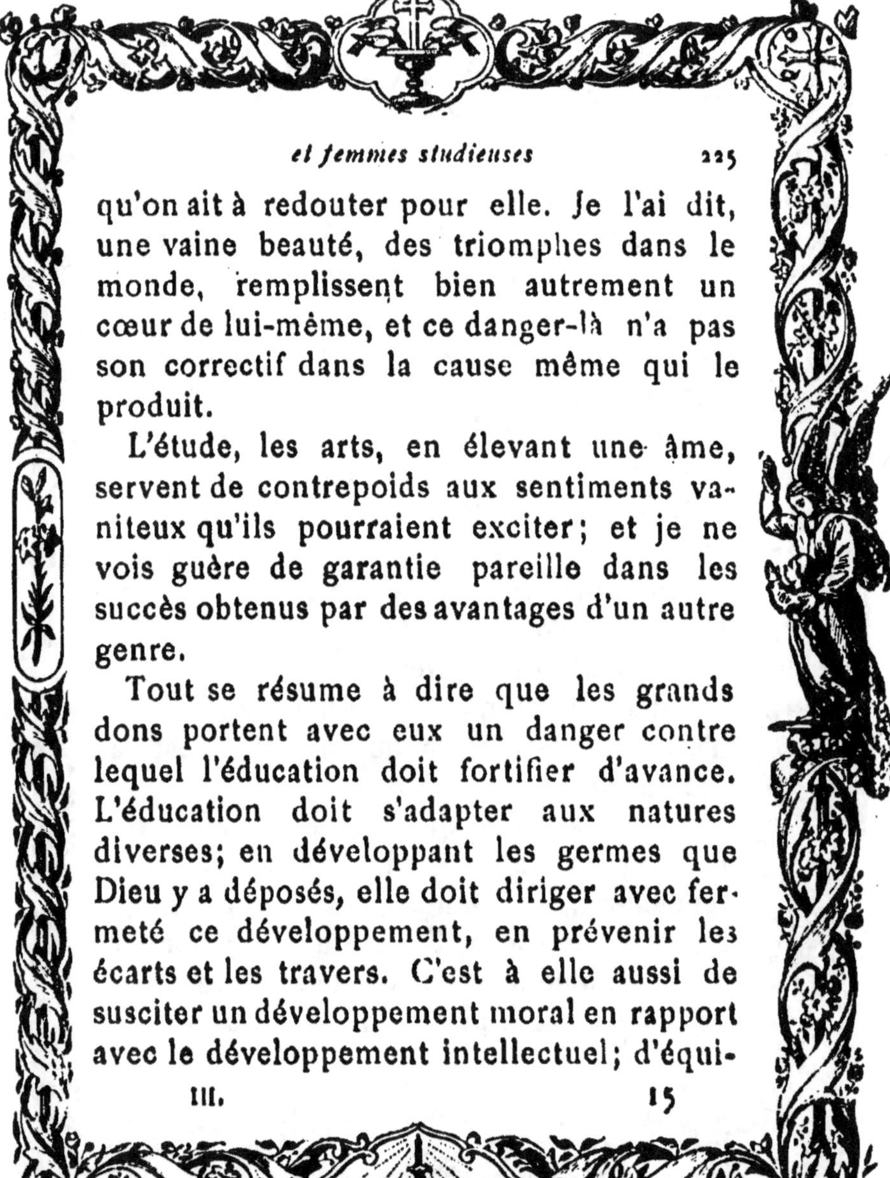

qu'on ait à redouter pour elle. Je l'ai dit, une vaine beauté, des triomphes dans le monde, remplissent bien autrement un cœur de lui-même, et ce danger-là n'a pas son correctif dans la cause même qui le produit.

L'étude, les arts, en élevant une âme, servent de contrepoids aux sentiments vaniteux qu'ils pourraient exciter; et je ne vois guère de garantie pareille dans les succès obtenus par des avantages d'un autre genre.

Tout se résume à dire que les grands dons portent avec eux un danger contre lequel l'éducation doit fortifier d'avance. L'éducation doit s'adapter aux natures diverses; en développant les germes que Dieu y a déposés, elle doit diriger avec fermeté ce développement, en prévenir les écarts et les travers. C'est à elle aussi de susciter un développement moral en rapport avec le développement intellectuel; d'équi-

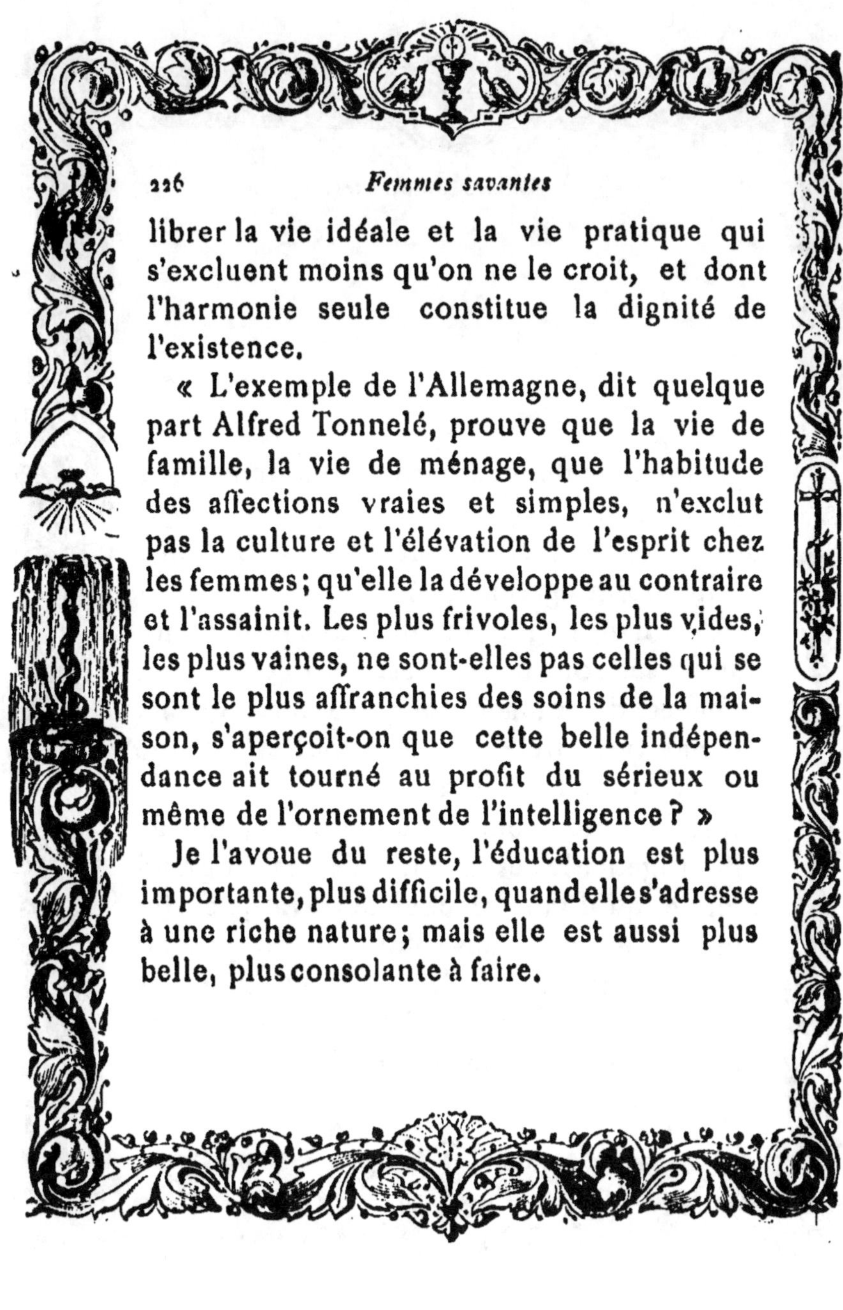

librer la vie idéale et la vie pratique qui s'excluent moins qu'on ne le croit, et dont l'harmonie seule constitue la dignité de l'existence.

« L'exemple de l'Allemagne, dit quelque part Alfred Tonnelé, prouve que la vie de famille, la vie de ménage, que l'habitude des affections vraies et simples, n'exclut pas la culture et l'élévation de l'esprit chez les femmes; qu'elle la développe au contraire et l'assainit. Les plus frivoles, les plus vides, les plus vaines, ne sont-elles pas celles qui se sont le plus affranchies des soins de la maison, s'aperçoit-on que cette belle indépendance ait tourné au profit du sérieux ou même de l'ornement de l'intelligence ? »

Je l'avoue du reste, l'éducation est plus importante, plus difficile, quand elle s'adresse à une riche nature; mais elle est aussi plus belle, plus consolante à faire.

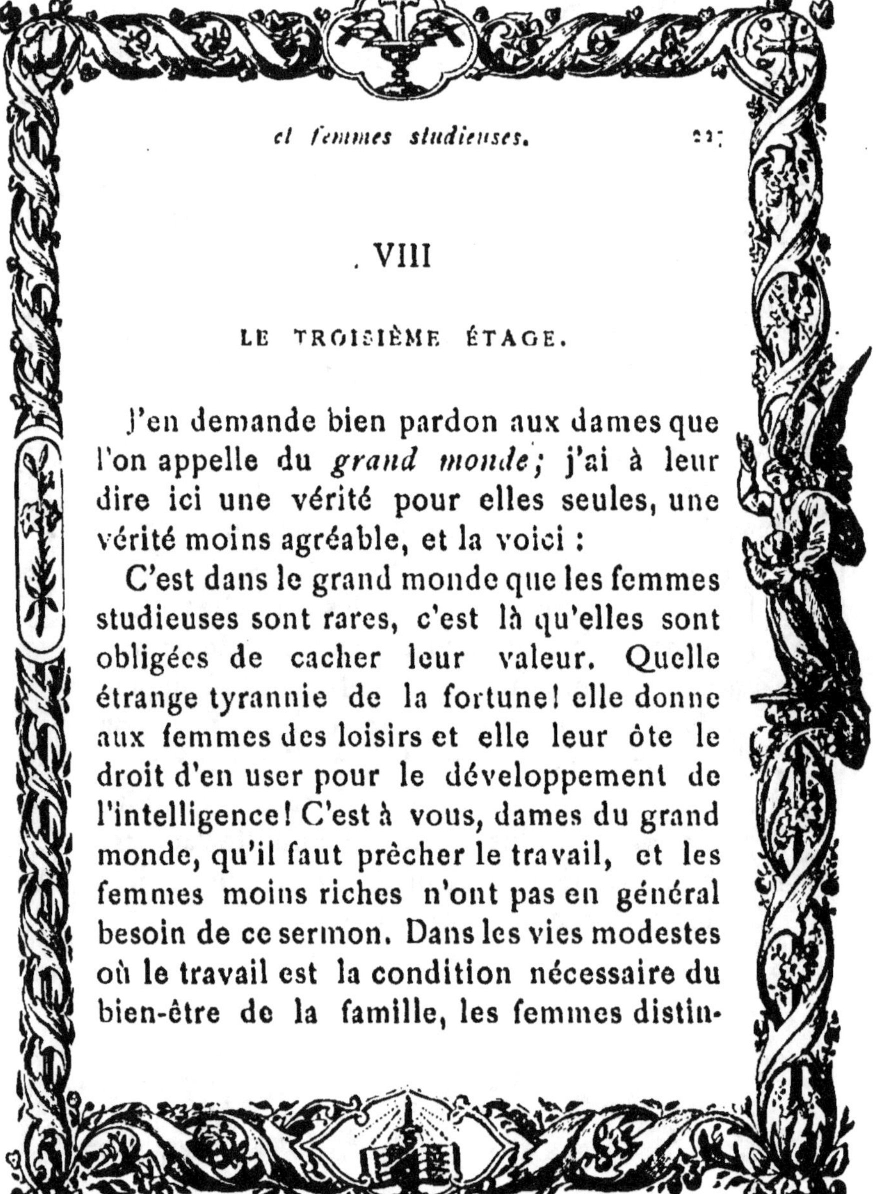

VIII

LE TROISIÈME ÉTAGE.

J'en demande bien pardon aux dames que l'on appelle du *grand monde;* j'ai à leur dire ici une vérité pour elles seules, une vérité moins agréable, et la voici :

C'est dans le grand monde que les femmes studieuses sont rares, c'est là qu'elles sont obligées de cacher leur valeur. Quelle étrange tyrannie de la fortune! elle donne aux femmes des loisirs et elle leur ôte le droit d'en user pour le développement de l'intelligence! C'est à vous, dames du grand monde, qu'il faut prêcher le travail, et les femmes moins riches n'ont pas en général besoin de ce sermon. Dans les vies modestes où le travail est la condition nécessaire du bien-être de la famille, les femmes distinguées sont nombreuses. C'est dans l'intérieur de l'artiste, du savant, du médecin, de l'avocat, du juge, du professeur, que l'on trouve plus souvent ces femmes studieuses, capables, qui comprennent les arts, qui possèdent elles-mêmes de vrais talents, qui sont très instruites, sans que personne songe à les appeler des *femmes savantes*, parce que leur intelligence est l'honneur, le trésor de la famille, et qu'à l'aide de cette intelligence elles assurent l'aisance, le bien-être de la maison, et même ce luxe délicat où la richesse n'a aucune part et dont le goût de la femme fait tous les frais. La forme des meubles est jolie, leur arrangement gracieux, des gravures rappellent les œuvres d'art préférées, et révèlent ce qui est aimé, admiré dans la maison. Des fleurs, des tableaux, des livres, une bibliothèque pas très considérable mais très bien choisie (1).

(1) Certaines femmes n'ont pas de livres parce

de la musique, des ouvrages agréables, tout prouve un intérieur où l'on vit beaucoup, d'où l'on sort peu, et où se trouve le bonheur. Ce n'est pas une de ces demeures vides et magnifiques dont les maîtres sont toujours absents, poursuivant le plaisir avec une activité fiévreuse, et fuyant l'ennui d'un *chez soi* qui n'a d'attrait que pendant qu'on le meuble, et qui devient fastidieux dès que

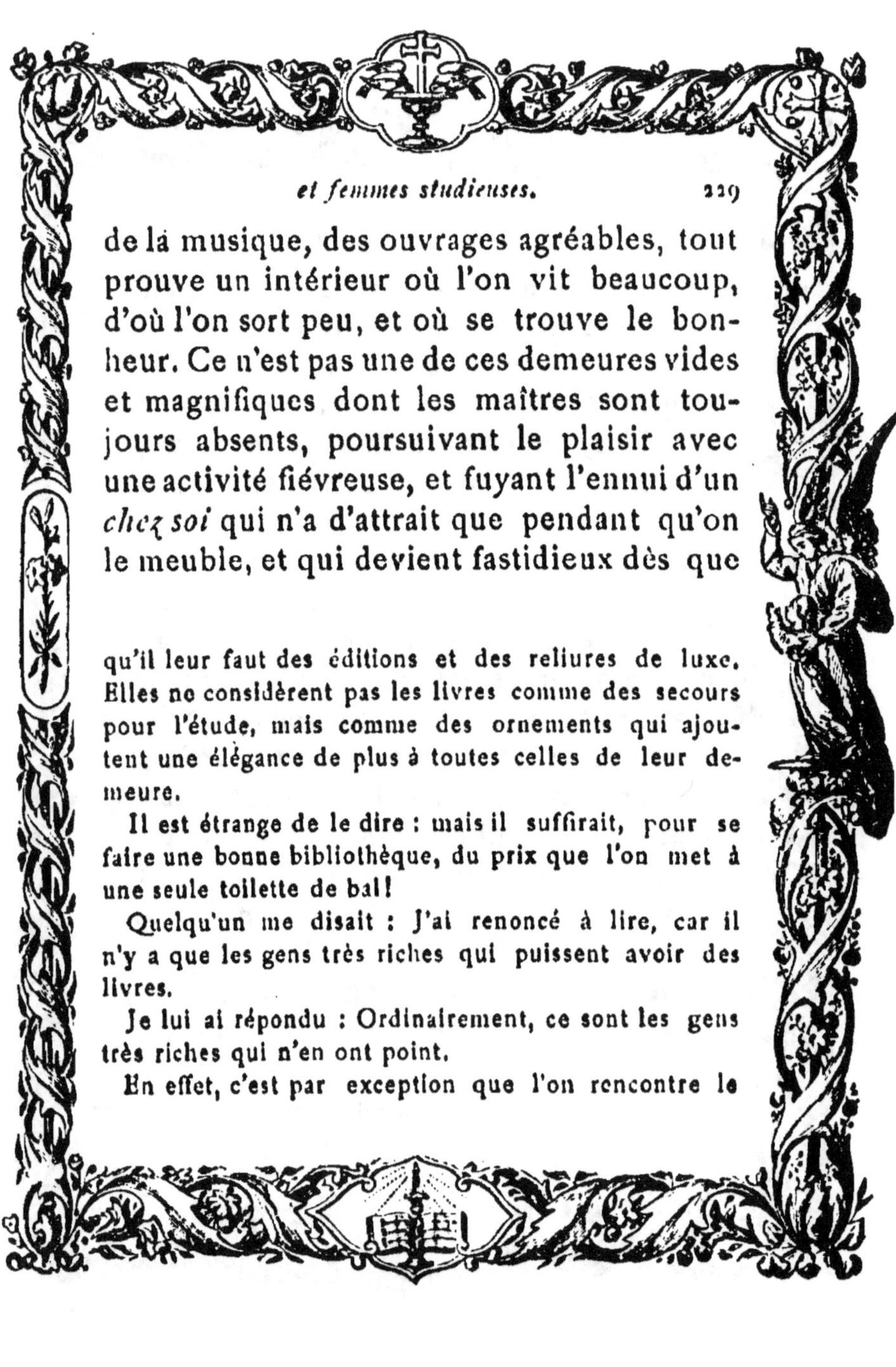

qu'il leur faut des éditions et des reliures de luxe. Elles ne considèrent pas les livres comme des secours pour l'étude, mais comme des ornements qui ajoutent une élégance de plus à toutes celles de leur demeure.

Il est étrange de le dire : mais il suffirait, pour se faire une bonne bibliothèque, du prix que l'on met à une seule toilette de bal !

Quelqu'un me disait : J'ai renoncé à lire, car il n'y a que les gens très riches qui puissent avoir des livres.

Je lui ai répondu : Ordinairement, ce sont les gens très riches qui n'en ont point.

En effet, c'est par exception que l'on rencontre le

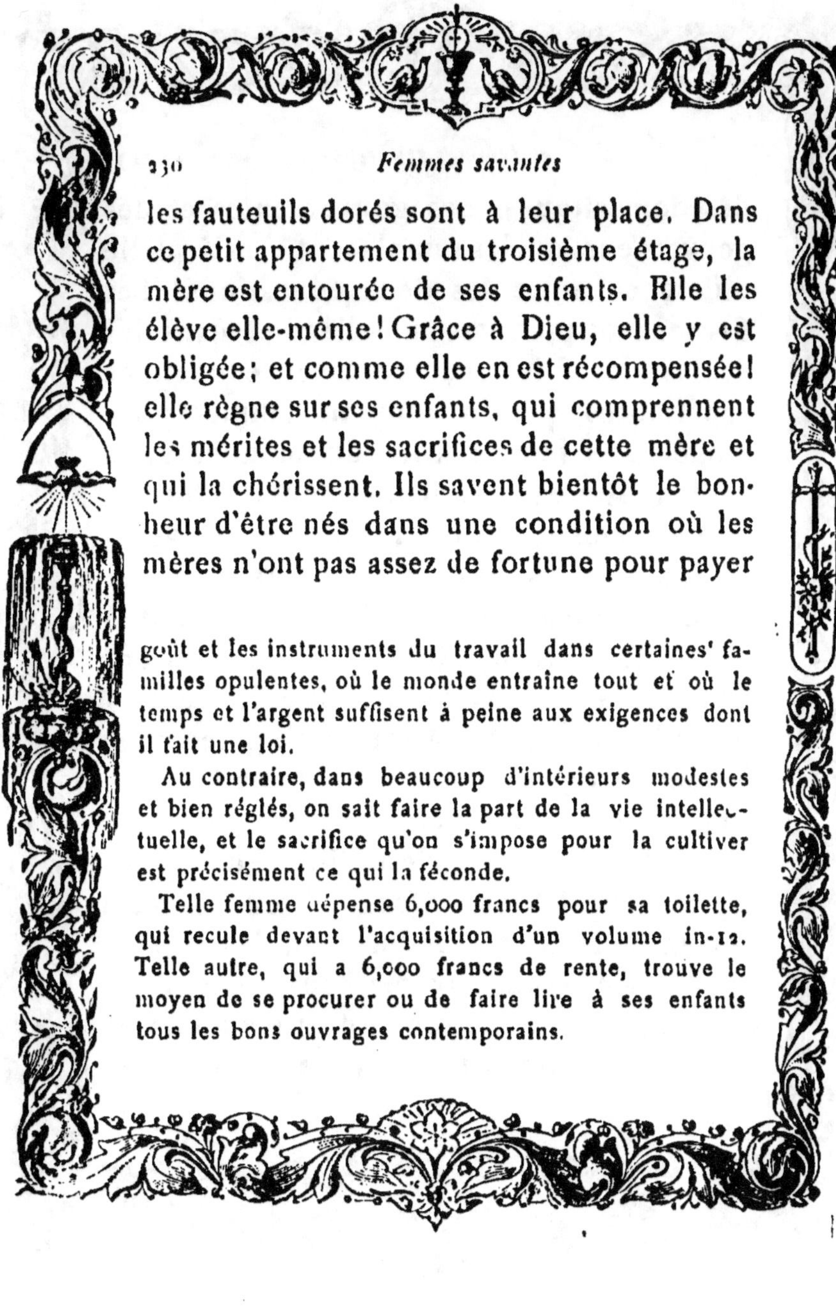

les fauteuils dorés sont à leur place. Dans ce petit appartement du troisième étage, la mère est entourée de ses enfants. Elle les élève elle-même! Grâce à Dieu, elle y est obligée; et comme elle en est récompensée! elle règne sur ses enfants, qui comprennent les mérites et les sacrifices de cette mère et qui la chérissent. Ils savent bientôt le bonheur d'être nés dans une condition où les mères n'ont pas assez de fortune pour payer

goût et les instruments du travail dans certaines' familles opulentes, où le monde entraîne tout et où le temps et l'argent suffisent à peine aux exigences dont il fait une loi.

Au contraire, dans beaucoup d'intérieurs modestes et bien réglés, on sait faire la part de la vie intellectuelle, et le sacrifice qu'on s'impose pour la cultiver est précisément ce qui la féconde.

Telle femme dépense 6,000 francs pour sa toilette, qui recule devant l'acquisition d'un volume in-12. Telle autre, qui a 6,000 francs de rente, trouve le moyen de se procurer ou de faire lire à ses enfants tous les bons ouvrages contemporains.

des domestiques, des gouvernantes et des gouverneurs qui les remplacent. Aussi quelle différence entre les deux éducations! Les fils sont les premiers au collège et dans les écoles; les filles reçoivent ces éducations supérieures que je voudrais donner pour modèle aux jeunes filles du monde. Elles veulent être égales à leurs mères qui travail. lent avec elles, qui les dirigent, les suivent, s'intéressent, s'associent à leurs travaux. La loi du travail pèse sur la mère plus que sur toute autre créature; l'âme de ses enfants est le champ qu'elle doit cultiver à la sueur de son front; personne n'a grâce pour la remplacer, et si les éducations les plus complètes se font dans les intérieurs modestes dont je parle, c'est l'honneur de ces mères laborieuses. Que de jeunes gens doivent leur goût grossier pour les chiens, pour les chevaux, aux mercenaires qui les ont élevés! Une mère met d'autres goûts et d'autres ambitions au cœur de ses enfants.

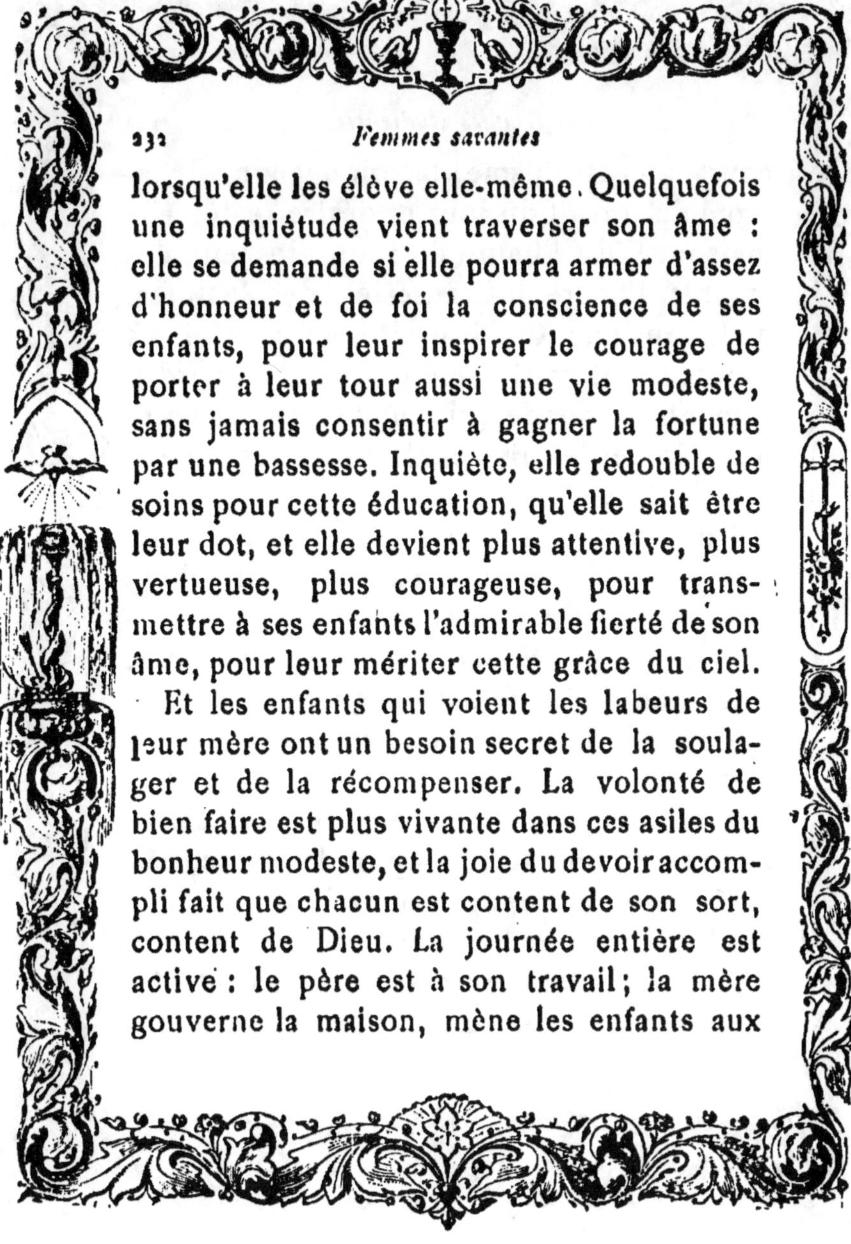

lorsqu'elle les élève elle-même. Quelquefois une inquiétude vient traverser son âme : elle se demande si elle pourra armer d'assez d'honneur et de foi la conscience de ses enfants, pour leur inspirer le courage de porter à leur tour aussi une vie modeste, sans jamais consentir à gagner la fortune par une bassesse. Inquiète, elle redouble de soins pour cette éducation, qu'elle sait être leur dot, et elle devient plus attentive, plus vertueuse, plus courageuse, pour trans-mettre à ses enfants l'admirable fierté de son âme, pour leur mériter cette grâce du ciel.

Et les enfants qui voient les labeurs de leur mère ont un besoin secret de la soula-ger et de la récompenser. La volonté de bien faire est plus vivante dans ces asiles du bonheur modeste, et la joie du devoir accom-pli fait que chacun est content de son sort, content de Dieu. La journée entière est active : le père est à son travail ; la mère gouverne la maison, mène les enfants aux cours, au catéchisme; le soir chacun est fatigué du travail du jour et désire rester à la maison. C'est l'heure du repos, les jeux des enfants, l'heure des causeries, des lectures, de la musique, de l'intimité, de la gaité. La journée finit paisiblement sans cet étourdissement du monde qui, même pour la vertu des femmes les plus chrétiennes, est une si grande épreuve.

Une mère ainsi occupée ne peut jamais songer à se livrer au travail pour une chose qui l'intéresse personnellement. Elle n'en a pas le temps. Elle a travaillé étant jeune fille, étant jeune femme. A présent, elle est toujours au service des autres. Mais ce travail désintéressé, qui est à la fois travail et sacrifice, élève son âme et son intelligence mieux que tout autre emploi de ses facultés. Il n'y a pas à craindre pour elle la vanité ni le pédantisme; et pourtant quel travail immense pour donner des leçons à ses enfants! On est émerveillé des tours de force que

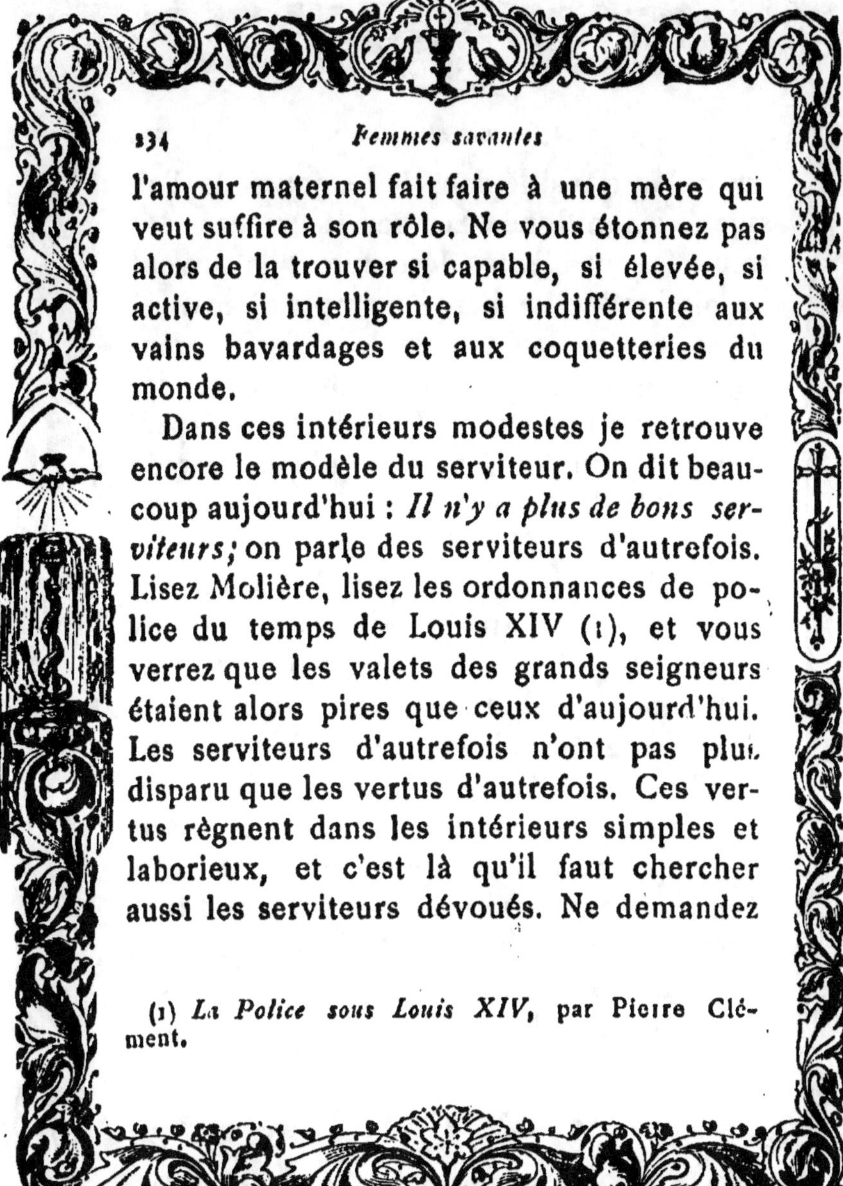

l'amour maternel fait faire à une mère qui veut suffire à son rôle. Ne vous étonnez pas alors de la trouver si capable, si élevée, si active, si intelligente, si indifférente aux vains bavardages et aux coquetteries du monde.

Dans ces intérieurs modestes je retrouve encore le modèle du serviteur. On dit beaucoup aujourd'hui : *Il n'y a plus de bons serviteurs;* on parle des serviteurs d'autrefois. Lisez Molière, lisez les ordonnances de police du temps de Louis XIV (1), et vous verrez que les valets des grands seigneurs étaient alors pires que ceux d'aujourd'hui. Les serviteurs d'autrefois n'ont pas plus disparu que les vertus d'autrefois. Ces vertus règnent dans les intérieurs simples et laborieux, et c'est là qu'il faut chercher aussi les serviteurs dévoués. Ne demandez

(1) *La Police sous Louis XIV*, par Pierre Clément.

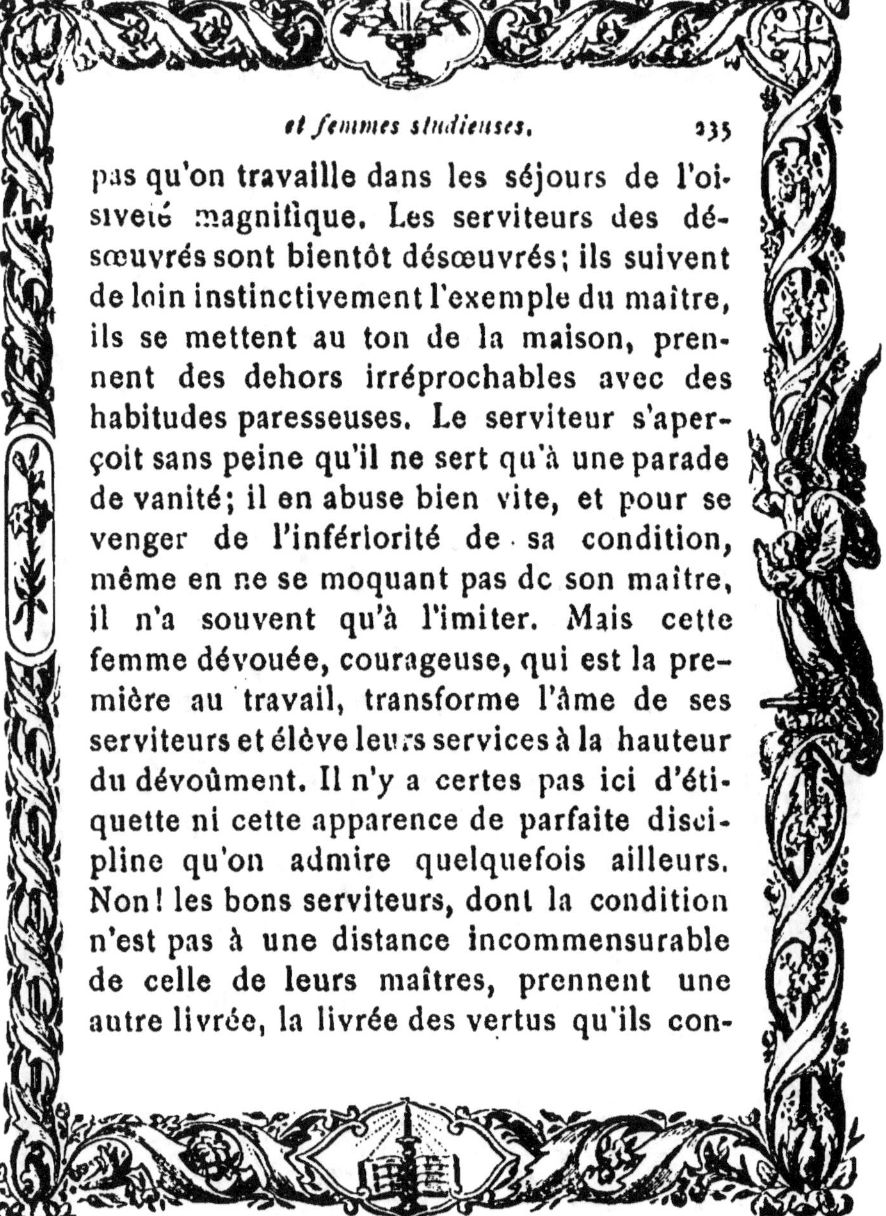

pas qu'on travaille dans les séjours de l'oisiveté magnifique. Les serviteurs des désœuvrés sont bientôt désœuvrés; ils suivent
de loin instinctivement l'exemple du maître,
ils se mettent au ton de la maison, prennent des dehors irréprochables avec des
habitudes paresseuses. Le serviteur s'aper-
çoit sans peine qu'il ne sert qu'à une parade
de vanité; il en abuse bien vite, et pour se
venger de l'infériorité de sa condition,
même en ne se moquant pas de son maître,
il n'a souvent qu'à l'imiter. Mais cette
femme dévouée, courageuse, qui est la première au travail, transforme l'âme de ses
serviteurs et élève leurs services à la hauteur
du dévoûment. Il n'y a certes pas ici d'éti-
quette ni cette apparence de parfaite disci-
pline qu'on admire quelquefois ailleurs.
Non! les bons serviteurs, dont la condition
n'est pas à une distance incommensurable
de celle de leurs maîtres, prennent une
autre livrée, la livrée des vertus qu'ils con-

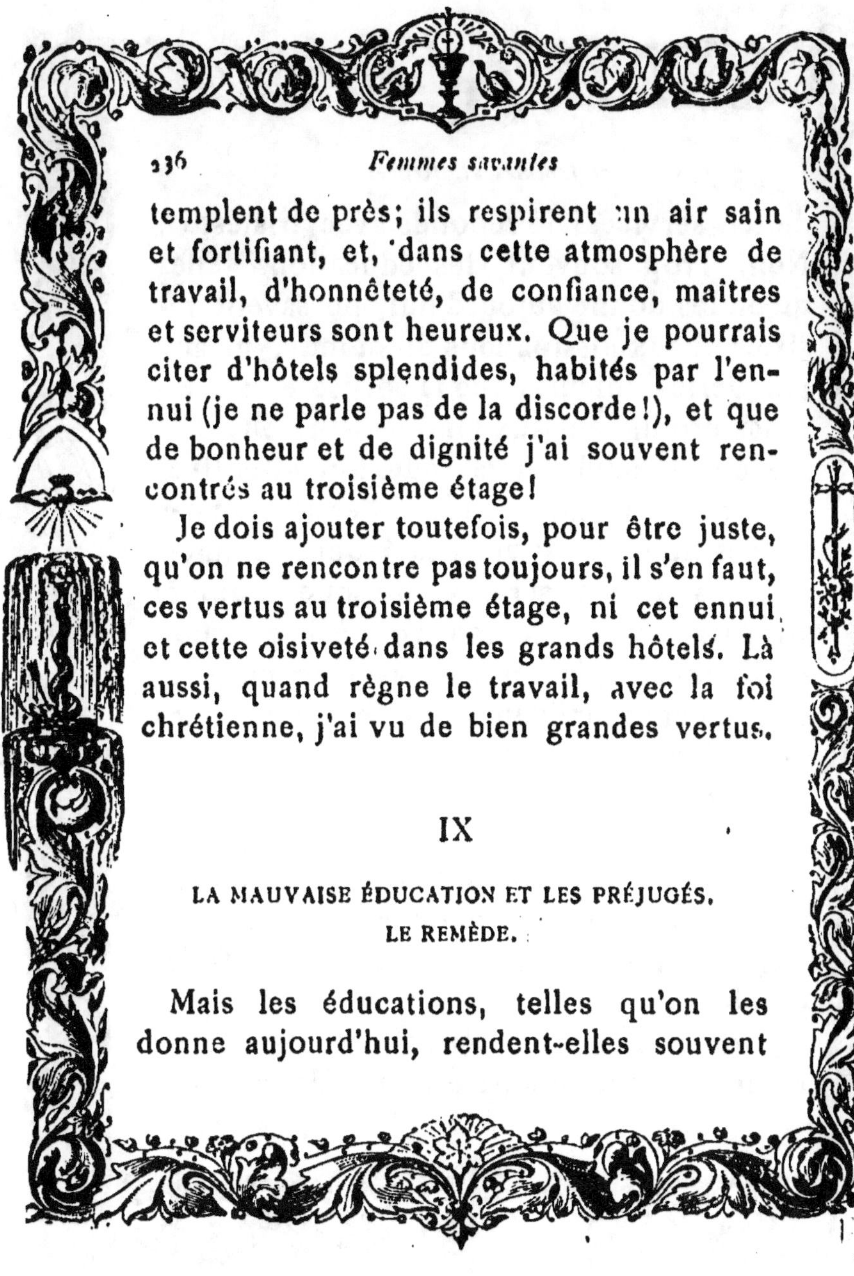

templent de près; ils respirent un air sain et fortifiant, et, dans cette atmosphère de travail, d'honnêteté, de confiance, maîtres et serviteurs sont heureux. Que je pourrais citer d'hôtels splendides, habités par l'ennui (je ne parle pas de la discorde!), et que de bonheur et de dignité j'ai souvent rencontrés au troisième étage!

Je dois ajouter toutefois, pour être juste, qu'on ne rencontre pas toujours, il s'en faut, ces vertus au troisième étage, ni cet ennui et cette oisiveté dans les grands hôtels. Là aussi, quand règne le travail, avec la foi chrétienne, j'ai vu de bien grandes vertus.

IX

LA MAUVAISE ÉDUCATION ET LES PRÉJUGÉS. LE REMÈDE.

Mais les éducations, telles qu'on les donne aujourd'hui, rendent-elles souvent

de tels services? Je réponds.avec tristesse :
Non. Trop souvent, les éducations telles
qu'on les donne aujourd'hui, ne savent résister ni aux dissipations du monde, ni aux
moqueries ridicules que la sottise et l'ignorance prodiguent aux femmes studieuses.

L'étude suivie et la réflexion attentive,
c'est ce qui manque le plus à l'éducation des
jeunes filles et à la vie des jeunes femmes.

Là est le mal sérieux, presque toujours
irréparable, et, comme c'est à l'éducation
qu'il remonte, je dirai en peu de mots ce
que je pense de l'éducation des jeunes filles
et des lacunes qui s'y rencontrent.

La vérité est, comme le disait Ozanam,
qu'un traité de l'instruction des jeunes
filles et des jeunes femmes reste à faire. Rien
n'y est vraiment entendu comme il faut;
rien, ou presque rien n'y donne des fruits
durables.

Ajoutez à cela les occupations, les entraî-
nements d'une première année de mariage

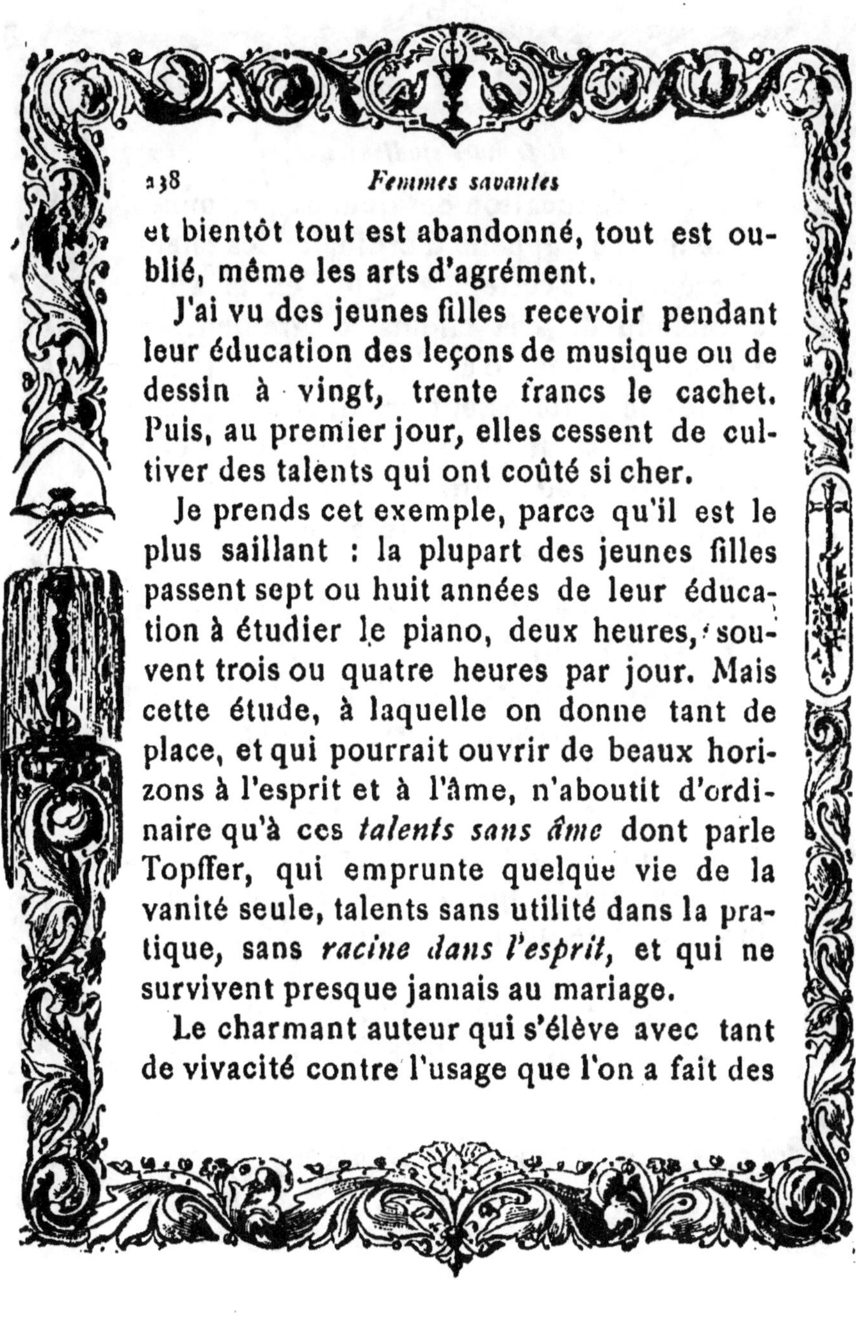

et bientôt tout est abandonné, tout est oublié, même les arts d'agrément.

J'ai vu des jeunes filles recevoir pendant leur éducation des leçons de musique ou de dessin à vingt, trente francs le cachet. Puis, au premier jour, elles cessent de cultiver des talents qui ont coûté si cher.

Je prends cet exemple, parce qu'il est le plus saillant : la plupart des jeunes filles passent sept ou huit années de leur éducation à étudier le piano, deux heures, souvent trois ou quatre heures par jour. Mais cette étude, à laquelle on donne tant de place, et qui pourrait ouvrir de beaux horizons à l'esprit et à l'âme, n'aboutit d'ordinaire qu'à ces *talents sans âme* dont parle Topffer, qui emprunte quelque vie de la vanité seule, talents sans utilité dans la pratique, sans *racine dans l'esprit*, et qui ne survivent presque jamais au mariage.

Le charmant auteur qui s'élève avec tant de vivacité contre l'usage que l'on a fait des arts dans l'éducation des jeunes personnes, et ce que l'on appelle d'ordinaire les talents d'agrément, s'écrie : « Que j'en ai vu et « entendu de ces talents d'agrément, et « combien peu d'agréables! Les jeunes « filles ne s'intéressent à rien, comprennent « peu, ne sentent pas... Je crois qu'elles « pourraient au contraire chercher dans les « arts, à côté d'une amusante récréation, « une onction pour le cœur, un exercice à « l'esprit, une carrière à l'imagination, et « trouver à tant de facultés, que les occu- « pations ordinaires des femmes tuent ou « laissent oisives, un perfectionnement qui « est comme la parure de l'âme. »

Au lieu de cela, la musique est une étude en quelque sorte matérielle, et qui ne s'élève presque jamais jusqu'à l'âme, pas même jusqu'à l'intelligence la plus vulgaire de l'art!

La plupart des jeunes filles ne cherchent dans la musique que la perfection du mé-

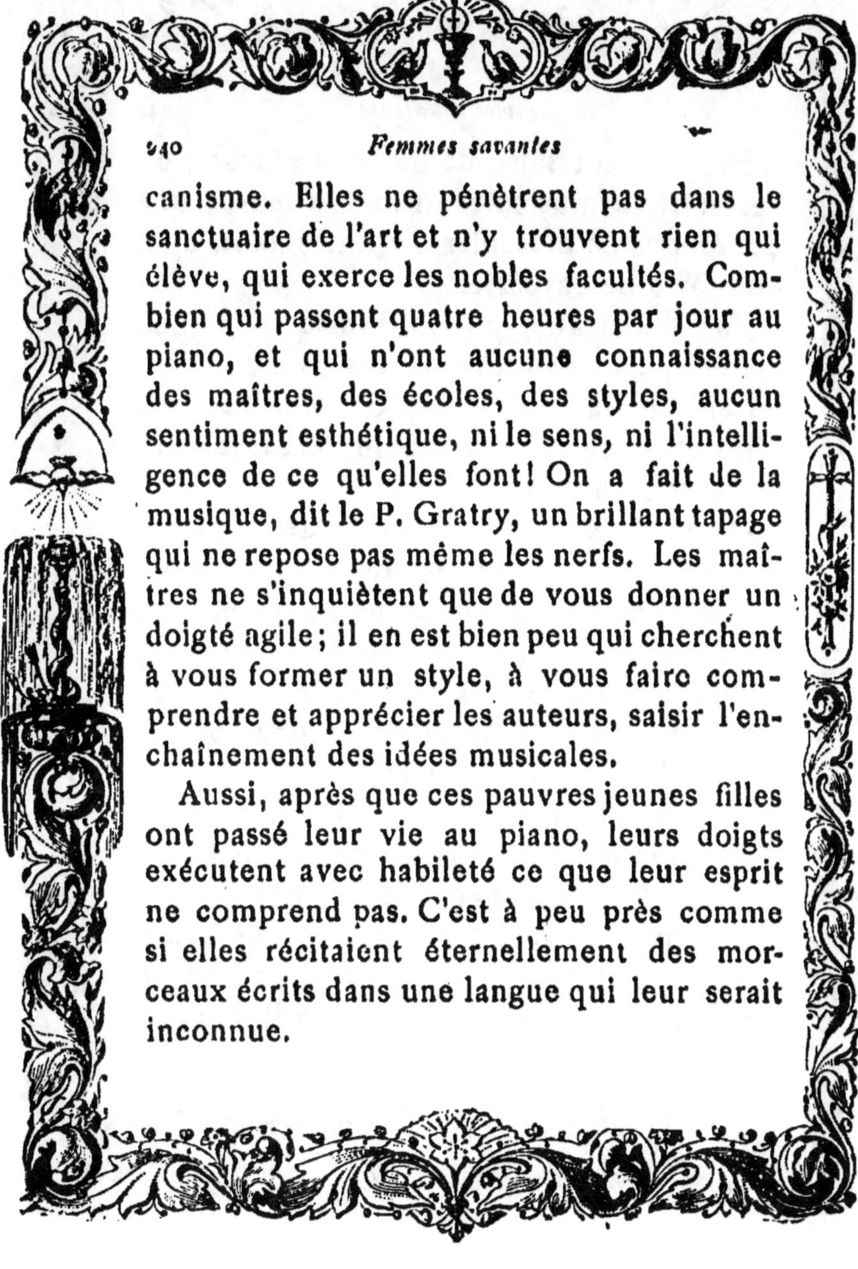

canisme. Elles ne pénètrent pas dans le sanctuaire de l'art et n'y trouvent rien qui élève, qui exerce les nobles facultés. Combien qui passent quatre heures par jour au piano, et qui n'ont aucune connaissance des maîtres, des écoles, des styles, aucun sentiment esthétique, ni le sens, ni l'intelligence de ce qu'elles font! On a fait de la musique, dit le P. Gratry, un brillant tapage qui ne repose pas même les nerfs. Les maîtres ne s'inquiètent que de vous donner un doigté agile; il en est bien peu qui cherchent à vous former un style, à vous faire comprendre et apprécier les auteurs, saisir l'enchaînement des idées musicales.

Aussi, après que ces pauvres jeunes filles ont passé leur vie au piano, leurs doigts exécutent avec habileté ce que leur esprit ne comprend pas. C'est à peu près comme si elles récitaient éternellement des morceaux écrits dans une langue qui leur serait inconnue.

Non, il faut faire de la littérature et de l'esthétique musicale en même temps que des études de mécanisme : autrement, c'est une sorte de barbarie.

En Allemagne, où la musique a une grande part à l'éducation des jeunes filles, on en fait quelque chose de plus sérieux. Elles apprennent l'harmonie, remontent du mécanisme à l'art.

On traite souvent le dessin de la même manière. J'ai vu des personnes qui dessinaient avec exactitude et même facilité, ne pas discerner un bon tableau d'un mauvais, ignorer si Raphaël fut le maître ou l'élève du Pérugin. Le talent même ne développait pas en elles le sens du beau.

C'est que le monde abandonne aux jeunes filles le domaine de la musique, à condition qu'elles n'y élèveront en rien leur âme et ne feront qu'y perdre leur temps; et quant aux arts plastiques, le goût de la peinture commence déjà à éveiller des critiques, et

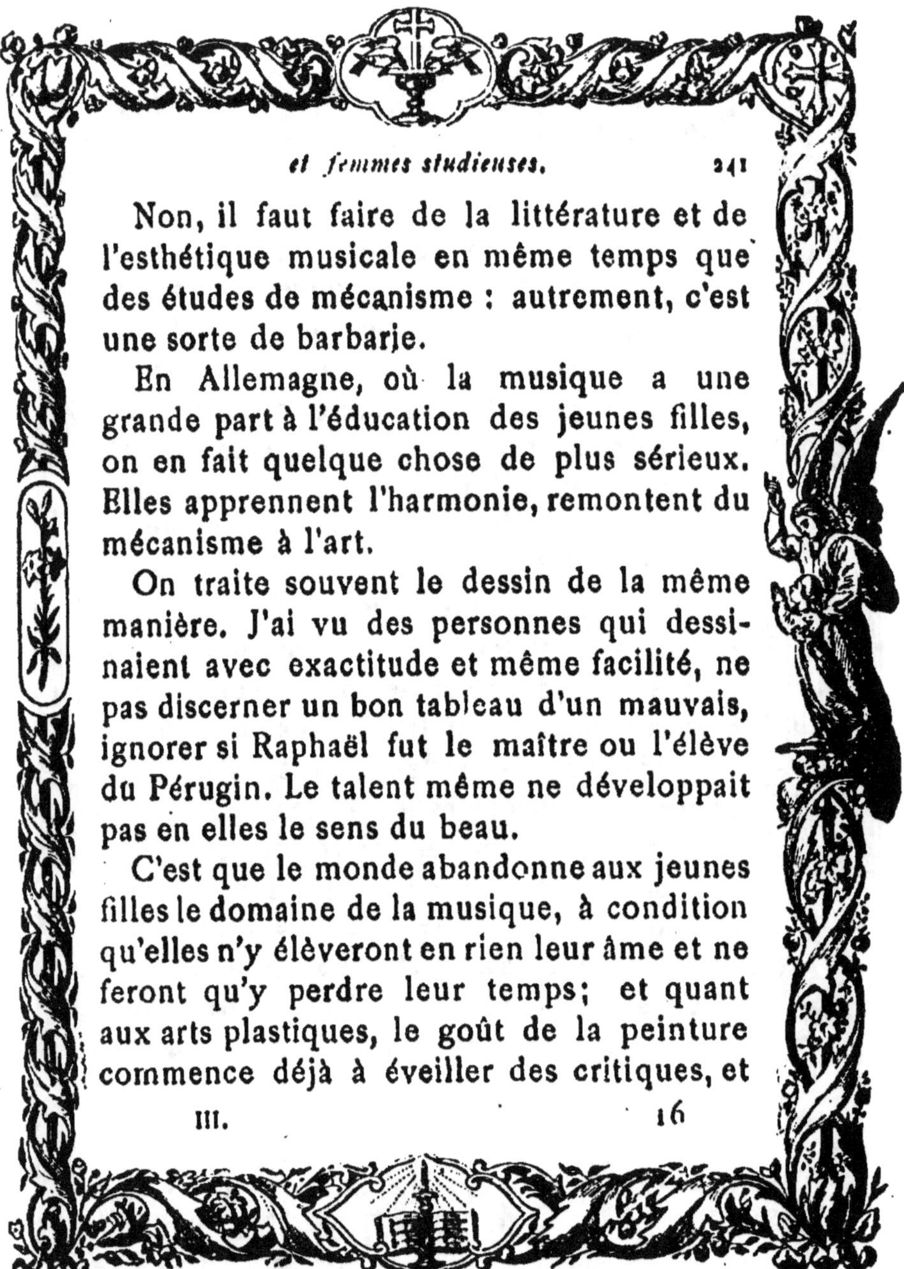

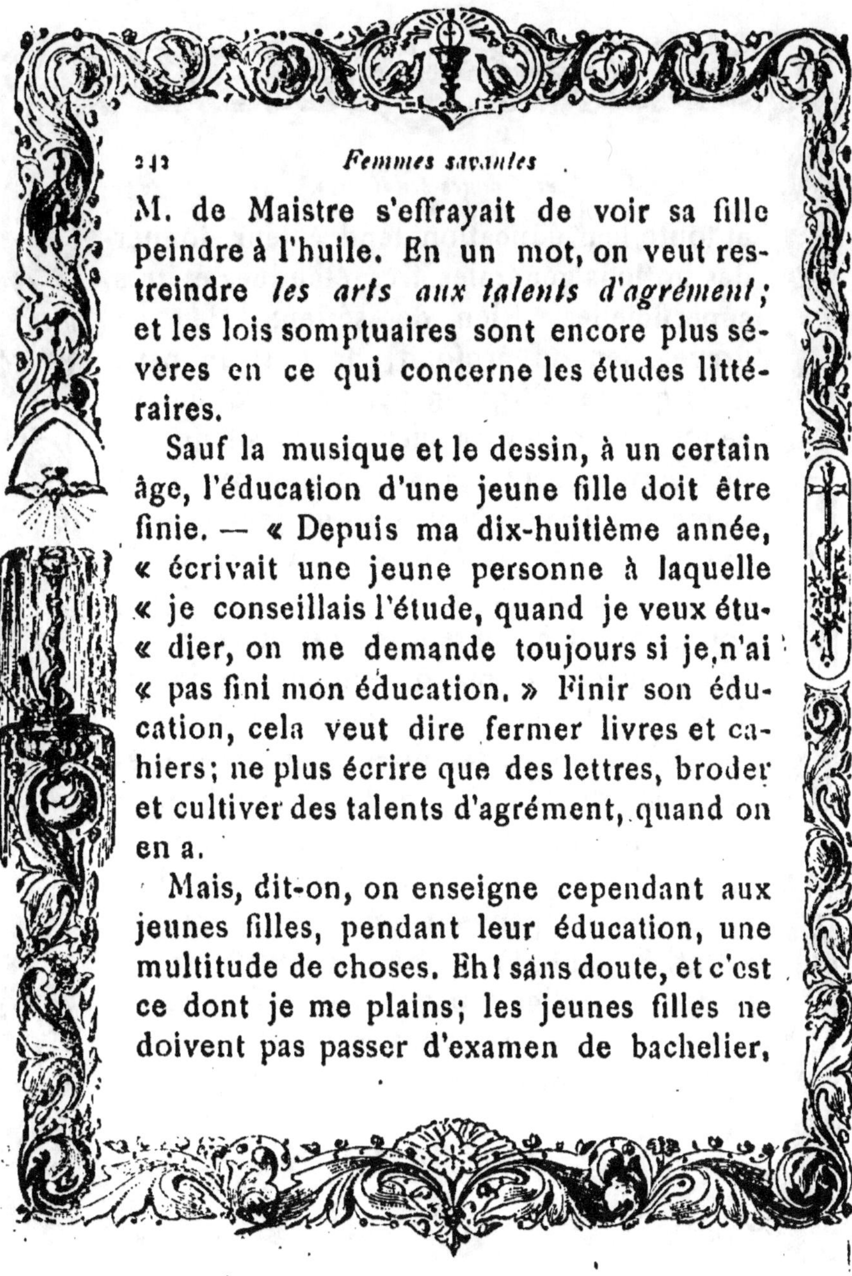

M. de Maistre s'effrayait de voir sa fille peindre à l'huile. En un mot, on veut restreindre *les arts aux talents d'agrément;* et les lois somptuaires sont encore plus sévères en ce qui concerne les études littéraires.

Sauf la musique et le dessin, à un certain âge, l'éducation d'une jeune fille doit être finie. — « Depuis ma dix-huitième année, « écrivait une jeune personne à laquelle « je conseillais l'étude, quand je veux étu- « dier, on me demande toujours si je n'ai « pas fini mon éducation. » Finir son éducation, cela veut dire fermer livres et cahiers; ne plus écrire que des lettres, broder et cultiver des talents d'agrément, quand on en a.

Mais, dit-on, on enseigne cependant aux jeunes filles, pendant leur éducation, une multitude de choses. Eh! sans doute, et c'est ce dont je me plains; les jeunes filles ne doivent pas passer d'examen de bachelier, et toute leur éducation tend à leur donner des notions générales très étendues et très superficielles. Rien de sérieux, rien de grave, rien de profond; de tout un peu; mais qui ne sait qu'on perd en profondeur ce que l'on gagne en surface? disait un ministre intelligent. Sans doute le cadre est immense. Je vois beaucoup de jeunes filles qui, en outre des études ordinaires, de la géographie, de l'histoire, de la rhétorique, commencent à apprendre une ou deux langues, jouent du piano, étudient le chant, dessinent et peignent, apprennent à exécuter tous les ouvrages de fantaisie qui se succèdent selon les caprices de la mode, tels que: polychromanie, fleurs en cuir, etc., etc. Il est évident qu'une vie et des efforts ainsi éparpillés ne peuvent amener un vrai résultat. Et j'ai entendu de sages institutrices gémir de l'obligation qu'on leur impose de remplir de tels programmes.

De cette sorte, on apprend un peu de

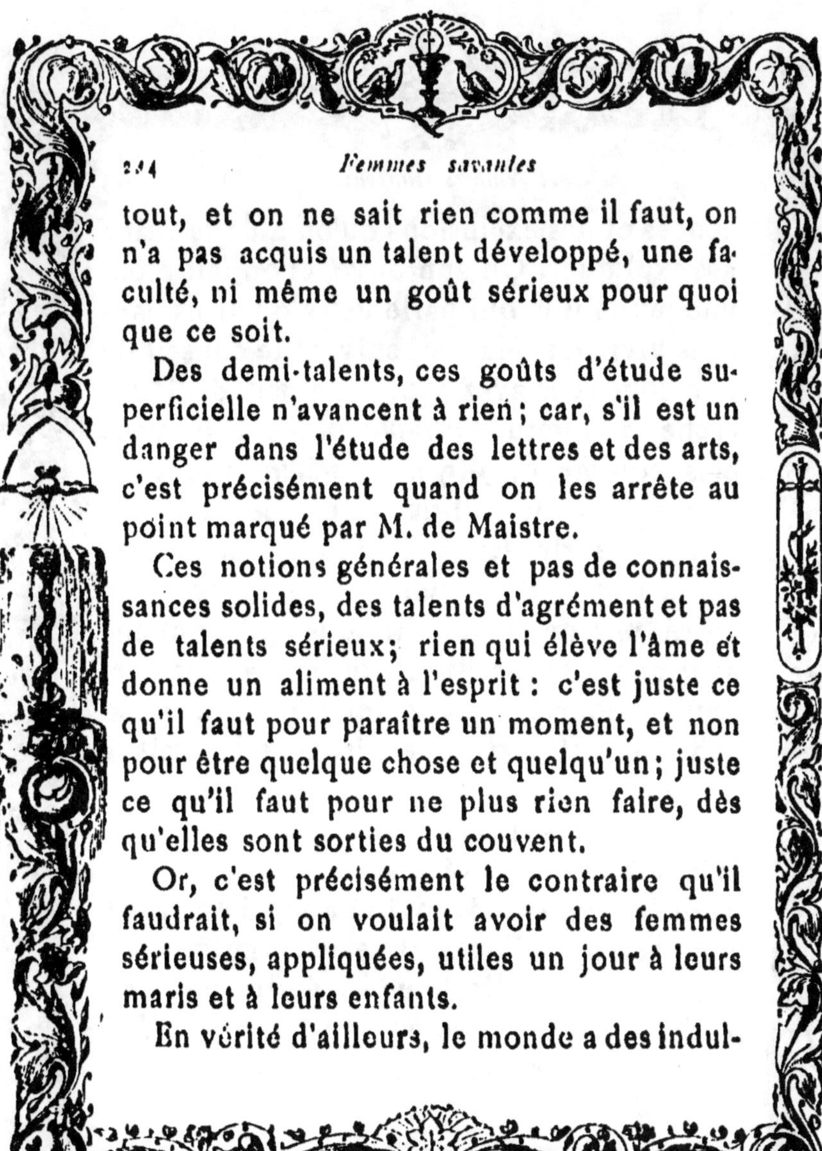

tout, et on ne sait rien comme il faut, on n'a pas acquis un talent développé, une faculté, ni même un goût sérieux pour quoi que ce soit.

Des demi-talents, ces goûts d'étude superficielle n'avancent à rien ; car, s'il est un danger dans l'étude des lettres et des arts, c'est précisément quand on les arrête au point marqué par M. de Maistre.

Ces notions générales et pas de connaissances solides, des talents d'agrément et pas de talents sérieux ; rien qui élève l'âme et donne un aliment à l'esprit : c'est juste ce qu'il faut pour paraître un moment, et non pour être quelque chose et quelqu'un ; juste ce qu'il faut pour ne plus rien faire, dès qu'elles sont sorties du couvent.

Or, c'est précisément le contraire qu'il faudrait, si on voulait avoir des femmes sérieuses, appliquées, utiles un jour à leurs maris et à leurs enfants.

En vérité d'ailleurs, le monde a des indul-

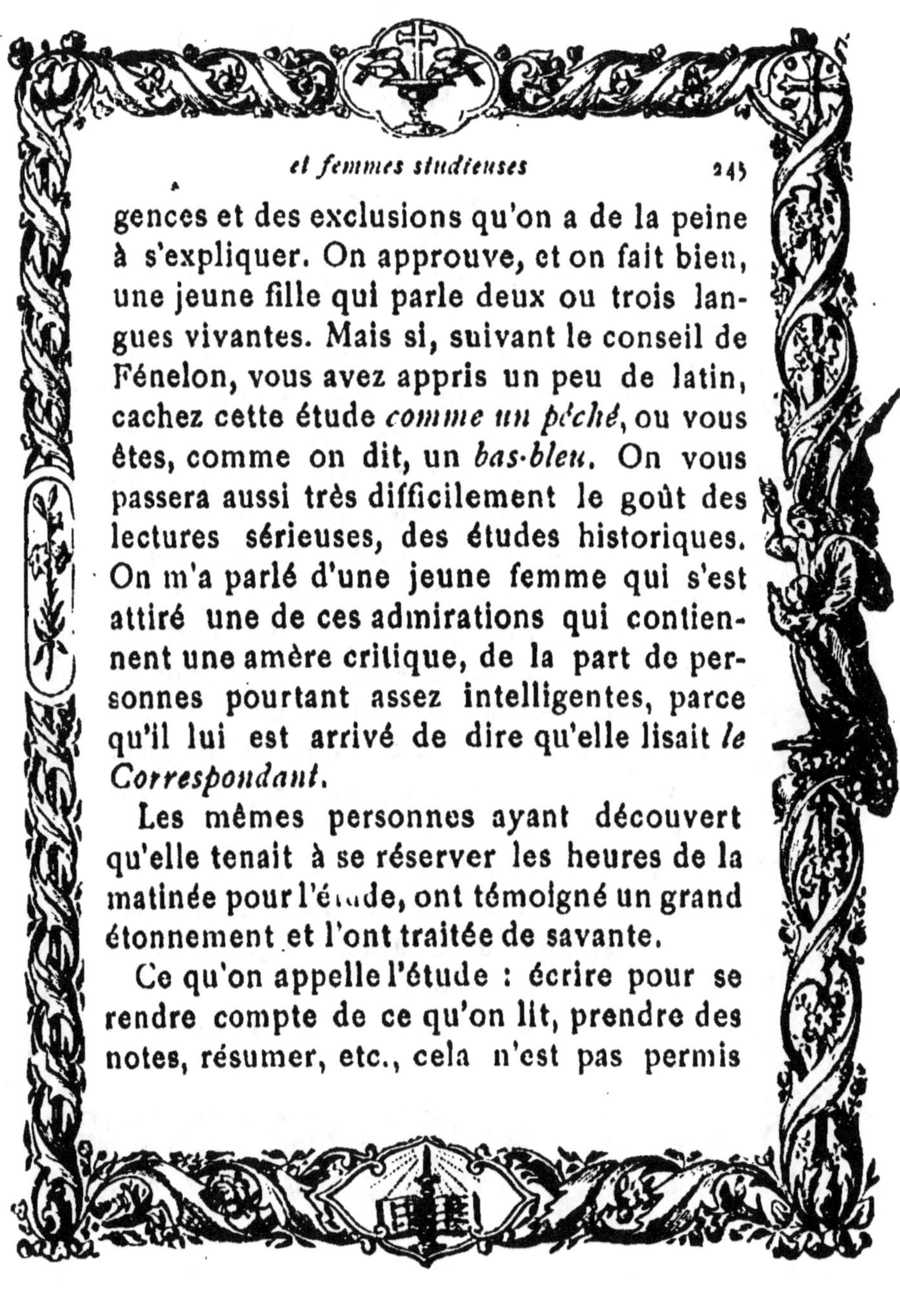

gences et des exclusions qu'on a de la peine à s'expliquer. On approuve, et on fait bien, une jeune fille qui parle deux ou trois langues vivantes. Mais si, suivant le conseil de Fénelon, vous avez appris un peu de latin, cachez cette étude *comme un péché*, ou vous êtes, comme on dit, un *bas-bleu*. On vous passera aussi très difficilement le goût des lectures sérieuses, des études historiques. On m'a parlé d'une jeune femme qui s'est attiré une de ces admirations qui contiennent une amère critique, de la part de personnes pourtant assez intelligentes, parce qu'il lui est arrivé de dire qu'elle lisait *le Correspondant*.

Les mêmes personnes ayant découvert qu'elle tenait à se réserver les heures de la matinée pour l'étude, ont témoigné un grand étonnement et l'ont traitée de savante.

Ce qu'on appelle l'étude : écrire pour se rendre compte de ce qu'on lit, prendre des notes, résumer, etc., cela n'est pas permis

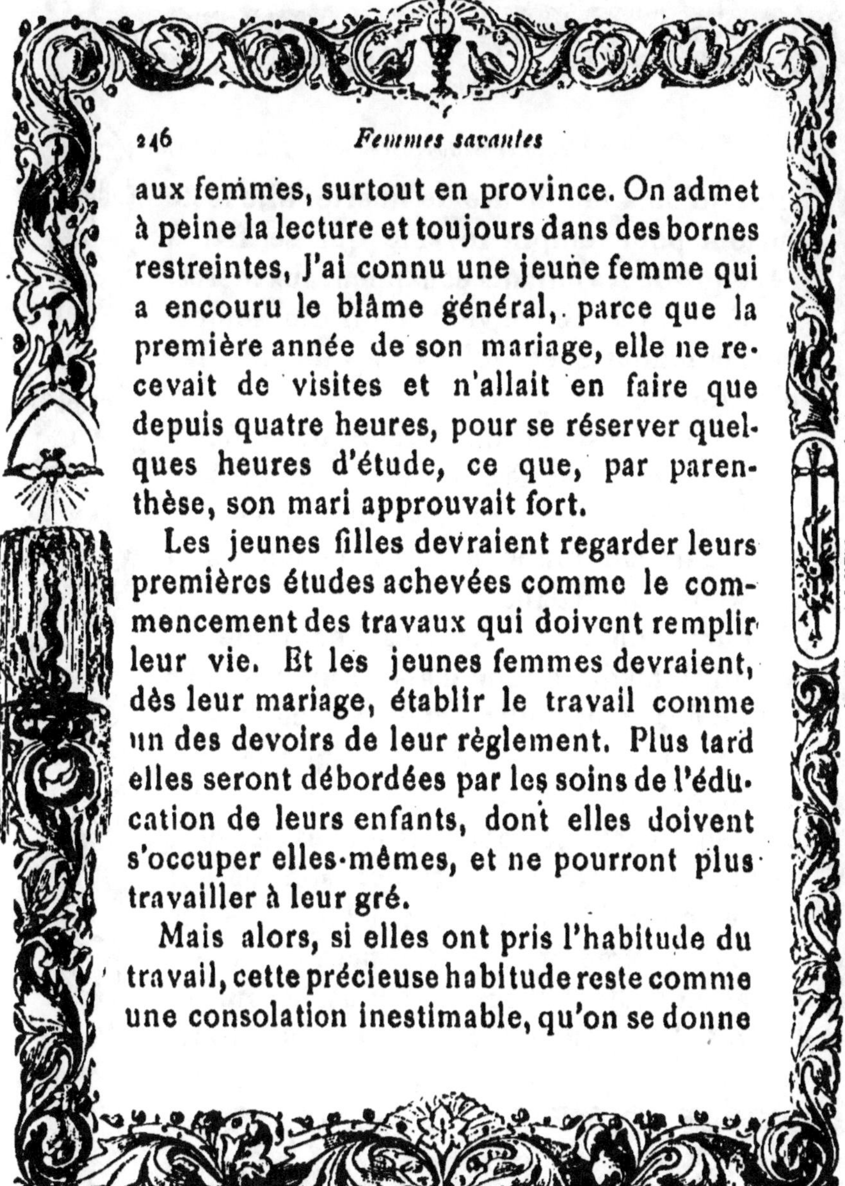

aux femmes, surtout en province. On admet à peine la lecture et toujours dans des bornes restreintes, J'ai connu une jeune femme qui a encouru le blâme général, parce que la première année de son mariage, elle ne recevait de visites et n'allait en faire que depuis quatre heures, pour se réserver quelques heures d'étude, ce que, par parenthèse, son mari approuvait fort.

Les jeunes filles devraient regarder leurs premières études achevées comme le commencement des travaux qui doivent remplir leur vie. Et les jeunes femmes devraient, dès leur mariage, établir le travail comme un des devoirs de leur règlement. Plus tard elles seront débordées par les soins de l'éducation de leurs enfants, dont elles doivent s'occuper elles-mêmes, et ne pourront plus travailler à leur gré.

Mais alors, si elles ont pris l'habitude du travail, cette précieuse habitude reste comme une consolation inestimable, qu'on se donne

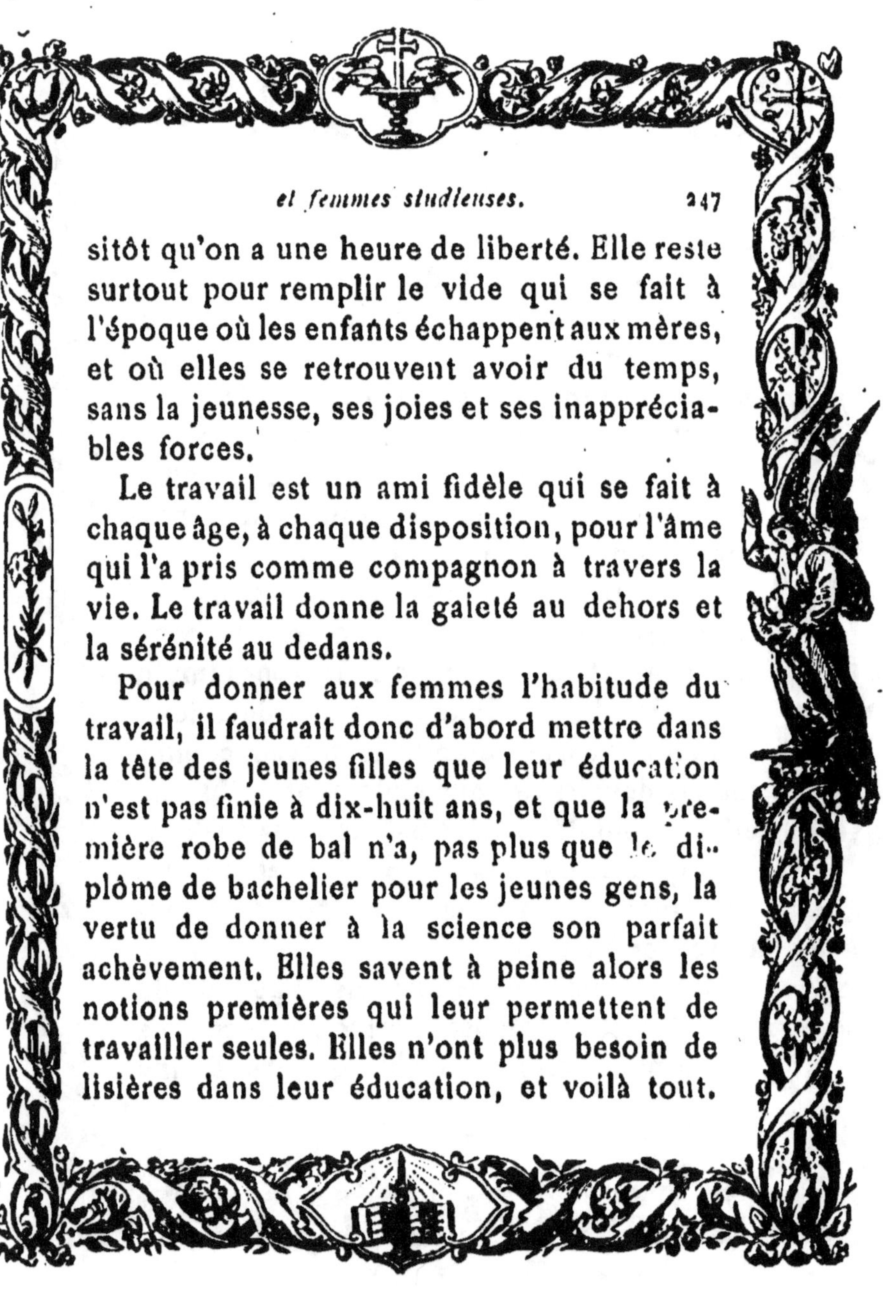

sitôt qu'on a une heure de liberté. Elle reste
surtout pour remplir le vide qui se fait à
l'époque où les enfants échappent aux mères,
et où elles se retrouvent avoir du temps,
sans la jeunesse, ses joies et ses inappréciables forces.

Le travail est un ami fidèle qui se fait à
chaque âge, à chaque disposition, pour l'âme
qui l'a pris comme compagnon à travers la
vie. Le travail donne la gaieté au dehors et
la sérénité au dedans.

Pour donner aux femmes l'habitude du
travail, il faudrait donc d'abord mettre dans
la tête des jeunes filles que leur éducation
n'est pas finie à dix-huit ans, et que la première robe de bal n'a, pas plus que le di-
plôme de bachelier pour les jeunes gens, la
vertu de donner à la science son parfait
achèvement. Elles savent à peine alors les
notions premières qui leur permettent de
travailler seules. Elles n'ont plus besoin de
lisières dans leur éducation, et voilà tout.

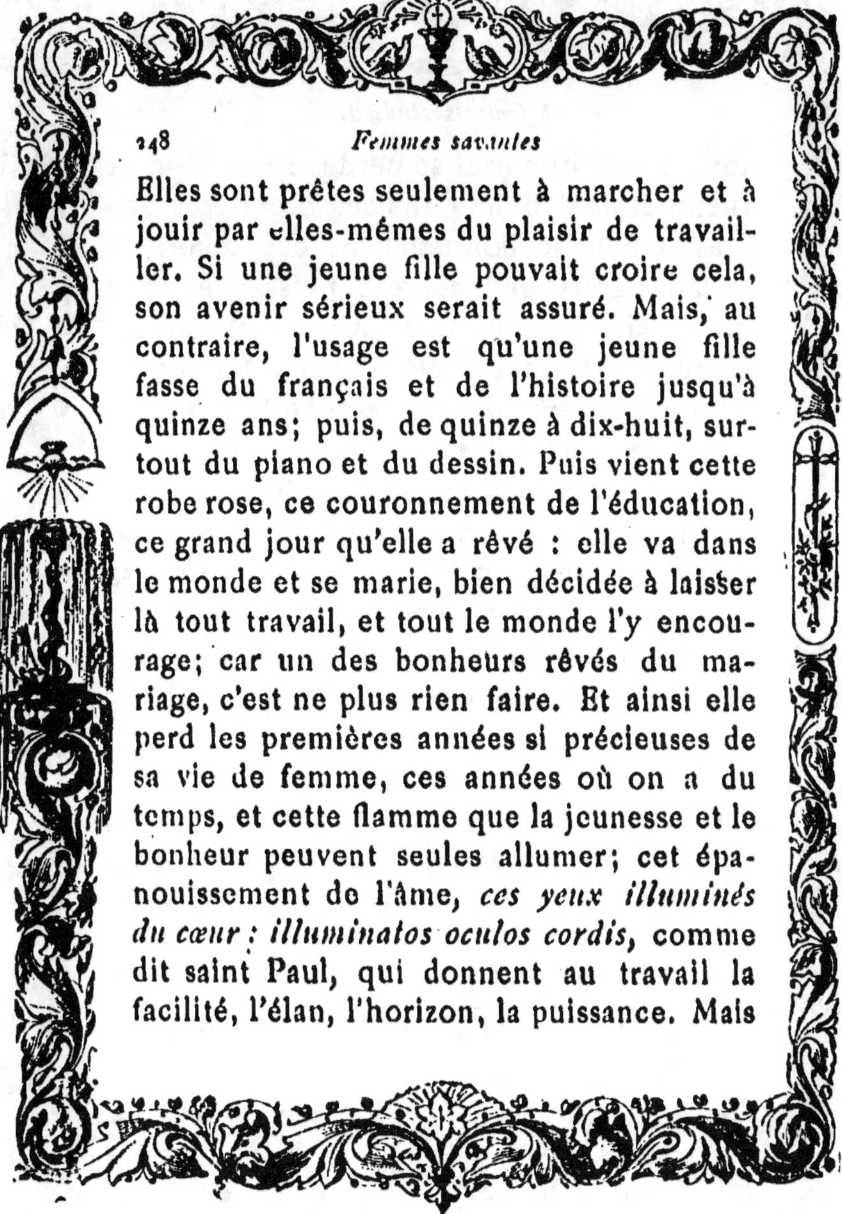

Elles sont prêtes seulement à marcher et à jouir par elles-mêmes du plaisir de travailler. Si une jeune fille pouvait croire cela, son avenir sérieux serait assuré. Mais, au contraire, l'usage est qu'une jeune fille fasse du français et de l'histoire jusqu'à quinze ans; puis, de quinze à dix-huit, surtout du piano et du dessin. Puis vient cette robe rose, ce couronnement de l'éducation, ce grand jour qu'elle a rêvé : elle va dans le monde et se marie, bien décidée à laisser là tout travail, et tout le monde l'y encourage; car un des bonheurs rêvés du mariage, c'est ne plus rien faire. Et ainsi elle perd les premières années si précieuses de sa vie de femme, ces années où on a du temps, et cette flamme que la jeunesse et le bonheur peuvent seules allumer; cet épanouissement de l'âme, *ces yeux illuminés du cœur : illuminatos oculos cordis*, comme dit saint Paul, qui donnent au travail la facilité, l'élan, l'horizon, la puissance. Mais

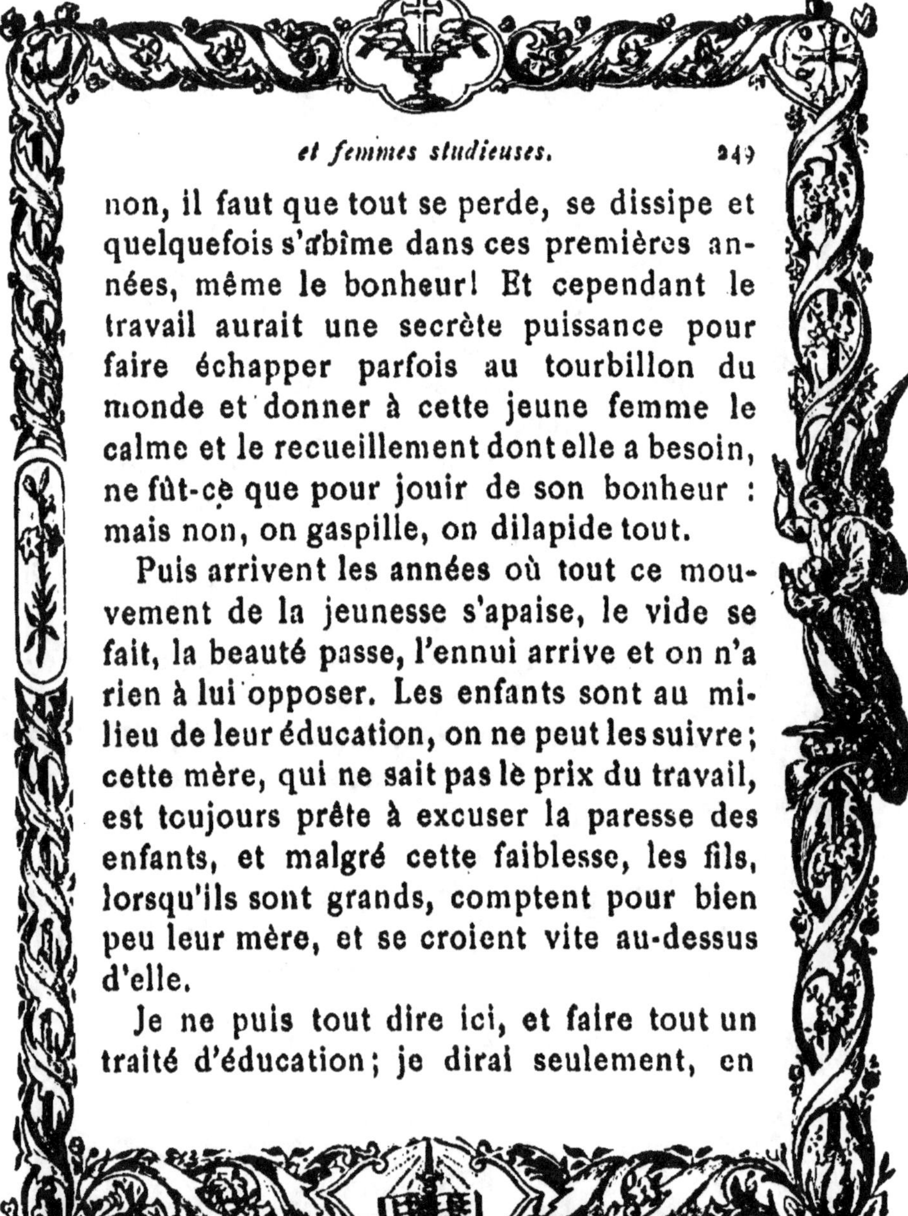

non, il faut que tout se perde, se dissipe et quelquefois s'abîme dans ces premières années, même le bonheur! Et cependant le travail aurait une secrète puissance pour faire échapper parfois au tourbillon du monde et donner à cette jeune femme le calme et le recueillement dont elle a besoin, ne fût-ce que pour jouir de son bonheur : mais non, on gaspille, on dilapide tout.

Puis arrivent les années où tout ce mouvement de la jeunesse s'apaise, le vide se fait, la beauté passe, l'ennui arrive et on n'a rien à lui opposer. Les enfants sont au milieu de leur éducation, on ne peut les suivre; cette mère, qui ne sait pas le prix du travail, est toujours prête à excuser la paresse des enfants, et malgré cette faiblesse, les fils, lorsqu'ils sont grands, comptent pour bien peu leur mère, et se croient vite au-dessus d'elle.

Je ne puis tout dire ici, et faire tout un traité d'éducation; je dirai seulement, en

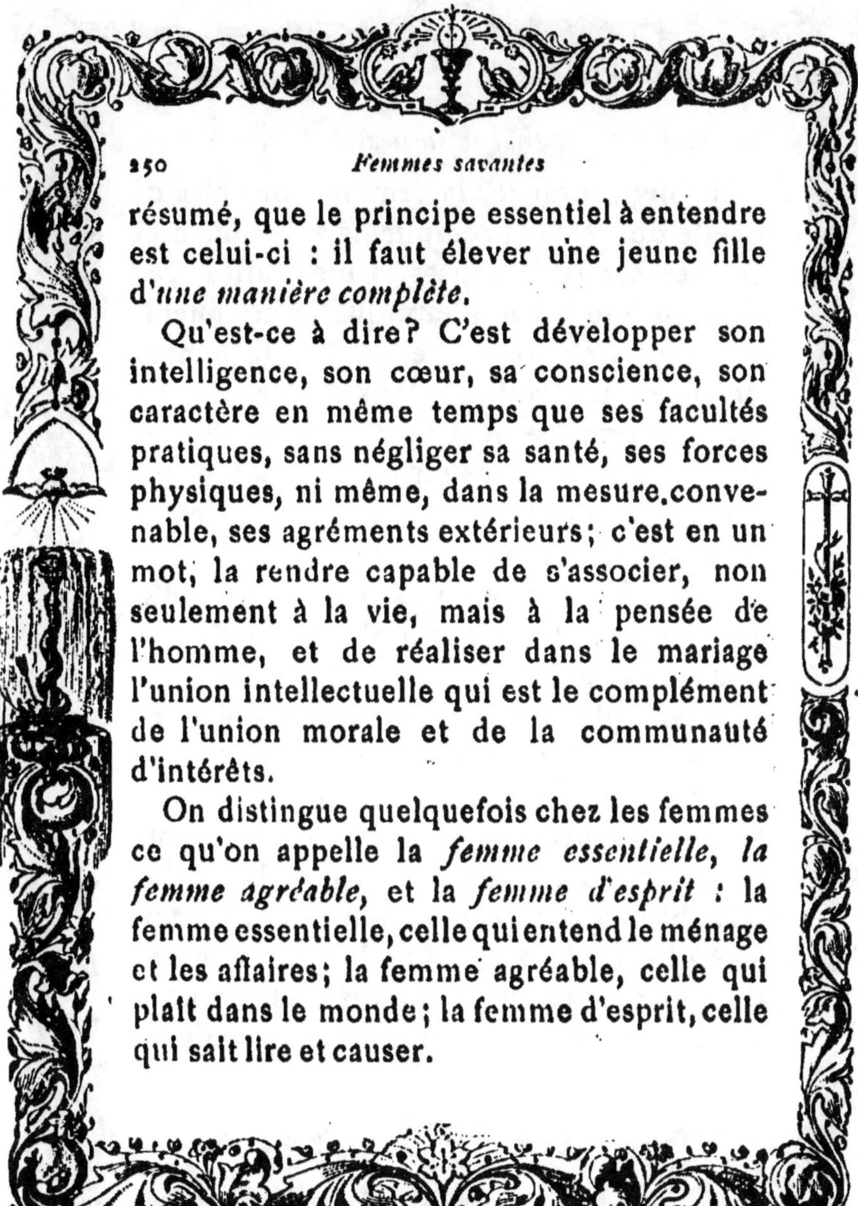

résumé, que le principe essentiel à entendre est celui-ci : il faut élever une jeune fille d'*une manière complète*.

Qu'est-ce à dire ? C'est développer son intelligence, son cœur, sa conscience, son caractère en même temps que ses facultés pratiques, sans négliger sa santé, ses forces physiques, ni même, dans la mesure convenable, ses agréments extérieurs ; c'est en un mot, la rendre capable de s'associer, non seulement à la vie, mais à la pensée de l'homme, et de réaliser dans le mariage l'union intellectuelle qui est le complément de l'union morale et de la communauté d'intérêts.

On distingue quelquefois chez les femmes ce qu'on appelle la *femme essentielle, la femme agréable*, et la *femme d'esprit* : la femme essentielle, celle qui entend le ménage et les affaires ; la femme agréable, celle qui plaît dans le monde ; la femme d'esprit, celle qui sait lire et causer.

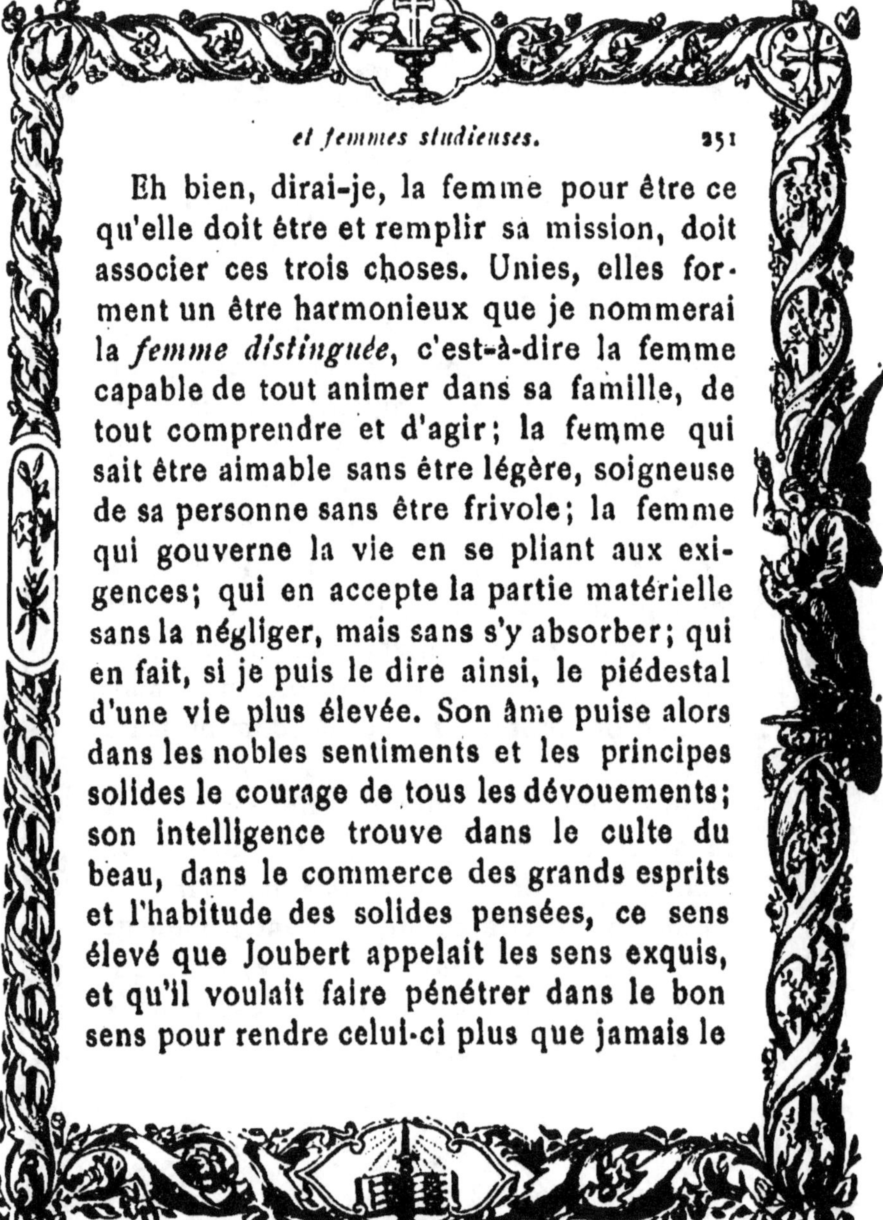

Eh bien, dirai-je, la femme pour être ce qu'elle doit être et remplir sa mission, doit associer ces trois choses. Unies, elles forment un être harmonieux que je nommerai la *femme distinguée*, c'est-à-dire la femme capable de tout animer dans sa famille, de tout comprendre et d'agir ; la femme qui sait être aimable sans être légère, soigneuse de sa personne sans être frivole ; la femme qui gouverne la vie en se pliant aux exigences ; qui en accepte la partie matérielle sans la négliger, mais sans s'y absorber ; qui en fait, si je puis le dire ainsi, le piédestal d'une vie plus élevée. Son âme puise alors dans les nobles sentiments et les principes solides le courage de tous les dévouements ; son intelligence trouve dans le culte du beau, dans le commerce des grands esprits et l'habitude des solides pensées, ce sens élevé que Joubert appelait les sens exquis, et qu'il voulait faire pénétrer dans le bon sens pour rendre celui-ci plus que jamais le

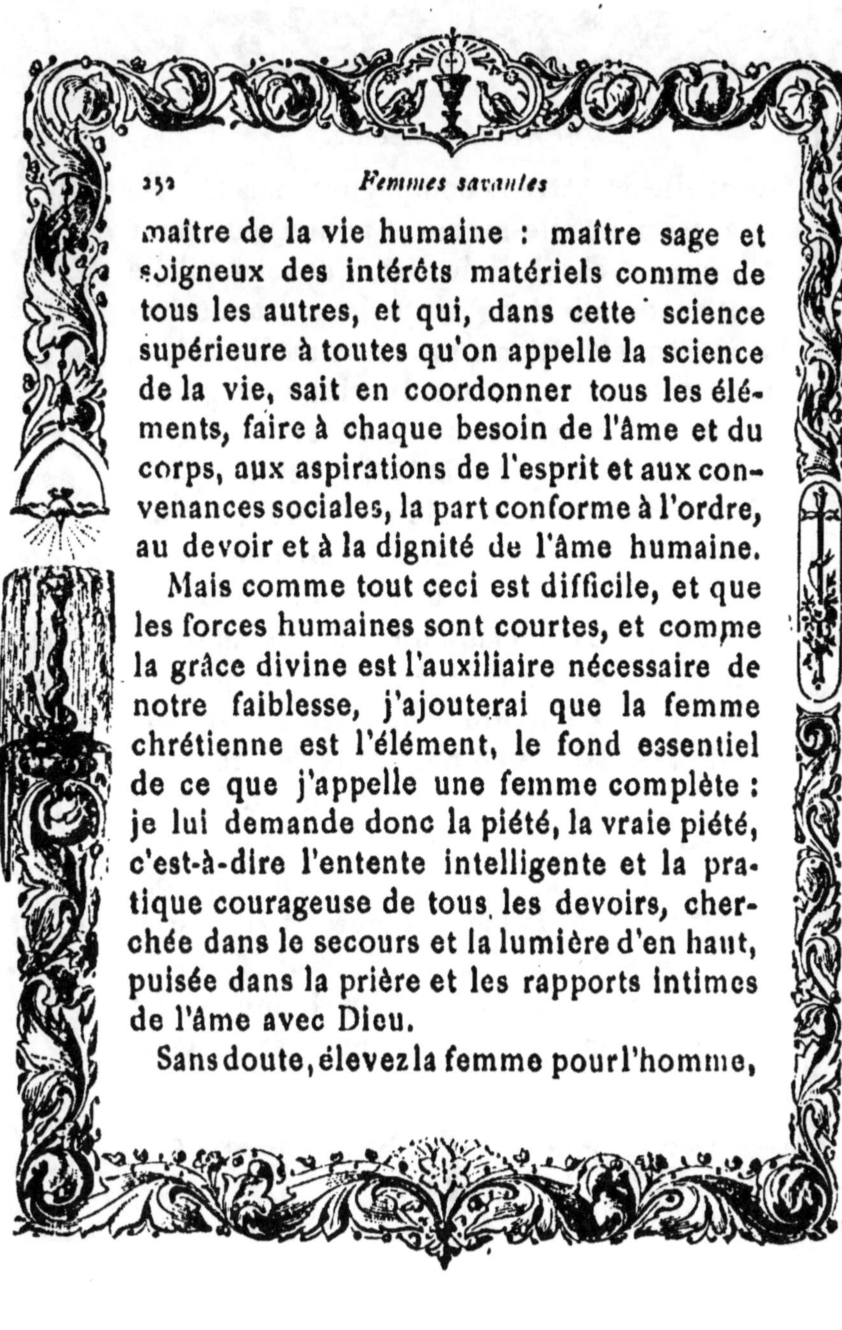

maître de la vie humaine : maître sage et
soigneux des intérêts matériels comme de
tous les autres, et qui, dans cette science
supérieure à toutes qu'on appelle la science
de la vie, sait en coordonner tous les éléments, faire à chaque besoin de l'âme et du
corps, aux aspirations de l'esprit et aux convenances sociales, la part conforme à l'ordre,
au devoir et à la dignité de l'âme humaine.

Mais comme tout ceci est difficile, et que
les forces humaines sont courtes, et comme
la grâce divine est l'auxiliaire nécessaire de
notre faiblesse, j'ajouterai que la femme
chrétienne est l'élément, le fond essentiel
de ce que j'appelle une femme complète :
je lui demande donc la piété, la vraie piété,
c'est-à-dire l'entente intelligente et la pratique courageuse de tous les devoirs, cher-
chée dans le secours et la lumière d'en haut,
puisée dans la prière et les rapports intimes
de l'âme avec Dieu.

Sans doute, élevez la femme pour l'homme,

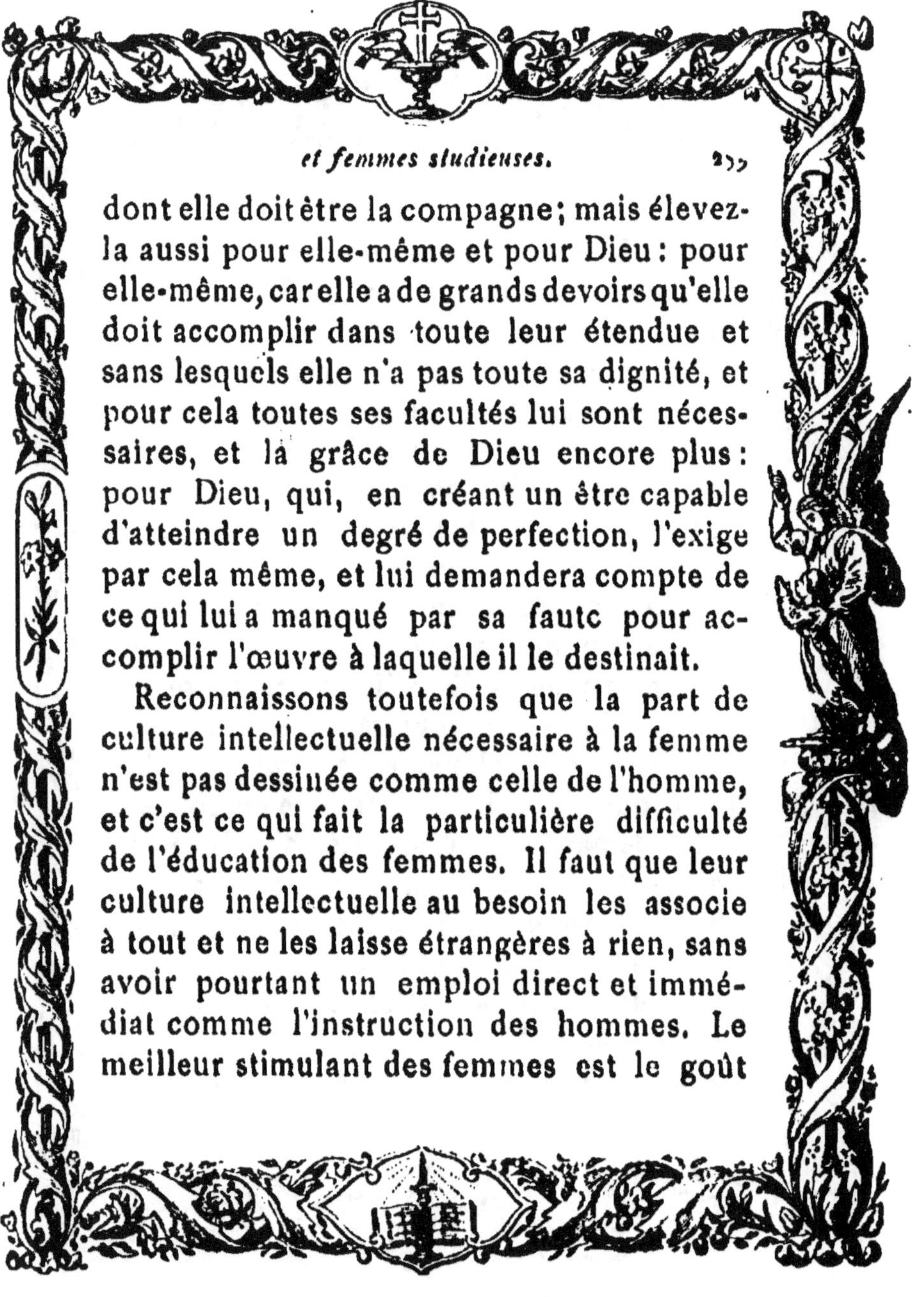

dont elle doit être la compagne; mais élevez-
la aussi pour elle-même et pour Dieu : pour
elle-même, car elle a de grands devoirs qu'elle
doit accomplir dans toute leur étendue et
sans lesquels elle n'a pas toute sa dignité, et
pour cela toutes ses facultés lui sont nécessaires, et la grâce de Dieu encore plus :
pour Dieu, qui, en créant un être capable
d'atteindre un degré de perfection, l'exige
par cela même, et lui demandera compte de
ce qui lui a manqué par sa faute pour accomplir l'œuvre à laquelle il le destinait.

Reconnaissons toutefois que la part de
culture intellectuelle nécessaire à la femme
n'est pas dessinée comme celle de l'homme,
et c'est ce qui fait la particulière difficulté
de l'éducation des femmes. Il faut que leur
culture intellectuelle au besoin les associe
à tout et ne les laisse étrangères à rien, sans
avoir pourtant un emploi direct et immé-
diat comme l'instruction des hommes. Le
meilleur stimulant des femmes est le goût

même du beau qui trouve sa récompense dans les nobles jouissances qu'il procure, dans la dignité qu'il communique à un être, et le secours qu'il lui donne.

Quoi qu'il en soit, le principe qui, selon nous, doit tout dominer dans l'éducation des femmes est incontestable. Si l'on sépare en elles ce qui doit être uni, à quoi arrive-t-on? On a la femme essentielle, c'est-à-dire la femme pédante à sa façon, ennuyeuse, sans grâce, incapable de gouverner autre chose que la vie matérielle; la femme d'ornement, c'est-à-dire la femme frivole, régnant sur le chiffon, ou plutôt se laissant gouverner par lui; enfin, une variété de la femme d'esprit ou de la femme de lettres, qui oublie, pour contrefaire l'homme, le charme, les dons, et aussi les devoirs de son sexe (1).

(1) « Je ne sais pourquoi, m'écrit-on, l'extérieur « des femmes adonnées à la culture intellectuelle est

X

LA PRATIQUE.

Mais enfin, pour arriver encore plus à la pratique, quelles sont les facultés que les femmes doivent cultiver en elles? Sont-ce donc les mêmes facultés que chez les hommes? Leur faudra-t-il étudier les sciences exactes, la politique, le secret du gouvernement, l'art militaire? Est-il question d'en faire des Judith, des Jeanne d'Arc, des Jeanne Hachette? ou des Hermengarde, fondatrice et régente du second royaume de Bourgogne, des Marguerite d'Albon, Isabelle de Castille, des Marie-Thérèse?

« presque toujours sans goût, un peu ridicule, dé-
« pourvu du charme féminin, et surtout de la grâce
« extérieure, dans la personne et dans les vêtements.
« *D'où cela vient-il?* »

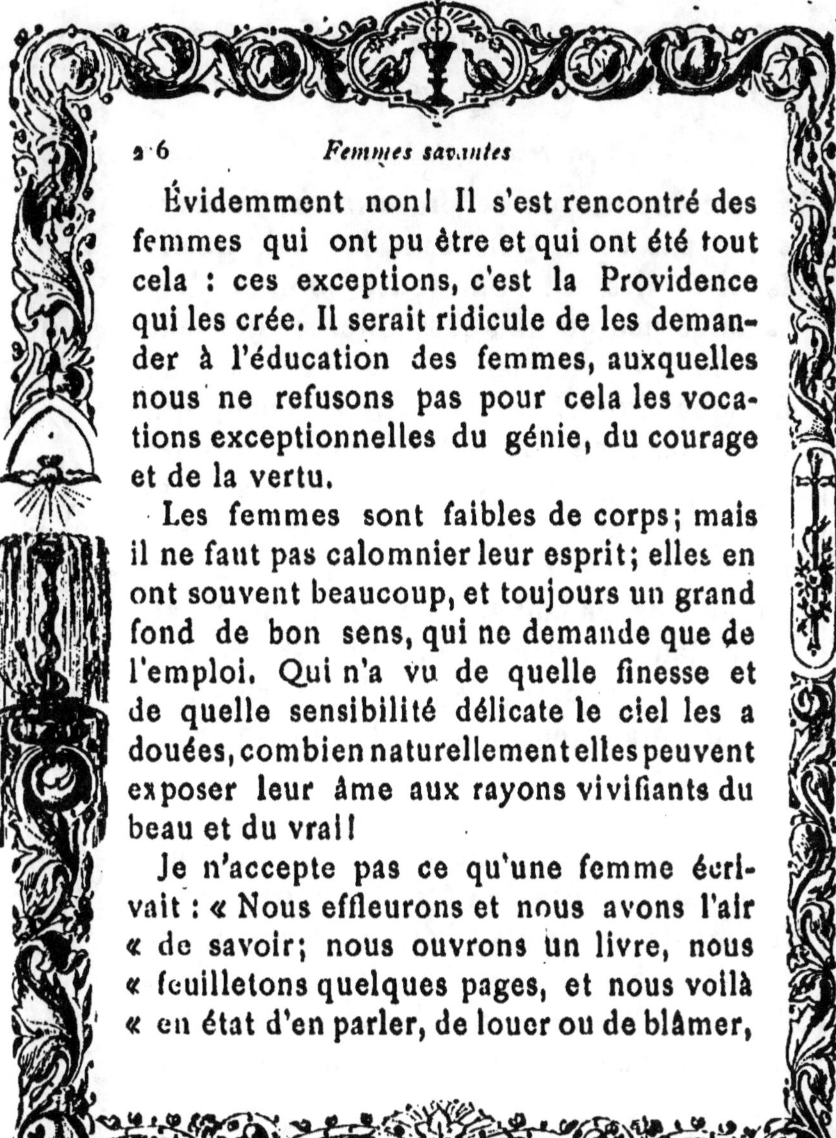

Évidemment non! Il s'est rencontré des femmes qui ont pu être et qui ont été tout cela : ces exceptions, c'est la Providence qui les crée. Il serait ridicule de les demander à l'éducation des femmes, auxquelles nous ne refusons pas pour cela les vocations exceptionnelles du génie, du courage et de la vertu.

Les femmes sont faibles de corps; mais il ne faut pas calomnier leur esprit; elles en ont souvent beaucoup, et toujours un grand fond de bon sens, qui ne demande que de l'emploi. Qui n'a vu de quelle finesse et de quelle sensibilité délicate le ciel les a douées, combien naturellement elles peuvent exposer leur âme aux rayons vivifiants du beau et du vrai!

Je n'accepte pas ce qu'une femme écrivait : « Nous effleurons et nous avons l'air « de savoir; nous ouvrons un livre, nous « feuilletons quelques pages, et nous voilà « en état d'en parler, de louer ou de blâmer,

« de conseiller ou de proscrire. » Je n'accepte pas cela. Mais dans le vrai, quelle
facilité elles ont pour tout! comme elles
savent à peu de fráis s'assimiler ce qui leur
convient, de rien faire quelque chose et de
quelque chose faire beaucoup! Dieu, qui
ne les destinait pas à de dures et abstraites
études, les a douées d'une perspicacité et
d'une intuition merveilleuse. Elles parlent
rarement d'affaires, cela les fatigue et les
ennuie; cependant si les circonstances exi-
gent leur participation, elle est presque
toujours utile et sensée; et l'on a remarqué
que, généralement, ce sont elles qui relèvent
la fortune d'une maison. Veuves, elles
refont la fortune de leurs enfants.

Il est du reste toujours bien entendu que,
dans cette espèce de revendication pour la
femme de ses droits à l'étude, je ne donne
à l'étude que sa part dans les occupations
de la vie. Il est clair que les soins de la maison, du ménage ont la première place, et

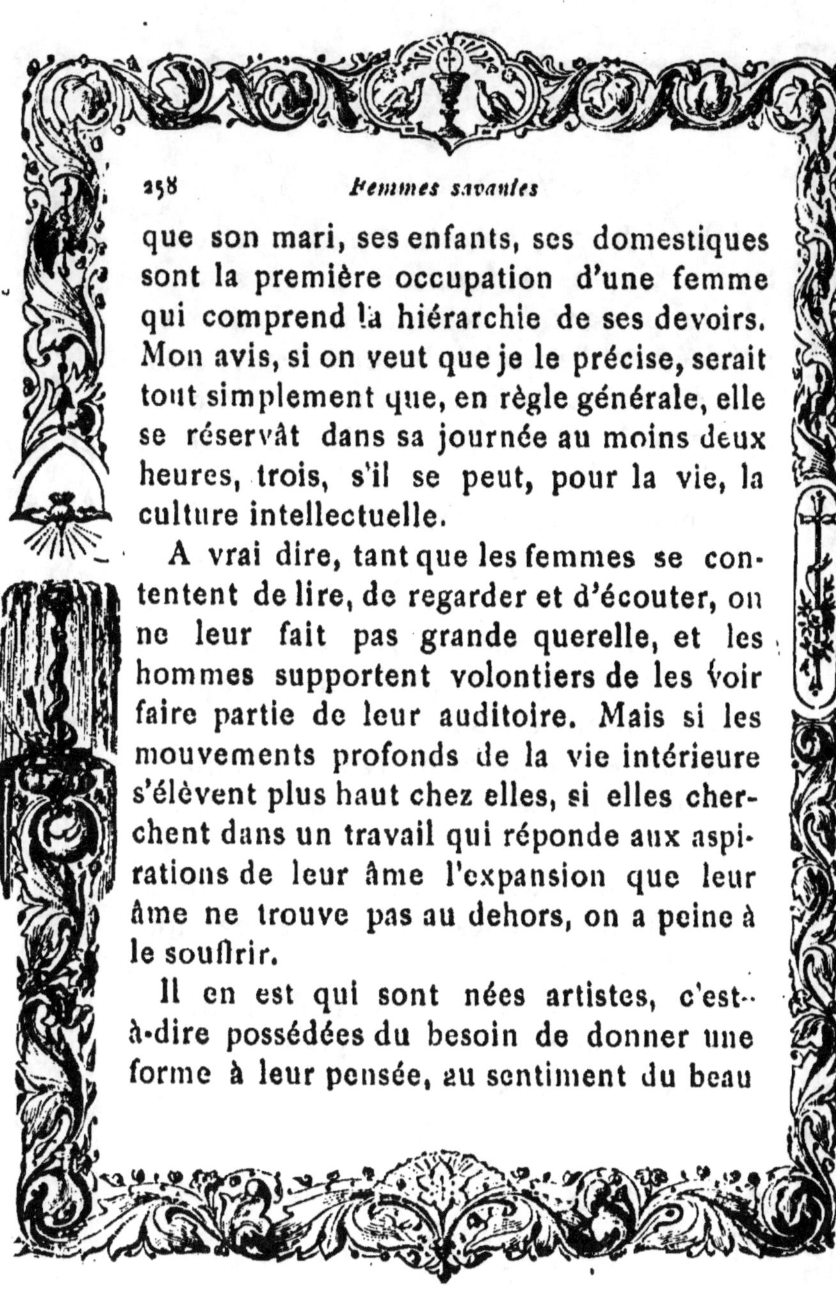

que son mari, ses enfants, ses domestiques
sont la première occupation d'une femme
qui comprend la hiérarchie de ses devoirs.
Mon avis, si on veut que je le précise, serait
tout simplement que, en règle générale, elle
se réservât dans sa journée au moins deux
heures, trois, s'il se peut, pour la vie, la
culture intellectuelle.

A vrai dire, tant que les femmes se con-
tentent de lire, de regarder et d'écouter, on
ne leur fait pas grande querelle, et les
hommes supportent volontiers de les voir
faire partie de leur auditoire. Mais si les
mouvements profonds de la vie intérieure
s'élèvent plus haut chez elles, si elles cherchent dans un travail qui réponde aux aspirations de leur âme l'expansion que leur
âme ne trouve pas au dehors, on a peine à
le souffrir.

Il en est qui sont nées artistes, c'est-
à-dire possédées du besoin de donner une
forme à leur pensée, au sentiment du beau

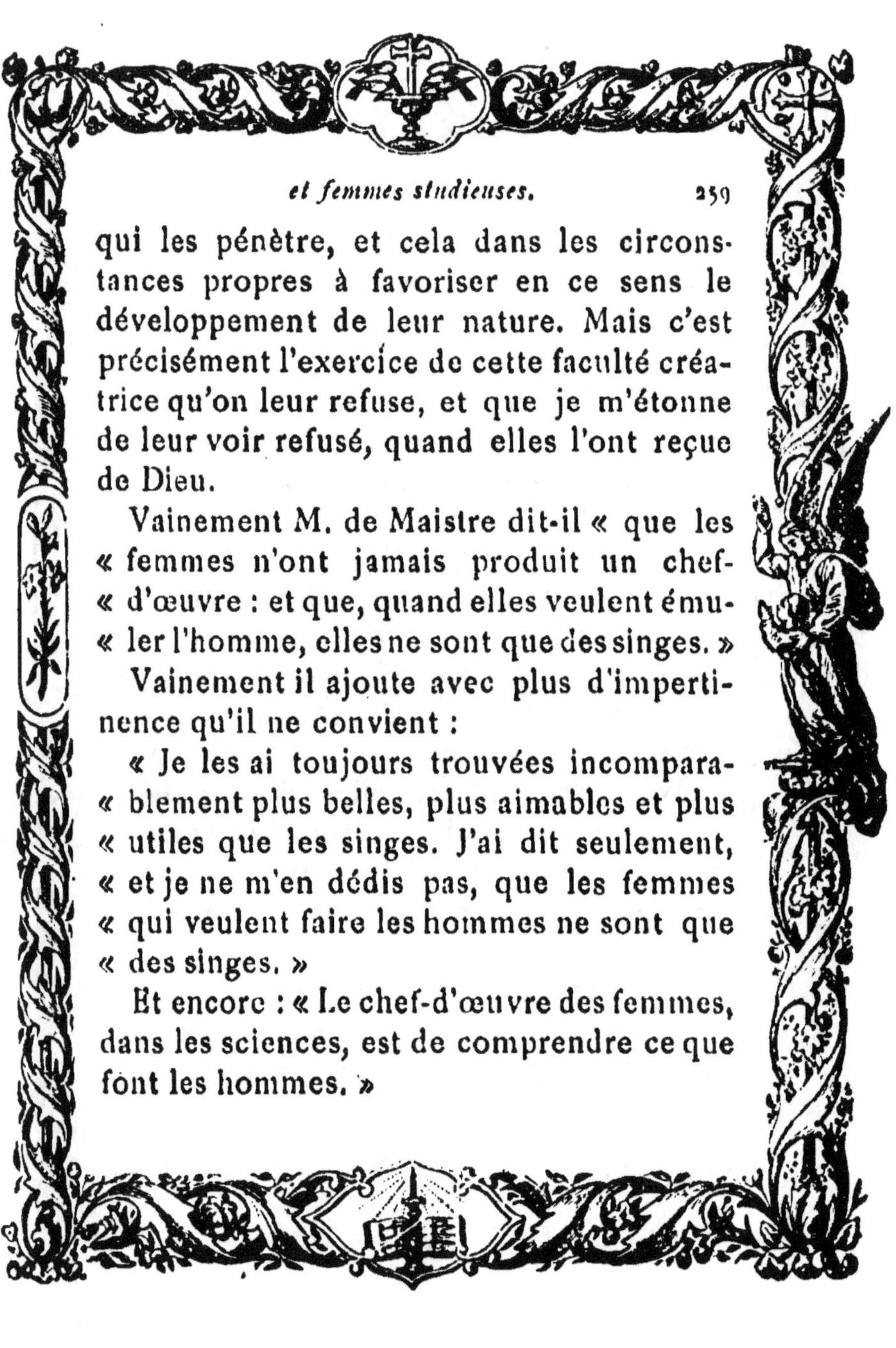

qui les pénètre, et cela dans les circonstances propres à favoriser en ce sens le
développement de leur nature. Mais c'est
précisément l'exercice de cette faculté créatrice qu'on leur refuse, et que je m'étonne
de leur voir refusé, quand elles l'ont reçue
de Dieu.

Vainement M. de Maistre dit-il « que les
« femmes n'ont jamais produit un chef-
« d'œuvre : et que, quand elles veulent ému-
« ler l'homme, elles ne sont que des singes. »

Vainement il ajoute avec plus d'imperti-
nence qu'il ne convient :

« Je les ai toujours trouvées incompara-
« blement plus belles, plus aimables et plus
« utiles que les singes. J'ai dit seulement,
« et je ne m'en dédis pas, que les femmes
« qui veulent faire les hommes ne sont que
« des singes. »

Et encore : « Le chef-d'œuvre des femmes,
dans les sciences, est de comprendre ce que
font les hommes. »

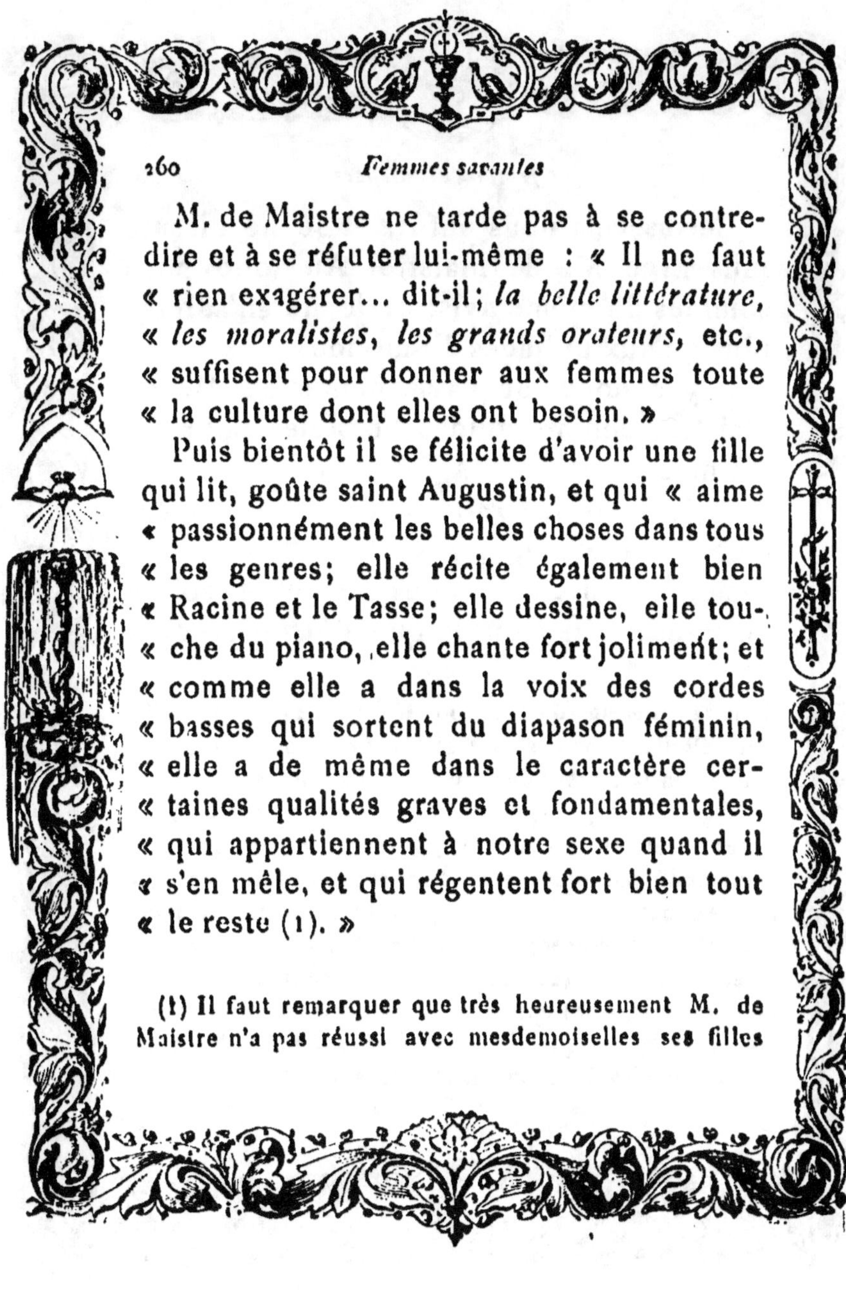

M. de Maistre ne tarde pas à se contredire et à se réfuter lui-même : « Il ne faut
« rien exagérer... dit-il ; *la belle littérature,*
« *les moralistes, les grands orateurs,* etc.,
« suffisent pour donner aux femmes toute
« la culture dont elles ont besoin. »

Puis bientôt il se félicite d'avoir une fille
qui lit, goûte saint Augustin, et qui « aime
« passionnément les belles choses dans tous
« les genres ; elle récite également bien
« Racine et le Tasse ; elle dessine, elle tou-
« che du piano, elle chante fort joliment ; et
« comme elle a dans la voix des cordes
« basses qui sortent du diapason féminin,
« elle a de même dans le caractère cer-
« taines qualités graves et fondamentales,
« qui appartiennent à notre sexe quand il
« s'en mêle, et qui régentent fort bien tout
« le reste (1). »

(1) Il faut remarquer que très heureusement M. de
Maistre n'a pas réussi avec mesdemoiselles ses filles

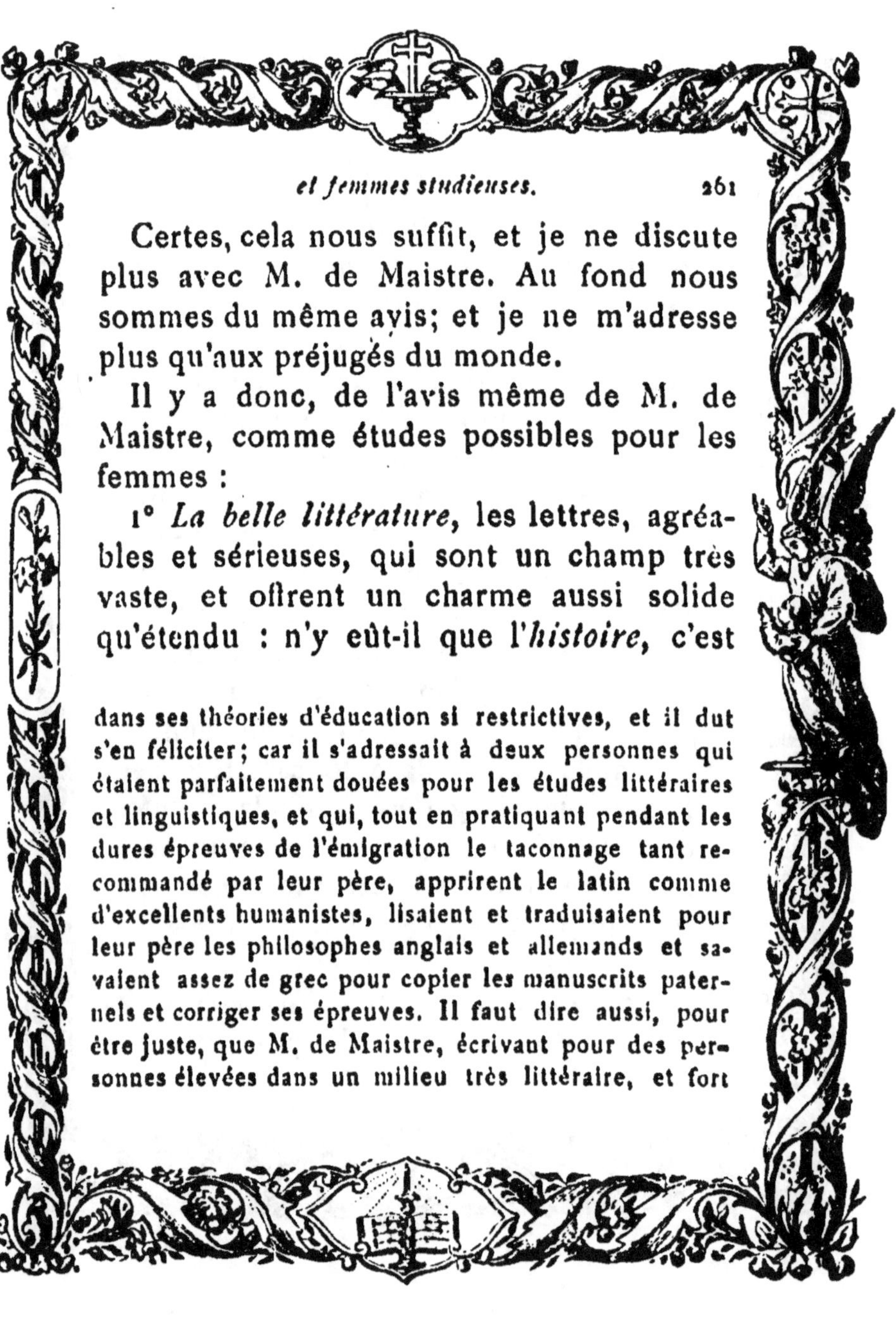

Certes, cela nous suffit, et je ne discute plus avec M. de Maistre. Au fond nous sommes du même avis; et je ne m'adresse plus qu'aux préjugés du monde.

Il y a donc, de l'avis même de M. de Maistre, comme études possibles pour les femmes :

1° *La belle littérature,* les lettres, agréables et sérieuses, qui sont un champ très vaste, et offrent un charme aussi solide qu'étendu : n'y eût-il que l'*histoire,* c'est

dans ses théories d'éducation si restrictives, et il dut s'en féliciter; car il s'adressait à deux personnes qui étaient parfaitement douées pour les études littéraires et linguistiques, et qui, tout en pratiquant pendant les dures épreuves de l'émigration le taconnage tant recommandé par leur père, apprirent le latin comme d'excellents humanistes, lisaient et traduisaient pour leur père les philosophes anglais et allemands et savaient assez de grec pour copier les manuscrits paternels et corriger ses épreuves. Il faut dire aussi, pour être juste, que M. de Maistre, écrivant pour des personnes élevées dans un milieu très littéraire, et fort

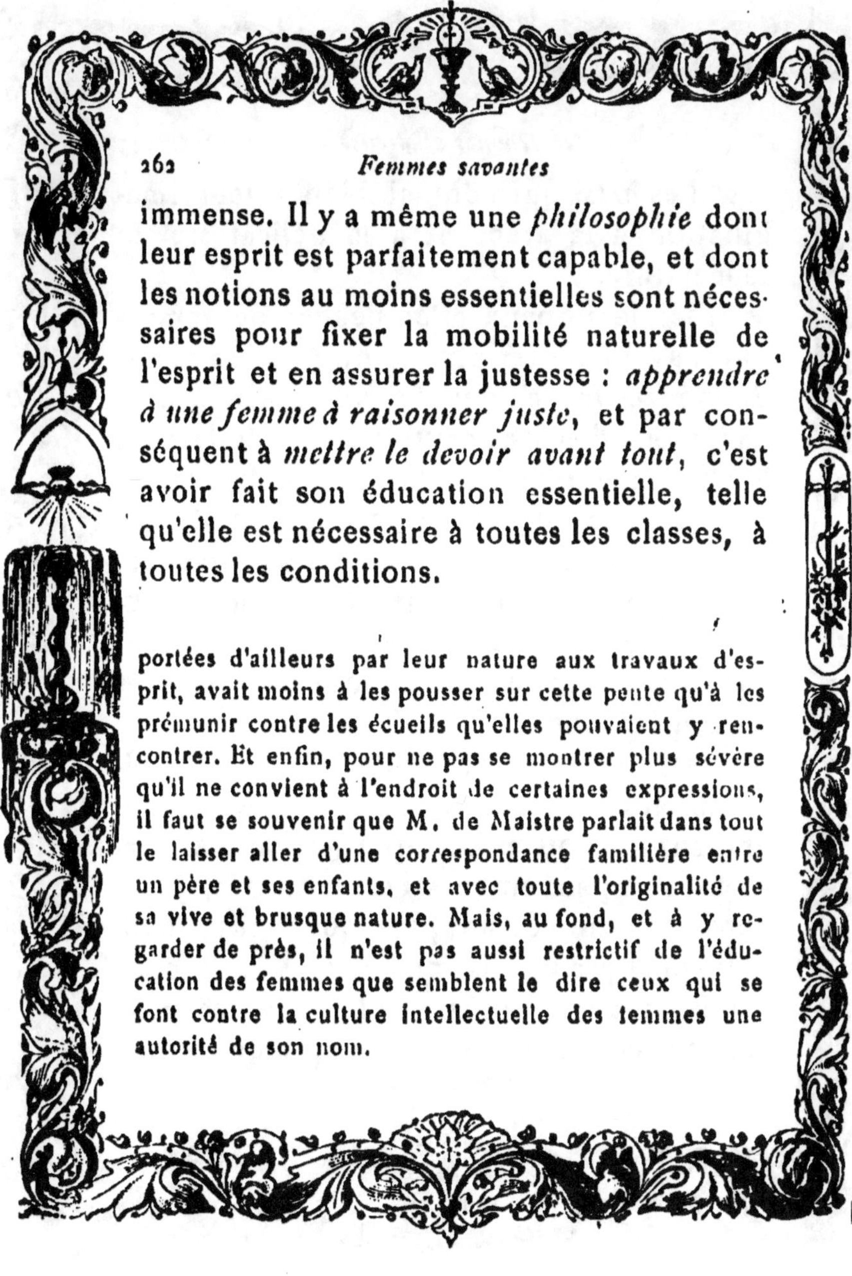

immense. Il y a même une *philosophie* dont leur esprit est parfaitement capable, et dont les notions au moins essentielles sont nécessaires pour fixer la mobilité naturelle de l'esprit et en assurer la justesse : *apprendre à une femme à raisonner juste*, et par conséquent à *mettre le devoir avant tout*, c'est avoir fait son éducation essentielle, telle qu'elle est nécessaire à toutes les classes, à toutes les conditions.

portées d'ailleurs par leur nature aux travaux d'esprit, avait moins à les pousser sur cette pente qu'à les prémunir contre les écueils qu'elles pouvaient y rencontrer. Et enfin, pour ne pas se montrer plus sévère qu'il ne convient à l'endroit de certaines expressions, il faut se souvenir que M. de Maistre parlait dans tout le laisser aller d'une correspondance familière entre un père et ses enfants, et avec toute l'originalité de sa vive et brusque nature. Mais, au fond, et à y regarder de près, il n'est pas aussi restrictif de l'éducation des femmes que semblent le dire ceux qui se font contre la culture intellectuelle des femmes une autorité de son nom.

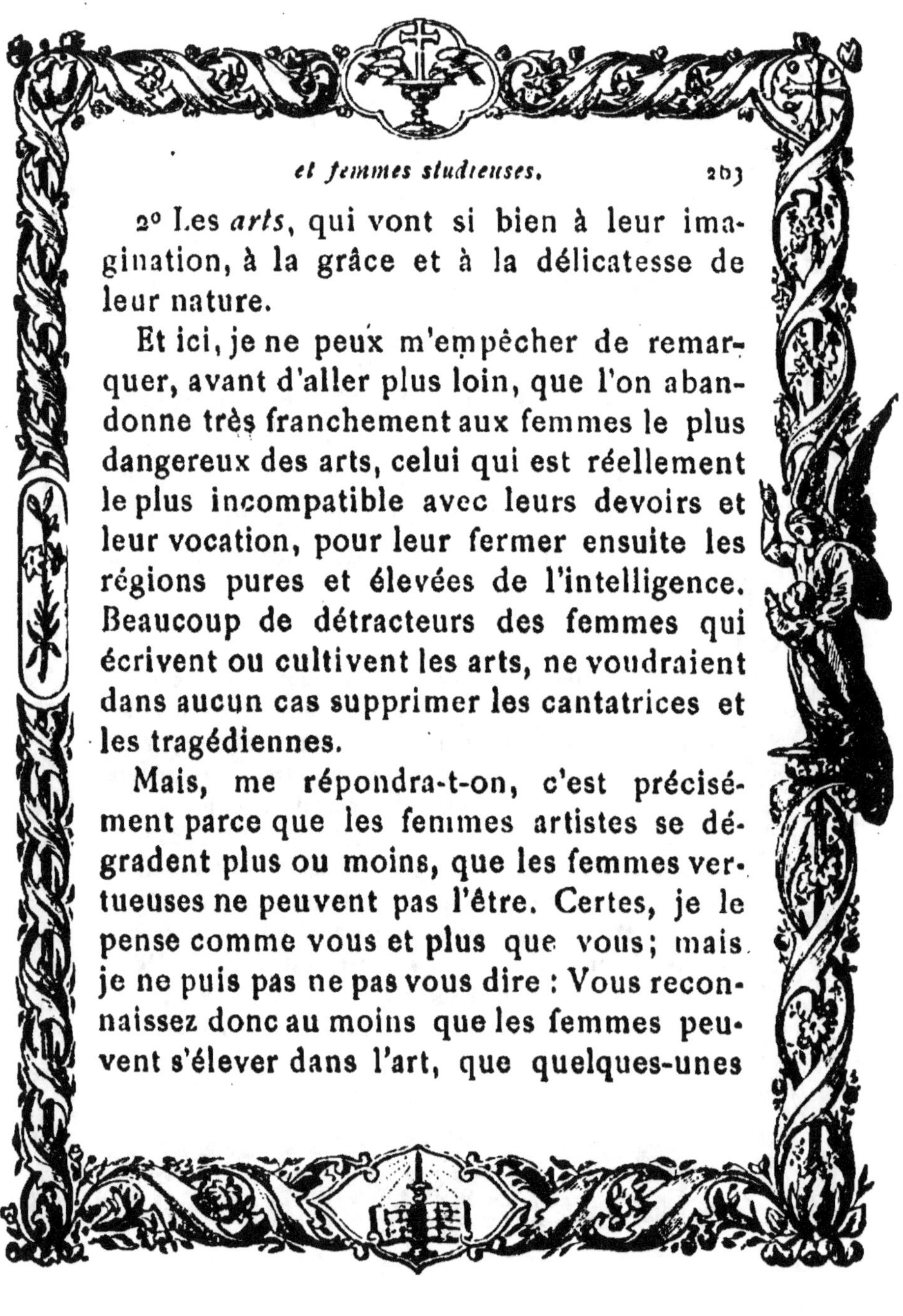

2° Les *arts*, qui vont si bien à leur imagination, à la grâce et à la délicatesse de leur nature.

Et ici, je ne peux m'empêcher de remarquer, avant d'aller plus loin, que l'on abandonne très franchement aux femmes le plus dangereux des arts, celui qui est réellement le plus incompatible avec leurs devoirs et leur vocation, pour leur fermer ensuite les régions pures et élevées de l'intelligence. Beaucoup de détracteurs des femmes qui écrivent ou cultivent les arts, ne voudraient dans aucun cas supprimer les cantatrices et les tragédiennes.

Mais, me répondra-t-on, c'est précisément parce que les femmes artistes se dégradent plus ou moins, que les femmes vertueuses ne peuvent pas l'être. Certes, je le pense comme vous et plus que vous; mais je ne puis pas ne pas vous dire : Vous reconnaissez donc au moins que les femmes peuvent s'élever dans l'art, que quelques-unes

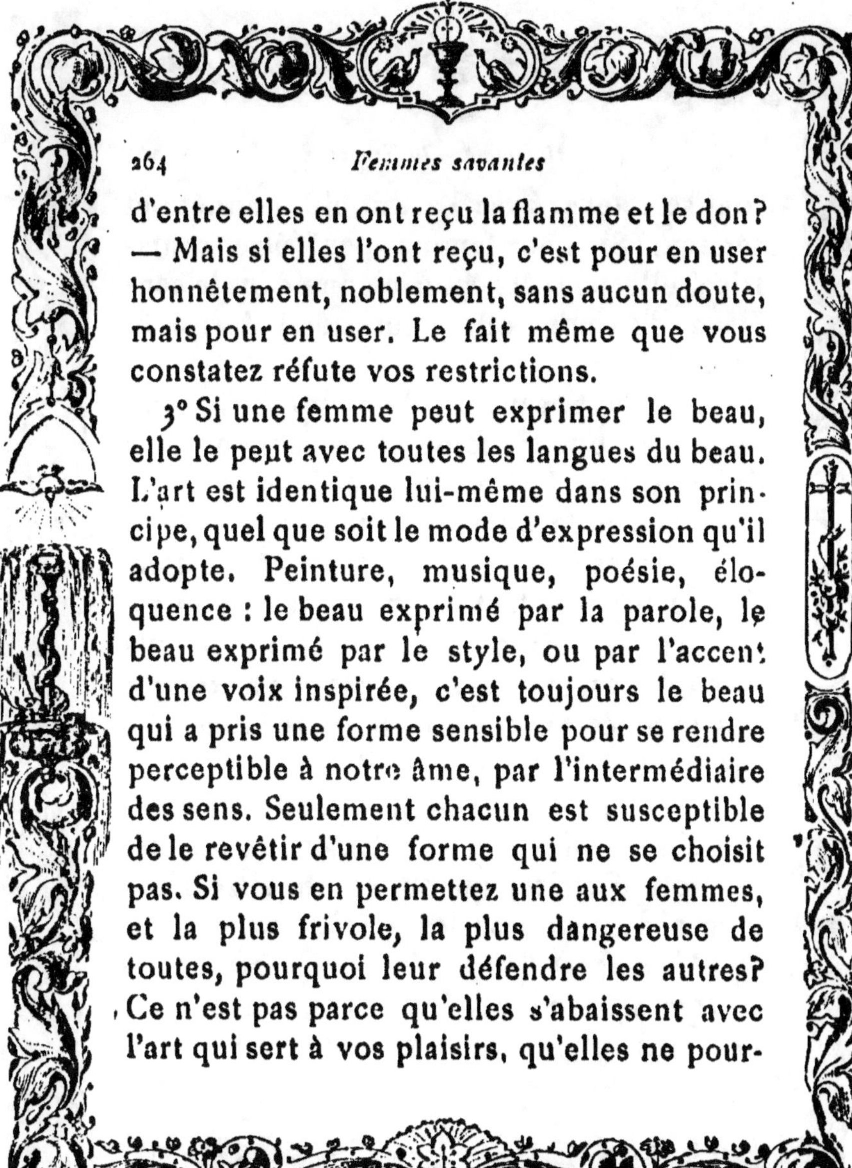

d'entre elles en ont reçu la flamme et le don ?
— Mais si elles l'ont reçu, c'est pour en user
honnêtement, noblement, sans aucun doute,
mais pour en user. Le fait même que vous
constatez réfute vos restrictions.

3° Si une femme peut exprimer le beau,
elle le peut avec toutes les langues du beau.
L'art est identique lui-même dans son principe, quel que soit le mode d'expression qu'il
adopte. Peinture, musique, poésie, éloquence : le beau exprimé par la parole, le
beau exprimé par le style, ou par l'accent
d'une voix inspirée, c'est toujours le beau
qui a pris une forme sensible pour se rendre
perceptible à notre âme, par l'intermédiaire
des sens. Seulement chacun est susceptible
de le revêtir d'une forme qui ne se choisit
pas. Si vous en permettez une aux femmes,
et la plus frivole, la plus dangereuse de
toutes, pourquoi leur défendre les autres?
Ce n'est pas parce qu'elles s'abaissent avec
l'art qui sert à vos plaisirs, qu'elles ne pour-

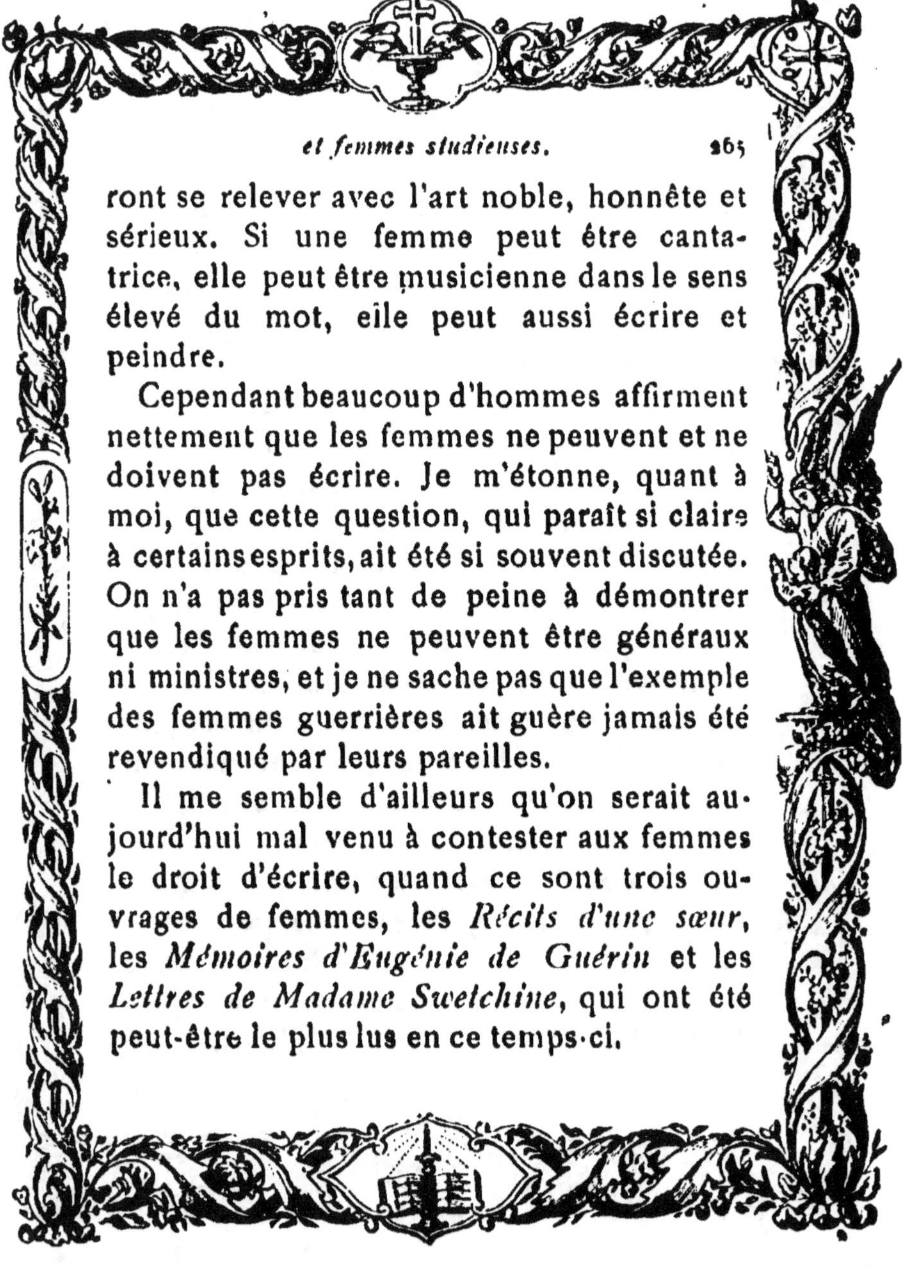

ront se relever avec l'art noble, honnête et sérieux. Si une femme peut être cantatrice, elle peut être musicienne dans le sens élevé du mot, elle peut aussi écrire et peindre.

Cependant beaucoup d'hommes affirment nettement que les femmes ne peuvent et ne doivent pas écrire. Je m'étonne, quant à moi, que cette question, qui paraît si claire à certains esprits, ait été si souvent discutée. On n'a pas pris tant de peine à démontrer que les femmes ne peuvent être généraux ni ministres, et je ne sache pas que l'exemple des femmes guerrières ait guère jamais été revendiqué par leurs pareilles.

Il me semble d'ailleurs qu'on serait aujourd'hui mal venu à contester aux femmes le droit d'écrire, quand ce sont trois ouvrages de femmes, les *Récits d'une sœur,* les *Mémoires d'Eugénie de Guérin* et les *Lettres de Madame Swetchine,* qui ont été peut-être le plus lus en ce temps-ci.

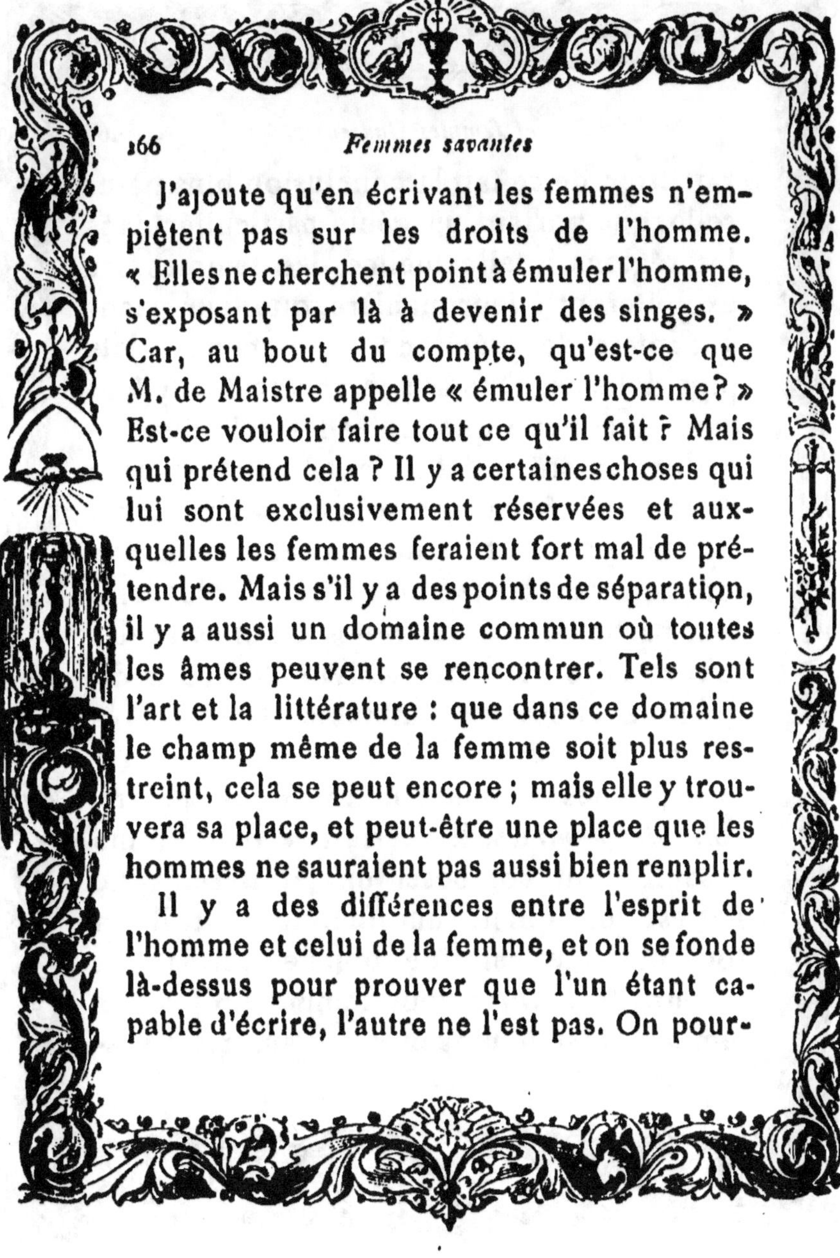

J'ajoute qu'en écrivant les femmes n'empiètent pas sur les droits de l'homme. « Elles ne cherchent point à émuler l'homme, s'exposant par là à devenir des singes. » Car, au bout du compte, qu'est-ce que M. de Maistre appelle « émuler l'homme? » Est-ce vouloir faire tout ce qu'il fait ? Mais qui prétend cela ? Il y a certaines choses qui lui sont exclusivement réservées et auxquelles les femmes feraient fort mal de prétendre. Mais s'il y a des points de séparation, il y a aussi un domaine commun où toutes les âmes peuvent se rencontrer. Tels sont l'art et la littérature : que dans ce domaine le champ même de la femme soit plus restreint, cela se peut encore ; mais elle y trouvera sa place, et peut-être une place que les hommes ne sauraient pas aussi bien remplir.

Il y a des différences entre l'esprit de l'homme et celui de la femme, et on se fonde là-dessus pour prouver que l'un étant capable d'écrire, l'autre ne l'est pas. On pour-

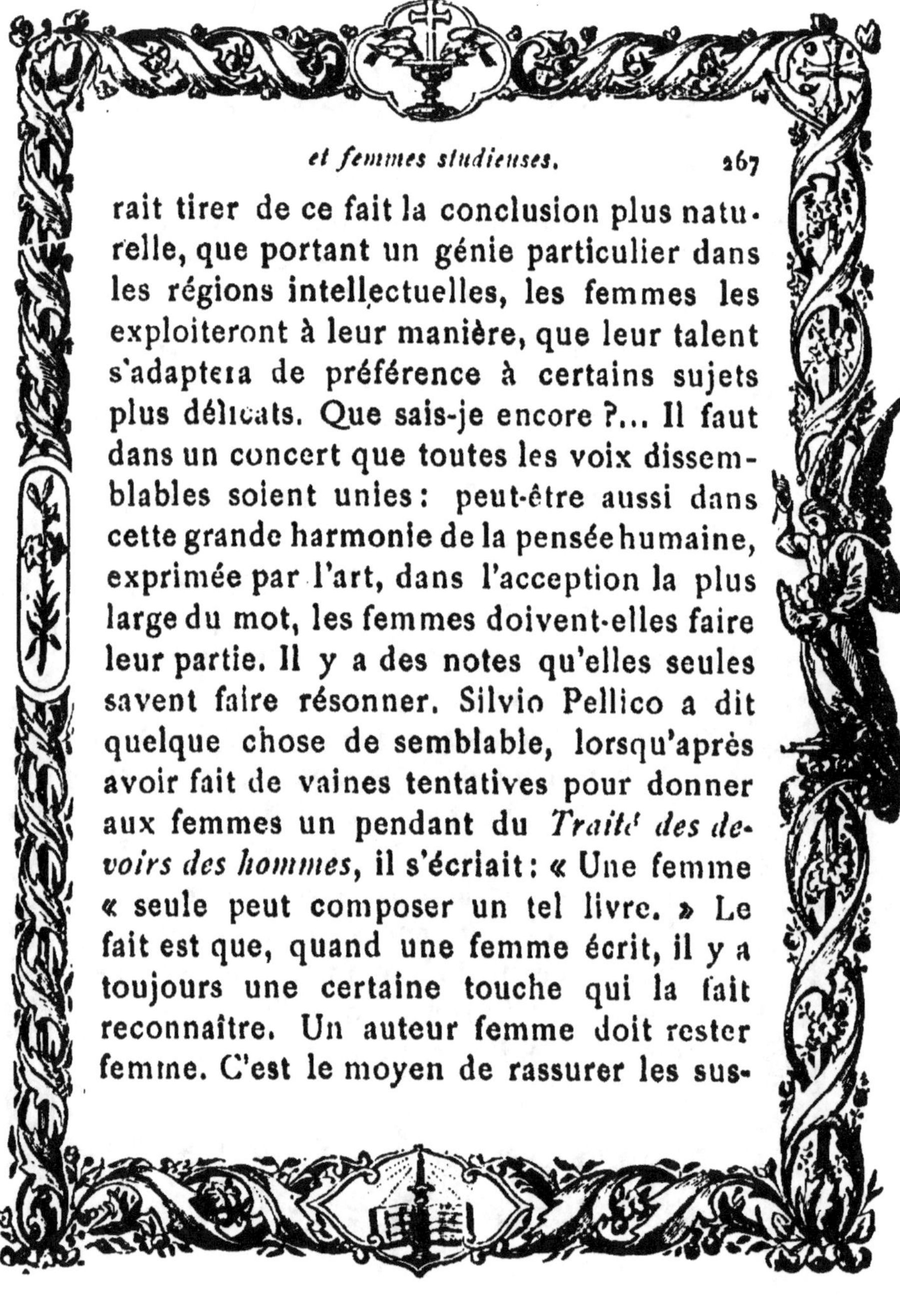

rait tirer de ce fait la conclusion plus naturelle, que portant un génie particulier dans
les régions intellectuelles, les femmes les
exploiteront à leur manière, que leur talent
s'adaptera de préférence à certains sujets
plus délicats. Que sais-je encore ?... Il faut
dans un concert que toutes les voix dissem-
blables soient unies : peut-être aussi dans
cette grande harmonie de la pensée humaine,
exprimée par l'art, dans l'acception la plus
large du mot, les femmes doivent-elles faire
leur partie. Il y a des notes qu'elles seules
savent faire résonner. Silvio Pellico a dit
quelque chose de semblable, lorsqu'après
avoir fait de vaines tentatives pour donner
aux femmes un pendant du *Traité des devoirs des hommes*, il s'écriait : « Une femme
« seule peut composer un tel livre. » Le
fait est que, quand une femme écrit, il y a
toujours une certaine touche qui la fait
reconnaître. Un auteur femme doit rester
femme. C'est le moyen de rassurer les sus-

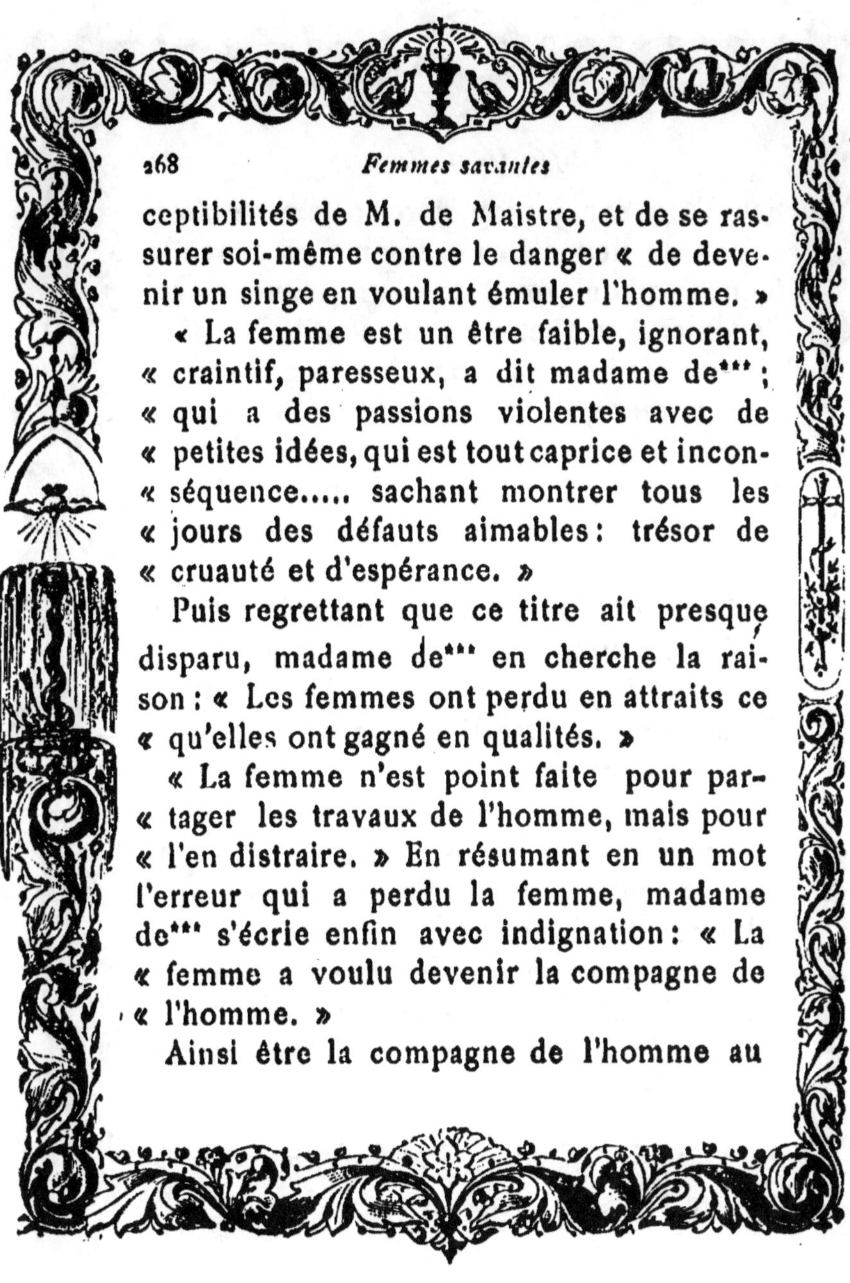

ceptibilités de M. de Maistre, et de se rassurer soi-même contre le danger « de devenir un singe en voulant émuler l'homme. »

« La femme est un être faible, ignorant,
« craintif, paresseux, a dit madame de***;
« qui a des passions violentes avec de
« petites idées, qui est tout caprice et incon-
« séquence..... sachant montrer tous les
« jours des défauts aimables: trésor de
« cruauté et d'espérance. »

Puis regrettant que ce titre ait presque
disparu, madame de*** en cherche la raison: « Les femmes ont perdu en attraits ce
« qu'elles ont gagné en qualités. »

« La femme n'est point faite pour par-
« tager les travaux de l'homme, mais pour
« l'en distraire. » En résumant en un mot
l'erreur qui a perdu la femme, madame
de*** s'écrie enfin avec indignation: « La
« femme a voulu devenir la compagne de
« l'homme. »

Ainsi être la compagne de l'homme au

lieu d'être son joujou, être la femme chrétienne au lieu d'être la femme païenne, la
femme qu'on respecte, sur laquelle on
s'appuie, à laquelle on se confie, au lieu
d'être la femme qui vous retient par un attrait passager, dont la frivolité vous amuse,
et vous distrait des choses plus sérieuses,
voilà en effet, un coupable égarement !

Et c'est une femme qui affichait une telle
doctrine.

4° J'ai dit dans ma première lettre, en
quelle mesure, selon moi, une femme peut
s'occuper de sciences, et même d'agriculture.
Cette dernière assertion a provoqué quelques étonnements. Je n'y répondrai qu'en
citant quelques fragments d'une lettre
qu'une femme très distinguée et très sensée, et qui parlait de ce qu'elle pratique
elle-même, m'a écrite à ce propos :

« Combien vous avez raison, monsei-
gneur, de conseiller aux femmes de se mêler
aux affaires, de savoir être sérieuses, de

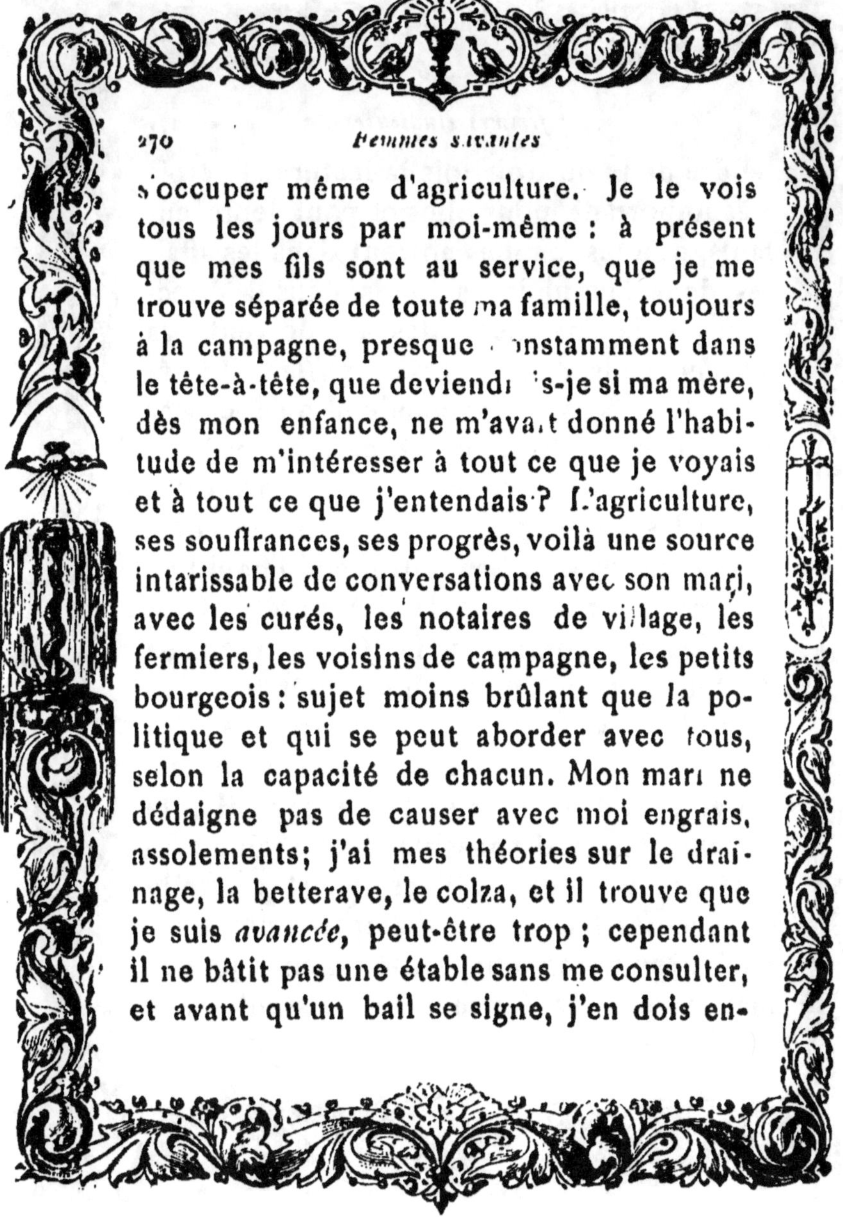

s'occuper même d'agriculture. Je le vois tous les jours par moi-même : à présent que mes fils sont au service, que je me trouve séparée de toute ma famille, toujours à la campagne, presque constamment dans le tête-à-tête, que deviendrais-je si ma mère, dès mon enfance, ne m'avait donné l'habitude de m'intéresser à tout ce que je voyais et à tout ce que j'entendais ? L'agriculture, ses souffrances, ses progrès, voilà une source intarissable de conversations avec son mari, avec les curés, les notaires de village, les fermiers, les voisins de campagne, les petits bourgeois : sujet moins brûlant que la politique et qui se peut aborder avec tous, selon la capacité de chacun. Mon mari ne dédaigne pas de causer avec moi engrais, assolements; j'ai mes théories sur le drainage, la betterave, le colza, et il trouve que je suis *avancée*, peut-être trop ; cependant il ne bâtit pas une étable sans me consulter, et avant qu'un bail se signe, j'en dois entendre deux ou trois fois la lecture. Je crois très important, pour elles et pour leurs enfants, que les femmes entrent dans les affai_res, dans l'emploi des fonds, dans la direction de la fortune; elles ne doivent pas *décider*, mais *écouter* et *conseiller*. En général les maris ne demandent qu'à causer de tout cela à cœur ouvert, ce sujet les intéressant plus que tout autre. Mais d'ordinaire on ne les écoute pas, on bâille, on ne comprend rien; le mari se tait, prend l'habitude d'administrer seul, de faire à sa tête; c'est fini. Dans le commencement un jeune mari dit tout ce que l'on veut bien entendre; plus tard il croirait qu'on veut exercer sur sa gestion un contrôle, et plus ce serait nécessaire, plus il serait blessé. La capacité, le sérieux sont indispensables à une femme. »

5° En un mot, cultiver tel art ou telle science qui leur plaît, s'efforcer même d'y atteindre un degré un peu éminent, je demande que les femmes le puissent, sans

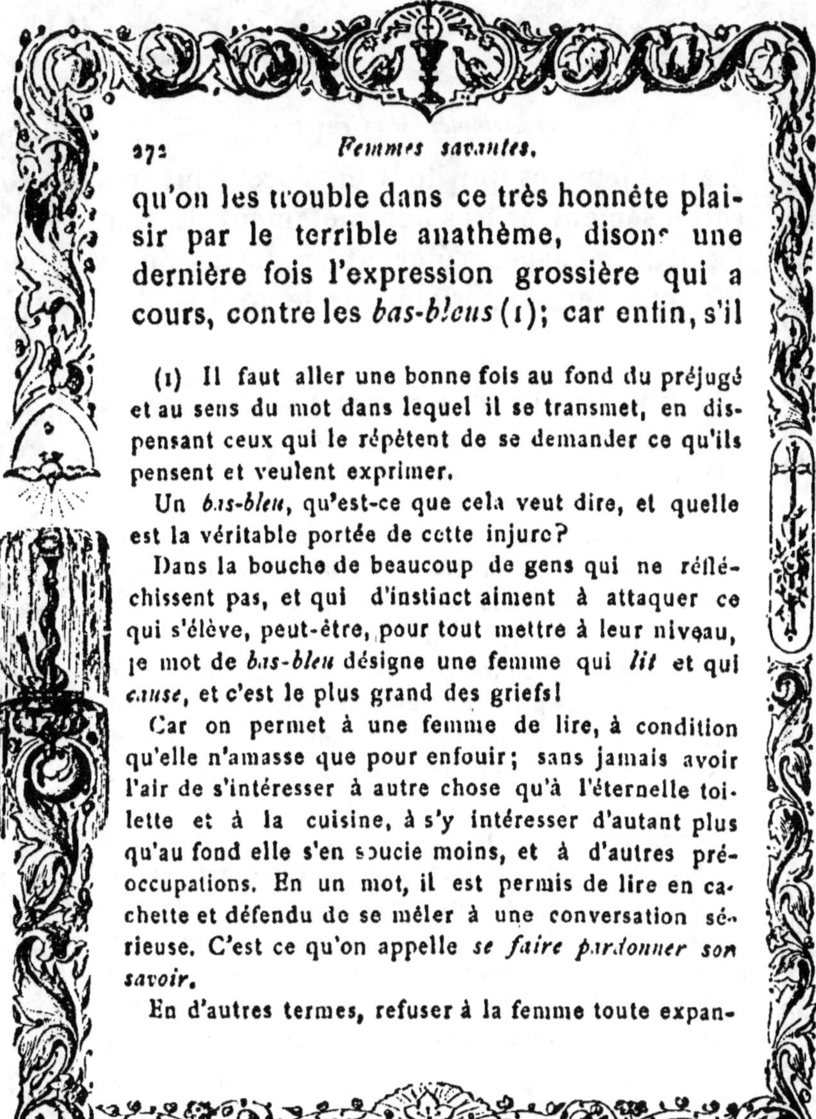

qu'on les trouble dans ce très honnête plaisir par le terrible anathème, disons une
dernière fois l'expression grossière qui a
cours, contre les *bas-bleus* (1); car enfin, s'il

(1) Il faut aller une bonne fois au fond du préjugé
et au sens du mot dans lequel il se transmet, en dis-
pensant ceux qui le répètent de se demander ce qu'ils
pensent et veulent exprimer.

Un *bas-bleu*, qu'est-ce que cela veut dire, et quelle
est la véritable portée de cette injure?

Dans la bouche de beaucoup de gens qui ne réflé-
chissent pas, et qui d'instinct aiment à attaquer ce
qui s'élève, peut-être, pour tout mettre à leur niveau,
le mot de *bas-bleu* désigne une femme qui *lit* et qui
cause, et c'est le plus grand des griefs!

Car on permet à une femme de lire, à condition
qu'elle n'amasse que pour enfouir; sans jamais avoir
l'air de s'intéresser à autre chose qu'à l'éternelle toilette et à la cuisine, à s'y intéresser d'autant plus
qu'au fond elle s'en soucie moins, et à d'autres préoccupations. En un mot, il est permis de lire en ca-
chette et défendu de se mêler à une conversation sérieuse. C'est ce qu'on appelle *se faire pardonner son
savoir.*

En d'autres termes, refuser à la femme toute expan-

y a des femmes qui, tout en s'occupant très sérieusement et très complètement du soin de leur ménage, s'élèvent au-dessus de la vie purement matérielle par le goût et l'in-

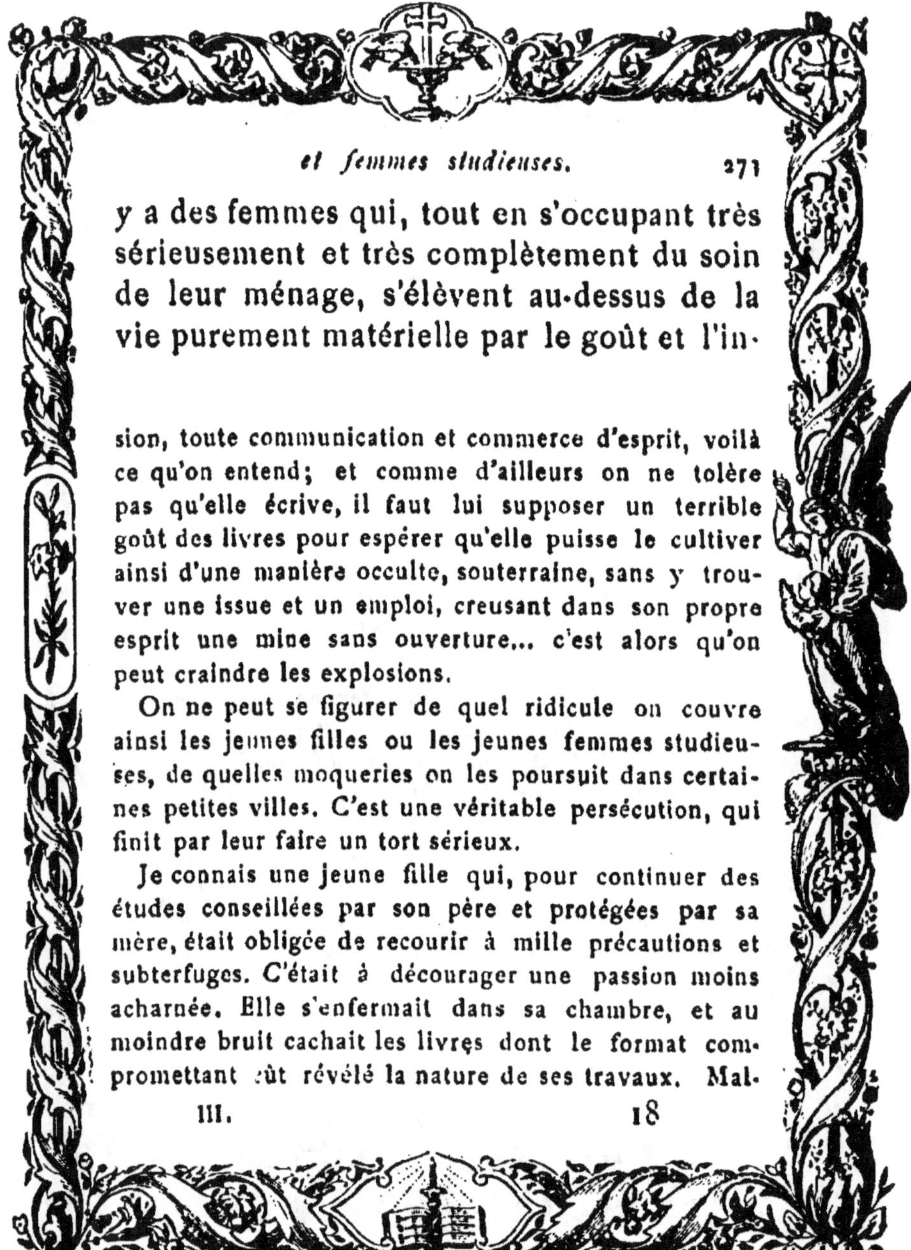

sion, toute communication et commerce d'esprit, voilà ce qu'on entend; et comme d'ailleurs on ne tolère pas qu'elle écrive, il faut lui supposer un terrible goût des livres pour espérer qu'elle puisse le cultiver ainsi d'une manière occulte, souterraine, sans y trouver une issue et un emploi, creusant dans son propre esprit une mine sans ouverture... c'est alors qu'on peut craindre les explosions.

On ne peut se figurer de quel ridicule on couvre ainsi les jeunes filles ou les jeunes femmes studieuses, de quelles moqueries on les poursuit dans certaines petites villes. C'est une véritable persécution, qui finit par leur faire un tort sérieux.

Je connais une jeune fille qui, pour continuer des études conseillées par son père et protégées par sa mère, était obligée de recourir à mille précautions et subterfuges. C'était à décourager une passion moins acharnée. Elle s'enfermait dans sa chambre, et au moindre bruit cachait les livres dont le format compromettant eût révélé la nature de ses travaux. Mal-

III.   18

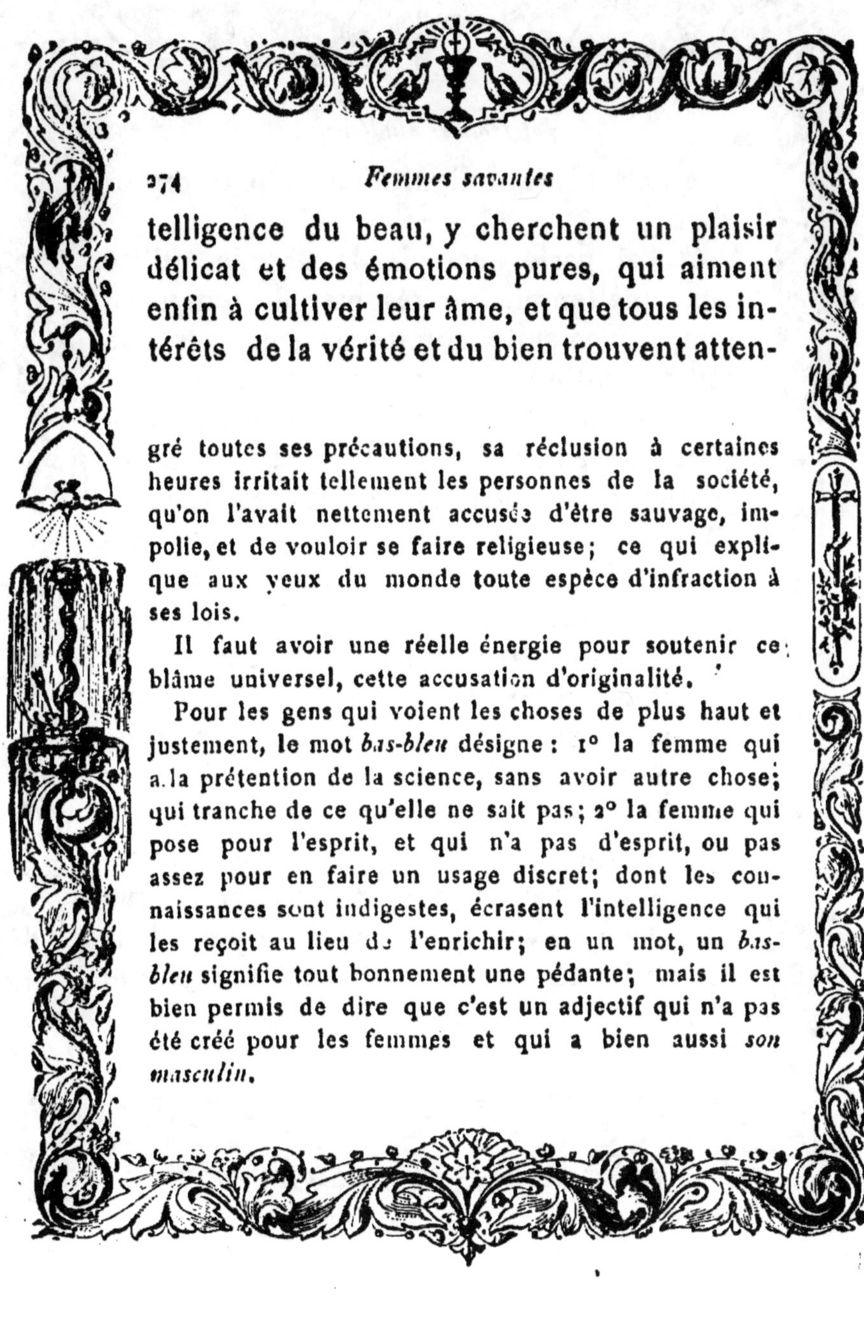

telligence du beau, y cherchent un plaisir délicat et des émotions pures, qui aiment enfin à cultiver leur âme, et que tous les intérêts de la vérité et du bien trouvent atten-

gré toutes ses précautions, sa réclusion à certaines heures irritait tellement les personnes de la société, qu'on l'avait nettement accusée d'être sauvage, impolie, et de vouloir se faire religieuse; ce qui explique aux yeux du monde toute espèce d'infraction à ses lois.

Il faut avoir une réelle énergie pour soutenir ce blâme universel, cette accusation d'originalité.

Pour les gens qui voient les choses de plus haut et justement, le mot *bas-bleu* désigne : 1° la femme qui a la prétention de la science, sans avoir autre chose; qui tranche de ce qu'elle ne sait pas; 2° la femme qui pose pour l'esprit, et qui n'a pas d'esprit, ou pas assez pour en faire un usage discret; dont les connaissances sont indigestes, écrasent l'intelligence qui les reçoit au lieu de l'enrichir; en un mot, un *bas-bleu* signifie tout bonnement une pédante; mais il est bien permis de dire que c'est un adjectif qui n'a pas été créé pour les femmes et qui a bien aussi *son masculin*.

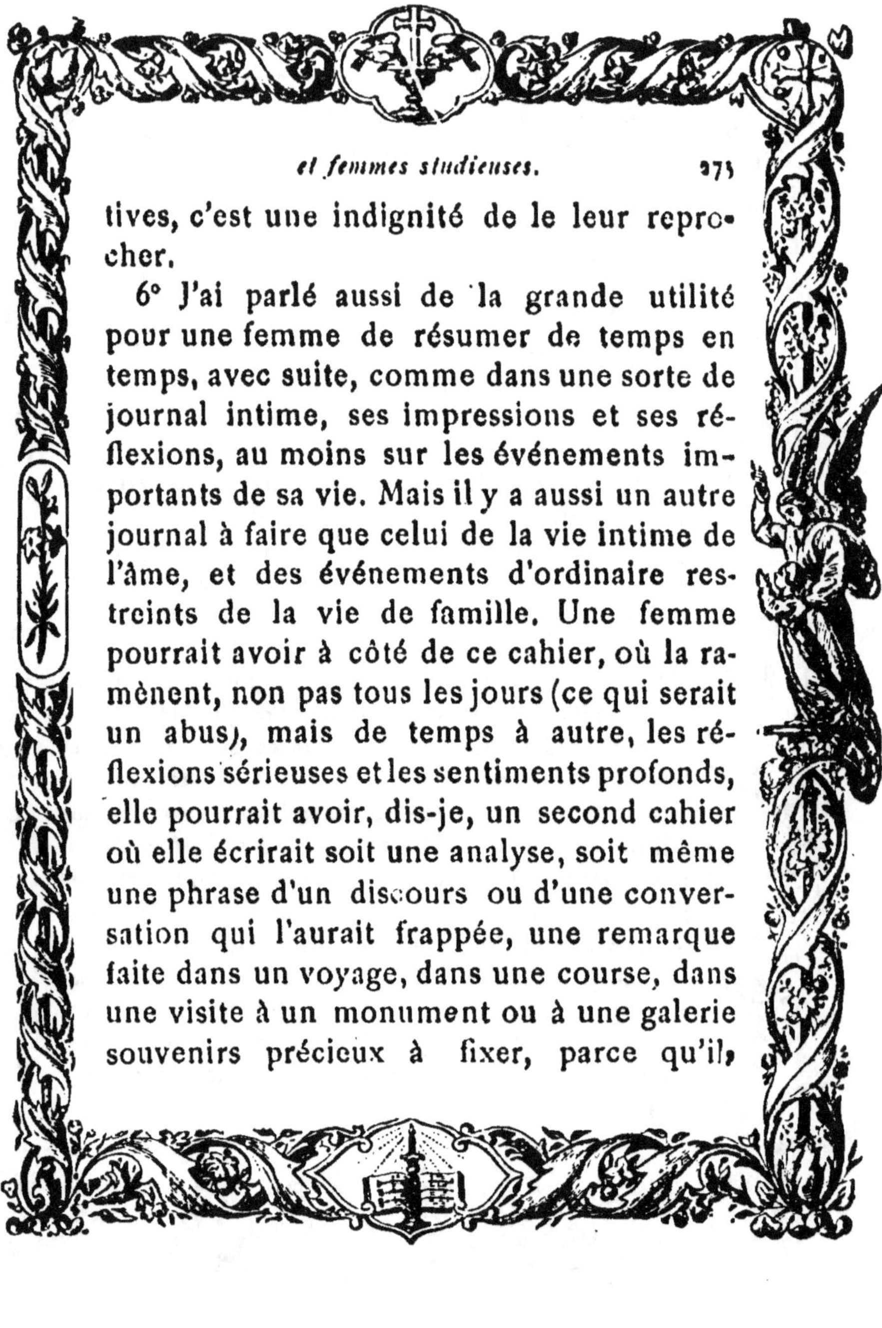

tives, c'est une indignité de le leur repro-
cher.

6° J'ai parlé aussi de la grande utilité
pour une femme de résumer de temps en
temps, avec suite, comme dans une sorte de
journal intime, ses impressions et ses réflexions, au moins sur les événements importants de sa vie. Mais il y a aussi un autre
journal à faire que celui de la vie intime de
l'âme, et des événements d'ordinaire res-
treints de la vie de famille. Une femme
pourrait avoir à côté de ce cahier, où la ra-
mènent, non pas tous les jours (ce qui serait
un abus), mais de temps à autre, les réflexions sérieuses et les sentiments profonds,
elle pourrait avoir, dis-je, un second cahier
où elle écrirait soit une analyse, soit même
une phrase d'un discours ou d'une conversation qui l'aurait frappée, une remarque
faite dans un voyage, dans une course, dans
une visite à un monument ou à une galerie
souvenirs précieux à fixer, parce qu'il,

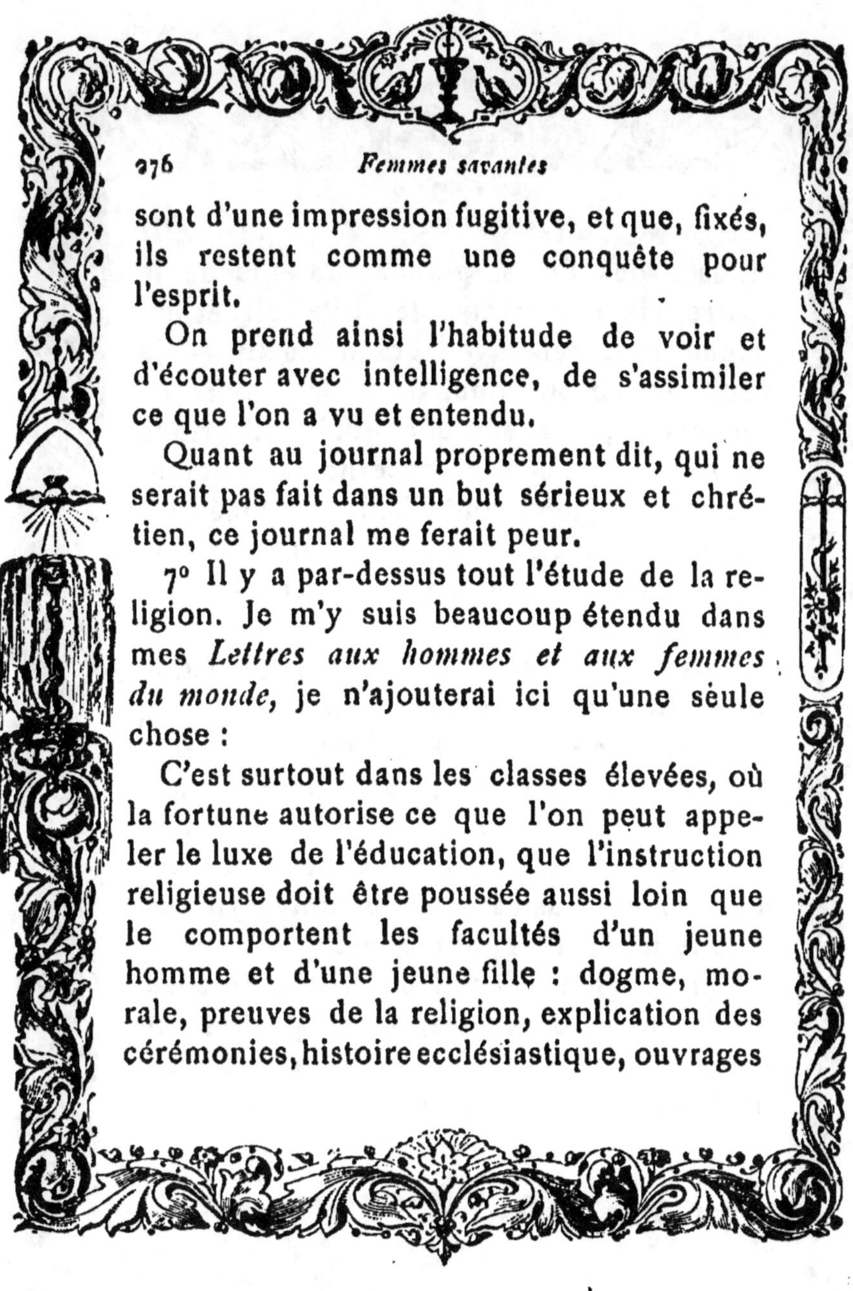

sont d'une impression fugitive, et que, fixés, ils restent comme une conquête pour l'esprit.

On prend ainsi l'habitude de voir et d'écouter avec intelligence, de s'assimiler ce que l'on a vu et entendu.

Quant au journal proprement dit, qui ne serait pas fait dans un but sérieux et chrétien, ce journal me ferait peur.

7° Il y a par-dessus tout l'étude de la religion. Je m'y suis beaucoup étendu dans mes *Lettres aux hommes et aux femmes du monde*, je n'ajouterai ici qu'une seule chose :

C'est surtout dans les classes élevées, où la fortune autorise ce que l'on peut appeler le luxe de l'éducation, que l'instruction religieuse doit être poussée aussi loin que le comportent les facultés d'un jeune homme et d'une jeune fille : dogme, morale, preuves de la religion, explication des cérémonies, histoire ecclésiastique, ouvrages

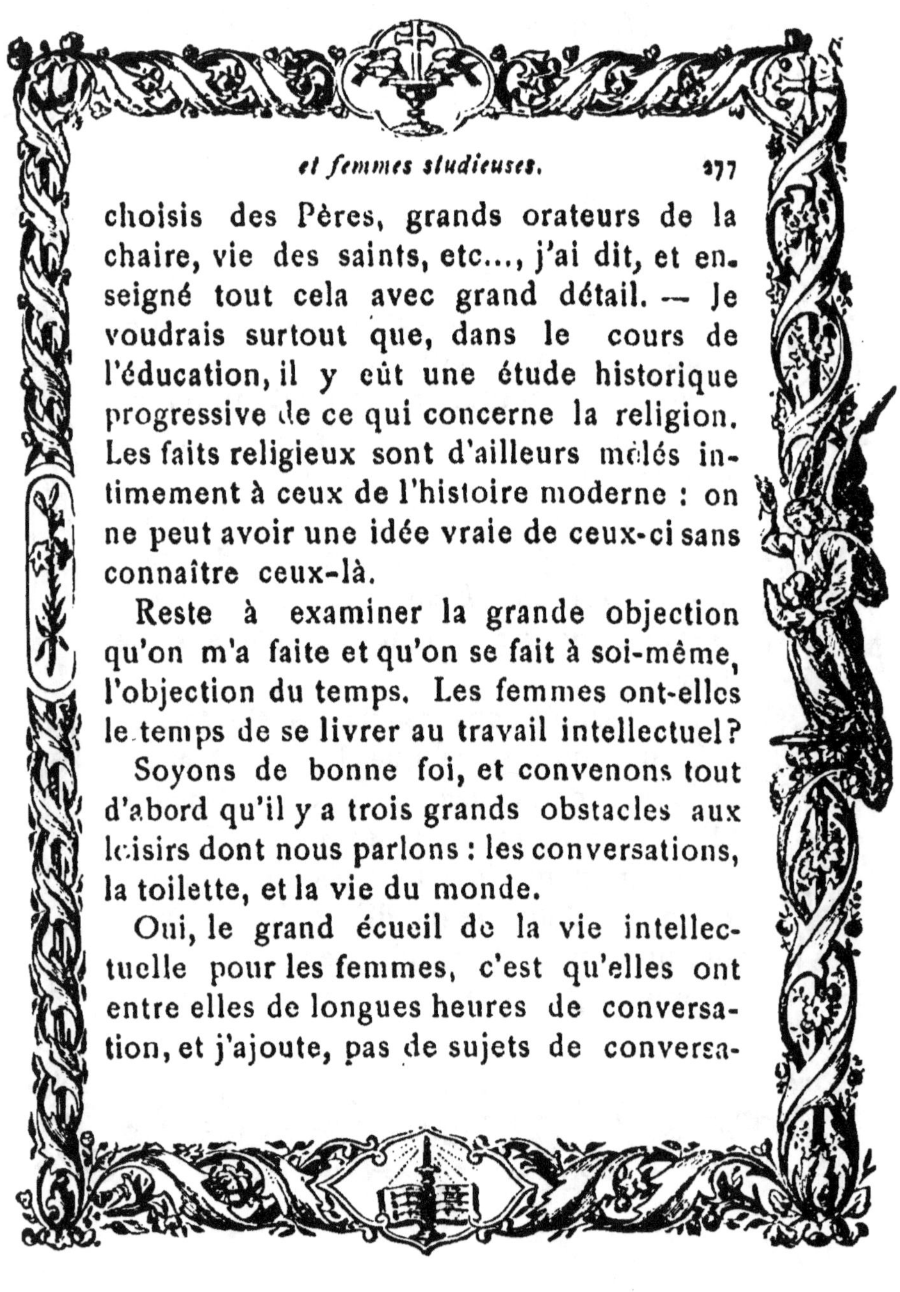

choisis des Pères, grands orateurs de la chaire, vie des saints, etc..., j'ai dit, et enseigné tout cela avec grand détail. — Je voudrais surtout que, dans le cours de l'éducation, il y eût une étude historique progressive de ce qui concerne la religion. Les faits religieux sont d'ailleurs mêlés intimement à ceux de l'histoire moderne : on ne peut avoir une idée vraie de ceux-ci sans connaître ceux-là.

Reste à examiner la grande objection qu'on m'a faite et qu'on se fait à soi-même, l'objection du temps. Les femmes ont-elles le temps de se livrer au travail intellectuel?

Soyons de bonne foi, et convenons tout d'abord qu'il y a trois grands obstacles aux loisirs dont nous parlons : les conversations, la toilette, et la vie du monde.

Oui, le grand écueil de la vie intellectuelle pour les femmes, c'est qu'elles ont entre elles de longues heures de conversation, et j'ajoute, pas de sujets de conversa-

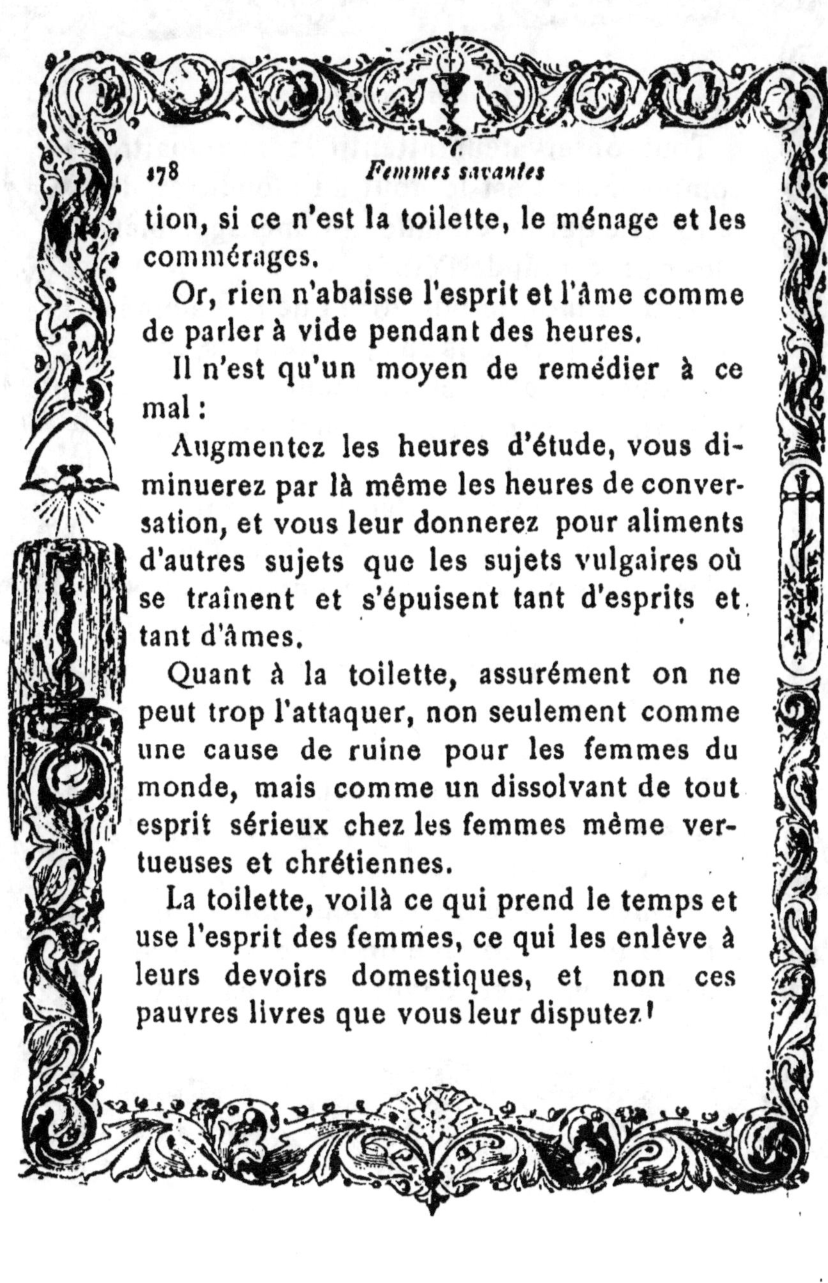

tion, si ce n'est la toilette, le ménage et les commérages.

Or, rien n'abaisse l'esprit et l'âme comme de parler à vide pendant des heures.

Il n'est qu'un moyen de remédier à ce mal :

Augmentez les heures d'étude, vous diminuerez par là même les heures de conversation, et vous leur donnerez pour aliments d'autres sujets que les sujets vulgaires où se traînent et s'épuisent tant d'esprits et tant d'âmes.

Quant à la toilette, assurément on ne peut trop l'attaquer, non seulement comme une cause de ruine pour les femmes du monde, mais comme un dissolvant de tout esprit sérieux chez les femmes même vertueuses et chrétiennes.

La toilette, voilà ce qui prend le temps et use l'esprit des femmes, ce qui les enlève à leurs devoirs domestiques, et non ces pauvres livres que vous leur disputez.

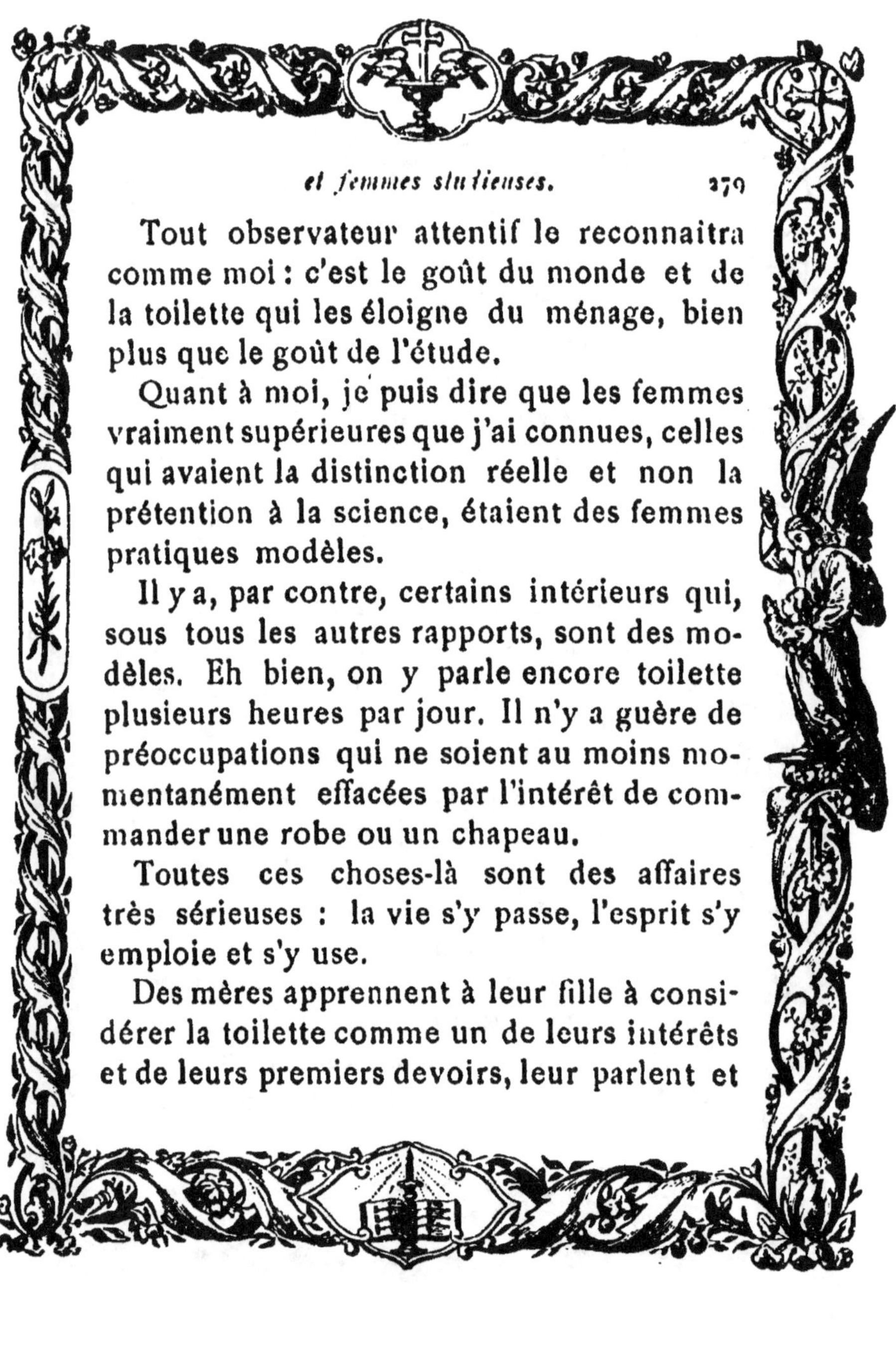

Tout observateur attentif le reconnaîtra comme moi : c'est le goût du monde et de la toilette qui les éloigne du ménage, bien plus que le goût de l'étude.

Quant à moi, je puis dire que les femmes vraiment supérieures que j'ai connues, celles qui avaient la distinction réelle et non la prétention à la science, étaient des femmes pratiques modèles.

Il y a, par contre, certains intérieurs qui, sous tous les autres rapports, sont des modèles. Eh bien, on y parle encore toilette plusieurs heures par jour. Il n'y a guère de préoccupations qui ne soient au moins momentanément effacées par l'intérêt de commander une robe ou un chapeau.

Toutes ces choses-là sont des affaires très sérieuses : la vie s'y passe, l'esprit s'y emploie et s'y use.

Des mères apprennent à leur fille à considérer la toilette comme un de leurs intérêts et de leurs premiers devoirs, leur parlent et

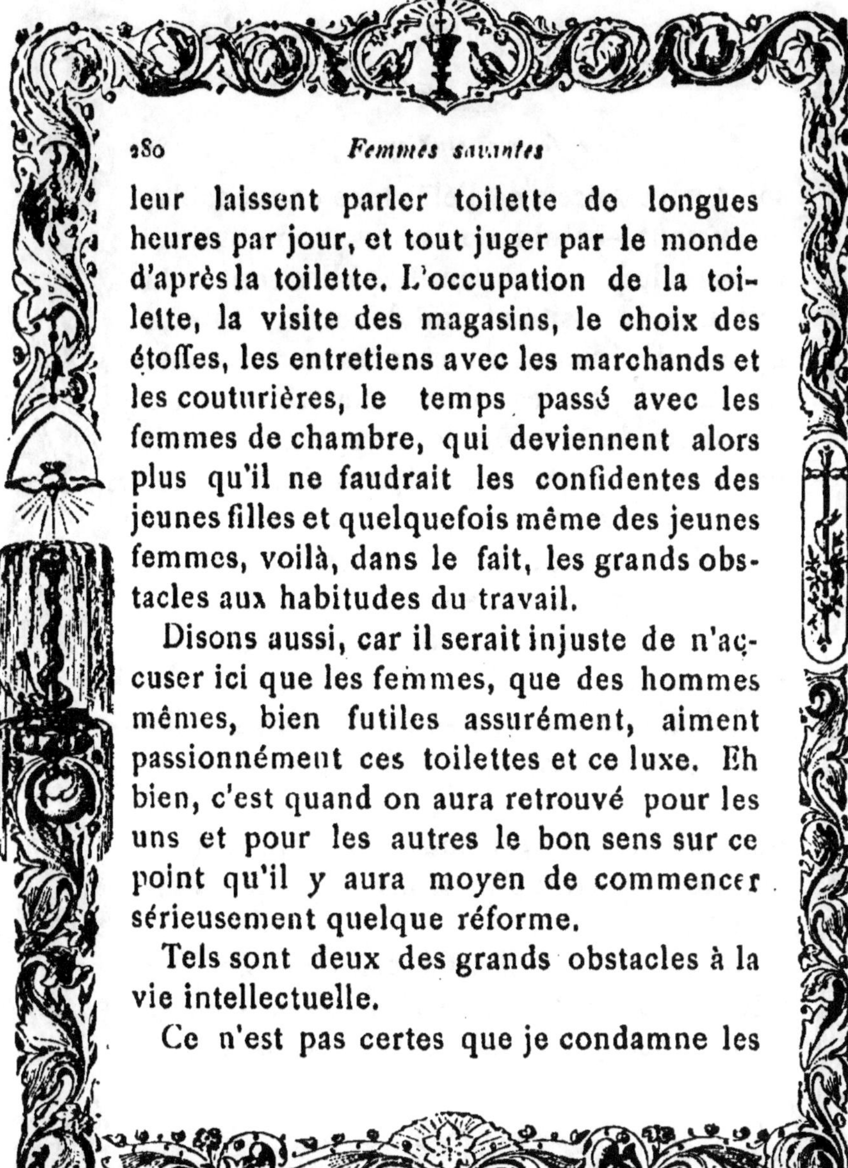

leur laissent parler toilette de longues heures par jour, et tout juger par le monde d'après la toilette. L'occupation de la toilette, la visite des magasins, le choix des étoffes, les entretiens avec les marchands et les couturières, le temps passé avec les femmes de chambre, qui deviennent alors plus qu'il ne faudrait les confidentes des jeunes filles et quelquefois même des jeunes femmes, voilà, dans le fait, les grands obstacles aux habitudes du travail.

Disons aussi, car il serait injuste de n'accuser ici que les femmes, que des hommes mêmes, bien futiles assurément, aiment passionnément ces toilettes et ce luxe. Eh bien, c'est quand on aura retrouvé pour les uns et pour les autres le bon sens sur ce point qu'il y aura moyen de commencer sérieusement quelque réforme.

Tels sont deux des grands obstacles à la vie intellectuelle.

Ce n'est pas certes que je condamne les

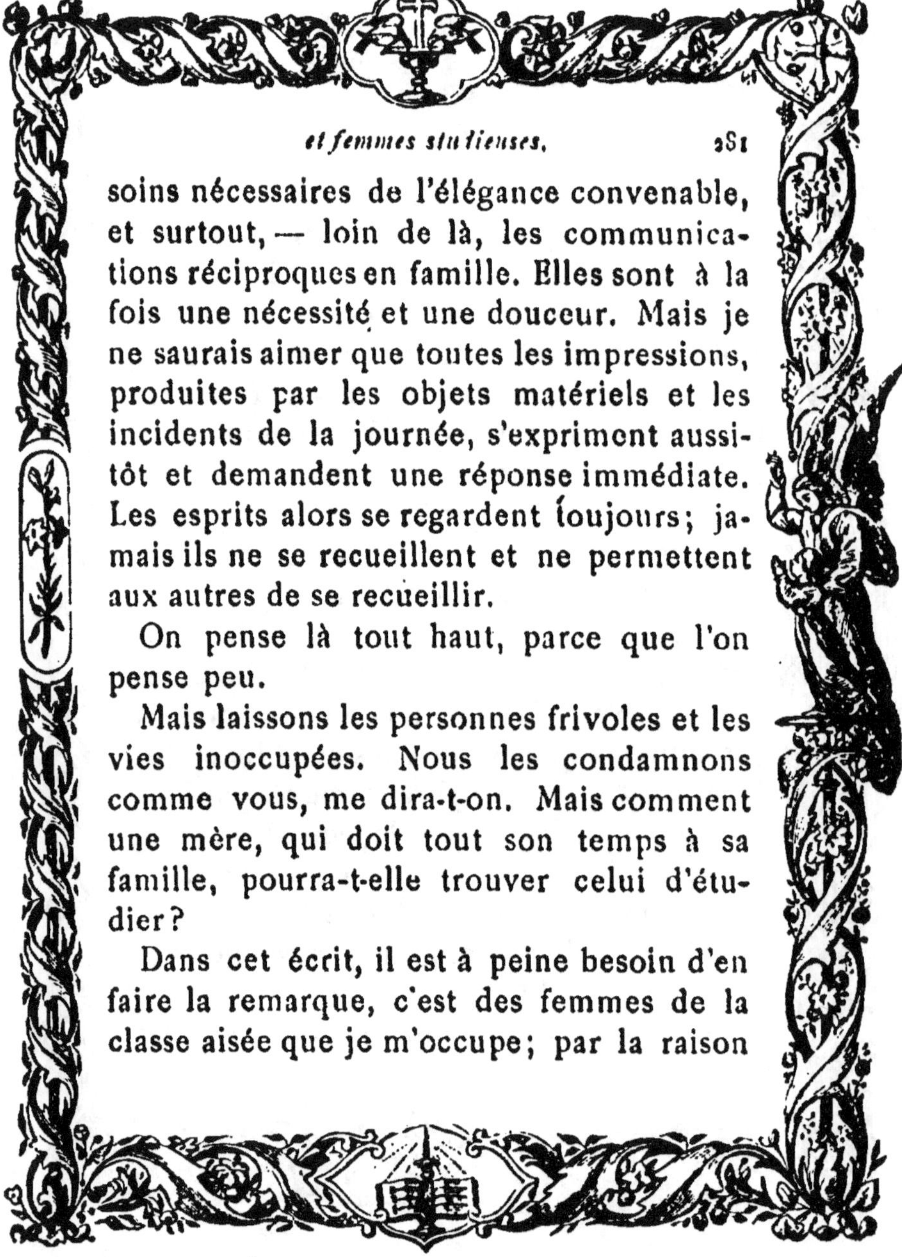

soins nécessaires de l'élégance convenable, et surtout, — loin de là, les communications réciproques en famille. Elles sont à la fois une nécessité et une douceur. Mais je ne saurais aimer que toutes les impressions, produites par les objets matériels et les incidents de la journée, s'expriment aussitôt et demandent une réponse immédiate. Les esprits alors se regardent toujours; jamais ils ne se recueillent et ne permettent aux autres de se recueillir.

On pense là tout haut, parce que l'on pense peu.

Mais laissons les personnes frivoles et les vies inoccupées. Nous les condamnons comme vous, me dira-t-on. Mais comment une mère, qui doit tout son temps à sa famille, pourra-t-elle trouver celui d'étudier?

Dans cet écrit, il est à peine besoin d'en faire la remarque, c'est des femmes de la classe aisée que je m'occupe; par la raison

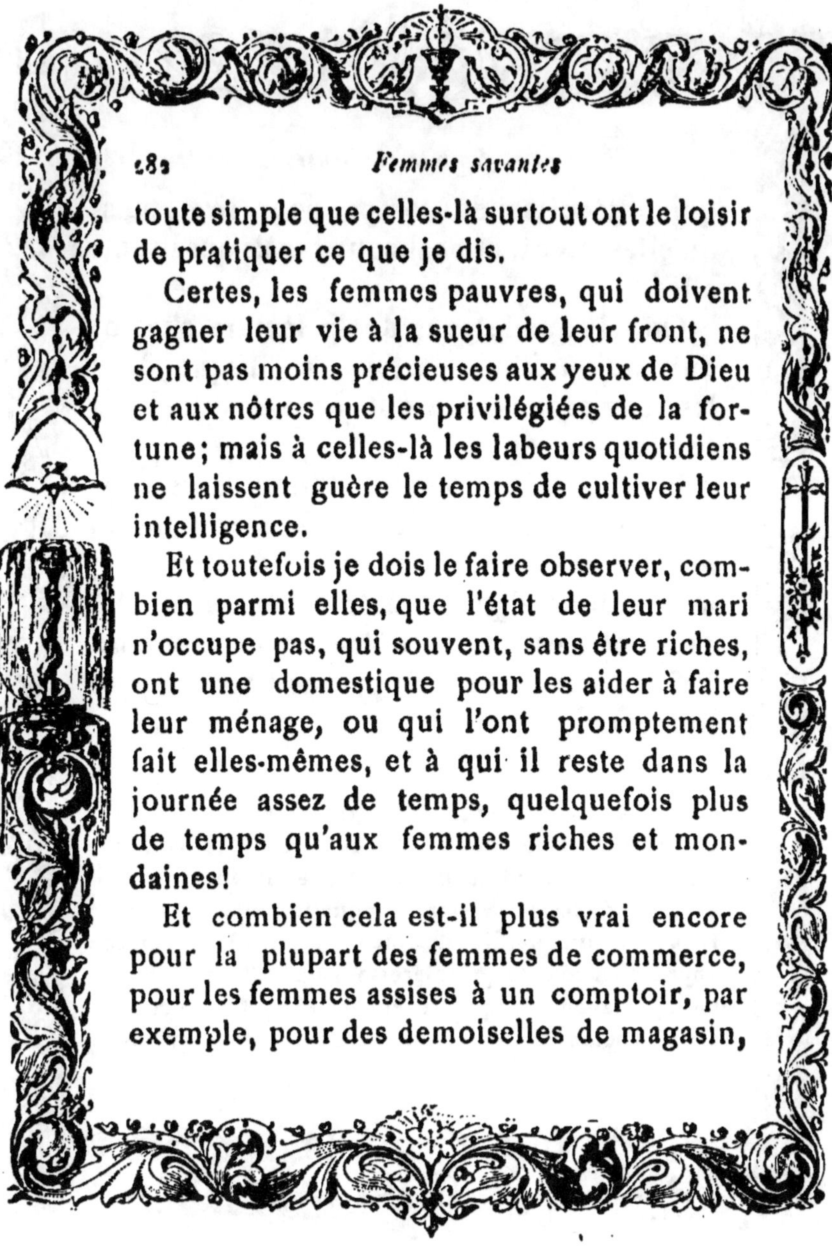

toute simple que celles-là surtout ont le loisir de pratiquer ce que je dis.

Certes, les femmes pauvres, qui doivent gagner leur vie à la sueur de leur front, ne sont pas moins précieuses aux yeux de Dieu et aux nôtres que les privilégiées de la fortune ; mais à celles-là les labeurs quotidiens ne laissent guère le temps de cultiver leur intelligence.

Et toutefois je dois le faire observer, combien parmi elles, que l'état de leur mari n'occupe pas, qui souvent, sans être riches, ont une domestique pour les aider à faire leur ménage, ou qui l'ont promptement fait elles-mêmes, et à qui il reste dans la journée assez de temps, quelquefois plus de temps qu'aux femmes riches et mondaines !

Et combien cela est-il plus vrai encore pour la plupart des femmes de commerce, pour les femmes assises à un comptoir, par exemple, pour des demoiselles de magasin, qui ont certes du temps pour lire, puis-qu'elles lisent, et beaucoup : mais que lisent-elles ?

On sait que le goût de la lecture s'intro-duit aujourd'hui partout, et jusque dans les campagnes, surtout dans les longues soirées d'hiver.

Il y aurait assurément d'importants con-seils, une utile direction à adresser à toutes les femmes dont nous venons de parler; mais enfin si digne d'intérêt que soit un tel sujet, ce n'est pas le nôtre en ce moment. Peut-être nous en occuperons-nous quelque jour (1).

(1) Dès ce moment, je dirai toutefois que, dans une position même restreinte, il serait bien bon que les femmes tâchent de savoir tout ce qu'elles peuvent savoir dans les professions auxquelles elles ont part. Il faudrait qu'une fille destinée à vivre à la campagne apprît bien tout ce qui intéresse l'agriculture : on en voit qui labourent, qui battent les blés, font des tra-vaux d'hommes, mais qui savent à peine quand il

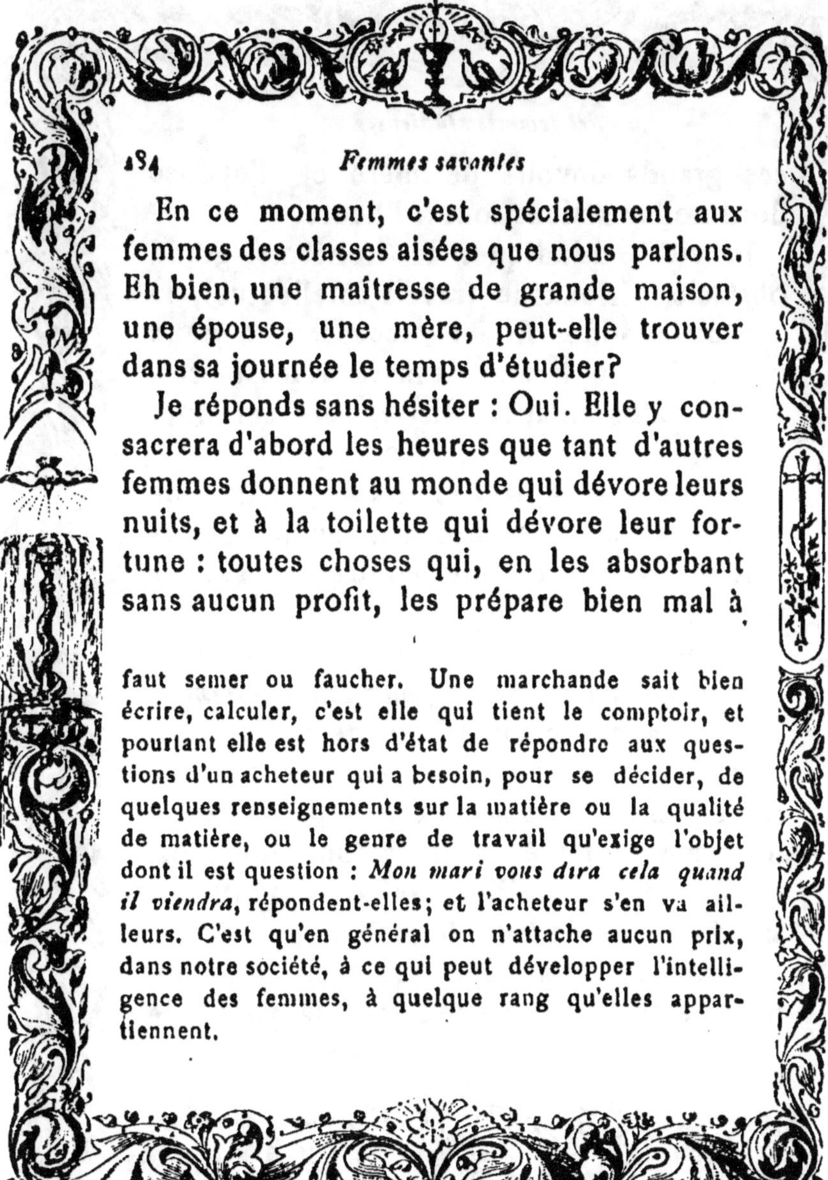

En ce moment, c'est spécialement aux femmes des classes aisées que nous parlons. Eh bien, une maîtresse de grande maison, une épouse, une mère, peut-elle trouver dans sa journée le temps d'étudier?

Je réponds sans hésiter : Oui. Elle y consacrera d'abord les heures que tant d'autres femmes donnent au monde qui dévore leurs nuits, et à la toilette qui dévore leur fortune : toutes choses qui, en les absorbant sans aucun profit, les prépare bien mal à

faut semer ou faucher. Une marchande sait bien écrire, calculer, c'est elle qui tient le comptoir, et pourtant elle est hors d'état de répondre aux questions d'un acheteur qui a besoin, pour se décider, de quelques renseignements sur la matière ou la qualité de matière, ou le genre de travail qu'exige l'objet dont il est question : *Mon mari vous dira cela quand il viendra*, répondent-elles; et l'acheteur s'en va ailleurs. C'est qu'en général on n'attache aucun prix, dans notre société, à ce qui peut développer l'intelligence des femmes, à quelque rang qu'elles appartiennent.

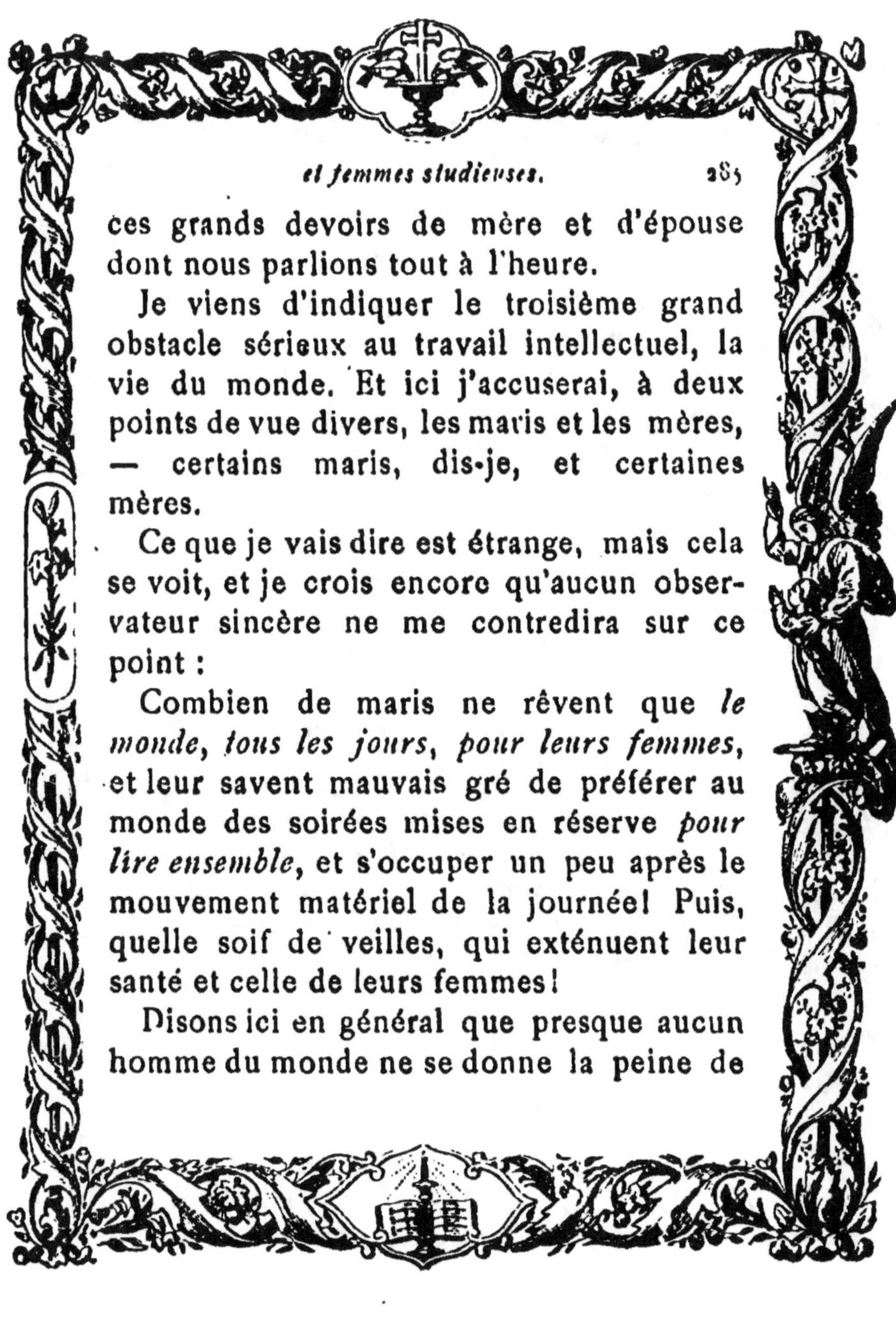

ces grands devoirs de mère et d'épouse dont nous parlions tout à l'heure.

Je viens d'indiquer le troisième grand obstacle sérieux au travail intellectuel, la vie du monde. Et ici j'accuserai, à deux points de vue divers, les maris et les mères, — certains maris, dis-je, et certaines mères.

Ce que je vais dire est étrange, mais cela se voit, et je crois encore qu'aucun observateur sincère ne me contredira sur ce point :

Combien de maris ne rêvent que *le monde, tous les jours, pour leurs femmes,* et leur savent mauvais gré de préférer au monde des soirées mises en réserve *pour lire ensemble,* et s'occuper un peu après le mouvement matériel de la journée! Puis, quelle soif de veilles, qui exténuent leur santé et celle de leurs femmes!

Disons ici en général que presque aucun homme du monde ne se donne la peine de

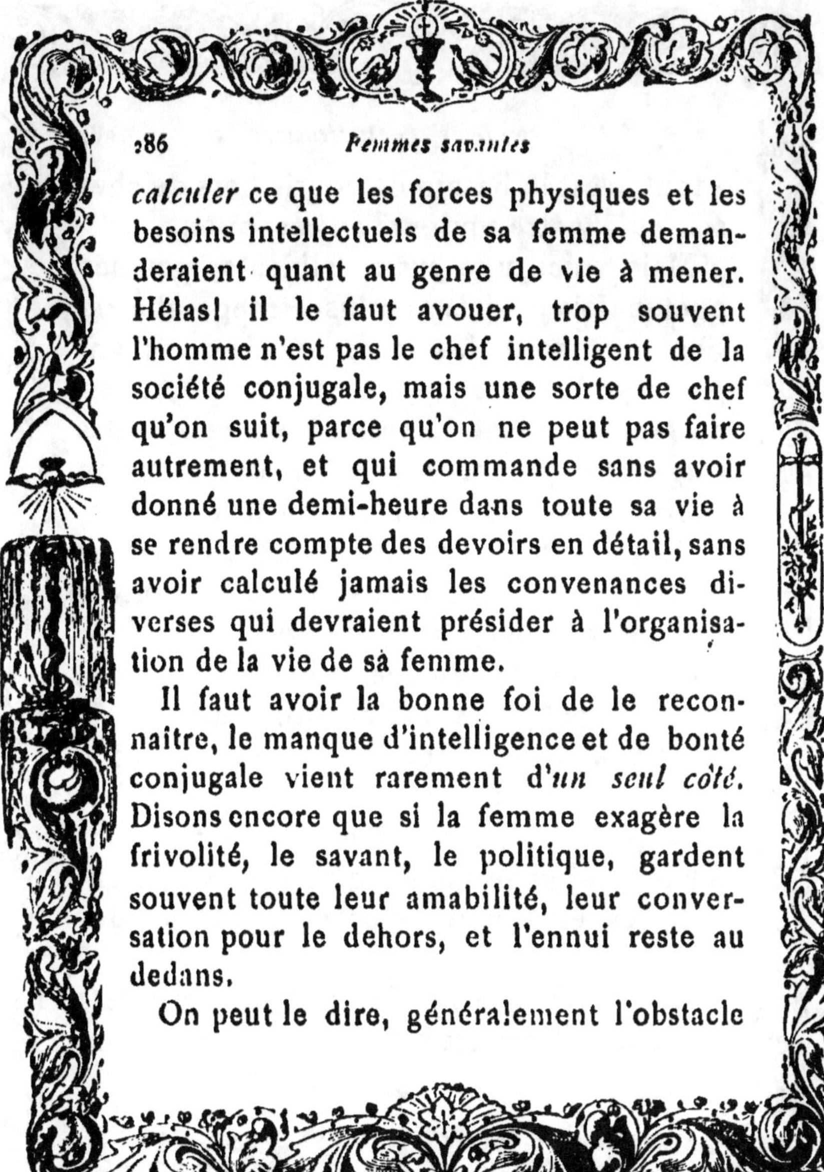

calculer ce que les forces physiques et les besoins intellectuels de sa femme demanderaient quant au genre de vie à mener. Hélas! il le faut avouer, trop souvent l'homme n'est pas le chef intelligent de la société conjugale, mais une sorte de chef qu'on suit, parce qu'on ne peut pas faire autrement, et qui commande sans avoir donné une demi-heure dans toute sa vie à se rendre compte des devoirs en détail, sans avoir calculé jamais les convenances diverses qui devraient présider à l'organisation de la vie de sa femme.

Il faut avoir la bonne foi de le reconnaitre, le manque d'intelligence et de bonté conjugale vient rarement *d'un seul côté*. Disons encore que si la femme exagère la frivolité, le savant, le politique, gardent souvent toute leur amabilité, leur conversation pour le dehors, et l'ennui reste au dedans.

On peut le dire, généralement l'obstacle

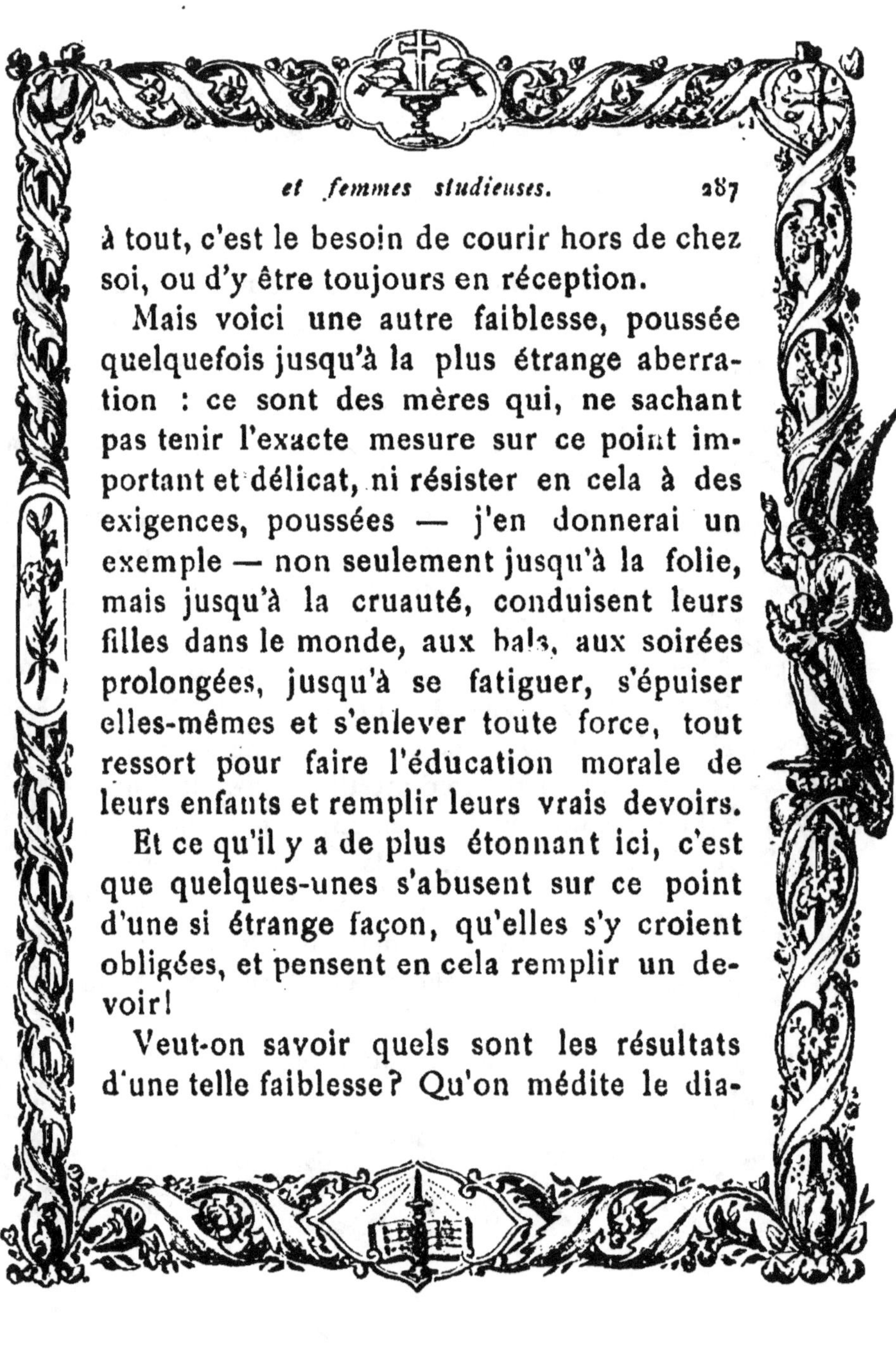

à tout, c'est le besoin de courir hors de chez soi, ou d'y être toujours en réception.

Mais voici une autre faiblesse, poussée quelquefois jusqu'à la plus étrange aberration : ce sont des mères qui, ne sachant pas tenir l'exacte mesure sur ce point important et délicat, ni résister en cela à des exigences, poussées — j'en donnerai un exemple — non seulement jusqu'à la folie, mais jusqu'à la cruauté, conduisent leurs filles dans le monde, aux bals, aux soirées prolongées, jusqu'à se fatiguer, s'épuiser elles-mêmes et s'enlever toute force, tout ressort pour faire l'éducation morale de leurs enfants et remplir leurs vrais devoirs.

Et ce qu'il y a de plus étonnant ici, c'est que quelques-unes s'abusent sur ce point d'une si étrange façon, qu'elles s'y croient obligées, et pensent en cela remplir un devoir!

Veut-on savoir quels sont les résultats d'une telle faiblesse? Qu'on médite le dia-

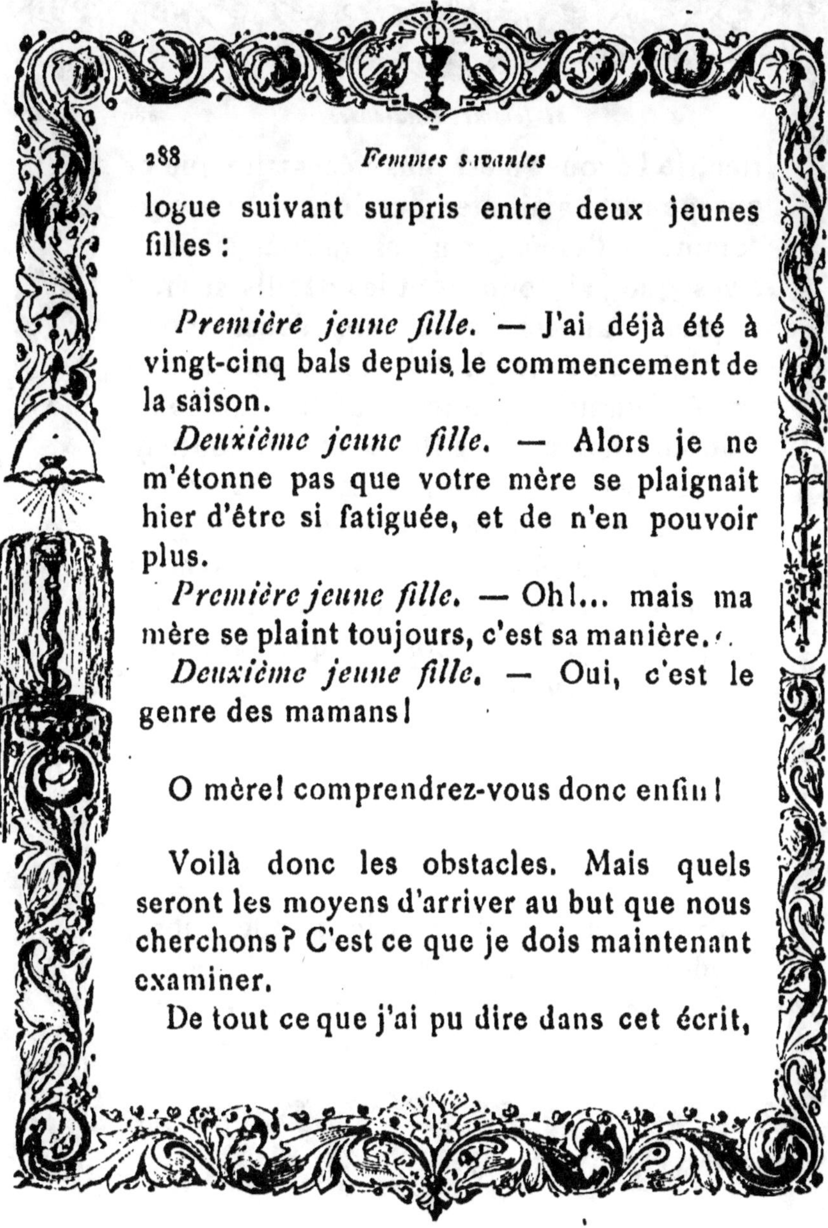

logue suivant surpris entre deux jeunes filles :

Première jeune fille. — J'ai déjà été à vingt-cinq bals depuis, le commencement de la saison.

Deuxième jeune fille. — Alors je ne m'étonne pas que votre mère se plaignait hier d'être si fatiguée, et de n'en pouvoir plus.

Première jeune fille. — Oh!... mais ma mère se plaint toujours, c'est sa manière.

Deuxième jeune fille. — Oui, c'est le genre des mamans !

O mère! comprendrez-vous donc enfin !

Voilà donc les obstacles. Mais quels seront les moyens d'arriver au but que nous cherchons? C'est ce que je dois maintenant examiner.

De tout ce que j'ai pu dire dans cet écrit,

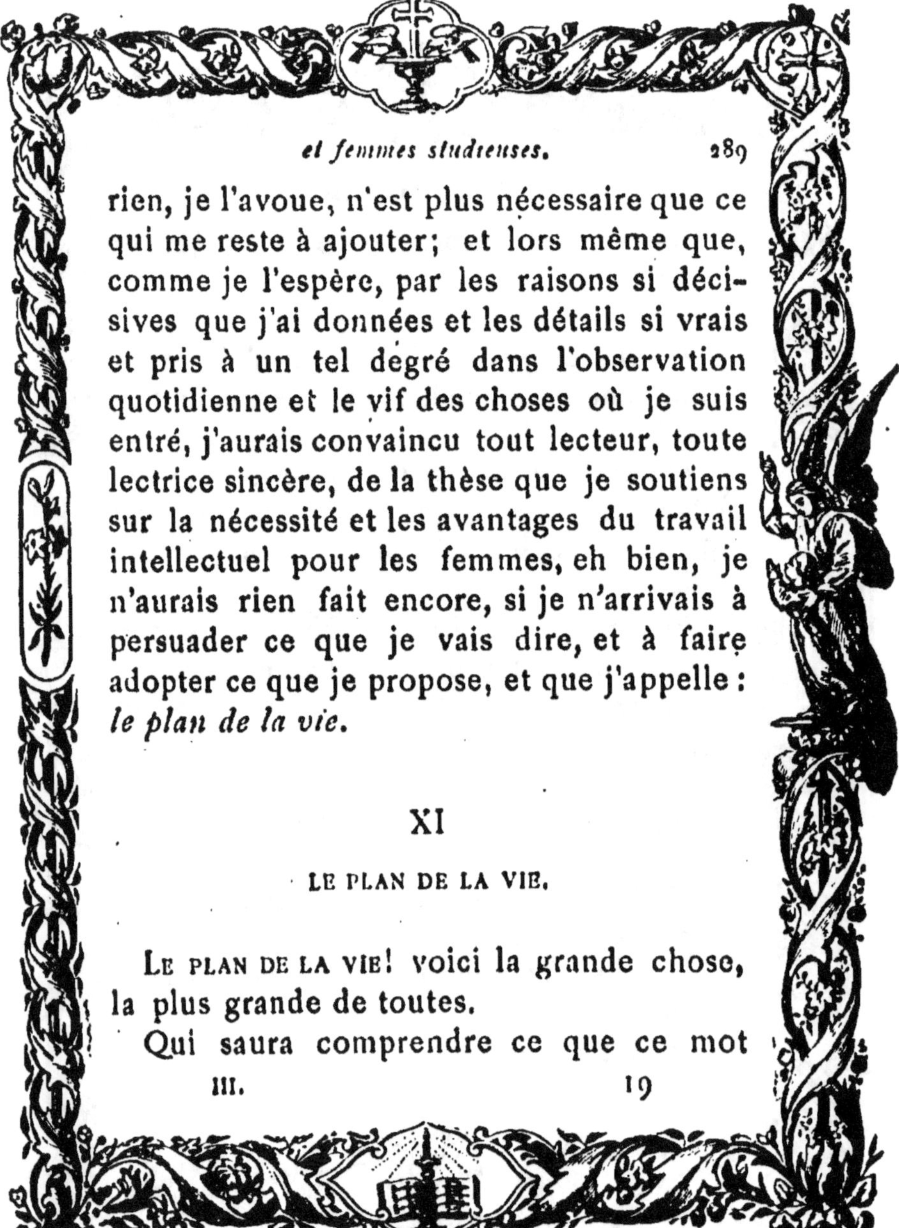

rien, je l'avoue, n'est plus nécessaire que ce qui me reste à ajouter; et lors même que, comme je l'espère, par les raisons si décisives que j'ai données et les détails si vrais et pris à un tel degré dans l'observation quotidienne et le vif des choses où je suis entré, j'aurais convaincu tout lecteur, toute lectrice sincère, de la thèse que je soutiens sur la nécessité et les avantages du travail intellectuel pour les femmes, eh bien, je n'aurais rien fait encore, si je n'arrivais à persuader ce que je vais dire, et à faire adopter ce que je propose, et que j'appelle : *le plan de la vie.*

XI

LE PLAN DE LA VIE.

LE PLAN DE LA VIE! voici la grande chose, la plus grande de toutes.

Qui saura comprendre ce que ce mot

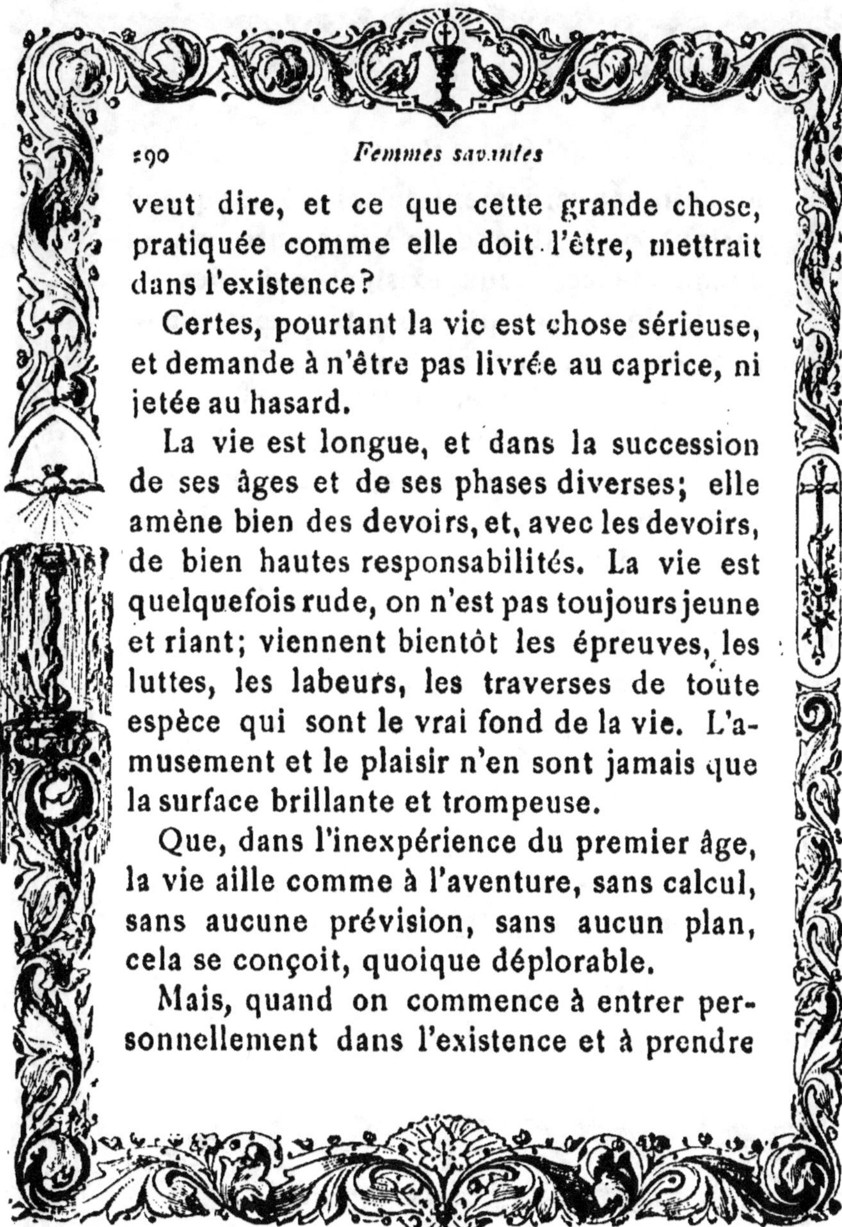

veut dire, et ce que cette grande chose, pratiquée comme elle doit l'être, mettrait dans l'existence ?

Certes, pourtant la vie est chose sérieuse, et demande à n'être pas livrée au caprice, ni jetée au hasard.

La vie est longue, et dans la succession de ses âges et de ses phases diverses; elle amène bien des devoirs, et, avec les devoirs, de bien hautes responsabilités. La vie est quelquefois rude, on n'est pas toujours jeune et riant; viennent bientôt les épreuves, les luttes, les labeurs, les traverses de toute espèce qui sont le vrai fond de la vie. L'amusement et le plaisir n'en sont jamais que la surface brillante et trompeuse.

Que, dans l'inexpérience du premier âge, la vie aille comme à l'aventure, sans calcul, sans aucune prévision, sans aucun plan, cela se conçoit, quoique déplorable.

Mais, quand on commence à entrer personnellement dans l'existence et à prendre

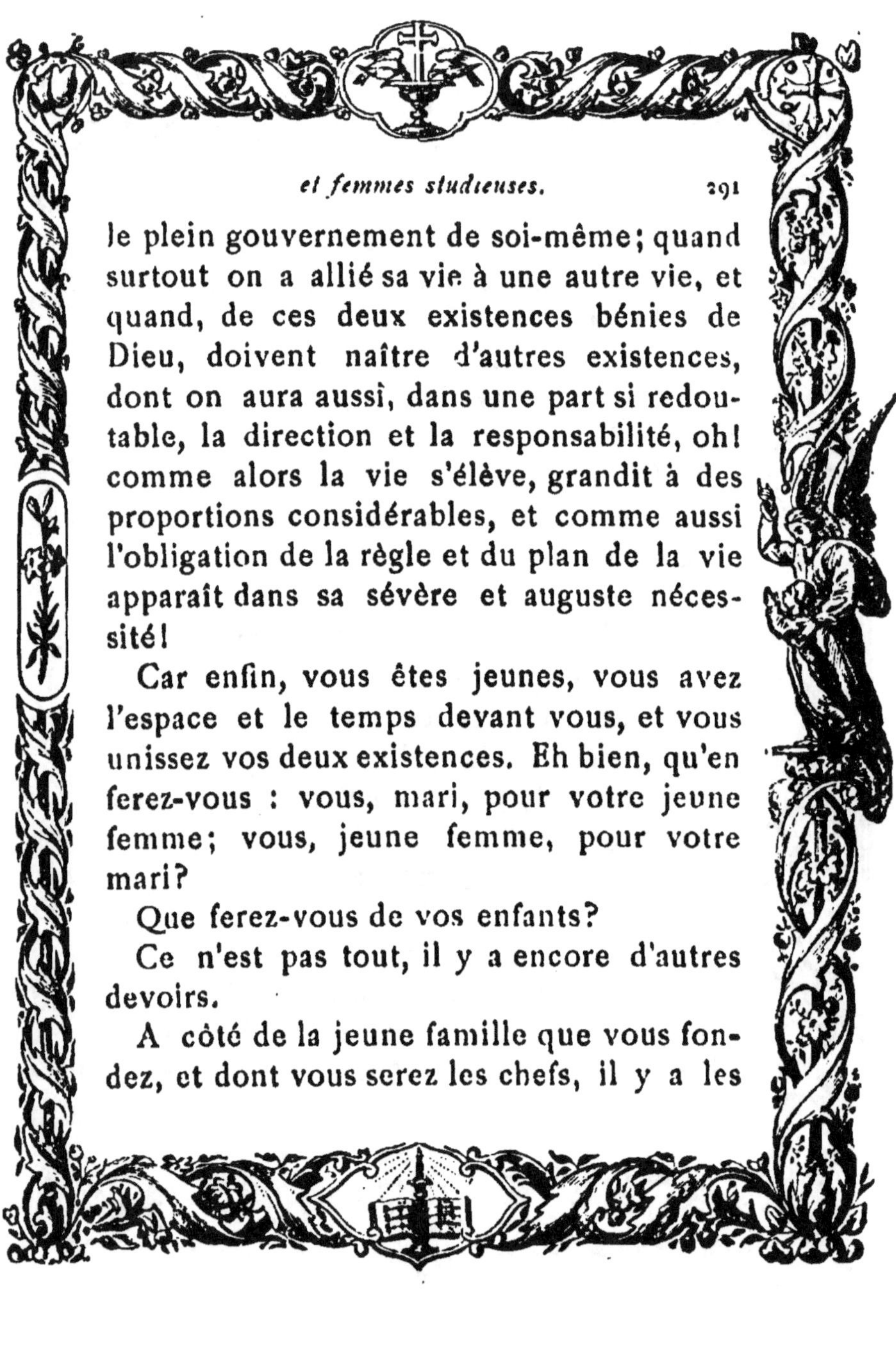

le plein gouvernement de soi-même; quand
surtout on a allié sa vie à une autre vie, et
quand, de ces deux existences bénies de
Dieu, doivent naître d'autres existences,
dont on aura aussi, dans une part si redou-
table, la direction et la responsabilité, oh!
comme alors la vie s'élève, grandit à des
proportions considérables, et comme aussi
l'obligation de la règle et du plan de la vie
apparaît dans sa sévère et auguste nécessité!

Car enfin, vous êtes jeunes, vous avez
l'espace et le temps devant vous, et vous
unissez vos deux existences. Eh bien, qu'en
ferez-vous : vous, mari, pour votre jeune
femme; vous, jeune femme, pour votre
mari?

Que ferez-vous de vos enfants?

Ce n'est pas tout, il y a encore d'autres
devoirs.

A côté de la jeune famille que vous fon-
dez, et dont vous serez les chefs, il y a les

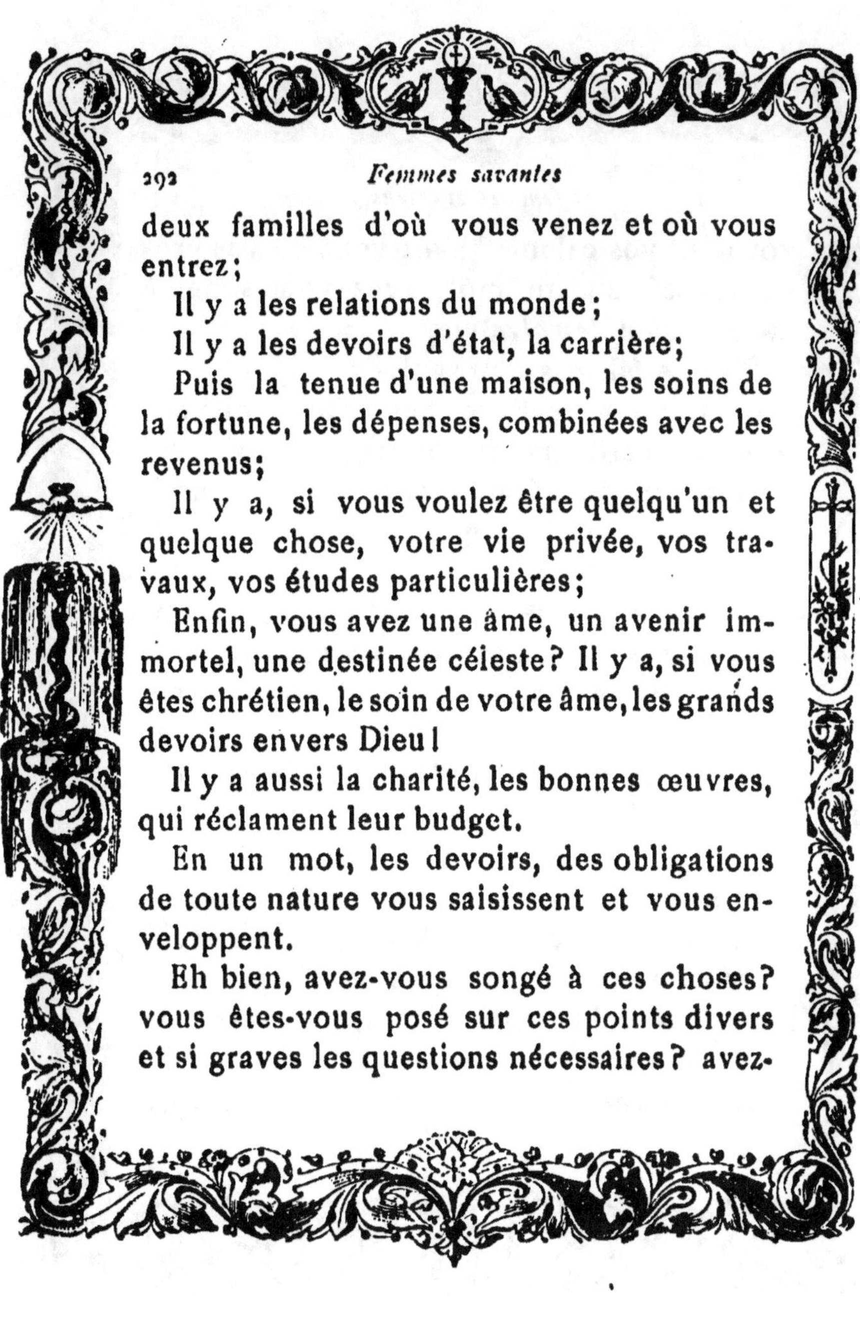

deux familles d'où vous venez et où vous
entrez ;

Il y a les relations du monde ;

Il y a les devoirs d'état, la carrière ;

Puis la tenue d'une maison, les soins de
la fortune, les dépenses, combinées avec les
revenus ;

Il y a, si vous voulez être quelqu'un et
quelque chose, votre vie privée, vos travaux, vos études particulières ;

Enfin, vous avez une âme, un avenir im-
mortel, une destinée céleste ? Il y a, si vous
êtes chrétien, le soin de votre âme, les grands
devoirs envers Dieu !

Il y a aussi la charité, les bonnes œuvres,
qui réclament leur budget.

En un mot, les devoirs, des obligations
de toute nature vous saisissent et vous en-
veloppent.

Eh bien, avez-vous songé à ces choses ?
vous êtes-vous posé sur ces points divers
et si graves les questions nécessaires ? avez-

vous fait vos calculs? avez-vous eu vos prévoyances? en un mot, avez-vous songé à
faire *le plan de votre vie?*

Il ne se fait pas tout seul.

Et si vous ne l'avez pas fait, si vous entrez dans cette grande campagne de la vie
comme un général inepte qui n'aurait
aucun plan arrêté, que voulez-vous qu'il
advienne?

La vie humaine est multiple, et, à vrai
dire, il y a en elle trois vies qui ont, chacune, leurs nécessités, leurs labeurs et leurs
devoirs.

Ii y a la vie matérielle : c'est la plus in-
fime, mais il faut y songer; puis, dans une
région plus haute, la vie intellectuelle, malheur à qui la dédaigne! et enfin, s'élevant
sur les deux autres et les couronnant, la
vie spirituelle, car l'homme ne vit pas seulement de pain dans le temps, il est fait
pour l'éternité.

En d'autres termes, il y a la vie du corps,

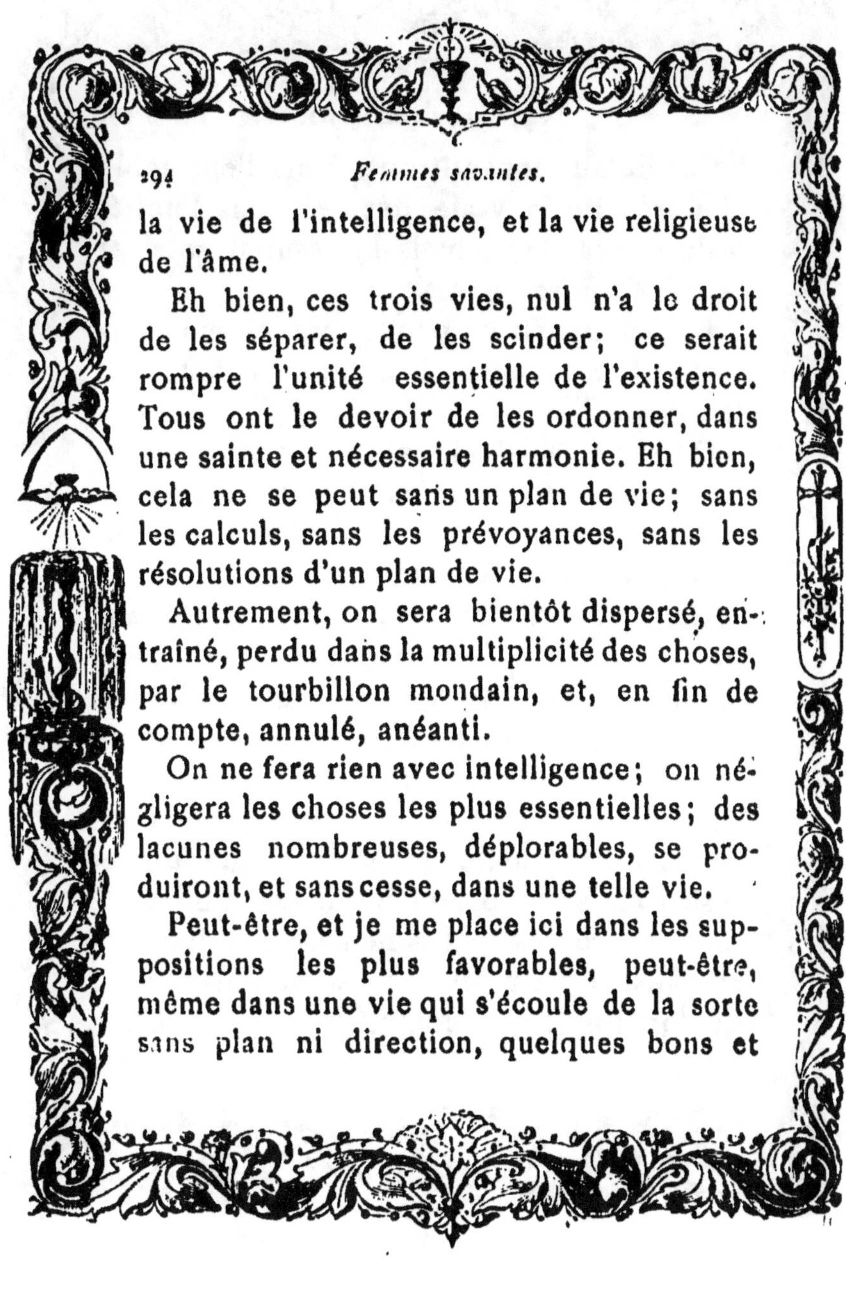

la vie de l'intelligence, et la vie religieuse de l'âme.

Eh bien, ces trois vies, nul n'a le droit de les séparer, de les scinder; ce serait rompre l'unité essentielle de l'existence. Tous ont le devoir de les ordonner, dans une sainte et nécessaire harmonie. Eh bien, cela ne se peut sans un plan de vie; sans les calculs, sans les prévoyances, sans les résolutions d'un plan de vie.

Autrement, on sera bientôt dispersé, entraîné, perdu dans la multiplicité des choses, par le tourbillon mondain, et, en fin de compte, annulé, anéanti.

On ne fera rien avec intelligence; on négligera les choses les plus essentielles; des lacunes nombreuses, déplorables, se produiront, et sans cesse, dans une telle vie.

Peut-être, et je me place ici dans les suppositions les plus favorables, peut-être, même dans une vie qui s'écoule de la sorte sans plan ni direction, quelques bons et

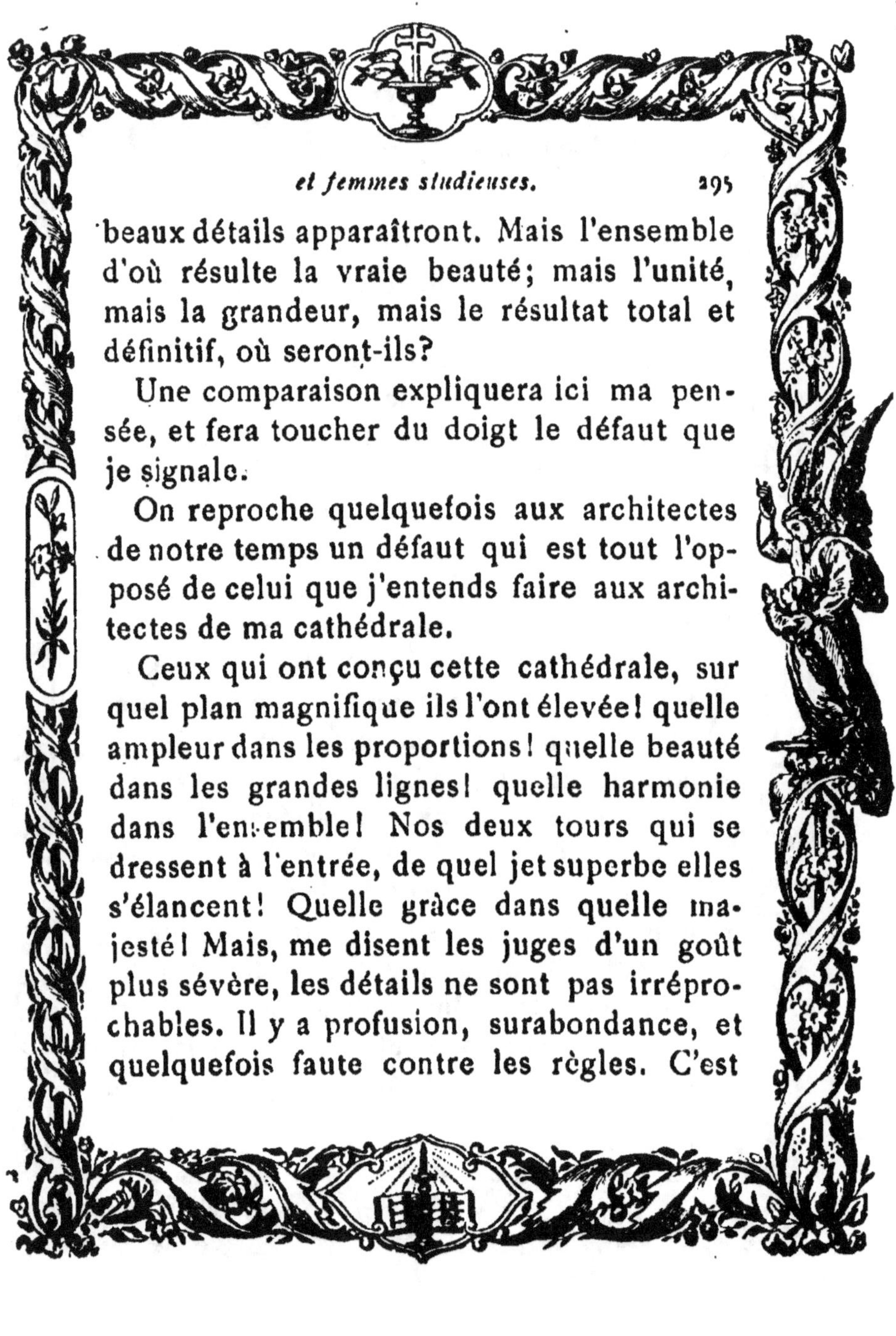

beaux détails apparaîtront. Mais l'ensemble d'où résulte la vraie beauté; mais l'unité, mais la grandeur, mais le résultat total et définitif, où seront-ils?

Une comparaison expliquera ici ma pensée, et fera toucher du doigt le défaut que je signale.

On reproche quelquefois aux architectes de notre temps un défaut qui est tout l'opposé de celui que j'entends faire aux architectes de ma cathédrale.

Ceux qui ont conçu cette cathédrale, sur quel plan magnifique ils l'ont élevée! quelle ampleur dans les proportions! quelle beauté dans les grandes lignes! quelle harmonie dans l'ensemble! Nos deux tours qui se dressent à l'entrée, de quel jet superbe elles s'élancent! Quelle grâce dans quelle majesté! Mais, me disent les juges d'un goût plus sévère, les détails ne sont pas irréprochables. Il y a profusion, surabondance, et quelquefois faute contre les règles. C'est

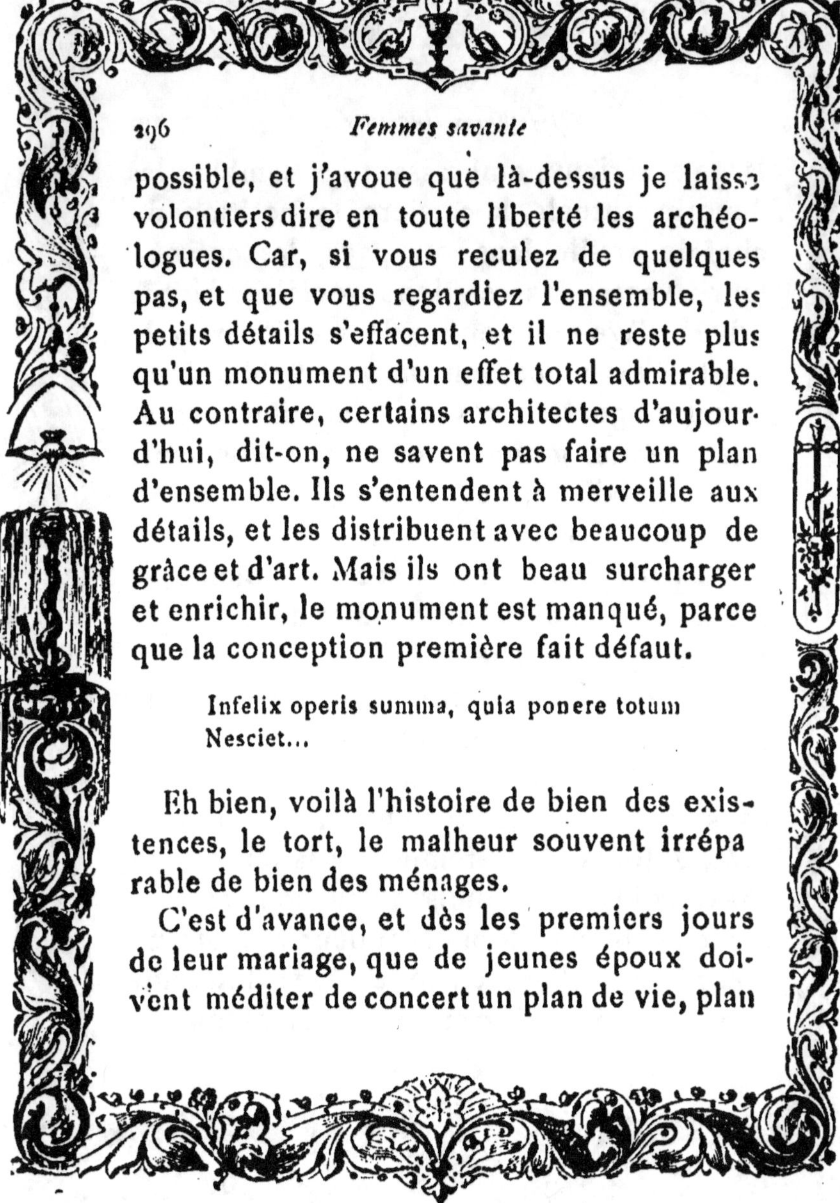

possible, et j'avoue que là-dessus je laisse volontiers dire en toute liberté les archéologues. Car, si vous reculez de quelques pas, et que vous regardiez l'ensemble, les petits détails s'effacent, et il ne reste plus qu'un monument d'un effet total admirable. Au contraire, certains architectes d'aujourd'hui, dit-on, ne savent pas faire un plan d'ensemble. Ils s'entendent à merveille aux détails, et les distribuent avec beaucoup de grâce et d'art. Mais ils ont beau surcharger et enrichir, le monument est manqué, parce que la conception première fait défaut.

Infelix operis summa, quia ponere totum
Nesciet...

Eh bien, voilà l'histoire de bien des existences, le tort, le malheur souvent irrépa rable de bien des ménages.

C'est d'avance, et dès les premiers jours de leur mariage, que de jeunes époux doivent méditer de concert un plan de vie, plan

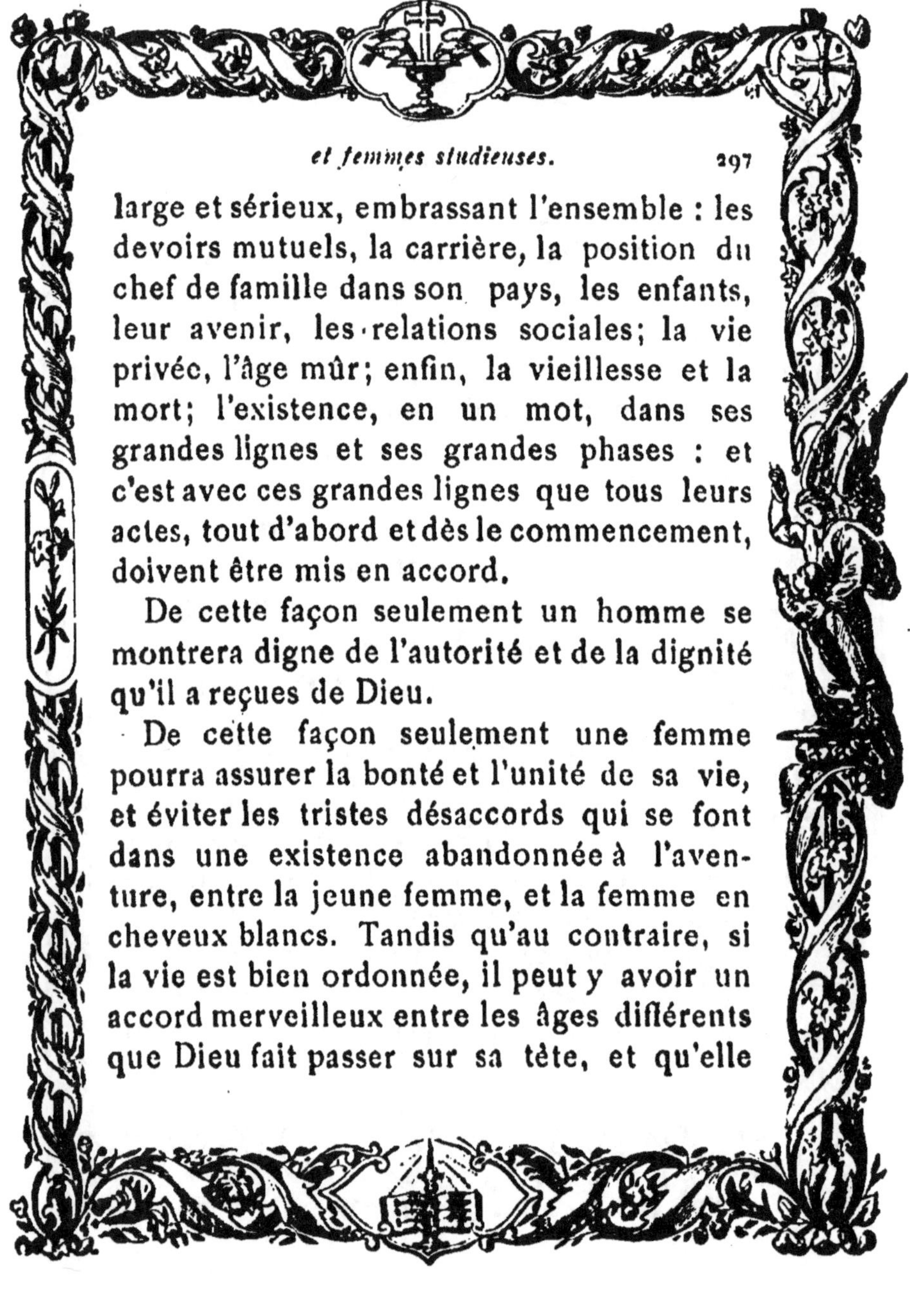

large et sérieux, embrassant l'ensemble : les devoirs mutuels, la carrière, la position du chef de famille dans son pays, les enfants, leur avenir, les relations sociales; la vie privée, l'âge mûr; enfin, la vieillesse et la mort; l'existence, en un mot, dans ses grandes lignes et ses grandes phases : et c'est avec ces grandes lignes que tous leurs actes, tout d'abord et dès le commencement, doivent être mis en accord.

De cette façon seulement un homme se montrera digne de l'autorité et de la dignité qu'il a reçues de Dieu.

De cette façon seulement une femme pourra assurer la bonté et l'unité de sa vie, et éviter les tristes désaccords qui se font dans une existence abandonnée à l'aventure, entre la jeune femme, et la femme en cheveux blancs. Tandis qu'au contraire, si la vie est bien ordonnée, il peut y avoir un accord merveilleux entre les âges différents que Dieu fait passer sur sa tête, et qu'elle

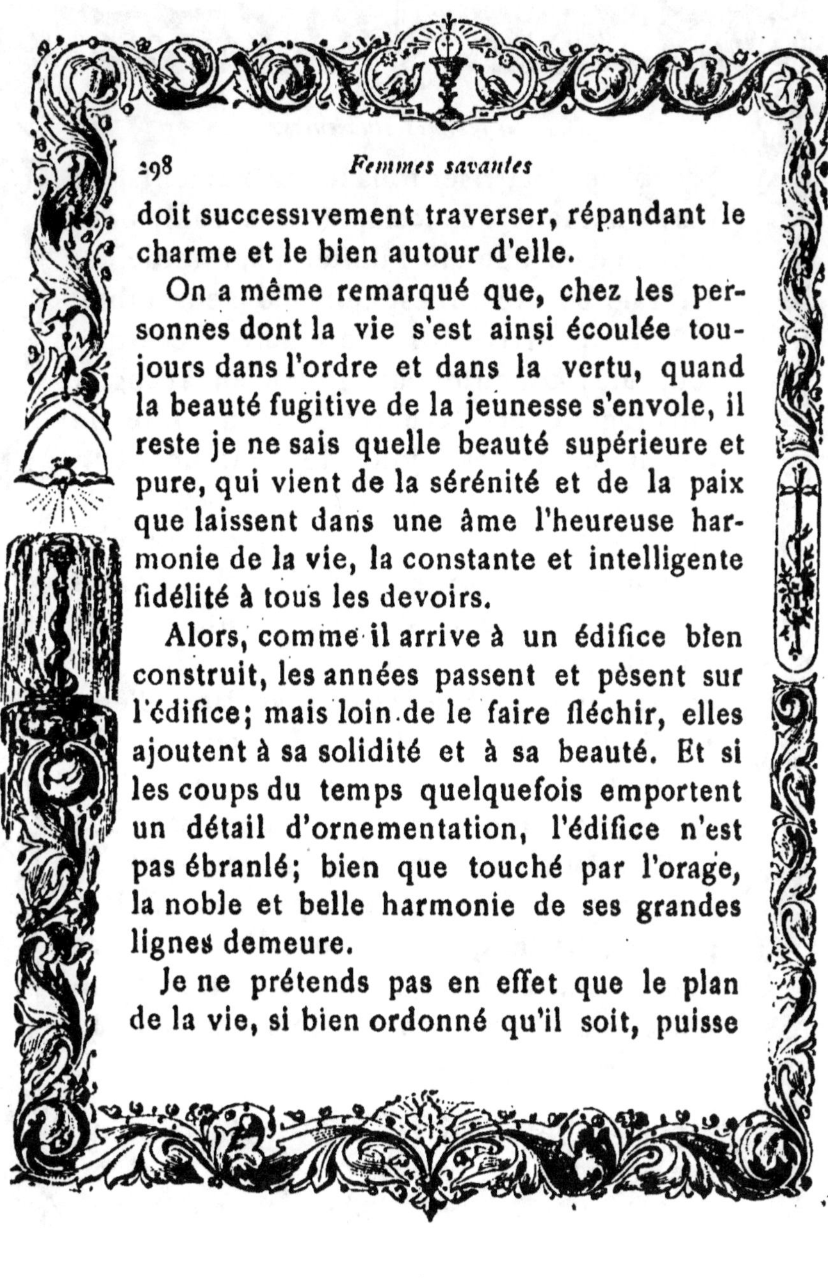

doit successivement traverser, répandant le charme et le bien autour d'elle.

On a même remarqué que, chez les personnes dont la vie s'est ainsi écoulée toujours dans l'ordre et dans la vertu, quand la beauté fugitive de la jeunesse s'envole, il reste je ne sais quelle beauté supérieure et pure, qui vient de la sérénité et de la paix que laissent dans une âme l'heureuse harmonie de la vie, la constante et intelligente fidélité à tous les devoirs.

Alors, comme il arrive à un édifice bien construit, les années passent et pèsent sur l'édifice; mais loin de le faire fléchir, elles ajoutent à sa solidité et à sa beauté. Et si les coups du temps quelquefois emportent un détail d'ornementation, l'édifice n'est pas ébranlé; bien que touché par l'orage, la noble et belle harmonie de ses grandes lignes demeure.

Je ne prétends pas en effet que le plan de la vie, si bien ordonné qu'il soit, puisse

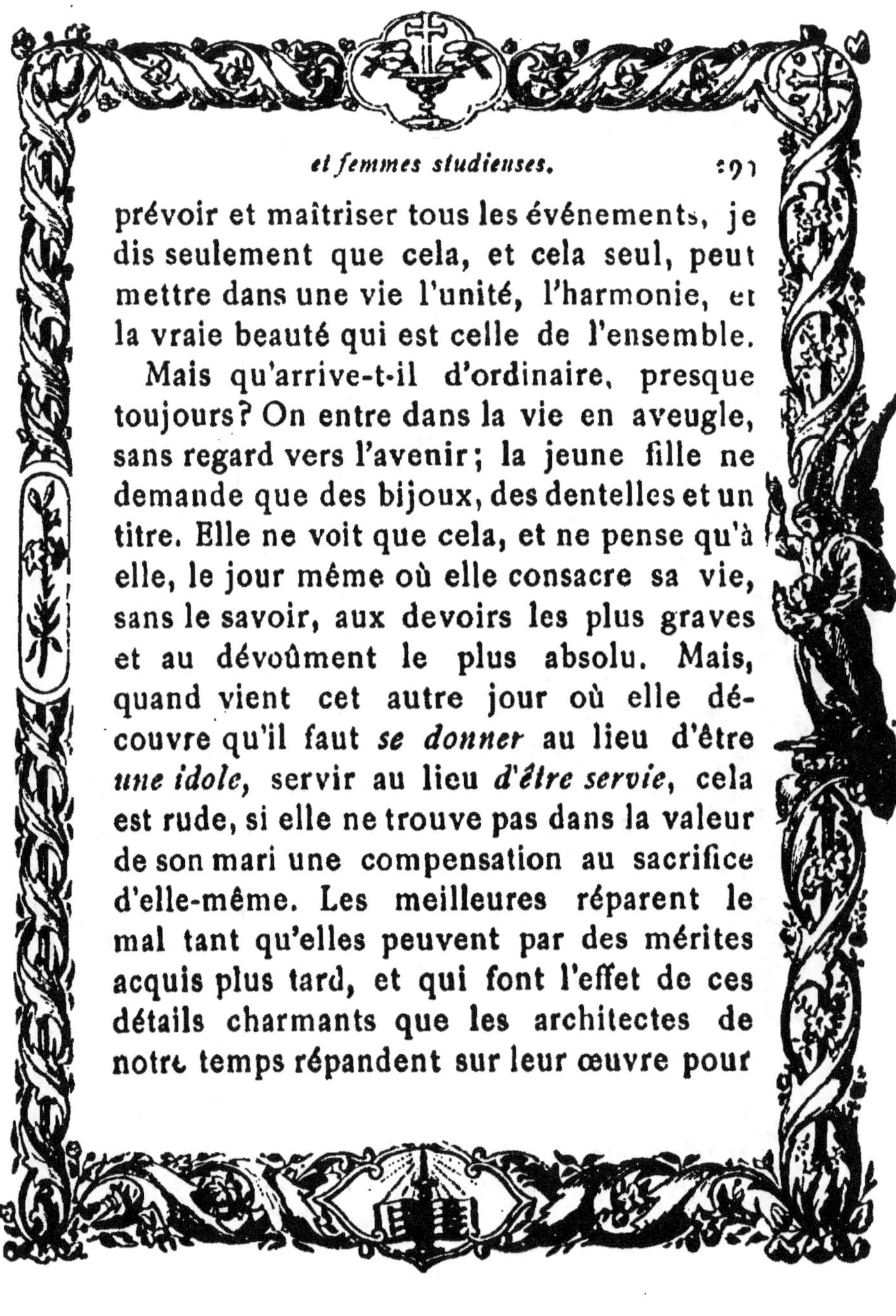

prévoir et maîtriser tous les événements, je dis seulement que cela, et cela seul, peut mettre dans une vie l'unité, l'harmonie, et la vraie beauté qui est celle de l'ensemble.

Mais qu'arrive-t-il d'ordinaire, presque toujours? On entre dans la vie en aveugle, sans regard vers l'avenir; la jeune fille ne demande que des bijoux, des dentelles et un titre. Elle ne voit que cela, et ne pense qu'à elle, le jour même où elle consacre sa vie, sans le savoir, aux devoirs les plus graves et au dévoûment le plus absolu. Mais, quand vient cet autre jour où elle découvre qu'il faut *se donner* au lieu d'être *une idole*, servir au lieu *d'être servie*, cela est rude, si elle ne trouve pas dans la valeur de son mari une compensation au sacrifice d'elle-même. Les meilleures réparent le mal tant qu'elles peuvent par des mérites acquis plus tard, et qui font l'effet de ces détails charmants que les architectes de notre temps répandent sur leur œuvre pour réparer autant qu'ils le peuvent le défaut de la conception première. On les admire de près, un à un, mais reculez-vous, ils s'effacent; et l'œuvre apparaît avec ses grandes lignes manquées. Faute irrémédiable!

Il faut donc un plan de vie, afin de ne rien laisser au hasard, à l'incertitude, dans les grandes lignes de l'existence, dans les grands détails.

Pour cela, il faut une chose bien simple et cependant bien rare : Il faut un bon règlement.

Le plan de vie indique le but à atteindre : le règlement en donne les moyens.

Le plan de vie, c'est la conception, l'idéal, la théorie; le règlement, c'est la pratique quotidienne, incessante.

L'absolue nécessité d'un règlement, je m'y suis étendu ailleurs, je ne veux ici que signaler deux inappréciables avantages d'un bon règlement : le premier, c'est d'apprendre

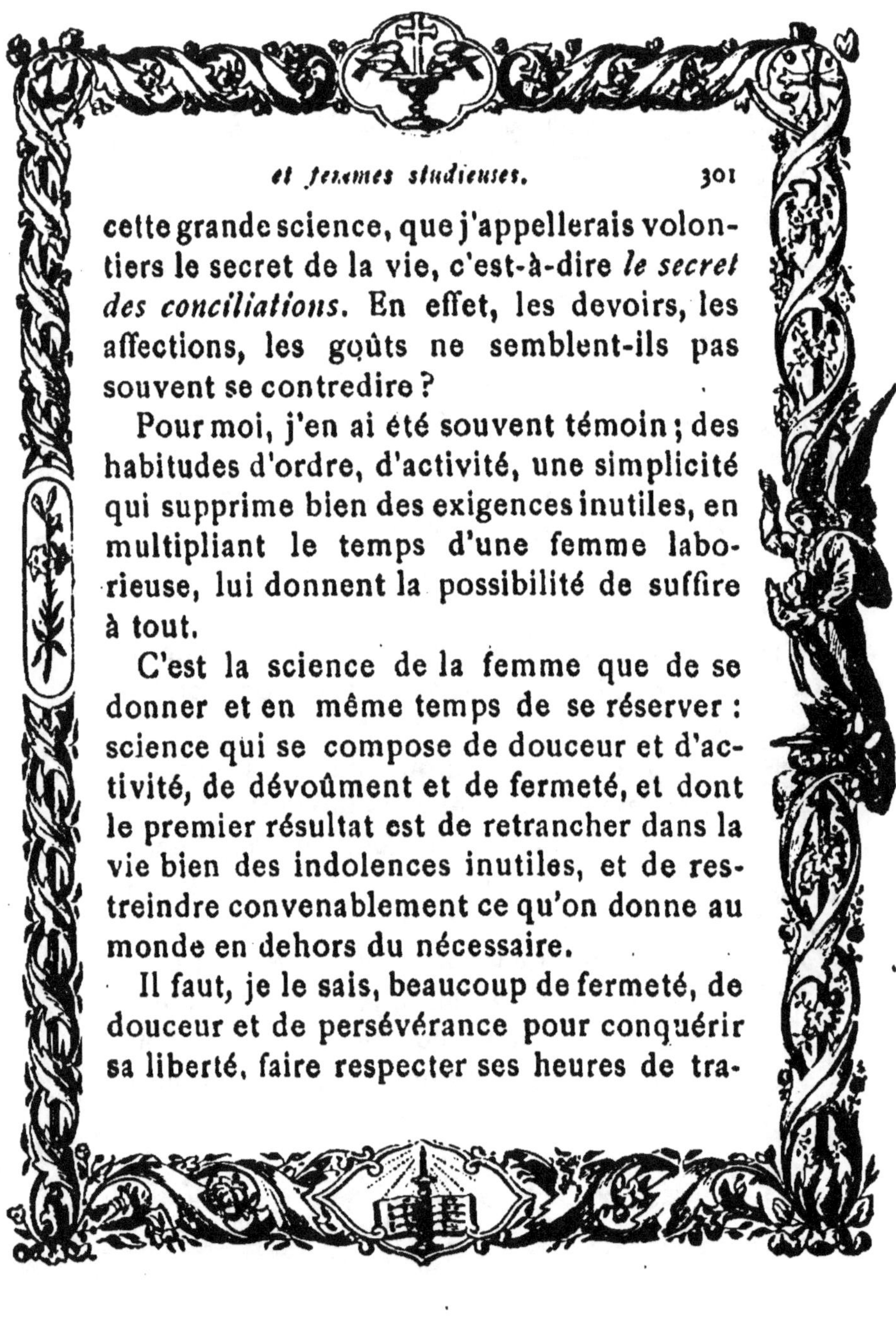

cette grande science, que j'appellerais volontiers le secret de la vie, c'est-à-dire *le secret des conciliations*. En effet, les devoirs, les affections, les goûts ne semblent-ils pas souvent se contredire ?

Pour moi, j'en ai été souvent témoin ; des habitudes d'ordre, d'activité, une simplicité qui supprime bien des exigences inutiles, en multipliant le temps d'une femme laborieuse, lui donnent la possibilité de suffire à tout.

C'est la science de la femme que de se donner et en même temps de se réserver : science qui se compose de douceur et d'activité, de dévoûment et de fermeté, et dont le premier résultat est de retrancher dans la vie bien des indolences inutiles, et de restreindre convenablement ce qu'on donne au monde en dehors du nécessaire.

Il faut, je le sais, beaucoup de fermeté, de douceur et de persévérance pour conquérir sa liberté, faire respecter ses heures de tra-

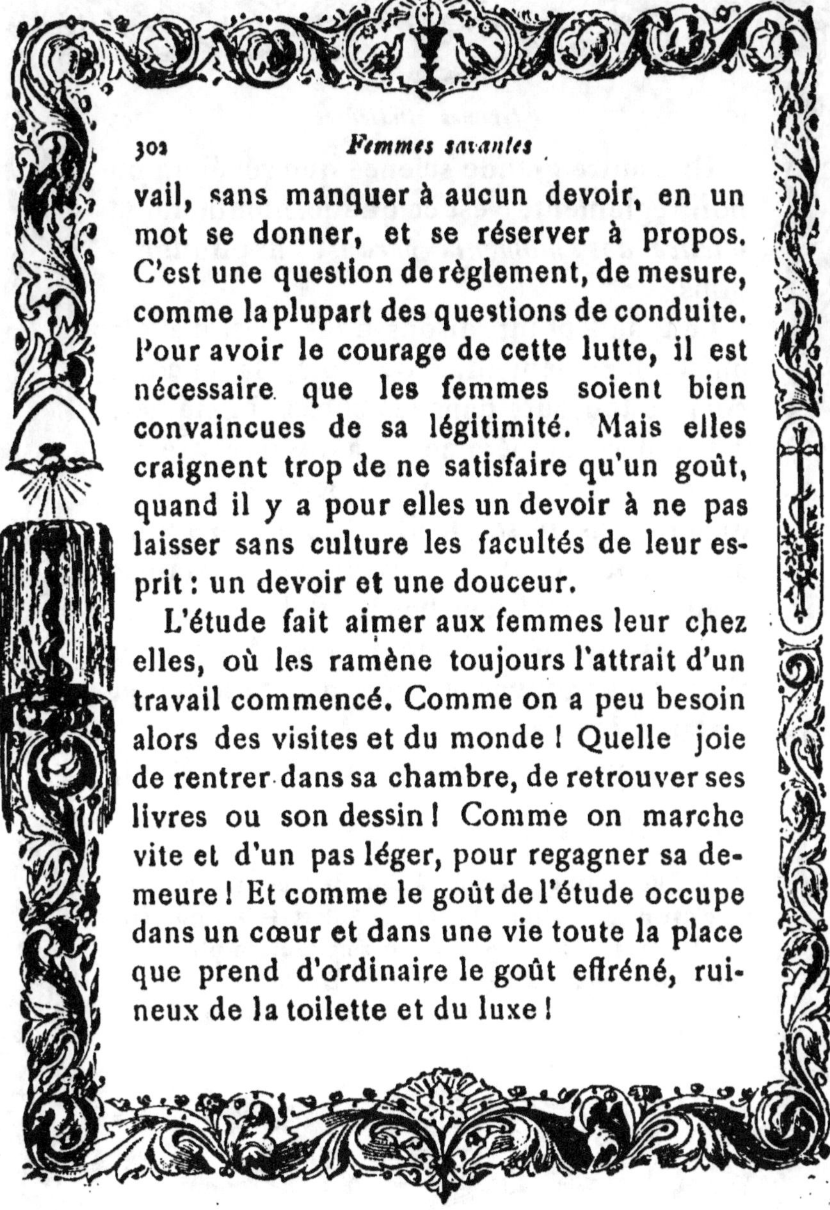

vail, sans manquer à aucun devoir, en un mot se donner, et se réserver à propos. C'est une question de règlement, de mesure, comme la plupart des questions de conduite. Pour avoir le courage de cette lutte, il est nécessaire que les femmes soient bien convaincues de sa légitimité. Mais elles craignent trop de ne satisfaire qu'un goût, quand il y a pour elles un devoir à ne pas laisser sans culture les facultés de leur esprit : un devoir et une douceur.

L'étude fait aimer aux femmes leur chez elles, où les ramène toujours l'attrait d'un travail commencé. Comme on a peu besoin alors des visites et du monde ! Quelle joie de rentrer dans sa chambre, de retrouver ses livres ou son dessin ! Comme on marche vite et d'un pas léger, pour regagner sa demeure ! Et comme le goût de l'étude occupe dans un cœur et dans une vie toute la place que prend d'ordinaire le goût effréné, ruineux de la toilette et du luxe !

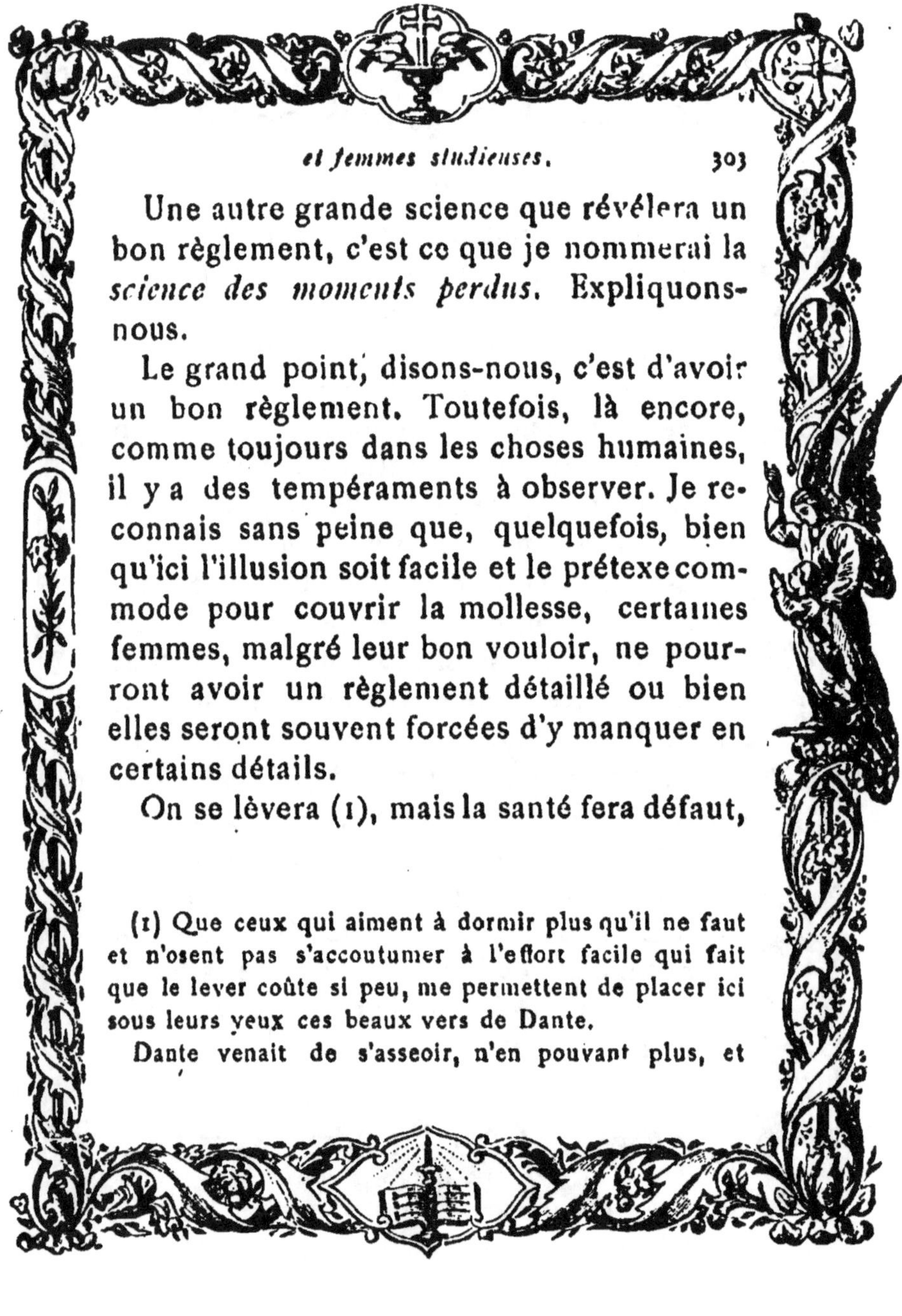

Une autre grande science que révélera un bon règlement, c'est ce que je nommerai la *science des moments perdus.* Expliquons-nous.

Le grand point, disons-nous, c'est d'avoir un bon règlement. Toutefois, là encore, comme toujours dans les choses humaines, il y a des tempéraments à observer. Je reconnais sans peine que, quelquefois, bien qu'ici l'illusion soit facile et le prétexe commode pour couvrir la mollesse, certaines femmes, malgré leur bon vouloir, ne pourront avoir un règlement détaillé ou bien elles seront souvent forcées d'y manquer en certains détails.

On se lèvera (1), mais la santé fera défaut,

(1) Que ceux qui aiment à dormir plus qu'il ne faut et n'osent pas s'accoutumer à l'effort facile qui fait que le lever coûte si peu, me permettent de placer ici sous leurs yeux ces beaux vers de Dante.

Dante venait de s'asseoir, n'en pouvant plus, et

mais le mari viendra causer affaires, projets, n'importe quoi ; les ouvrières, les enfants petits ou grands envahiront la chambre ; une mère de famille n'a pas d'heure
pour s'enfermer et empêcher qu'on arrive à
elle.

Que de femmes, de jeunes filles même,
dont la vie s'écoule sous l'oppression de ces
habitudes vraiment tyranniques !

Il est d'autant plus difficile de s'y sous-

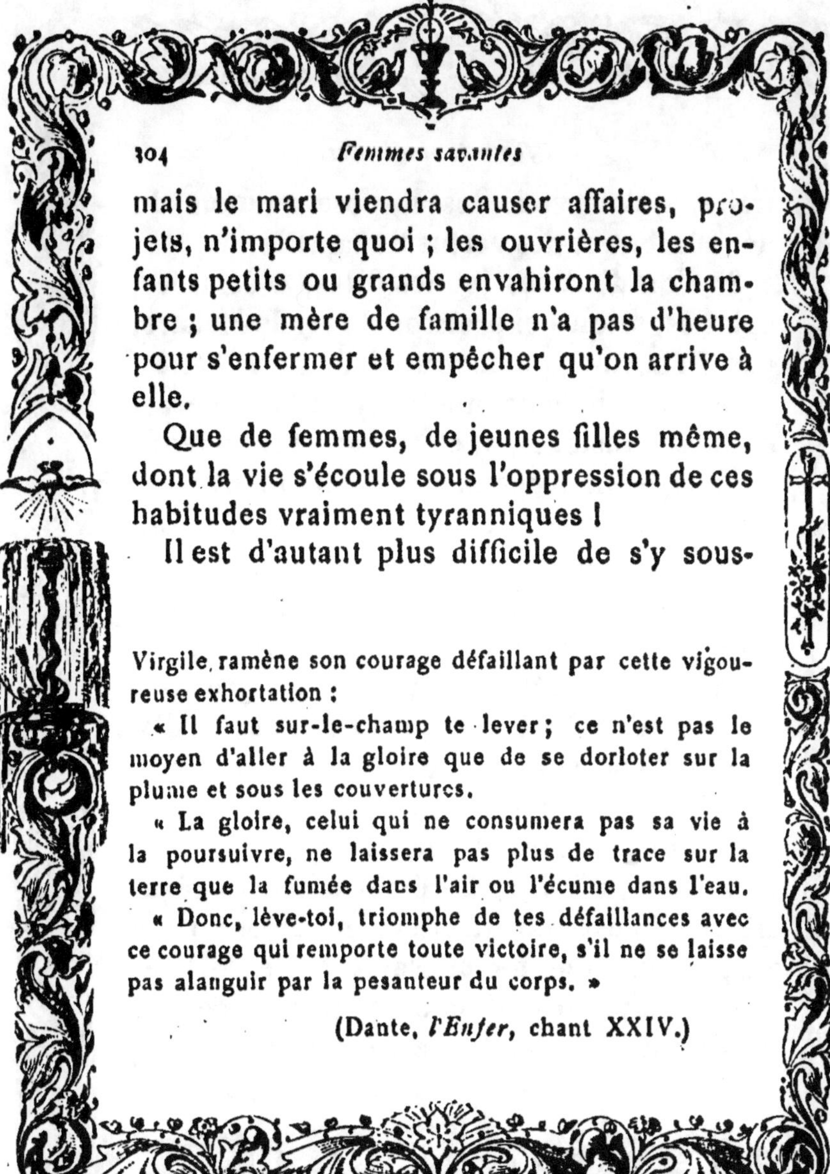

Virgile, ramène son courage défaillant par cette vigou-
reuse exhortation :

« Il faut sur-le-champ te lever ; ce n'est pas le
moyen d'aller à la gloire que de se dorloter sur la
plume et sous les couvertures.

« La gloire, celui qui ne consumera pas sa vie à
la poursuivre, ne laissera pas plus de trace sur la
terre que la fumée dans l'air ou l'écume dans l'eau.

« Donc, lève-toi, triomphe de tes défaillances avec
ce courage qui remporte toute victoire, s'il ne se laisse
pas alanguir par la pesanteur du corps. »

(Dante, *l'Enfer*, chant XXIV.)

traire, qu'on vous les impose au nom du
dévoûment et des vertus de famille.

Si l'on dit à ces jeunes filles, « écrasées,
aplaties, selon l'expression de M. de Maistre,
par l'énorme poids du rien » : « Faites-
vous une vie personnelle, mettez à l'écart
quelques instants, » elles vous répondent :
« Mais je ne le peux pas, mais je n'ai pas
une minute d'assurée. Si je quitte le salon,
on envahit ma chambre, on a un mot à me
dire ; on reste un quart d'heure debout,
puis on s'assied ; une autre personne arrive
et le temps se dévore ainsi ; et malgré tous
les efforts de patience, je ne puis assez dis-
simuler ma contrariété pour ne pas être
traitée de caractère roide et de *femme affai-
rée ;* » terme corrélatif de bas-bleu.

Eh bien, dirai-je, à défaut d'heures régulières, s'il est vrai qu'elle n'en puisse trouver, qu'une femme consacre à l'étude les
moments perdus : il en est toujours dans les
vies les mieux employées. On a du moins,

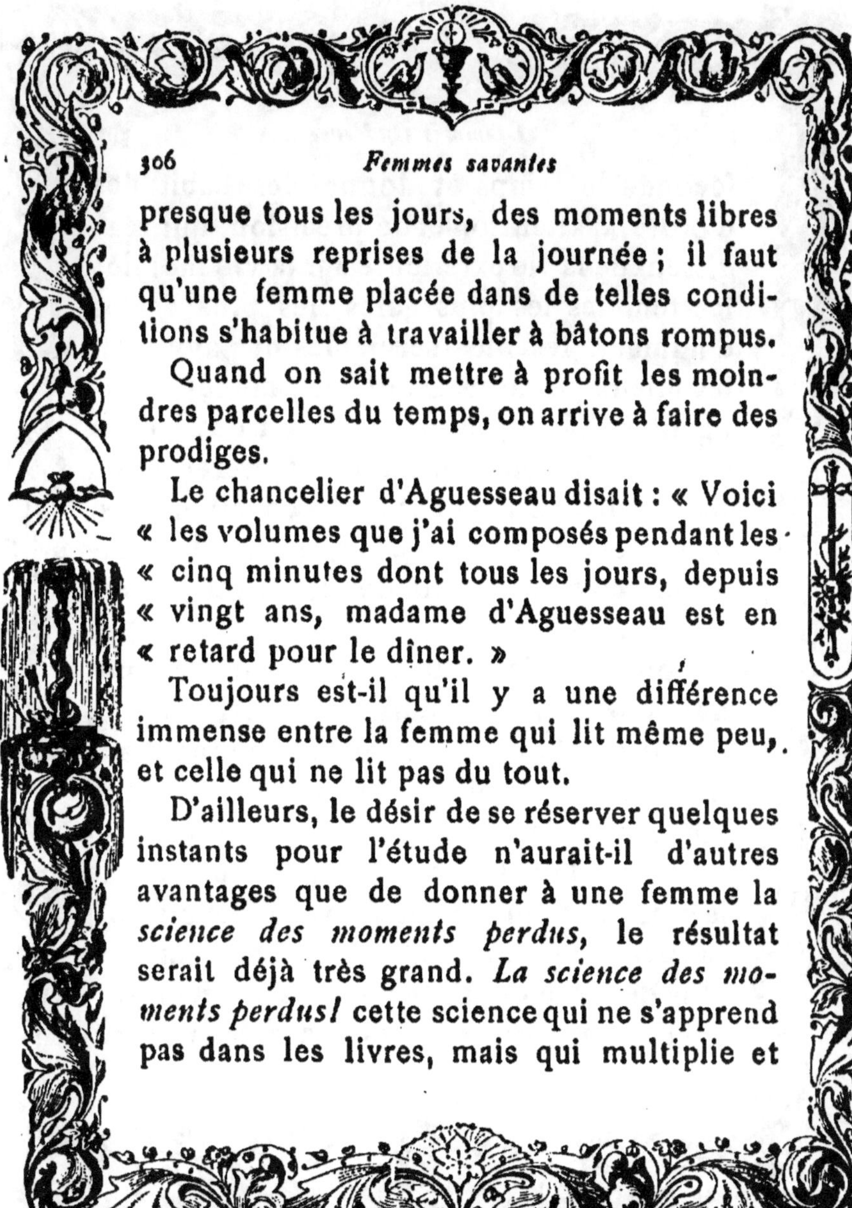

presque tous les jours, des moments libres à plusieurs reprises de la journée ; il faut qu'une femme placée dans de telles conditions s'habitue à travailler à bâtons rompus.

Quand on sait mettre à profit les moindres parcelles du temps, on arrive à faire des prodiges.

Le chancelier d'Aguesseau disait : « Voici « les volumes que j'ai composés pendant les « cinq minutes dont tous les jours, depuis « vingt ans, madame d'Aguesseau est en « retard pour le dîner. »

Toujours est-il qu'il y a une différence immense entre la femme qui lit même peu, et celle qui ne lit pas du tout.

D'ailleurs, le désir de se réserver quelques instants pour l'étude n'aurait-il d'autres avantages que de donner à une femme la *science des moments perdus*, le résultat serait déjà très grand. *La science des moments perdus!* cette science qui ne s'apprend pas dans les livres, mais qui multiplie et

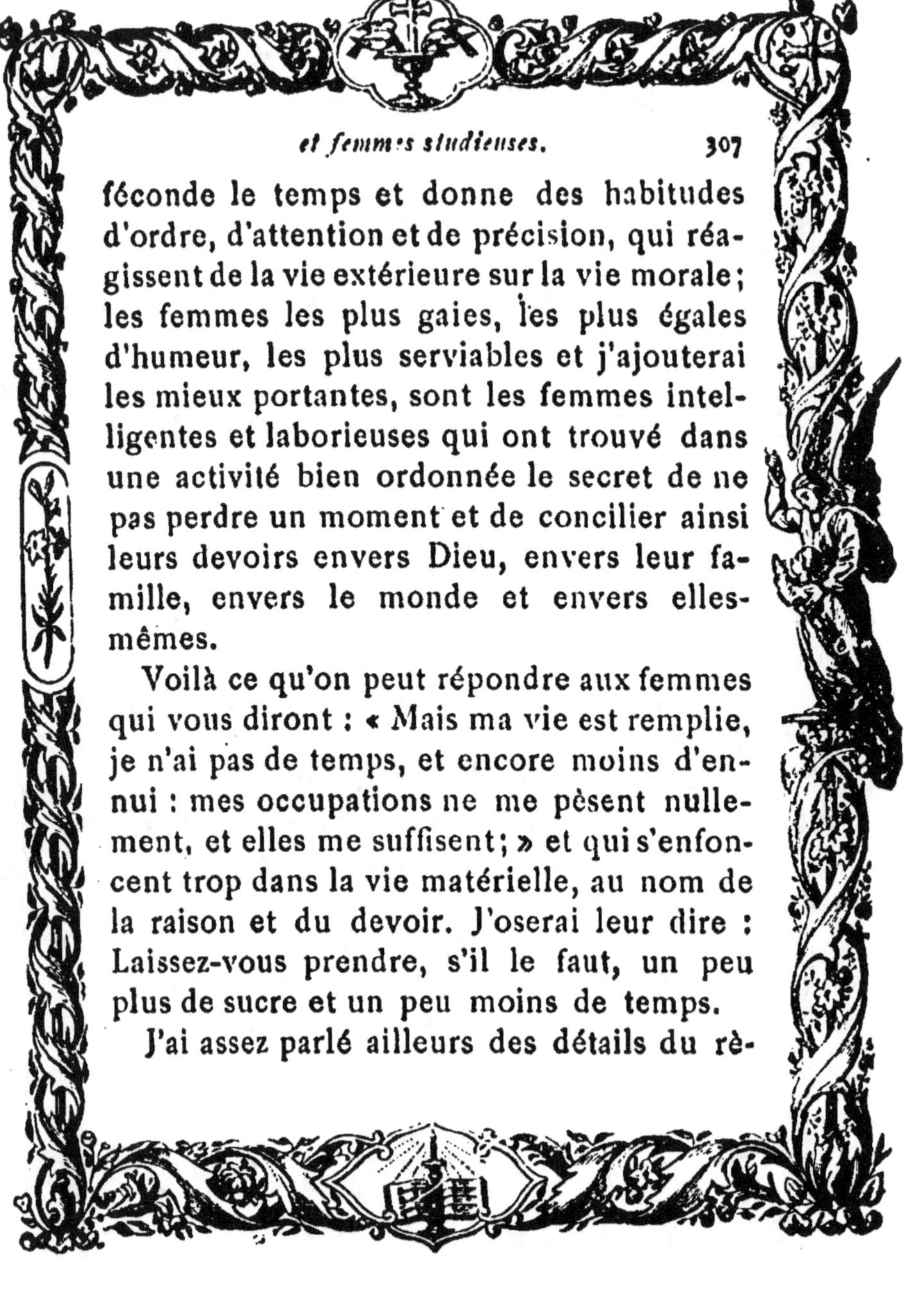

féconde le temps et donne des habitudes d'ordre, d'attention et de précision, qui réagissent de la vie extérieure sur la vie morale; les femmes les plus gaies, les plus égales d'humeur, les plus serviables et j'ajouterai les mieux portantes, sont les femmes intelligentes et laborieuses qui ont trouvé dans une activité bien ordonnée le secret de ne pas perdre un moment et de concilier ainsi leurs devoirs envers Dieu, envers leur famille, envers le monde et envers elles-mêmes.

Voilà ce qu'on peut répondre aux femmes qui vous diront : « Mais ma vie est remplie, je n'ai pas de temps, et encore moins d'ennui : mes occupations ne me pèsent nullement, et elles me suffisent; » et qui s'enfoncent trop dans la vie matérielle, au nom de la raison et du devoir. J'oserai leur dire : Laissez-vous prendre, s'il le faut, un peu plus de sucre et un peu moins de temps.

J'ai assez parlé ailleurs des détails du règlement; je n'y reviens pas ici. J'insiste simplement sur sa nécessité et ses avantages, et j'indique seulement ce qui l'empêche ou l'annule.

Mais, il y a un point sur lequel je ne puis me dispenser d'appeler encore la plus grave attention des personnes qui, prenant au sérieux les conseils que j'offre ici, voudraient en faire leur profit; point capital dans un règlement, parce que de là dépend tout le reste : c'est le *lever* et le *coucher*.

Impossible à une femme — et aussi à un homme — de rien faire de sérieux, si elle va *chaque jour dans le monde*, se couche tard, et se lève tard; ce qui tue la vie intellectuelle, c'est trop de temps donné au monde le soir, et aux visites faites ou reçues le matin.

Et ce qu'il y a assurément dans un règlement de plus désirable pour le travail intellectuel, c'est de pouvoir y consacrer *les heures du matin*.

Ici, je puis citer un grand exemple : celui

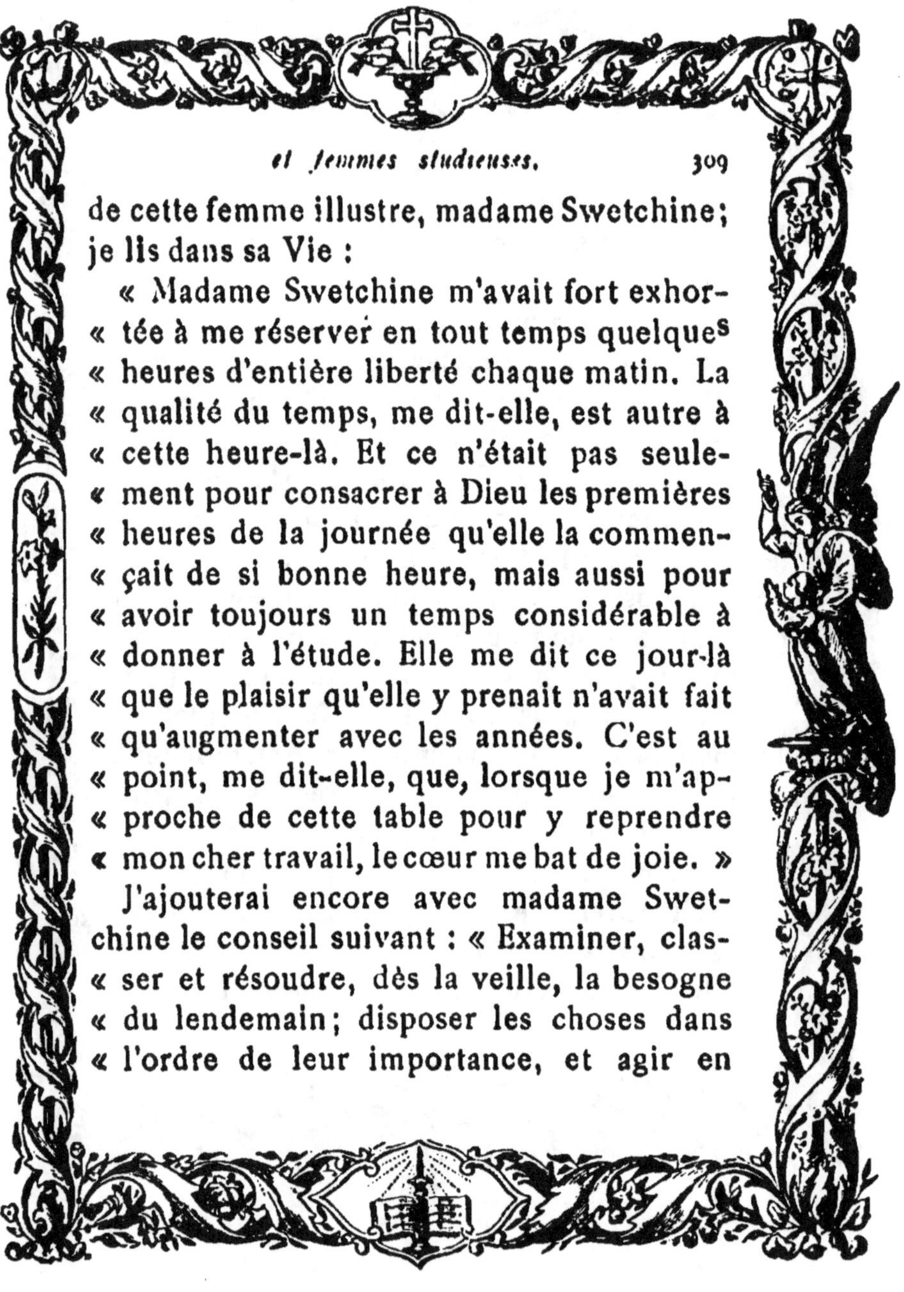

de cette femme illustre, madame Swetchine ;
je lis dans sa Vie :

« Madame Swetchine m'avait fort exhor-
« tée à me réserver en tout temps quelques
« heures d'entière liberté chaque matin. La
« qualité du temps, me dit-elle, est autre à
« cette heure-là. Et ce n'était pas seule-
« ment pour consacrer à Dieu les premières
« heures de la journée qu'elle la commen-
« çait de si bonne heure, mais aussi pour
« avoir toujours un temps considérable à
« donner à l'étude. Elle me dit ce jour-là
« que le plaisir qu'elle y prenait n'avait fait
« qu'augmenter avec les années. C'est au
« point, me dit-elle, que, lorsque je m'ap-
« proche de cette table pour y reprendre
« mon cher travail, le cœur me bat de joie. »
J'ajouterai encore avec madame Swetchine le conseil suivant : « Examiner, clas-
« ser et résoudre, dès la veille, la besogne
« du lendemain ; disposer les choses dans
« l'ordre de leur importance, et agir en

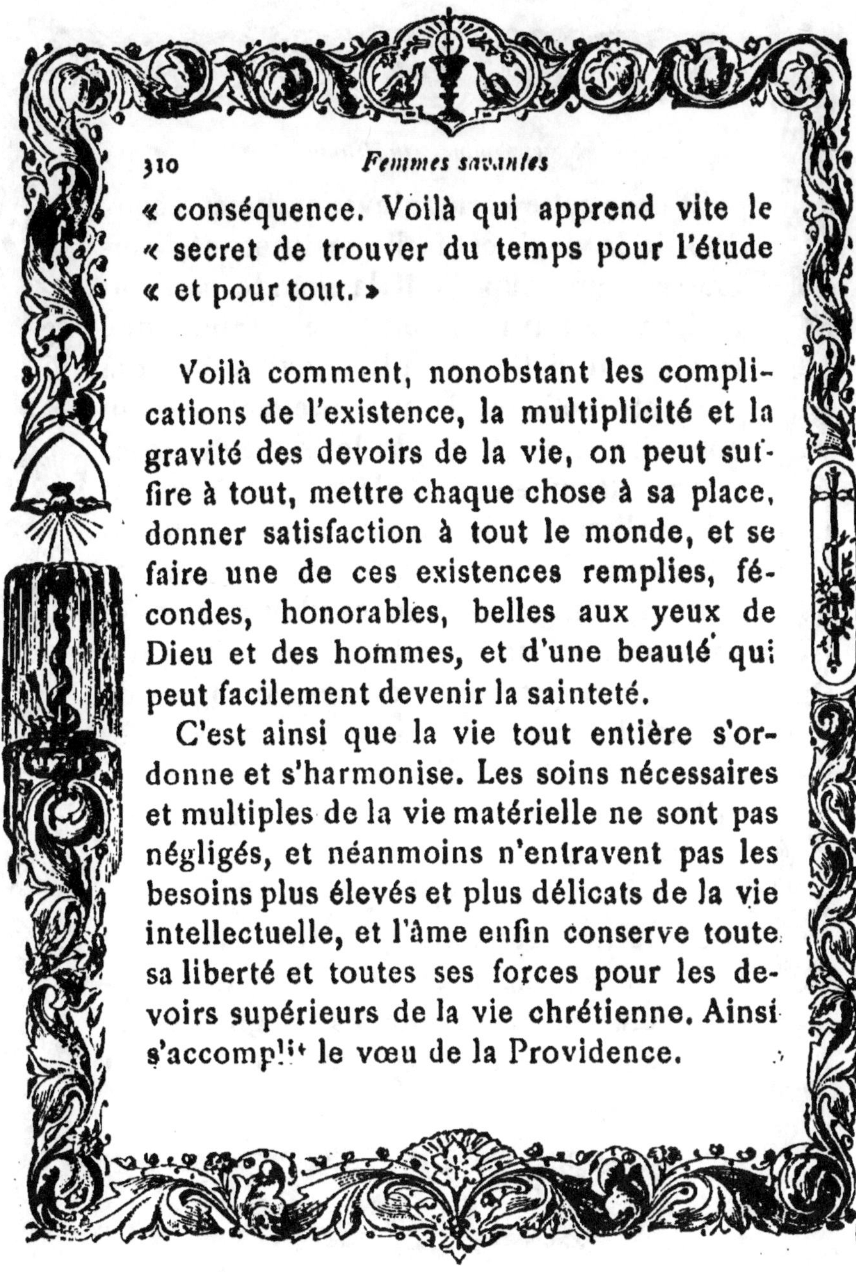

« conséquence. Voilà qui apprend vite le
« secret de trouver du temps pour l'étude
« et pour tout. »

Voilà comment, nonobstant les compli-
cations de l'existence, la multiplicité et la
gravité des devoirs de la vie, on peut suffire à tout, mettre chaque chose à sa place,
donner satisfaction à tout le monde, et se
faire une de ces existences remplies, fécondes, honorables, belles aux yeux de
Dieu et des hommes, et d'une beauté qui
peut facilement devenir la sainteté.

C'est ainsi que la vie tout entière s'or-
donne et s'harmonise. Les soins nécessaires
et multiples de la vie matérielle ne sont pas
négligés, et néanmoins n'entravent pas les
besoins plus élevés et plus délicats de la vie
intellectuelle, et l'âme enfin conserve toute
sa liberté et toutes ses forces pour les devoirs supérieurs de la vie chrétienne. Ainsi
s'accomplit le vœu de la Providence.

Et dans cette harmonieuse unité et fécondité de la vie, il est facile maintenant d'embrasser d'un coup d'œil la grande part qui revient au travail intellectuel. Tandis que la vie matérielle envahit, étouffe, éteint la vie spirituelle et la vie intellectuelle, au contraire, les arts et les lettres élèvent les cœurs, dégoûtent des plaisirs grossiers, et spiritualisent la vie ; ils donnent un aliment à l'activité de l'esprit, qui, chez les femmes surtout, tourne vite vers les plaisirs vides et dangereux, quand la frivolité s'en empare. Ces grandes et belles choses, si dignes de l'esprit humain, éloignent peu à peu des jouissances matérielles, ennoblissent l'âme et la conduisent sur des sommets qui la rapprochent du ciel.

La culture des lettres et des arts — et telle est la conclusion de tout ce travail — occuperait donc utilement l'imagination et les loisirs des femmes, et leur créerait, ou

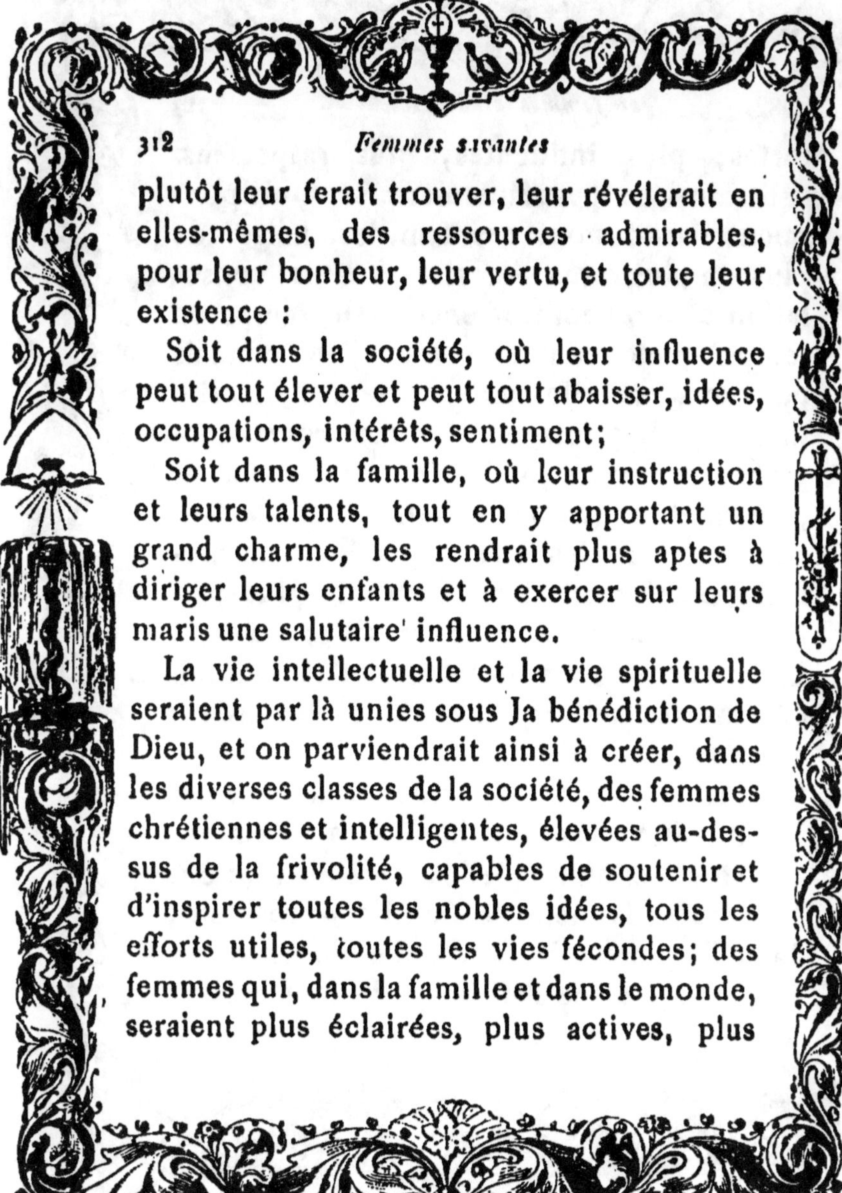

plutôt leur ferait trouver, leur révélerait en elles-mêmes, des ressources admirables, pour leur bonheur, leur vertu, et toute leur existence :

Soit dans la société, où leur influence peut tout élever et peut tout abaisser, idées, occupations, intérêts, sentiment ;

Soit dans la famille, où leur instruction et leurs talents, tout en y apportant un grand charme, les rendrait plus aptes à diriger leurs enfants et à exercer sur leurs maris une salutaire influence.

La vie intellectuelle et la vie spirituelle seraient par là unies sous Ja bénédiction de Dieu, et on parviendrait ainsi à créer, dans les diverses classes de la société, des femmes chrétiennes et intelligentes, élevées au-dessus de la frivolité, capables de soutenir et d'inspirer toutes les nobles idées, tous les efforts utiles, toutes les vies fécondes ; des femmes qui, dans la famille et dans le monde, seraient plus éclairées, plus actives, plus

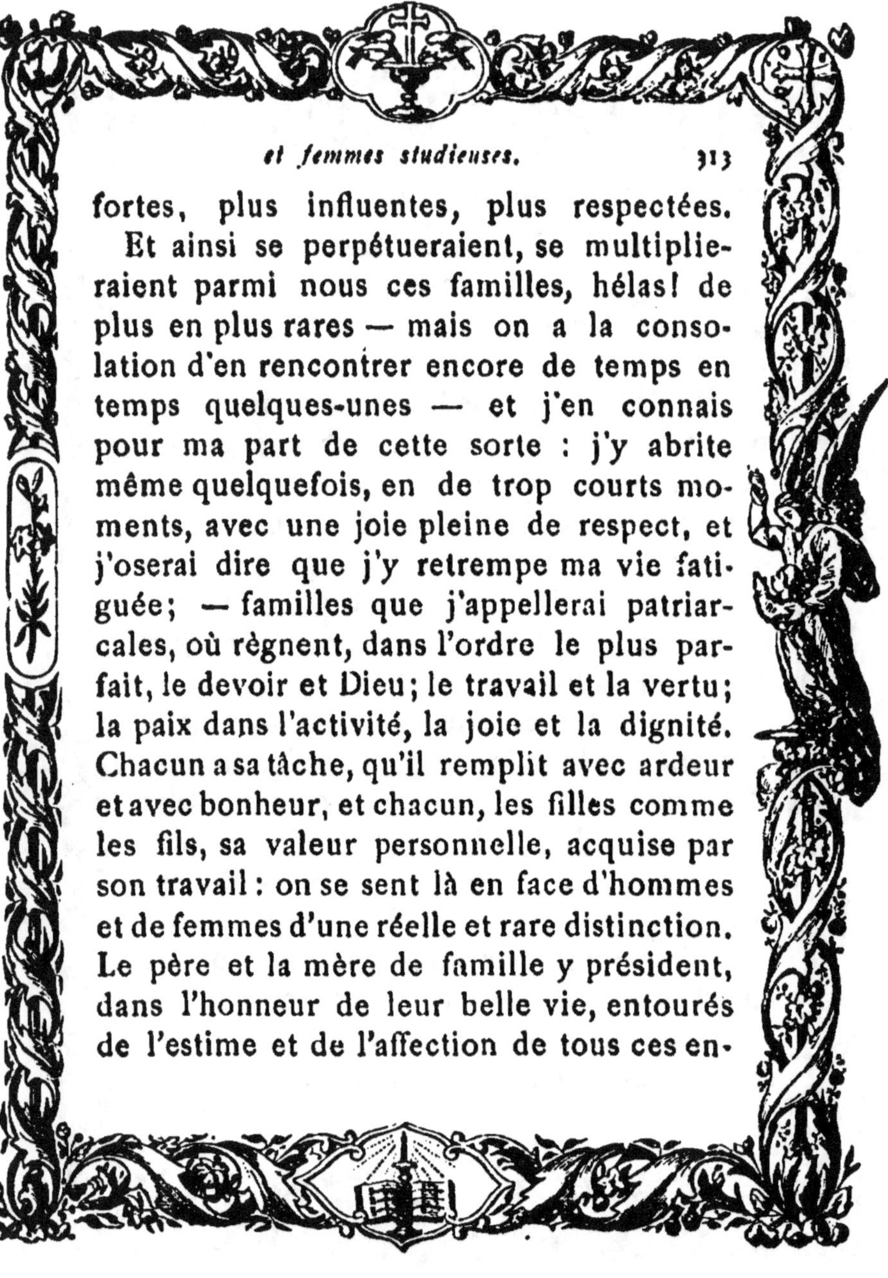

fortes, plus influentes, plus respectées.

Et ainsi se perpétueraient, se multiplieraient parmi nous ces familles, hélas! de plus en plus rares — mais on a la consolation d'en rencontrer encore de temps en temps quelques-unes — et j'en connais pour ma part de cette sorte : j'y abrite même quelquefois, en de trop courts moments, avec une joie pleine de respect, et j'oserai dire que j'y retrempe ma vie fatiguée; — familles que j'appellerai patriarcales, où règnent, dans l'ordre le plus parfait, le devoir et Dieu; le travail et la vertu; la paix dans l'activité, la joie et la dignité. Chacun a sa tâche, qu'il remplit avec ardeur et avec bonheur, et chacun, les filles comme les fils, sa valeur personnelle, acquise par son travail : on se sent là en face d'hommes et de femmes d'une réelle et rare distinction. Le père et la mère de famille y président, dans l'honneur de leur belle vie, entourés de l'estime et de l'affection de tous ces en-

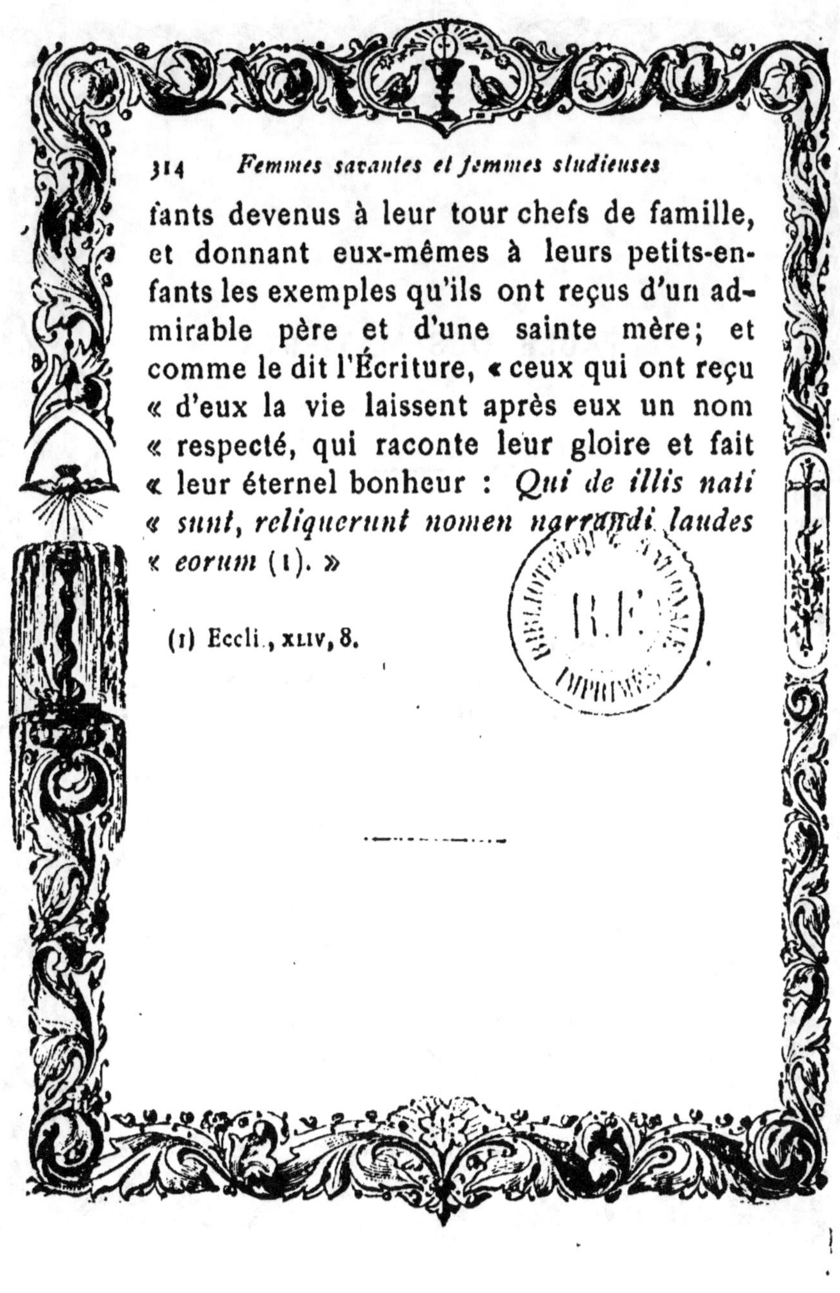

fants devenus à leur tour chefs de famille, et donnant eux-mêmes à leurs petits-enfants les exemples qu'ils ont reçus d'un admirable père et d'une sainte mère; et comme le dit l'Écriture, « ceux qui ont reçu « d'eux la vie laissent après eux un nom « respecté, qui raconte leur gloire et fait « leur éternel bonheur : *Qui de illis nati* « *sunt, reliquerunt nomen narrandi laudes* « *eorum* (1). »

(1) Eccli., XLIV, 8.

TABLE DES MATIÈRES

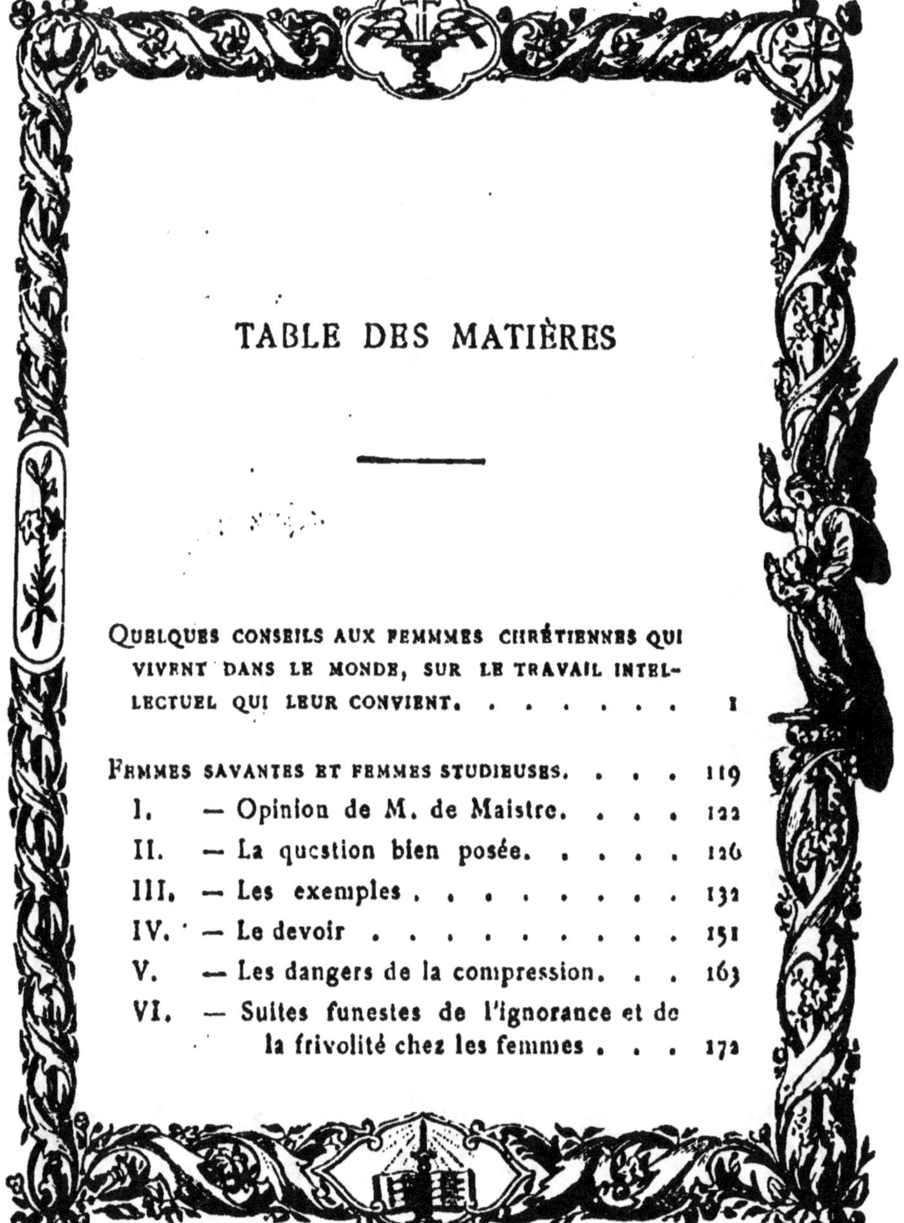

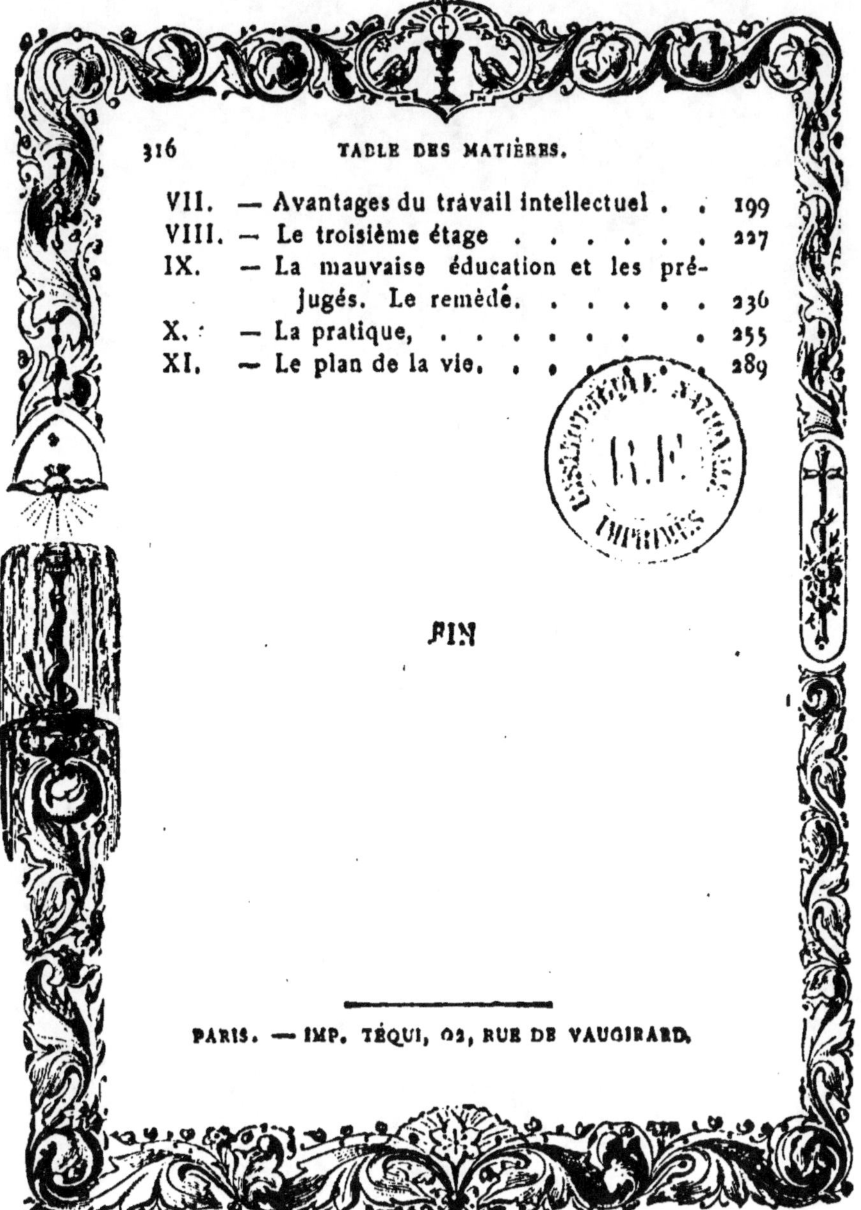

FIN

PARIS. — IMP. TÉQUI, 92, RUE DE VAUGIRARD.